THE
BIOLOGY
BOOK

"人类的思想"百科丛书
精品书目

经济学百科 THE ECONOMICS BOOK

心理学百科 THE PSYCHOLOGY BOOK

哲学百科 THE PHILOSOPHY BOOK

科学百科 THE SCIENCE BOOK

商业百科 THE BUSINESS BOOK

政治学百科

莎士比亚百科

社会学百科 THE SOCIOLOGY

文学百科 THE LITERATURE BOOK

DK福尔摩斯百科 THE SHERLOCK HOLMES

电影百科 DK电影百科

历史百科 DK历史百科 THE HISTORY

艺术百科 THE ART BOOK DK艺术百科

罪案百科 罪案百科

宗教学百科 宗教学百科

天文学百科

生态学百科 THE 生态学百科

数学百科 数学百科 MATHS

古典音乐百科 DK古典音乐百科

法律百科 DK法律百科

神话百科 DK神话百科

化学百科 DK化学百科

第二次世界大战百科 DK 第二次世界大战 百科

医学百科 DK医学百科

物理学百科 DK物理学百科

生物学百科 DK生物学百科

更多精品图书陆续出版，
敬请期待！

DK

"人类的思想" 百科丛书

THE BIOLOGY BOOK

DK生物学百科

英国DK出版社◎著

刘俐岑◎译

李峰◎审校

电子工业出版社
Publishing House of Electronics Industry
北京·BEIJING

Original Title: The Biology Book: Big Ideas Simply Explained

Copyright © Dorling Kindersley Limited, 2021

A Penguin Random House Company

本书中文简体版专有出版权由 Dorling Kindersley Limited 授予电子工业出版社。未经许可，不得以任何方式复制或抄袭本书的任何部分。

版权贸易合同登记号　图字：01-2024-5635

图书在版编目（CIP）数据

DK生物学百科 / 英国DK出版社著；刘俐岑译.

北京 ：电子工业出版社，2025. 10. -- （"人类的思想"百科丛书）. -- ISBN 978-7-121-50933-9

Ⅰ. Q-49

中国国家版本馆CIP数据核字第20257ZJ047号

审图号：GS 京（2025）1454 号

本书插图系原书插图。

责任编辑：郭景瑶　张　冉

文字编辑：刘　晓

印　　刷：鸿博昊天科技有限公司

装　　订：鸿博昊天科技有限公司

出版发行：电子工业出版社

　　　　　北京市海淀区万寿路 173 信箱　邮编：100036

开　　本：850×1168　1/16　　印张：21　字数：672 千字

版　　次：2025 年 10 月第 1 版

印　　次：2025 年 10 月第 1 次印刷

定　　价：168.00 元

www.dk.com

"人类的思想"百科丛书

　　本丛书由著名的英国DK出版社授权电子工业出版社出版，是介绍全人类思想的百科丛书。本丛书以人类从古至今各领域的重要人物和事件为线索，全面解读各学科领域的经典思想，是了解人类文明发展历程的不二之选。

　　无论你还未涉足某类学科，或有志于踏足某领域并向深度和广度发展，还是已经成为专业人士，这套书都会给你以智慧上的引领和思想上的启发。读这套书就像与人类历史上的伟大灵魂对话，让你不由得惊叹与感慨。

　　本丛书包罗万象的内容、科学严谨的结构、精准细致的解读，以及全彩的印刷、易读的文风、精美的插图、优质的装帧，无不带给你一种全新的阅读体验，是一套独具收藏价值的人文社科类经典读物。

　　"人类的思想"百科丛书适合10岁以上人群阅读。

《DK生物学百科》的主要贡献者有Mary Argent-Katwala，Michael Bright，Robert Dinwiddie，John Farndon，Tim Harris，Gretel Guest，Derek Harvey，Tom Jackson，Steve Parker，Robert Snedden等。

目 录

生物多样性与进化

生态学

INTRODUCTION

前言

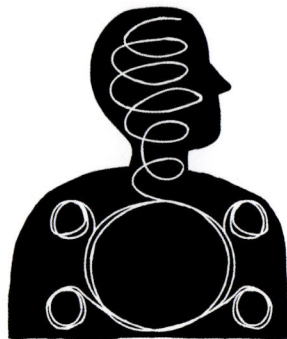

生物学，一言以蔽之，可以定义为研究所有生命的学问。与物理学、化学、地球科学和天文学一样，生物学也是所谓的自然科学的分支之一。所有这些学科的产生都源于人类对周围世界构成和运作的好奇心，以及对合理解释自然现象的强烈渴望。

与其他自然科学一样，生物学起源于古代文明，甚至可能更早——为了生存，人类建立了一套关于周围环境的知识体系：哪些植物能吃，哪些植物会致死，以及在哪里可以找到这些植物；如何理解动物的行为，以便于捕猎，或避开它们。这些观察随着社会的发展和进步，构成了更具体的研究基础。在古代中国、古埃及、特别是古希腊的文明中，学习自然世界的方法论逐渐发展了起来。

我们周围的世界

公元前4世纪，古希腊哲学家亚里士多德（Aristotle）开始系统性地研究、描述和分类生物。古希腊医生希波克拉底（Hippocrates）根据自己对人体的研究，建立了医学的一些基本原则。尽管他们的研究更偏向描述而不是分析，而且在现代人看来并不正确，但两位先哲的发现以及他们从研究中推断出的理论，为之后2000多年里所有的生命研究奠定了基础。

随后，在中世纪晚期（1250—1500年），致力于保护并发展古代思想家知识的伊斯兰学者们研究出了一套复杂的科学研究方法，这套新方法启发了欧洲文艺复兴和启蒙运动时期的科学革命。也正是在这一时期，我们今天熟知的科学出现了，生物学成为其中一个独特的分支。

生物学的分支

现代生物科学研究方法的不同之处在于，不再仅是描述，而是积极地探究事物的运作方式。这意味着研究重心从解剖学——研究生物体的实体结构——转向生理学，更专注于解释生物体的运作方式和生命过程本身。鉴于地球上生命的丰富性和多样性，生物学演变出不同的分支也就不足为奇了。

最明显的划分依据是不同的研究对象，这促进了三个独立分支的产生：研究动物的动物学（zoology）、研究植物的植物学（botany）、研究微观有机物的微生物学（microbiology）。随着研究的深入和专业化，各个细分学科相继出现，如生物化学（biochemistry）、细胞生物学（cell biology）和遗传学（genetics）等。生物科学在医学和保健、农业和食品生产等方面同样得到了广泛的应用。近年来，应对和减轻人类活动造成的环境破坏也成为一个严峻的课题。

> "
>
> 我会把生物学定义为地球及其一生的历史——包括过去、现在和未来。
>
> 雷切尔·卡森（Rachel Carson）
>
> "

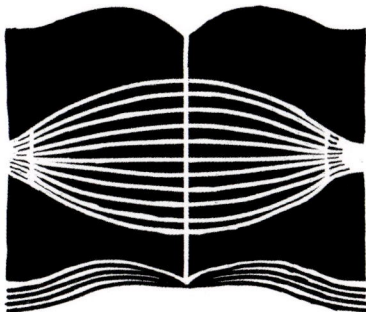

核心原则

现代生物学包含四个核心原则：细胞理论（cell theory）——所有生物体都是由细胞这一基本单位组成的原则；进化论（evolution）——生物体为了生存，可以并确实会发生变化的原则；遗传学——所有生物体中的脱氧核糖核酸（DNA）构建细胞，并会传递给后代的原则；稳态（homeostasis）——生物体调节其内部环境以维持动态平衡的原则。这四个原则有助于我们深入理解这一研究领域的基本原理。

当然，这些原则之间存在一定的重叠，每个原则涉及的领域也有众多分支。本书将这四个原则所属的生物学分支分为九章作详细介绍，每章涵盖生物学的一个方面、一个核心原则或一个具体分支，以便读者全面了解主要观点及其重要性，并结合历史背景展示思想的演变过程。

阅读本书时，需要记住的是，许多最重要的生物学发现和洞见出自业余爱好者，尤其是在科学发展的初期。现代专业化的生物学世界往往被认为是学者和身着白大褂的专家的专属领域，超出了普通人的认知。与其他学科一样，生物学的重大理念也常常被专业术语所垄断，学科的基本知识难以普及。本书旨在以通俗易懂的语言呈现这些理念，从而满足大多数人的求知欲，也许还能激发他们进一步探索的兴趣。

自史前时代起，迷恋生物世界就是人类的一大特点，从当下记录地球各种生命形式的电影和电视节目便可见一斑。作为这个世界的一部分，我们在对生命的奥秘充满敬畏的同时，也在深思自身在自然

> ❝ 对生物，尤其是我们自己了解得越多，生命就变得越陌生。 ❞
>
> 刘易斯·托马斯（Lewis Thomas）

秩序中的位置。

生物学的产生及发展是我们尝试探索这个世界并解释其过程的结果，除了提供知识方面的满足感，它还能为作为一个物种的我们提供解决实际问题的方案：为不断增长的人口提供食物，与恶性疾病对抗，甚至防止灾难性的环境破坏……生物学的各种理念塑造了我们对这个重要的、充满活力的学科的理解。希望本书能进一步丰富大家对于这些理念的见解。■

LIFE

生命

研究解剖的同时，医生盖伦（Galen）还切割活体动物的身体部位以研究其运作方式。

勒内·笛卡儿（René Descartes）在《方法论》（*Discourse on the Method*）中将动物比作机器，认为动物缺乏智慧和独属于人类的情感。

医生兼生理学家西奥多·施旺（Theodor Schwann）证明，包括植物在内的所有生物体都是由细胞构成的。

约公元160年

1637年

1839年

1543年

1828年

安德烈·维萨里（Andreas Vesalius）出版《人体构造》（*De humani corporis fabrica*）一书，书中附有关于人体解剖学的细致插图。

化学家弗里德里希·维勒（Friedrich Wöhler）用无机成分合成了一种名为尿素的有机物。

广义上的生物学是研究生物的科学，其主要研究内容是探索构成生命的要素，还有生物体（living organisms）与非有机物（non-organic substances）的区别。生物学中最重要的学科是解剖学（研究生物体的结构）和生理学（探究这些结构如何工作）。

有条不紊的检查

历史上，人体解剖学和生理学是与医学同时发展起来的，但最早系统地研究动植物的人之一是公元前4世纪的古希腊哲学家亚里士多德。不过，他的研究成果只是描述性的，几乎没有涉及详细的解剖。直到约公元160年，古罗马医生盖伦对活体动物器官进行了解剖，人们才对这些器官的工作方式有了深入了解。盖伦为实验生物学和生理学奠定了基础，其研究成果被广泛接受。然而，到了文艺复兴时期，内科和外科医生发现并纠正了动物解剖中的一些错误推断。解剖学，尤其是人体解剖学，在这一时期成为大众科学，安德烈·维萨里的《人体构造》和达·芬奇的解剖图等出版物影响巨大。

理性时代

对人体解剖学和生理学的重视一直延续到了启蒙运动时期，即所谓的理性时代，当时的理念导致人们错误地将动物生命和人类生命区分开来。人们从机械论的角度理解宇宙和动植物生命的运作，并将其置于新发现的物理定律之下。科学家和哲学家，如勒内·笛卡儿，仍认为动物没有理性和感情，因此实际上只是机器——这种观点直到19世纪达尔文提出人类与其他动物无异时，才被推翻。

然而，"生物体不能完全用机械论来解释，有机物中存在着神秘的'生命力量'"这一想法始终挥之不去。当时流行的观点是，有机物只能由生物体产生。而弗里德里希·维勒用无机成分制造出有机物，推翻了这一观点。

17世纪，显微镜的发明极大地促进了对生物体结构的研究。

斯坦利·米勒（Stanley Miller）和哈罗德·尤里（Harold Urey）进行实验，模拟了地球上第一批有机分子自无机物中产生时的条件。

西摩·辛格（Seymour Singer）和加思·尼科尔森（Garth Nicholson）提出了细胞膜结构的流动镶嵌模型。

1952年

1972年

1850年

1967年

2010年

鲁道夫·魏尔肖（Rudolf Virchow）的细胞分裂再生理论推翻了细胞自发生成的观点。

林恩·马古利斯（Lynn Margulis）发展了"复杂的真核细胞通过内共生过程进化而来"这一理论。

生物技术学家克莱格·文特尔（Craig Venter）带领团队创造出了第一种合成生命形式：一种被命名为"实验室支原体"（*Mycoplasma laboratorium*）的细菌（别名Synthia 1.0）。

1665年，借助显微镜，罗伯特·胡克（Robert Hooke）在植物中发现了被他称作"细胞"的结构，后来安东尼·范·列文虎克（Antonie van Leeuwenhoek）等人也注意到了这种结构。由此，人们认为细胞是生物体的基本"构件"，是生物的最小单位。马蒂亚斯·施莱登（Matthias Schleiden）和西奥多·施旺分别得出结论：所有生物体都是由细胞组成的，无论单细胞，还是多细胞。基于此结论，1850年，研究细胞结构和行为的鲁道夫·魏尔肖发现：细胞通过分裂进行繁殖，新细胞只能从现有细胞中自然产生，从而推翻了长期以来认为细胞自发生成的观点。

细胞的结构

基于对生物体细胞性质的发现，科学家陆续发现了多种不同的细胞形式，从单细胞生物到多细胞动物和植物，细胞本身也从简单到复杂不等。根据林恩·马古利斯的理论，这些复杂的真核细胞是数十亿年前由简单的原核细胞进化而来的，原核生物吞噬其他细胞，吸收其部分特征并发展出更复杂的结构。20世纪70年代，生物学家，如西摩·辛格和加思·尼科尔森研究了细胞的结构，特别是包裹每个细胞的膜，提出了"膜控制物质进出细胞"的理论。

随着对细胞结构的认识和理解不断加深，人们产生了从非生命物质中创造生命物质的想法，以便更好地理解数十亿年前生命是如何自非生命物质中产生的。1952年，斯坦利·米勒和哈罗德·尤里第一次进行了该领域的实验。2010年，生物技术学家创造出了第一种合成生命形式：一种细菌。■

通往人体的窗口

实验生理学

切断活猪的一对喉神经会导致其失声。

↓

切断其他神经不会产生同样的效果。

↓

通过实验使身体某个部位失能，可以发现该部位的功能。

背景介绍

关键人物

盖伦（公元129—约公元216年）

此前

约公元前500年　古希腊克罗顿的阿尔克米翁（Alcmaeon of Croton）发现，视神经对于视觉而言是至关重要的。

约公元前350年　古希腊哲学家亚里士多德通过解剖来探究动物身体各部分的连接方式。

约公元前300—公元前260年　内科医生赫罗菲拉斯（Herophilus）和埃拉西斯特拉图斯（Erasistratus）解剖了人类的尸体，他们还对罪犯进行了活体解剖。

此后

约1530—1564年　安德烈·维萨里解剖人类尸体所得的结果颠覆了盖伦的观点。

1628年　英国内科医生威廉·哈维（William Harvey）发表了他的血液循环理论，推翻了盖伦的很多观点。

生物学最早的一些进展发生在如今被称为解剖学和生理学的领域。在地中海地区，古希腊的医生和自然哲学家大约从公元前500年开始探讨这些领域，包括解剖人类和动物的尸体、活体解剖动物（切开活体动物）等。在有限的一段时间内，他们甚至还活体解剖了一些人。然而，由于宗教教义和禁忌，从约公元前250年起，所有针对人体的实验性解剖，不论活体解剖还是尸体解剖，均被禁止了。

盖伦的实验

虽然古希腊人通过尸体解剖和活体解剖，在理解解剖学和生理学方面取得了一些进展，但古典时代最显著的医学进步出现于公元2世纪，这归功于帕加玛的盖伦——罗马皇帝马可·奥勒留（Marcus Aurelius）的内科医生——进行的实验。

参见： 解剖学 20~25页，血液循环 76~79页，肾脏与排泄 98~99页，脑控制行为 109页，言语与脑 114~115页。

与前辈不同，盖伦的实验全部在动物身上进行——主要是猴子，也有猪、山羊、狗、牛，甚至还有一头大象。不过，他也治疗过一些身受重伤的人，并从中学到了很多人体解剖学的知识。

盖伦尝试确定身体运作方式的方法之一是，切除动物的某些身体部位或使其失能，然后观察效果。在一次活体解剖中，他绑住一头尖叫不止的猪，切断了它的两条负责将神经信号从脑传递到喉头的喉神经。猪继续挣扎，但发不出声音。切断其他从脑延伸出来的神经则没有产生同样的效果。这个实验证明了喉神经的功能，表明了脑通过神经控制参与发声的肌肉，支撑了盖伦的观点：脑是自主行为——包括人类的用词选择和动物的发声——的中心。

盖伦进而证明，切断一些其他动物的喉神经也会消除发声。进一步的活体解剖包括结扎动物的输

> **"**
> 有多少事情是被盖伦言中的？
> *安德烈·维萨里*
> **"**

尿管——连接肾脏与膀胱的管道。结果证明，尿液是在肾脏中形成的，而非像以前人们认为的是在膀胱中形成的，然后，尿液通过输尿管进入膀胱。盖伦还是认识到血液是通过血管流动的第一人，尽管他尚未完全理解循环系统的工作原理。

质疑盖伦的成果

盖伦被认为是古典时代最伟大的实验解剖学家和生理学家，他的生物学和医学理念影响了欧洲逾1400年。然而，他基于动物解剖的许多观察被错误地应用于人类。例如，他关于人脑中血管排列的描述（仅仅基于对牛脑的解剖）在1242年被阿拉伯学者伊本·纳菲斯（Ibn al-Nafis）证明是错误的。然而，在16世纪比利时解剖学家安德烈·维萨里开启新的医学时代之前，几代医生都不加质疑地坚信盖伦的观点，这阻碍了欧洲医学的进步。■

盖伦

克劳迪亚斯·盖伦（Claudius Galenus），更为人所知的名字是盖伦，于公元129年出生在帕加马，即今天的土耳其西部。他最初学习哲学，16岁时转向医学，先就读于帕加马的一所医学院，后前往埃及的亚历山大学习。28岁时，他回到家乡，成为一支角斗士队伍的首席外科医生，在那里他积累了丰富的创伤治疗经验。公元161年，他搬到罗马，在那里赢得了"杰出医生"的声誉。约公元168年，盖伦成为罗马皇帝马可·奥勒留的御医。他撰写了许多关于哲学、生理学和解剖学的论文，但其中仅有不到三分之一通过伊斯兰学者的翻译和评论保存下来。

一些资料表明，公元199年，盖伦在罗马去世，但另一些资料则指出，他于约公元216年在西西里去世。

主要作品

《论身体各部分的功能》
《论自然机能》
《论脉的使用》

盖伦时代以来，人类在解剖学领域苍白的努力

解剖学

背景介绍

关键人物

安德烈·维萨里（1514—1564）

此前

约公元前1600年 古埃及的《史密斯外科纸草书》上记载了许多人体器官。

公元2世纪 盖伦详细解剖动物，奠定了解剖学的基础。

此后

1817年 法国博物学家乔治·居维叶（Georges Cuvier）根据身体结构对动物进行了分类。

20世纪70年代 磁共振成像（magnetic resonance imaging，简称MRI）和计算机X射线轴向分层造影（computerized axial tomography，简称CAT）扫描仪的发明，使详尽的活体解剖及非侵入式分析成为可能。

早在史前时代，人类可能就已经了解了人体和动物身体的基本特征。古希腊和古罗马的许多医生意识到，关于人体解剖学的知识可能是有效治疗的关键。然而，直到16世纪，人们才清楚地认识到，详细了解人体解剖学的唯一途径就是研究人体本身。

这个道理现在看来显而易见，但在16世纪，当比利时医生安德烈·维萨里开创性地通过解剖人类尸体来研究人体时，它无疑是革命性的。当时的医生并不相信解剖尸体的做法，认为可以从古罗马医生盖伦的著作中获得所需的绝大部分知识。然而，维萨里坚持只相信对实物的可靠观察，从而彻底改变了我们对人体的认识。

维萨里的研究还开启了人体解剖学与动物解剖学的异同分析，这种对不同物种解剖细节差异的关注，促成了比较解剖学的发展，也使人们能够根据相关物种对动物进行分类，最终为英国博物学家查尔斯·达尔文（Charles Darwin）的

> **在我们的时代，还没有什么像解剖学一样，能被分解到这种程度，然后又被完全复原。**
>
> 安德烈·维萨里

进化论奠定了基础。

解剖禁忌

早年人体解剖学家面临的问题之一是解剖尸体的禁忌。公元前5世纪，古希腊解剖学家阿尔克米翁试图通过解剖动物来解决这个问题。公元前4世纪，亚历山大城成为一个例外：那里的解剖学家可以解剖人的尸体，其中一位名叫赫罗菲拉斯的解剖学家通过这种方法获得了许多重要的观察结果。他正确

安德烈·维萨里

维萨里，原名安德里斯·范·韦塞尔（Andries van Wesel），1514年出生于布鲁塞尔——当时属于神圣罗马帝国。他的祖父是马克西米利安（Maximilian）皇帝的御医。维萨里曾在鲁汶（今属比利时）学习艺术，在法国巴黎和意大利帕多瓦学习医学。1537年毕业当天，年仅23岁的他就被任命为帕多瓦大学外科和解剖学系主任。在那里，他精彩的解剖学讲座很快就使他声名鹊起，以至于当地一位法官经常向他提供被绞死的罪犯的尸体。1543年，他与意大利最优秀的一批艺术家合作出版了七卷本的解剖学巨著《人体构造》。不久后，他离开教学岗位，先后成为神圣罗马帝国皇帝查理五世和西班牙国王费利佩二世的御医。1564年，维萨里于希腊扎金索斯岛去世。

主要作品

1543年 《人体构造》

参见：实验生理学 18~19页，生命的细胞本质 28~31页，血液循环 76~79页，为生命命名和分类 250~253页，灭绝物种 254~255页，自然选择 258~263页。

地断言，脑而非心脏，才是人类智慧的源泉；并指出了神经的作用。然而，即使对亚历山大的人们来说，赫罗菲拉斯对活生生的罪犯进行解剖的行为也还是太过分了。

广为传颂的智慧

盖伦在其著作《论解剖程序》（*On Anatomical Procedure*）和《论身体各部分的功能》（*On the Uses of the Parts of the Human Body*）中，大量引用了赫罗菲拉斯的研究成果，同时收录了自己解剖动物的结果。他最重要的发现之一是，动脉中充满了流动的血液，而不是以前学者所认为的空气。作为角斗士的主治医生，他还得以近距离观察可怕的打斗创伤，从而学到了很多知识。

盖伦的著作如此详细和全面，以至于他的声誉在接下来的1400年里一直不可动摇。即便在维萨里的时代，讲师也会宣读盖伦的文章来指导学生，与此同时，参与演示的

> “
> ……所有生物中构造最完美的。
>
> 安德烈·维萨里
> ”

这张16世纪的图画描绘了维萨里在帕多瓦大学解剖一具女尸的场景。他的解剖"经常吸引大批的学生及其他围观者"。

理发师外科医生会按照指示解剖被处死的罪犯的尸体，助教会指出讲师所描述的特征。人们一直认为盖伦是正确的，即使他的观察与学生们在尸体上看到的似乎并不一致。

维萨里在职业生涯伊始就质疑了盖伦。他在巴黎开始学医时，他所师从的解剖学家都全身心信奉盖伦的学说，实操解剖课程的缺乏也让维萨里感到十分沮丧。他在帕多瓦完成了学业，并在那里开始解剖人的尸体，从而获得了一线学习解剖学知识的机会，而不是依赖盖伦的学说。维萨里有敏锐的洞察力，绘制出了高度精确的血液和神

经系统解剖图。他1539年出版的小册子详细展示了血液系统，对于需要知道从哪里取血的医生而言意义非凡——当时，放血是医疗实践的核心。维萨里声名鹊起，毕业后被任命为外科和解剖学系主任。一位帕多瓦法官承诺向他提供被绞死的罪犯的尸体。有了这些任他处置的尸体，维萨里便可以反复解剖，用于研究和向学生演示。

维萨里在盖伦的著作中总共

发现了200多处错误，这让那些认为盖伦的学说无可挑剔的人非常愤怒。例如，维萨里发现人的胸骨有三节，而非盖伦所说的七节；小腿的胫骨和腓骨都比肱骨（上臂骨）长，而盖伦曾断言肱骨是人体第二长的骨头（仅次于股骨，即大腿骨）；维萨里还证明了下颌骨是一块骨头，而不是盖伦所说的两块。盖伦的错误并非因为他工作不认真，而是因为当时不允许解剖人体，他不得不解剖牛和猕猴等动物，因此其大部分错误也就解释得通了：比如，肱骨确实是猕猴第二长的骨头。维萨里为了确保学生们注意到这一差异，讲课时特意挂出了人类和猕猴的骨骼，好让学生们一目了然。

《人体构造》

1542年，维萨里将其发现汇编成详细且全面的人体解剖学指南。他有时在家里解剖，有时在艺术家的工作室里解剖，历时一年，只为创作出人体解剖各部分的木版画插图。他的解剖细致而又精确，他自然希望插图也能如此，所以切割时，他下刀的位置能清楚地显现出他想要展示的特征，这意味着他有时要用绳索绑住尸体，以确保绘图时尸体能够呈现出最佳的角度。

没人知道画师是谁，但这些

插图都是杰作。一些最初的草图可能出自维萨里之手，因为他本人就是一位才华横溢的艺术家。历史学家曾认为，这些插图是出生在德国的意大利人扬·斯蒂芬·范·卡拉卡尔（Jan Stephan van Calcar）绘制的，但他可能只为维萨里的第一本小册子《解剖学表》（*Tabulae Anatomica*，1538年）绘制过插图。作为文艺复兴时期真正的艺术杰作，每幅解剖图都展示出优雅的姿势，就像古典景观中的雕像，栩栩如生。维萨里没有将解剖作为粗鲁的屠宰，而是将其展示成一门高尚的科学。任何人看到这些解剖图时，感受到的都是人体构造的复杂之美，而不是血腥和野蛮。

根据艺术家的画作，一批技艺高超的工匠用梨木刻版，以用于印刷成书。1543年，维萨里带着这些木刻版穿越阿尔卑斯山，从威尼斯来到瑞士巴塞尔，准备印刷他的巨著《人体构造》（*De Humani Corporis Fabrica*，通常简称为*De Fabrica*）。

解剖肢体是了解解剖学的唯一方法。

↓

所有生物的解剖结构都不同。

↓

盖伦的人体解剖理论有误，因为其解剖样本来自动物，如猕猴和牛。

↓

维萨里发现，准确揭示人体解剖的唯一方法就是解剖人体。

《人体构造》引发了一场科学革命，首次为医生提供了基本准确和详细的人体解剖图，将直接观察而非书本学习和抽象思维置于科学的最前沿，为医学成为一门科学而不仅仅是技术奠定了基础。

维萨里的技术和观察细节向后世解剖学家展示了一种发现人类和动物身体运作方式的新方法——例如，为80年后英国医生威廉·哈维发现循环系统做出了贡献。哈维曾在帕多瓦学习，不仅从维萨里描绘的血管中汲取了灵感，还得到了"在真实人体上做实验"这一思路的启发。哈维还借鉴了意大利兽医卡洛·鲁尼（Carlo Ruini）于1598年出版的《马的解剖学》（*Anatomia del Cavallo*）中对马心脏单向瓣膜的描述，该书是兽医解剖学的里程碑式著作。

新的观察方式

几个世纪以来，解剖学不断发展，尤其是显微镜的发明，它揭示了更微小的细节。1661年，意大利生物学家马尔切洛·马尔皮吉（Marcello Malpighi）发现了毛细血管。大约同一时期，丹麦医生托马斯·巴托林（Thomas Bartholin）发现了淋巴系统。随着扫描技术的出现，对人类活体的深入解剖学研究也取得了长足的发展。

技术的进步逐渐使人体成为一个领域，研究者得以像探险家到达新大陆时一样，热切地绘制出崭新的地图。■

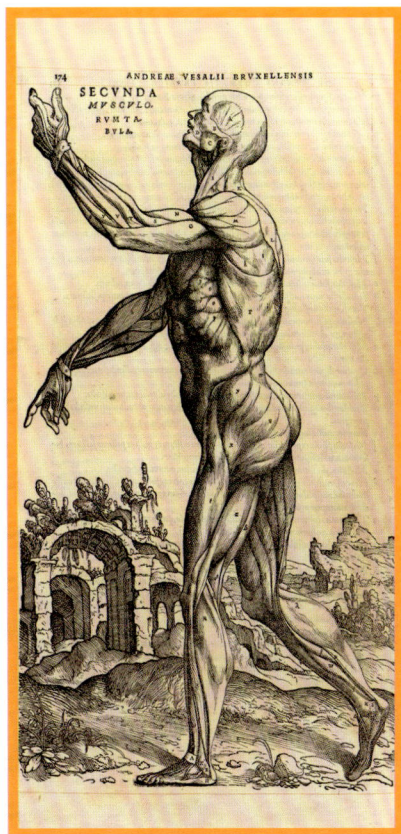

这幅插图出自维萨里的《人体构造》，描绘了人体的主要外部肌肉群。只有解剖了人类尸体，才能描绘出这样的细节。

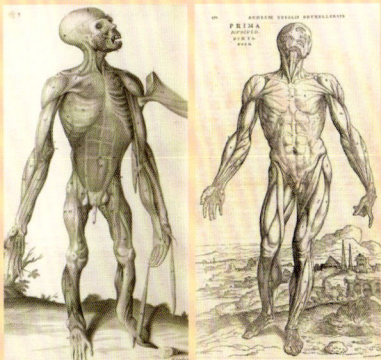

这些猩猩（左）和人类的解剖图表明，这两种亲缘关系相近的物种具有相似的肢体比例。

比较解剖学

维萨里对人类和动物解剖异同的洞察促进了比较解剖学的发展。这门学科揭示了物种之间始料未及的关系。英国医生爱德华·泰森（Edward Tyson）通常被认为是比较解剖学的创始人，他发现猿类和人类在解剖学上的共同点要多于猴子和人类。

比较解剖学将动物划分为我们今天所知的类别。1817年，乔治·居维叶根据身体结构将动物分为四大类：脊椎动物（vertebrate）、软体动物、有节动物和辐射动物。40年后，查尔斯·达尔文展示了解剖学层面的不同如何揭示渐变过程，而这正是他自然选择进化论（theory of evolution by natural selection）的核心，这也证实了人类的种种特性只是随着时间推移而进化的众多动物解剖结构谱系中的一部分。

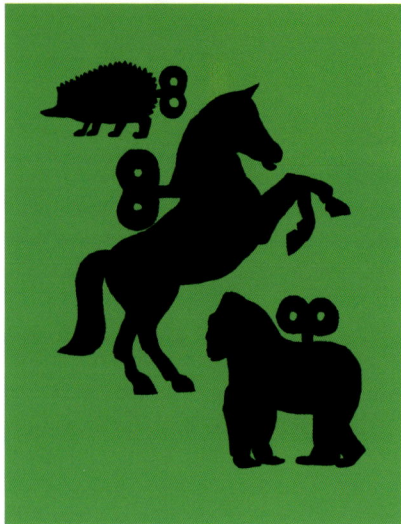

动物是机器

动物和人类不同

背景介绍

关键人物

勒内·笛卡儿（1596—1650）

此前

约公元前350年 亚里士多德在其《动物史》中主张，胚胎产生于某种传染。

此后

1739年 苏格兰哲学家大卫·休谟（David Hume）声称，动物具有思想和理性。

1802年 英国牧师威廉·佩利（William Paley）为上帝的存在辩护，称动物的精密机制就像手表一样，而造物主就是"钟表匠"。

1962年 研究者提供了程序性（长期）记忆的证据，这种记忆一般用于在无意识情况下执行任务。

1984年 美国哲学家唐纳德·戴维森（Donald Davidson）坚持认为，由于动物既不会说话也没有信仰，所以它们不具有思想。

17世纪，法国贵族迷上了自动装置——一种制作精良、能够转动和歌唱的机械玩具。法国哲学家勒内·笛卡儿声称，动物也是一种自动装置。他的核心哲学论点被称为笛卡儿二元论，认为人的身体只是一台由思维操控的机器，并且只有人类具有思维，动物则没有。他在1637年发表的论文《方法论》（*Discourse on the Method*）——该论文以"我思故我在"闻名——中提出，除了人类的思维，自然界中的一切都可以用力学和数学来解释，动物不过是有身体部件且可以运动的机器罢了。他的主要论点是，既然动物不能说话，那它们就没有灵魂。

> 没有什么比想象野兽的灵魂与我们的灵魂具有同样的性质更能让脆弱的心灵远离美德的正道了。
>
> 勒内·笛卡儿

动物的意识

"人与动物之间存在本质区别"的说法不再被科学证据支持。比如，能够使用工具曾被认为是人类独有的技能，但长期的观察表明，黑猩猩和乌鸦等动物也能够使用工具。同理，曾经有人认为，通过测试动物能否认出镜中的自己，可以证明它们是否具有意识，而大多数物种无法通过镜子测试。如今人们承认，还有许多其他方式可以证明动物可能具有自我意识。■

参见：脑控制行为 109页，本能行为与学习行为 118~123页，动物与工具 136~137页。

没有肾也能制得尿素

有机物可以是人造的

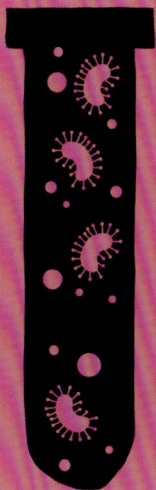

关键人物
弗里德里希·维勒（1800—1882）

此前
约公元2世纪 盖伦认为生命来自空气中的一种微小物质："气"。

1807年 瑞典化学家永斯·雅各布·伯齐利厄斯（Jöns Jacob Berzelius）提出，有机化学物质与无机化学物质之间存在本质区别。

此后
1858年 德国化学家弗里德里克·凯库勒（Friedrich Kekulé）指出，碳原子有四个键，可以连接成链，他据此提出了分子结构理论。

1877年 德国生理学家费利克斯·霍庇-赛勒（Felix Hoppe-Seyler）凭借《生理化学》（*Physiological Chemistry*）一书，确立了生物化学作为一门学科的地位。

1903年 芬兰化学家古斯塔夫·孔帕（Gustaf Komppa）制造出了莰酮（别名樟脑）——第一种有机合成的物质。

公元前4世纪，亚里士多德等古希腊哲学家认为，植物和动物体内充满了一种"活力"（vital force），这是一种不易被察觉的成分，也是一种赋予动物和植物生命的关键物质。然而，德国化学家弗里德里希·维勒的意外发现推翻了这种"活力论"（theory of vitalism）。

人工合成

1828年，维勒在实验室中尝试制造氰酸铵，却意外合成了尿素——一种发现于尿液中的常见有机物。根据当时流行的"活力论"，尿素等有机物只能由生物通过"活力"制造，而维勒却用无机物制造出了尿素，这一过程就是现在所谓的"维勒合成"。

维勒的重要发现不仅驳斥了"活力论"，还奠定了现代有机化学的基础。19世纪初之前，科学家一直把有机化学定义为研究源自

弗里德里希·维勒制造出了尿素，从而实现了生物分子的首次人工合成。他从此宣布："没有肾也能制得尿素。"

生物的化合物的学问，与无机化学相对，后者研究的是无机化合物。如今，有机化学涉及所有碳基化合物，甚至包括非生物来源的化合物，而生物化学领域则研究生物体内发生的合成过程。■

参见： 新陈代谢 48~49页，药物与疾病 143页。

真正的生物原子

生命的细胞本质

背景介绍

关键人物
西奥多·施旺（1810—1882）

此前
1665年 罗伯特·胡克将他从显微镜下观察到的软木树皮中的室状微观结构定义为细胞（cell）。

1832年 比利时植物学家巴泰勒米·杜莫蒂尔（Barthélemy Dumortier）记录下了他观察到的植物内部细胞分裂现象，并将其命名为二分裂（binary fission）。

此后
1852年 波兰裔德国生理学家罗伯特·雷马克（Robert Remak）发表了细胞是通过细胞分裂产生的证据。

1876年 波兰裔德国植物学家爱德华·施特拉斯布格（Eduard Strasburger）基于他对开花植物细胞的研究提出，细胞核只会由现有的细胞核分裂产生。

1665年，英国科学家、建筑师和显微镜先驱罗伯特·胡克创造了"细胞"一词，当时他正在观察软木树皮样本中被大幅放大、死气沉沉的空盒状单元。显微镜下，这些形似蜂窝的单元均匀、重复排列，他震惊地发现，这些单元与修道院中一排排的僧侣房间（cellulae）极其相似。

其他科学家也通过显微镜注意到，从植物的叶和茎到池塘中的水，再到动物的血液，各种活体样本中，都存在着这种空盒状单元。值得注意的是，17世纪70年代和80

参见：细胞是如何产生的 32~33页，创造生命 34~37页，复杂的细胞 38~41页，细胞膜 42~43页，疾病细菌说 144~151页，渐成论 184~185页，有丝分裂 188~189页。

1673年，第一次向伦敦皇家学会致信介绍他的发现时，列文虎克对"微动物"的观察遭到了怀疑。

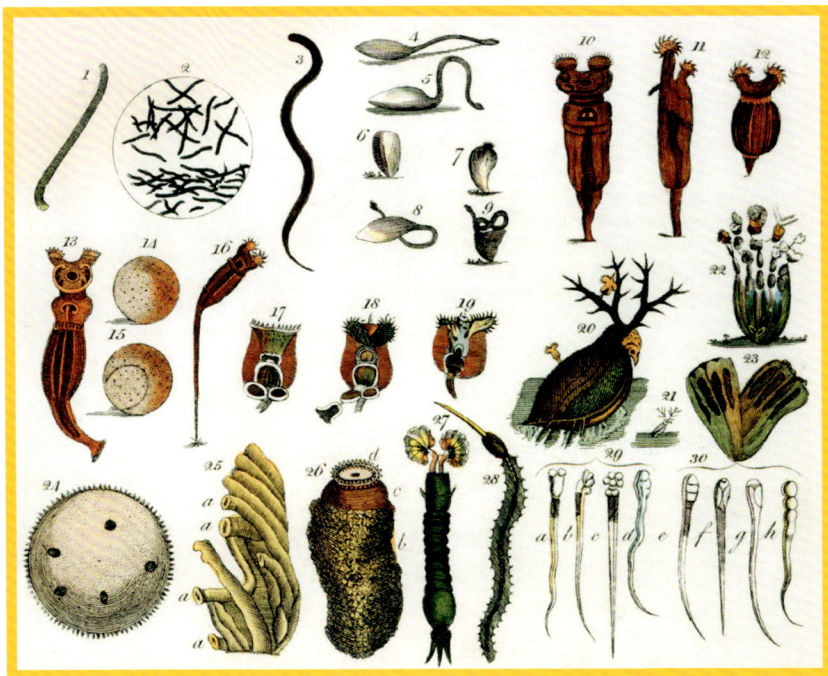

年代，荷兰科学家安东尼·范·列文虎克在唾液（其中一些是细菌）、人类血液和精液中发现了细胞。之后他观察到，池塘里的水充满了活的、会动的、微小的生命形式，他称之为"微动物"，列文虎克成为第一个在显微镜下观察到单细胞生物的人。然而，他与胡克及其他17世纪的同时代人并不了解这些微小生命形式的重大意义。

微观世界

18世纪90年代末，德国植物学家约翰·海因里希·弗里德里希·林克（Johann Heinrich Friedrich Link）在葡萄牙旅行时，被旱地上生长的草本植物深深吸引。他研究了这些植物的微观结构，注意到每个细胞都有自己的细胞壁，在干燥的环境下，细胞壁会与相邻

左图为胡克绘制的软木细胞图［源自他的里程碑式著作《显微制图》（*Micrographia*，1665年）］。书中插图的精细程度前所未有。

细胞的细胞壁分离。在此之前，人们一直怀疑细胞是共用细胞壁的。19世纪20—30年代，法国生理学家亨利·杜特罗歇（Henri Dutrochet）用显微镜研究了许多自然界的样本，其中一些取自他家的花园和池塘。他得出的结论是：无论对于植物还是对于动物，细胞都是解剖学及生理学的最终单位。"一切最终都源于细胞。"他写道。

19世纪初，德国生物学家、医生、大学教授及实验设备制造专家西奥多·施旺对在众多生物体内发现的细胞产生了好奇。在研究

人类和其他动物的样本时，他注意到了重复出现的细胞结构。与此同时，马蒂亚斯·施莱登——一位与施旺在德国柏林同一所大学的科学家，正在研究植物细胞。施莱登是植物学教授，和施旺一样，也是一位能干、严谨的研究者。他们将各自的发现互通有无，施莱登告诉施旺，他在大多数植物细胞样本中观察到了一个突出的球形暗体，即细胞核（nucleus）。

施旺在对动物组织的研究中，还没有发现细胞核存在的明确证据，甚至没有发现广泛存在的细胞结构。这是可以理解的，因为植物细胞的细胞核相对明显，整个细胞的外层具有较厚的半刚性细胞壁，这使得细胞通常呈几何形状，在显微镜下很容易观察到——这就

动物细胞和植物细胞都有细胞膜，但植物细胞在细胞膜外还有一层坚硬的细胞壁，使植物细胞具有规则的形状。

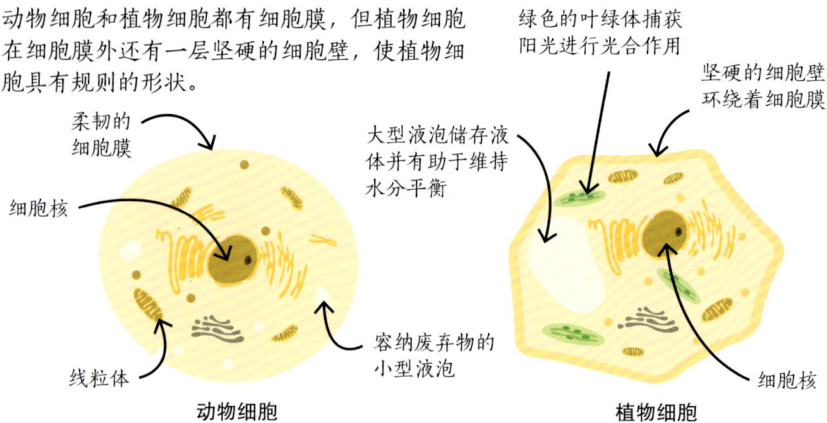

柔韧的
细胞膜

细胞核

线粒体

大型液泡储存液体并有助于维持水分平衡

容纳废弃物的
小型液泡

动物细胞

绿色的叶绿体捕获
阳光进行光合作用

坚硬的细胞壁
环绕着细胞膜

细胞核

植物细胞

是罗伯特·胡克为细胞命名时所看到的。动物细胞的细胞核不太明显，细胞外层也没有厚实的细胞壁，它们的外层细胞膜薄且柔韧，使细胞的形状更不确定且易变，在显微镜下不易识别。

细胞核通常是细胞中最突出的一个细胞器（organelle）——细胞器指细胞里众多运行特定功能的内部结构。1833年，苏格兰植物学家罗伯特·布朗（Robert Brown）完整地描述并命名了细胞核，但最早认识到细胞核在细胞功能中具有

重要作用的人是施莱登。施莱登推断，新细胞是由现有细胞的细胞核产生的。这一结论部分源自他对胚乳组织——植物种子储存淀粉的组织——内部的微小细胞的观察。后来他发现，这些细胞分裂得很快。他认为，细胞核会产生更多的细胞核，就像植物产生新芽一样，然后，每个细胞核周围会通过某种形式的结晶或自发生成另一个细胞。

1838年，施莱登在一篇名为《对植物发生学知识的贡献》（ *Contributions to Our Knowledge*

of Phytogenesis ）的文章中发表了他的观点——植物发生学研究的是植物的起源和发展。他描述了细胞构成植物各个部分的方式，并提出有机体生命的最初阶段及其随后的发展都是基于细胞的。

同年，施旺与施莱登共进晚餐时，讨论了细胞核对于产生新细胞的作用，施旺为动物与植物的相似性所震撼。他在进行动物（包括蟾蜍幼虫和猪的胚胎）实验时，回忆起在脊索中看到的类似细胞核的物体，脊索是脊椎动物胚胎发育早期形成的结构，最终演变成了动物的脊柱。

施旺发明了在显微镜下分辨动物细胞膜和细胞核的方法，并开始研究早期发育的动物组织，包括肝脏、肾脏和胰腺。他得出结论：细胞是生命的基本单位，动物和植物都是如此。他还认识到，随着动物的生长，早期细胞会发育成具有不同功能的特定类型，这一过程被称为分化。

升级显微镜

1826年，詹姆斯·史密斯组装了这台显微镜。它使用利斯特的消色差透镜来限制光学像差的影响。

17世纪初，荷兰眼镜制造商开发了第一台复合显微镜。这一世纪的稍晚些时候，罗伯特·胡克组装了自己的显微镜，并于1665年出版了《显微制图》一书，书中描绘了他观察显微世界的各种结果。

19世纪20年代末，因显微镜图像质量不佳而感到沮丧的英国光学家和博物学家约瑟夫·杰克逊·利斯特[Joseph Jackson Lister，防腐外科手术先驱约瑟夫·利斯特（Joseph Lister）的父

亲]求助于威廉·塔利（William Tulley）光学仪器制造公司的詹姆斯·史密斯（James Smith）。通过组合不同类型玻璃（如燧石玻璃和皇冠玻璃）制成的透镜，利斯特和史密斯大幅减少了色差（失真和模糊）。1830年，利斯特开始独自研磨透镜，并将自己的技术传授给其他光学仪器制造商，改进的新型显微镜大大加快了微观生命的研究。

> ❝
> 营养和生长的原因不在于生物整体，而在于各个基本部分，即细胞。
>
> 西奥多·施旺
> ❞

细胞理论

1839年，施旺在他的著作《动植物结构和生长一致性的显微研究》（*Microscopic Investigations on the Similarity of Structure and Growth of Animals and Plants*）中提出了动物和植物细胞理论。他充分肯定了施莱登的贡献，提出了"所有生物都是由细胞组成的"和"细胞是生命的基本单位"两大原则，这些原则成为细胞理论的基础。

施旺还将成年动物组织分为五类，描述了每类组织的细胞结构：独立存在的细胞（如血液）、密集存在的独立细胞（如指甲、皮肤和羽毛）、细胞基质联结细胞（如骨骼、牙齿和软骨）、已形成纤维的延长细胞（如纤维组织和韧带）、通过细胞壁和腔融合形成的细胞（如肌肉、腱和神经）。施旺因此而获得业界的广泛认可。

第三原则

"细胞是所有生物的基本结构和功能单位"这一概念迅速被其他科学家接受。1858年，著名德国医生和政治家鲁道夫·魏尔肖提出了细胞理论的第三个原则：所有活细胞都来自已存在的活细胞。他反对当时流行的"新细胞和生命物质可以通过出芽或结晶等过程自发形成"的观点。魏尔肖在显微镜下观察到了整个活细胞分裂形成新细胞的过程，即细胞分裂。■

西奥多·施旺

1810年，西奥多·施旺出生于德国诺伊斯，是金匠兼印刷商伦纳德（Leonard）的第四个儿子。尽管他在1834年获得了行医资格，但他选择协助自己的教授、著名德国生理学家约翰内斯·穆勒（Johannes Müller）从事研究。

借助显微镜学的最新成果，施旺观察到酵母在发酵中的作用，这对路易·巴斯德（Louis Pasteur）的疾病细菌说做出了贡献。施旺的其他研究包括酶在消化中的作用、调查肌肉和神经的功能，以及定义胚胎学的基本原理。30岁时，施旺已做出里程碑式的成就。此后他作为实验发明家和才华横溢的讲师继续勤奋工作，晚年因严谨的科学方法而备受赞誉。1882年，他在科隆去世。

主要作品

1839年　《动植物结构和生长一致性的显微研究》

细胞理论的三大原则

- 所有生物都是由一个或多个细胞组成的
- 细胞是生命的基本单位
- 所有细胞都来自已存在的细胞

所有细胞都来自细胞

细胞是如何产生的

背景介绍

关键人物

鲁道夫·魏尔肖（1821—1902）

此前

1665年　英国科学家罗伯特·胡克将在软木中观察到的室状微观结构称作细胞。

1838—1839年　马蒂亚斯·施莱登和西奥多·施旺宣称细胞是构建植物和动物的基本单位。

1852年　罗伯特·雷马克质疑"细胞是由胚芽发育而来的"这一理论。

此后

1855年　通过一系列授课，鲁道夫·魏尔肖论证了所有的疾病都能溯源至细胞。

1882年　华尔瑟·弗莱明（Walther Flemming）用"有丝分裂"一词描述细胞分裂，并发现了染色体。

1911年　美国生物学家托马斯·摩根（Thomas Morgan）证明，染色体携带基因。

1855 年，波兰裔德国生理学家鲁道夫·魏尔肖质疑了当时流行的细胞自发生成的观点，认为所有细胞都源自已经存在的细胞。后来这一理论被证明是正确的，并成为细胞理论的第三个原则，更新了人们对身体功能和疾病产生原理的理解。

鲁道夫·魏尔肖的成就包括首次描述了诸多疾病，以及开发出了第一种系统的尸检方法。

如今，科学家了解到，细胞繁殖发生在所有真核生物，即动物、植物和真菌中，大多数细胞会进行有丝分裂。通过这种方式，一个母细胞分裂成两个子细胞，细胞总数随之增加，生物体得以生长并补充自然消耗的细胞（如红细胞），同时产生修复损伤所需的新细胞。

科学家花了很长时间才认识到细胞对所有生物的真正重要性，部分原因是显微镜技术发展缓慢。由于植物细胞的边界比动物细胞的边界更容易观察到，所以细胞理论的三大原则（生物由细胞构成、细胞是生命的基本单位、所有细胞都来自细胞）首先产生于植物领域。1835年，德国植物学家雨果·冯·莫尔（Hugo von Mohl）观察到绿藻的新细胞是通过细胞分裂形成的。三年后，德国生理学家马蒂亚斯·施莱登将这一结论推广到所有植物。1839年，同样来自德国的西奥多·施旺又将其推广到动物。

参见：生命的细胞本质 28~31页，复杂的细胞 38~41页，疾病细菌说 144~151页，癌转移 154~155页，发现配子 176~177页，有丝分裂 188~189页，染色体 216~219页。

自发生成的观点首先由古希腊哲学家亚里士多德阐明。

研究使他确信细胞不是自发产生的。

所有活细胞都源自其他活细胞。

魏尔肖开展血液、血凝块和静脉炎的研究。

魏尔肖认为，新细胞产生于现有细胞的分裂。

细胞创世纪

施旺认识到了细胞对生物体的重要性，但错误解释了细胞的产生方式。他认为新细胞是从一种"无定形的基本物质"——胚芽中结晶产生的。事实上，这是自发生成的一种形式。根据这一推理，奥地利病理学家卡尔·罗基坦斯基（Karl Rokitansky）提出，血液中的化学失衡有时会导致胚芽产生异常细胞，这些异常细胞就是疾病的原因。

自1844年起，魏尔肖在柏林的夏里特医院（Charité Hospital）对血液、血凝块和静脉炎（一种静脉壁的炎症）进行显微研究。观察结果使他确信，新细胞并不像施旺描述的那样经结晶产生。1852年，在魏尔肖实验室工作的波兰裔德国生理学家罗伯特·雷马克宣称，新细胞是由原有的细胞分裂而来的，这一观点具有革命性意义。三年后，魏尔肖在一篇论文中也阐述了这个观点，但因没有注明雷马克的名字而被指控剽窃。

疾病与细胞结构

魏尔肖认为，所有疾病都可以追溯到细胞，换言之，是某些细胞生了病，而不是整个身体生了病，不同的疾病影响不同的细胞。他首次提出"癌症的成因可能是之前处于休眠状态的细胞被激活了"，还观察到被他命名为白血病的血液疾病与白细胞的异常增加有关。如今，他的研究和理论使他被誉为"现代病理学之父"。

魏尔肖的成就，以及显微镜技术进步下发现的染色体，为科学家了解DNA铺平了道路——这一系列事件对现代生物学、遗传学和医学都产生了深远影响。■

海弗利克极限

1962年，美国解剖学家伦纳德·海弗利克（Leonard Hayflick）发现，正常细胞会死亡——在分裂40~60次之后就会进入衰老状态，然后死亡。他研究人类和动物的细胞，推翻了法国生物学家亚历克西·卡雷尔（Alexis Carrel）于1912年首次提出的细胞永生观点。

细胞可能分裂的次数被称为海弗利克极限，它与染色体两端端粒的长度相关。端粒是保护染色体末端的"帽子"，可以防止染色体相互融合。在正常细胞中，每次复制DNA时，都会有一小部分端粒复制失败并流失，这意味着细胞最终将无法再成功分裂。然而，大多数癌细胞是例外，它们含有端粒酶，可以防止端粒缩短。科学家正在开发端粒酶抑制剂，用于限制癌细胞的寿命。

生命不是奇迹

创造生命

背景介绍

关键人物

斯坦利·米勒（1930—2001）
哈罗德·尤里（1893—1981）

此前

1828年 弗里德里希·维勒制造了尿素，这是有史以来第一次合成有机化学物质（存在于生物体内的化学物质）。

1859年 路易·巴斯德证明，生命不可能从空气或其他非生命物质中自发产生。

1924年、1929年 亚历山大·奥巴林（Alexander Oparin）和J.B.S.霍尔丹（J.B.S. Haldane）分别主张自然发生说——生物体由非生命物质自发产生的学说。

此后

1968年 莱斯利·奥格尔（Leslie Orgel）提出生命始丁核糖核酸（RNA）。

1993年 迈克尔·拉塞尔（Michael Russell）认为生命起源于海底热泉周围的代谢过程。

2010年 克莱格·文特尔的团队制造出了一种合成生物。

生命是地球上或许也是宇宙中最伟大的现象。据我们所知，地球上所有生命都源自这颗星球历史早期复杂化学物质在偶然间的结合——这种结合创造了一种不仅可以生长，还可以自我复制的奇妙有机结构。长期以来，科学家一直困惑于这个意外是如何发生的，以及能否在实验室中再现这一从零

参见：有机物可以是人造的 27页，生命的细胞本质 28~31页，遗传密码 232~233页，人类基因组计划 242~243页。

地球上的生命有可能从**无机化学物质**中**自发**产生吗？

↓

木星大气层中存在氨、甲烷和氢，原始地球上可能也有**大量的氨、甲烷和氢。**

↓

米勒和尤里的实验通过将**氨、甲烷和氢混合**之后再**放电**，产生了**氨基酸。**

↓

因此，**至少有机化学物质**可以从**无机化学物质**中**自发产生。**

斯坦利·米勒

斯坦利·米勒于1930年出生在美国奥克兰，1951年毕业于伯克利并获得化学学位。同年，他听了诺贝尔奖得主哈罗德·尤里关于太阳系起源及有机化学物质如何在原始地球上形成的讲座，备受启发，便说服尤里与他一起进行了著名的1953年实验。

米勒在加州理工学院、哥伦比亚大学及加利福尼亚大学圣迭戈分校（从1960年起）教授化学，同时继续研究有机化学物质的合成。1973年，他在重复1953年实验时制造出了33种氨基酸。他是地外生物学（exobiology，研究太空中的生物体及其组分的学科）的先驱，也是探索火星生命的关键推动者之一，他希望这些研究能够证实关于地球生命起源的理论。他于2007年去世。

主要作品

1953年《在可能的原始地球条件下制造氨基酸》

1986年《小分子前生物合成的现状》

开始创造生命的过程。

20世纪20年代，一些科学家对巴斯德否定生命自发产生的理论表示质疑。苏联生物化学家亚历山大·奥巴林和英国遗传学家J.B.S.霍尔丹分别提出了自然发生说（又称非生源论），即"生命起源于非生命物质"。一个关键问题是，这些构成生命基础的复杂有机化学物质是否能够自我组建。

制造有机材料

1953年，美国化学家斯坦利·米勒和哈罗德·尤里进行了一项著名实验，来测试奥巴林-霍尔丹理论，他们想模拟被认为是地球早期大气的"原始汤"，测试频繁的闪电能否如奥巴林所阐述的那样，给浓厚的大气提供足够的能量，从而将正确的分子结合在一起。

米勒和尤里将他们认为可能存在于原始地球大气中的所有气体（氨、甲烷、氢）密封在一个玻璃罐中，并加入水蒸气，然后不断向其中射入电火花。

一天之后，罐中的水变成了粉红色；一周之后，罐中变成了深红色的浓汤。米勒分析发现了五种氨基酸——蛋白质的碳基结构单元，也是所有已知生命的基础。2007年，现代技术对原始实验设备的进一步分析显示，米勒实际制造出了至少13种氨基酸。

米勒和尤里证明了有机化学物质可以在无机条件下被制造出来，类似的实验制造出了碳水化合物，还证明了简单的化学反应甚至可以将蛋白质串联起来。

核苷酸连接起来

在"RNA世界"假说中，RNA是连接"原始汤"与第一批细胞的关键纽带。我们知道RNA可以复制、携带遗传信息和催化化学反应，但查明细胞膜的产生方式将是一个关键突破。

原始膜

核糖酶

DNA

1. 核苷酸是RNA和DNA的基本分子，漂浮在"原始汤"中。

2. 一些核苷酸以随机顺序连接起来，形成原始的RNA链。

3. 当一条链上的核苷酸吸引其他核苷酸时，RNA链就会复制，形成双链，然后分裂成两个副本。

4. 有些链会折叠成一种叫作核糖酶的结构，这种结构可以催化化学反应。有些核糖酶能制造核苷酸，因此复制效果更好。

5. 复制效果更好的RNA链将自己包裹在原始膜中，扭转形态形成第一个DNA。

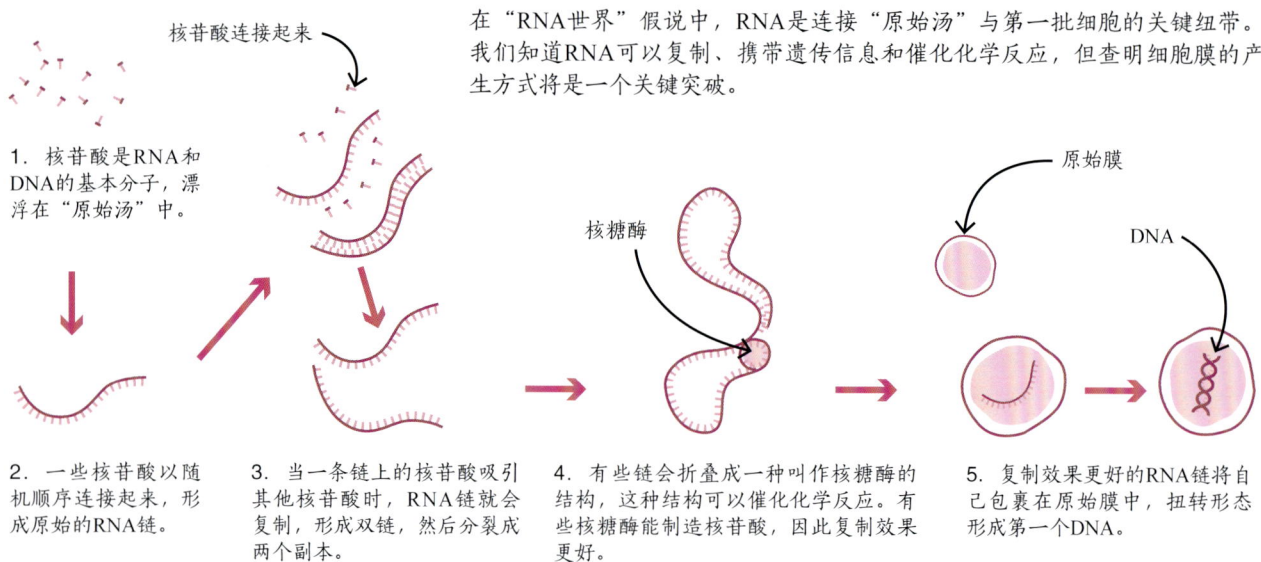

因此，创造生命所需的基本化学物质的过程绝非奇迹，它可能正在宇宙的许多地方发生着。科学家推测，彗星曾将数百万吨有机化学物质播撒在早期地球上。然而，从蛋白质到能够自我复制的化学物质，是一个巨大的飞跃；而从这种化学物质到第一个活细胞，也就是将化学物质包裹在一个自成一体的膜结构中，又是一个巨大的飞跃。

像猎户座星云周围的那些星际尘埃云，可能含有有机化学物质，而且人们已经在落到地球的陨石中发现了几种物质。

RNA和复制

DNA（脱氧核糖核酸）是细胞内携带生命遗传密码的化学分子。同样在1953年，美国分子生物学家詹姆斯·沃森（James Watson）和英国的弗朗西斯·克里克（Francis Crick）发现了DNA的双螺旋结构。此后的十年里，DNA的编码机制被破解。

RNA是DNA的单链版本，它分离自单链DNA上复制下来的小片段，将遗传指令运输到细胞的核糖体——利用氨基酸合成蛋白质的"工厂"中。

1968年，英国化学家莱斯利·奥格尔提出，地球上的生命可能始于一种能够自我复制的简单RNA分子。为了探究这一假设，奥格尔与克里克合作，专注于酶的研究。酶是加速（催化）生物体内生化反应所必需的蛋白质，如果RNA能够产生酶，那么它就可以利用酶来促进分子形成新的RNA链。1982年，美国生物化学家托马斯·切赫（Thomas Cech）发现了一些名叫核糖酶的RNA酶，它们可以从RNA链中把自身剪切出来，去执行其功能。

1986年，美国物理学家沃特·吉尔伯特（Walter Gilbert）创造了"RNA世界"这个术语，用于描述早期RNA分子通过剪切和粘贴自身形成越来越有用的序列或编码的世界。2000年，美国分子生物学家托马斯·施泰茨（Thomas Steitz）证实，RNA激活并控制核糖体，这似乎证实了生命始于RNA的假设，因为核糖体是细胞的古老成分，对制造蛋白质至关重要。然而，尚无证据表明RNA或DNA能够在活细胞外自我复制。

20世纪80年代以来，科学家一直在尝试制造能自我复制的RNA。他们成功让RNA链复制越来越长的片段，到了2011年，英国分子生物学家菲利普·霍利格（Philipp Holliger）制造出了一条能够复制其总长度48%的RNA链。然而，即便经过数十年努力，能够自我复制的RNA仍是一个遥不可及的目标。一些科学家尝试合成简单核酸，如PNA（肽核酸）以探究它们是否可能是生命起源的关键，但这些物质在自然界中尚未被发现。

创造生命的能量

另一种对立的观点是，新陈代谢即利用能量的能力，先于生命出现。1977年，海底热泉喷口的发现支持了这一观点。这些海底火山烟囱释放出大量矿物质和热量——早期地球的火山环境可能与之类似。1993年，英国地质学家迈克尔·拉塞尔提出，第一个复杂的有机分子是在这些热液喷口周围的小型黄铁矿（一种可能对酶的功能至关重要的铁硫化物）漏斗内形成的。

1988年，斯坦利·米勒指出，喷口的温度过高，生物无法生存。然而，2000年，美国海洋学家

> "
> 生命的起源看起来几乎是一个奇迹，因为需要满足如此多的条件才能发生。
> "
> 弗朗西斯·克里克

耐热菌在美国黄石国家公园大棱镜温泉等火山喷口的周边水域中大量繁殖，因此它们也可能在早期地球类似的栖息地中生存。

德博拉·凯利（Deborah Kelley）发现了大量温度较低的喷口。目前，海底热泉生命起源说认为，生命起源于这样的地方：在这些地方，热量和能量可在岩石孔隙内启动RNA等有机分子的生成过程，最终这些分子可形成自己的膜，并从多孔岩石中逃逸到开放水域中。

为一个生物体编码

20世纪90年代，当世界各地的科学家致力于为整个人体的基因序列分类归档时，美国生物技术专家克莱格·文特尔领导的团队探究了能否在制造有机化学物质之外，再制造出活生物体。他们想通过基因工程技术，逐步剥离每个对复制不重要的基因的RNA。

他们先人为重建了一种叫丝状支原体（Mycoplasma mycoides）的细菌的基因组，2010年又成功将这

一基因组插入另一种相关细菌中，替代了后者自身的遗传物质。这种新细菌像其他活细菌一样开始复制，产生了许多副本。文特尔的团队宣布，他们创造了世界上第一种合成生命形式——Synthia 1.0，其RNA中编码了46名团队成员的姓名和三句名言，以确保它始终能被识别为人工合成的产物。

2016年，文特尔的团队剥离了更多基因，创造了Synthia 3.0，它的基因组是所有自由生活的生物基因组中最小的。虽然仅有473个基因，但它不仅存活了，还能繁殖。然而，Synthia 3.0并不算真正的合成生命形式，因为它的基因组是在活细菌的帮助下复制的。

文特尔的项目引发了一场"合成生物学革命"，科学家开始研究创造完全合成生物的方法，希望创造出无所不能的生物，从清理污染到生产环保塑料。不过，到目前为止，距离完全理解生命起源还有很长的路要走，更不用说从零开始创造新生命了。■

小细胞存在于大细胞内部

复杂的细胞

背景介绍

关键人物

林恩·马古利斯（1938—2011）

此前

1665年 罗伯特·胡克创造了"细胞"一词，用于描述他在软木树皮中看到的室状微观结构。

1838—1839年 马蒂亚斯·施莱登和西奥多·施旺提出，所有生命都是由细胞构成的。

1937年 法国生物学家爱德华·沙顿（Edouard Chatton）发表论文，首次将生命按照细胞结构分为原核生物和真核生物两类。

此后

1977年 美国生物学家卡尔·乌斯（Carl Woese）和乔治·福克斯（George Fox）提出了第三类生物域——古菌。

2015年 出现的证据表明，真核生物（具有复杂细胞的生物）的祖先很可能是从古菌进化而来的。

即使是最简单的生命形式，其结构也极其复杂，而从地球上最初的细胞到如今的复杂结构经历了无数次的进化。大约40亿年前，当简单的有机分子结合在一起形成长链高分子（大分子）时，生命的进化可能就已迈出了第一步。生命的首要特征是繁殖，最初的分子通过一系列自然发生的化学反应进行复制和繁殖，复制效果最好的分子会产生更多的自身副本，并击败那些复制能力较差的分子。围绕着遗传物质的保护膜所进行的进化

参见：生命的细胞本质 28~31页，细胞是如何产生的 32~33页，细胞膜 42~43页，呼吸作用 68~69页，食物链 284~285页。

典型的原核生物和真核生物细胞

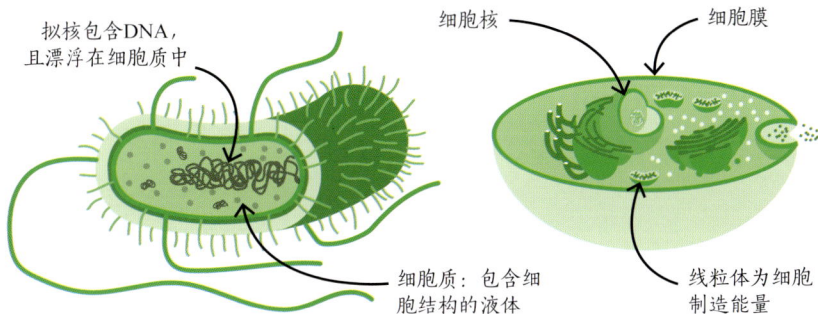

拟核包含DNA，且漂浮在细胞质中

细胞核

细胞膜

细胞质：包含细胞结构的液体

线粒体为细胞制造能量

原核生物是微小的单细胞生物，如细菌。这些细胞没有具有膜结构的细胞器。其DNA不在细胞核内，而在被叫作拟核的地方，拟核在细胞质中自由浮动。

真核生物包括动物、植物和真菌等生物。真核生物的细胞拥有具有膜结构的细胞器，其中包括含有DNA的细胞核。它们比原核生物的细胞要大得多。

提供了巨大优势，促成了第一个原核细胞（不具有膜结构或细胞器的单细胞生物）的产生，它类似于现代的细菌。

当时的地球大气中几乎不含氧气，这些最初的生物的构造极其简单，它们以丰富的有机分子为食，通过发酵这种不需要氧气的过程生产能量。

原核生物与氧气

早期的原核细胞分化成两个谱系：真细菌和古细菌。大约35亿年前，一些真细菌进化出将阳光转化为化学能的能力，这些真细菌是光合细菌（以前被称为蓝藻）的祖先。接下来的大约十亿年里，这些光合生物逐渐占据了生物界的主导地位，释放出作为废物的氧气，于是地球大气层和早期浅海的含氧水

平激增，对环境产生了深远的影响。氧气活性很强，可以破坏精细的生物结构，有几种原核生物进化出应对这一挑战的机制，其中最成功的是呼吸作用——一种将氧气转化为水分子同时产生能量的过程。

真核生物的起源

大约25亿年前，呼吸作用的进化可能触发了真核细胞的发育。所有高级的生物形态都含有真核细胞，它们的内部结构更复杂，同时存在具有膜结构的细胞器。这些细胞器包括储存着细胞遗传物质的细胞核、细胞发生呼吸作用的线粒体，以及植物细胞中发生光合作用的叶绿体（chloroplast）。解释真核细胞的起源对生物学家而言是一个重大挑战，真核细胞的复杂性远超过最复杂的原核生物，而论体

细胞核

原核生物和真核生物的根本区别就在于真核细胞有包含膜结构的细胞器（包括细胞核）而原核细胞没有。事实上，具有细胞核才是真核细胞的决定性特征——这是细胞基因的容器，这些基因由DNA分子编码。

细胞核的起源仍存在争议，生物学家对细胞核或线粒体出现的顺序持不同意见。一些科学家认为，获得负责制造能量的线粒体对真核生物的进化至关重要。

林恩·马古利斯提出，现在的细胞核是在获得其他细胞器之后进化而来的；其他理论则主张，细胞核首先在原核生物中进化出来，这使它们能与成为线粒体的细菌祖先融合。

> 生命是细菌的，那些不是细菌的生物皆从原本是细菌的生物进化而来。
>
> 林恩·马古利斯

> 66
>
> 我不认为我的观点是
> 有争议的，我认为它们是
> 正确的。
>
> 林恩·马古利斯
>
> 99

积，典型的真核细胞大约是原核细胞的上千倍。

内共生学说

1883年，法国植物学家安德烈·申佩尔（Andreas Schimper）观察到，绿色植物中叶绿体分裂和繁殖的方式与自由生长的蓝藻十分相似，于是他提出，绿色植物是由两种生物之间的密切关系或共生进化而来的。

俄国生物学家康斯坦丁·梅列施柯夫斯基（Konstantin Mereschkowski）——最早注意到植物叶绿体和蓝藻之间结构相似性的研究者之一——熟悉申佩尔的研究。受申佩尔关于地衣中真菌和藻类共生关系研究的启发，梅列施柯夫斯基拓展了这一思路，即复杂生物体可以产生于相对简单生物体之间的合作关系。1905年，他发表了自己的观点：叶绿体是被宿主细胞吞噬并与之建立共生关系的蓝藻的后代，植物能够进行光合作用也要归功于蓝藻。这一理论被称为内共生学说，主张复杂的生物是由较简单生物结合而成的。

20世纪20年代，美国生物学家伊凡·沃林（Ivan Wallin）提出了线粒体（负责制造能量的细胞器）的内共生起源假说，认为线粒体最初是需氧菌（需要氧气才能生存）。

在接下来的几十年中，这些假说大多被否定，但1959年，美国植物学家拉尔夫·斯托金（Ralph Stocking）和欧内斯特·吉福德（Ernest Gifford）发现，叶绿体和线粒体具有自己的DNA，这些DNA与细胞核中的DNA不同，这是这些细胞器的祖先可能曾作为自由生长的细胞而存在的确凿证据。

非正统的观点

20世纪60年代初，DNA研究仍是一个崭新的领域，叶绿体和线粒体中DNA的发现备受争议。1965年，美国生物学家林恩·马古利斯在她的博士论文中探讨了这个问题，并成功证明了单细胞藻类叶绿体中存在DNA。1967年，她在《理论生物学期刊》（*Journal of Theoretical Biology*）上发表一篇文章来阐释自己的观点：真核细胞的一些基本细胞器，包括线粒体和叶绿体，曾经是自由生长的原核生物。马古利斯不仅提出了一种细胞器的起源理论，还为真核生物的进化提供了全新的视角。

1970年马古利斯出版她的第一本书《真核细胞的起源》（*Origin of Eukaryotic Cells*）时，内共生学说还未被广泛接受。她尚未摆脱当时流行的"进化是逐步进行的"这一假设，而内共生代表的是飞跃式的变革。尽管叶绿体和线粒体中存在DNA的证据日益增多，但许多生物学家依旧认为"DNA可能存在于细胞核之外"这一观点并不正统。

连续内共生理论

马古利斯关于真核细胞进化

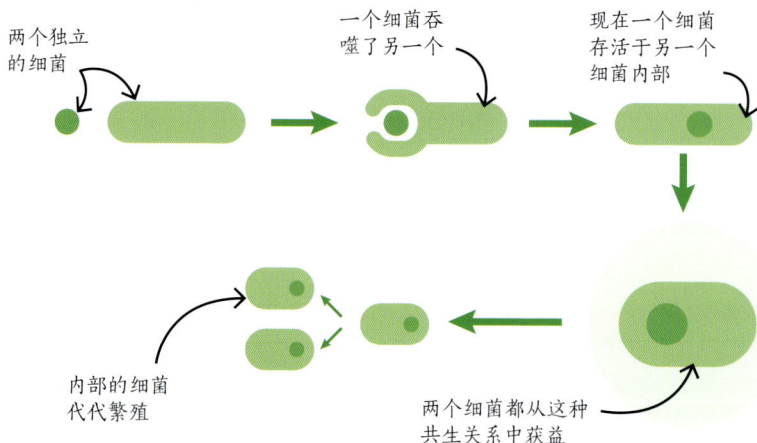

内共生学说认为，真核细胞是由早期被其他细胞吞噬并发展出共生关系的原核细胞进化而来的。需氧菌被吞噬时形成了线粒体，而光合细菌被吞噬时形成了叶绿体。

林恩·马古利斯提供了内共生学说的证据，生物学家理查德·道金斯（Richard Dawkins）称之为"20世纪进化生物学最伟大的成就之一"。

但有些蓝藻成功逃脱了被消化的命运，最终进化成了叶绿体。

支撑证据

1967年，一篇支持马古利斯内共生学说的论文发表。1966年，韩裔美国微生物学家全光（Kwang Jeon）研究了一个遭遇细菌感染的单细胞变形虫聚落，其中大部分变形虫细胞已死亡，几个月后，他发现幸存的变形虫仍然健康，而它们体内的细菌也在生长。更令人惊讶的是，当他使用抗生素杀菌时，宿主变形虫也死了——它已经变得需要依赖入侵生物生存了。这是因为细菌产生了一种变形虫在被寄生后所需要的蛋白质，这两个物种形成了共生关系，并进化出了新的变形虫物种。■

的理论通常被称作连续内共生理论（Serial Endosymbiotic Theory，简称SET）。该理论认为，真核细胞是由多种不同类型的原核细胞融合而成的。根据马古利斯的说法，能进行有氧呼吸的小细菌通过穿透细胞壁寄生于较大的厌氧（不依赖氧气的）原核细胞中。在大多数情况下，这会导致被侵入的细胞死亡，但在一些情况下，二者能共存。寄生的细菌凭借其处理氧气的能力，使宿主得以在先前无法生存的环境中存活；宿主则为寄生的细菌进行有氧呼吸提供能量来源，并获得细菌制造能量的能力。随着两者越来越依赖彼此，较小的呼吸寄生物最终进化成线粒体——第一个真核细胞器。

虽然几乎所有真核细胞中都含有线粒体，但只有植物和一些单细胞生物的细胞中含有叶绿体，这表明叶绿体是在线粒体充分建立之后才进化出来的。马古利斯假设，一些新的线粒体伴侣消耗了蓝藻，

古菌的祖先

2015年，人们在大西洋的深海沉积物中发现了一类新的古菌群，被命名为洛基古菌（Lokiarchaeota），简称洛基，似乎是迄今为止发现的真核生物最近的亲属——真核生物是复杂生物，其细胞内存在具有膜结构的细胞核。洛基的基因组（遗传物质）中包含许多之前只在真核生物中存在的基因，如在真核生物功能中起关键作用的基因，包括与细胞骨架（帮助细胞维持形状的结构）相关的基因。

这些真核生物基因对洛基的作用是一个谜，但它可能符合一个有争议的理论，即真核生物是从古菌的祖先进化而来的——科学家把洛基称为真核生物与古菌之间"缺失的连接"。

洛基是在大西洋中脊的一个海底热泉喷口系统附近被发现的，这个喷口系统被称为洛基城堡（Loki's Castle）。

灵活多变的门卫

细胞膜

每个活细胞都被一层膜包围着，这层膜将细胞内容物固定在同一个空间内。很久以来，人们一直认为细胞膜能阻挡除水之外的几乎所有物质。

脂质的发现

19世纪80年代，自学成才的德国物理学家阿格尼丝·波克尔斯（Agnes Pockels）在清洗餐具时观察到了表面膜特别是油膜将水面连接在一起的方式：每层油膜都有一个暴露在空气中的厌水（疏水）面和一个浮在密度更大的水上的喜水

> **细胞结构复杂，有包裹着它的膜、细胞核和核仁。**
> 查尔斯·达尔文

（亲水）面。到了90年代，英国生物学家欧内斯特·奥弗顿（Ernest Overton）研究了细胞膜是如何防止细胞内容物泄漏，同时又允许营养物质进入的。他和德国药理学家汉斯·迈耶（Hans Meyer）分别提出，细胞膜是一个具有结合性的油性层，名为脂质（lipid），外侧亲水，内侧疏水。

1925年，荷兰生理学家埃弗特·戈特（Evert Gorter）和弗朗索瓦·格伦德尔（François Grendel）揭示，溶解后的膜的覆盖面积是未溶解的两倍，因此膜必须是双层的脂质。

事实上，科学家发现，细胞膜像一个两层镜像相对的三明治，每层外侧亲水、内侧疏水，从而使细胞保持防水性。每一层都由蝌蚪状的磷脂构成，磷酸的头部亲水，脂质的尾部疏水。1935年，英国生理学家休·达夫森（Hugh Davson）和生物化学家詹姆斯·丹尼尔利（James Danielli）意识到膜中还存在蛋白质，但他们认为这些蛋白质仅仅是结构性的。

参见：生命的细胞本质 28~31页，创造生命 34~37页，复杂的细胞 38~41页，新陈代谢 48~49页，呼吸作用 68~69页，光合作用反应 70~71页，植物的蒸腾作用 82~83页，植物体内的养分转运 102~103页。

流动镶嵌模型

1972年，美国细胞生物学家西摩·辛格和生物化学家加思·尼科尔森发现，细胞膜并不只是一个袋子，而是一个复杂且灵活的边界，控制着物质的流通，以满足细胞的需要。辛格和尼科尔森将之前的发现整合在一起，提出了细胞膜的流动镶嵌模型。保护和容纳着细胞的双层脂质形成动态流体，其上镶嵌着复杂且不断移动的不同结构。膜的流动性使其自身能够弯曲、移动并适应不断变化的条件。

在膜内部，胆固醇微粒通过阻止磷脂遇热破裂或遇冷粘连来保持流动性。在这个模型中，糖蛋白链从膜中伸出；研究人员后来意识到，这些糖蛋白链提供了细胞的身份标记或抗原（antigen）。我们现在知道，糖蛋白是膜内的复合体，而非单一的单元。带有突出碳水化合物尾部的脂质被称为糖脂，能稳定膜并帮助人体免疫系统识别

细胞膜是一种可弯曲和移动的油性流体，其内部和表面悬浮着各种活性成分，宛若马赛克地砖——有些辅助分子跨膜运输，有些搬运用于控制细胞活动的催化剂和传感器。

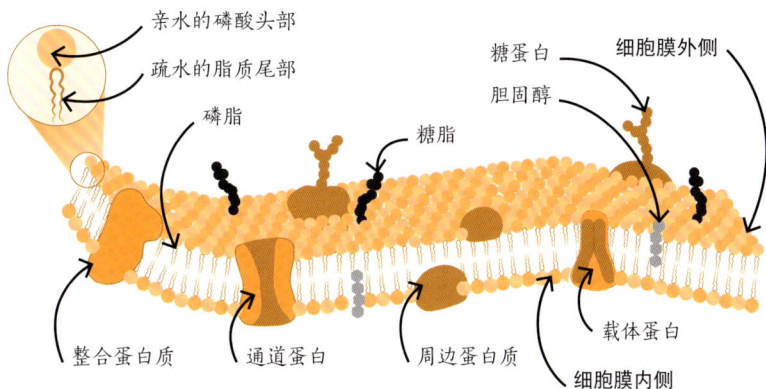

亲水的磷酸头部
疏水的脂质尾部
磷脂
糖脂
糖蛋白
胆固醇
细胞膜外侧
整合蛋白质
通道蛋白
周边蛋白质
载体蛋白
细胞膜内侧

细胞。整合在膜内的蛋白质可控制让哪些微粒通过膜。膜两侧的周边蛋白有助于细胞呼吸等过程，在这些过程中，细胞利用氧气释放能量。

运输方法

氧气和二氧化碳分子可以通过膜扩散，因为它们很小且不带电

荷。细胞需要大量的氧气和二氧化碳来提供能量，一些大分子和带电分子通过渗透作用沿通道蛋白通过。载体蛋白逆着浓度梯度将分子送过膜，因此细胞只会消耗很少的能量。

辛格和尼科尔森的模型后来进行了修改，但毋庸置疑，它清晰地描述了细胞膜的结构和功能。■

植物依靠渗透作用让细胞充满水分，直到细胞变得僵硬。与动物细胞不同的是，坚固的细胞壁不会因吸水过多而破裂。失水会使细胞萎缩，植物枯萎。

渗透作用

细胞要生存，物质就必须通过细胞膜进出，物质通过简单的扩散（diffusion）、蛋白质的主动运输（active transport）和渗透（osmosis）来达到这一目的。

渗透作用是指水分子通过膜从水分子浓度高的区域向水分子浓度低的区域移动。膜必须具备足以让水分子通过但又能阻挡其他任何溶于水的物质的渗透性，因此只有水分子可以通过。浓缩溶液中的水分子比稀释溶液

中的少，水分子总是从稀释的部分流向浓缩的部分，这种简单的移动对活细胞而言至关重要。

细胞内和细胞周围液体浓度相同的现象被称为等渗，此时水分子没有运动。当细胞外液体相对稀释（低渗）时，水分子被吸入细胞中，细胞膨胀；如果细胞外液体浓度较高（高渗），水分子就会流出，细胞便会缩小。

FOOD
AND ENERGY

食物与能量

生理学家桑托里奥·桑托里奥（Santorio Santorio）在大约30年的时间里，称量自己、所有饮食和排泄物的重量。

↑

16世纪**80**年代

詹姆斯·林德（James Lind）观察到，某些食物含有维持健康所必需的营养物质。

↑

1747年

威廉·普劳特（William Prout）确定了三种主要的食物组（碳水化合物、脂肪和蛋白质）。

↑

1827年

17世纪初

↓

通过测量柳树的重量及土壤和水的总量，扬·范·海尔蒙特（Jan van Helmont）证明了植物通过吸收水分来增加重量。

1783年

↓

拉扎罗·斯帕兰扎尼（Lazzaro Spallanzani）解释说，消化不仅是一种机械过程，还是一个化学过程。

1840年

↓

有机化学的先驱尤斯图斯·冯·李比希（Justus von Liebig）证明，食物和生物体都是由含碳的有机物组成的。

在生物研究中，特别引人关注的焦点是生命通过营养物质维系自身的方式，以及生物如何处理这些营养物质，以为其必要功能提供能量。

理解这些过程需要的远不只简单研究生物的解剖结构，还需要通过更具实验性的方法来研究它们的生理功能，即它们的运作方式。桑托里奥·桑托里奥是这种实验生物学方法的先驱，从16世纪80年代开始，他进行了一项长达约30年的实验：他仔细地称量了自己、所有饮食及所排泄的尿液和粪便的重量，并观察这些重量的差异。结论是，一定有某种"无形的出汗"能解释这些差异。他的实验引发了人们对动物从食物中提取能量的方

式的进一步研究，这一过程后来被安托万·拉瓦锡（Antoine Lavoisier）比作燃烧空气中的燃料。

营养和生长

17世纪初，扬·范·海尔蒙特用类似的方法研究了植物的营养成分和生长过程。他测量了一棵柳树的质量及其所处位置上土壤和水的质量，并观察到柳树通过吸收水分生长。18世纪70—80年代，让·瑟讷比埃（Jean Sénébier）的实验表明，植物也会利用二氧化碳（CO_2）来生长。扬·英格豪斯（Jan Ingenhousz）和约瑟夫·普里斯特利（Joseph Priestley）发现，植物会将氧气作为副产品排放出来。不过最重要的是，英格豪斯

证明了阳光也是这一过程的要素之一，为光合作用概念的提出奠定了基础。

17—18世纪，科学研究空前进步，取得了许多开创性发现。1747年，詹姆斯·林德在对营养和生长过程拥有一定理解的基础上，证明了某些营养素对生命和健康而言必不可少，食物中的不同成分具有各自特定的营养功能。之后，威廉·普劳特确定了三种必需食物组（碳水化合物、脂肪和蛋白质），并根据它们的化学性质进行分类。尤斯图斯·冯·李比希在此基础上证明，所有食物都是由有机物构成的，这些有机物可通过其化学组成特别是碳和氢的组合方式来区分，这种对有机物的定义标志着

路易·巴斯德发现酵母细胞可以在没有氧气的情况下引起发酵。

埃米尔·费歇尔（Emil Fischer）描述了特定酶触发不同化学反应的过程。

梅尔文·卡尔文（Mervin Calvin）证明，植物的光合作用涉及一个循环反应，该反应从空气中吸收二氧化碳，产生营养物质。

19世纪**50**年代

1894年

20世纪**60**年代

1876年

1937年

威廉·屈内（Wilhelm Kuhne）解释说，新陈代谢的化学反应需要生物体产生的催化剂，他称之为酶。

汉斯·克雷布斯（Hans Krebs）描述了生物体内的代谢反应是如何遵循化学途径，形成循环反应序列的。

有机化学的开端。

新陈代谢

人们逐渐认识到，在从食物中提取能量的过程中，化学反应是一个重要因素。18世纪末之前，消化，即食物被分解以便为细胞提供营养的方式，一直被认为是一种机械过程。1783年，拉扎罗·斯帕兰扎尼证明，动物的消化道不仅能在物理意义上分解食物，还会释放消化液，在化学意义上将食物分解成分子。

19世纪，饮食成为生物学家的研究重点，也正是葡萄酒行业的问题引发了路易·巴斯德对发酵过程的研究。他发现，活酵母细胞在一种名叫厌氧呼吸（不需要氧气的

生命）的过程中产生了营养物质，而李比希认为发酵是一种纯粹的化学反应，两人因此产生了分歧（译者注：以李比希为首的德国化学家否认微生物的存在，反对"活力论"，也反对引入未知的神秘因素来解释化学反应。正是由于巴斯德等人的杰出工作，微生物学才开始成为一门独立的学科）。几年后，他们的争论才被爱德华·布赫纳（Eduard Buchner）解决：是酵母的酶（无论酵母是否活着）触发了发酵过程。

"酶"这一术语是由威廉·屈内提出的，他观察到，细胞中的化学反应，即新陈代谢，只会在催化剂存在的情况下发生——催化剂是能触发化学反应，但自身保持不变

的化学物质。生物体会产生特定的催化剂，以加速特定的反应，屈内将这些催化剂称为酶。此后，埃米尔·费歇尔在他关于酶的研究中解释了酶的作用：酶与对应的反应物之间的关系类似于锁和钥匙，每种酶都像是一把锁，恰好可以匹配特定的反应物。

对代谢机制更深入的理解来自20世纪的研究。汉斯·克雷布斯提出了代谢依赖细胞间的化学途径形成循环反应序列的理论；梅尔文·卡尔文研究光合作用，发现了植物细胞中用于合成食物的循环反应。■

生命是一个化学过程

新陈代谢

新陈代谢是维持生物体生命的化学过程，它既是生物体内所有化学反应的总和，也是生物体将食物转化为能量和物质同时排出废物的方式。17世纪初，意大利医生桑托里奥·桑托里奥奠定了理解新陈代谢的统计学基础。

科学的测量

亚里士多德和13世纪的阿拉伯医生伊本·纳菲斯都曾提出过人体的食物摄入、能量和热量生产之间的关系，但桑托里奥意识到，如果没有测量，这种关系就只是个模糊的概念。因此，从16世纪80年代开始，他进行了一项长达30多年的研究。他制作了一把可以称量自己体重的椅子，同时详尽称量了他所有吃喝的食物、饮品，以及所产生的尿液和粪便。桑托里奥精确记录了体重的每一个变化，并

发现每吃一磅食物，他都会排出不到半磅的废物，他由此得出结论：摄入与排泄之间之所以存在差异，是由于"无形的出汗"，即呼吸过程中从体表或口腔散失的热量和水分。他还发现，这种出汗活动会随环境条件、健康状况和饮食内容的变化而变化。他对其他人也进行了

桑托里奥的称重椅悬挂在一个杆秤的短臂上——这是一个带有长刻度臂的装置，通过沿刻度臂移动砝码直到平衡来称重。

参见： 实验生理学 18~19页，生命的细胞本质 28~31页，必需营养素 56~57页，呼吸作用 68~69页，血红蛋白 90~91页。

桑托里奥在进食前后立即给自己称重。

他在排便和排尿前后分别给自己称重。

所吃食物的重量是排泄流失重量的**两倍**。

重量的差异源自身体表面和呼吸过程中"无形的出汗"。

桑托里奥·桑托里奥

1561年出生的桑托里奥，在意大利帕多瓦大学——当时领先的医学院学习医学。1582年毕业后，他作为一名医生行医数年。他在威尼斯遇见了伽利略，两人保持书信往来。桑托里奥非常有创造力，他发明了早期的临床温度计和脉搏仪——第一种用于测量脉搏的精确时钟，还发明了风速计和计算水流速度的仪表。

桑托里奥在实验生理学领域的开创性研究最为有名，尤其是他使用自制称重椅进行的实验。1611年，他成为帕多瓦大学的理论医学教授，但学生们抱怨他过于专注研究，他因此辞去教职，返回威尼斯从事医疗实践，并被任命为威尼斯医学院院长。他于1636年去世。

主要作品

1614年 《论医学测量》

类似实验。1614年，他将研究成果汇总成书，出版了《论医学测量》【*De Statica Medicia（On Medical Measurement）*】一书。他在书中强调，身体摄入与这种"无形的出汗"之间保持良好平衡对于健康而言十分重要。这是关于新陈代谢的首个研究。

化学反应

法国化学家安托万·拉瓦锡相信，燃烧和呼吸背后的化学过程实际上是相同的。他和其他科学家的实验表明，动物呼吸时消耗氧气并产生废物二氧化碳——正如他正确地认为的那样，物体燃烧时也是如此。1784年，他制造了一种称为冰量热计的装置来进行实验，该装置中冰的融化量能反映密闭空间内燃烧和呼吸产生的热量。他将燃烧的木炭放入密闭空间中，并在空间中放入一只活豚鼠，木炭和豚鼠都消耗氧气并产生热量。燃烧的木炭能迅速产生热量，豚鼠产生热量的

速度则较慢——但显然，燃烧和呼吸以相同的方式产生热量。

拉瓦锡想知道身体的氧气消耗是否会变化，于是他让助手戴上一个供氧量可控的面罩，并测量气体的吸入量。他发现，身体在运动时消耗的氧气比休息时所消耗的更多，进食时和感到寒冷时也会消耗更多氧气。

现在我们知道，动物吸入氧气时，一种名为细胞呼吸的燃烧形式会在体内产生热量，食物会为此过程供能。氧气与食物中的葡萄糖一起进入人体的细胞中，细胞消耗葡萄糖并释放其能量，葡萄糖中的氢与氧结合生成水，碳与氧结合生成有毒的二氧化碳，二氧化碳会被排出体外。

相互关联的化学反应是新陈代谢的核心，也是所有生物分解和合成物质以维持生命的方式。新陈代谢使生区别于死。■

植物具有净化不良空气的能力

光合作用

绿色植物、藻类和蓝藻利用水、太阳能和二氧化碳来生长，这个过程被命名为光合作用（photosynthesis），源于希腊语的"光"（phos）和"合成"（sunthesis）。光合作用产生的废物是氧气，会被植物释放到大气中。

进行光合作用的生物被称为光能自养生物，因为它们利用光能将无机物（主要是二氧化碳和水）转化为有机分子——用作食物的糖类。植物还从风化的岩石和土壤里被分解的动植物中获取养分。

光能自养生物构成了每条食物链的基础，能量通过一个生物体对另一个生物体的摄食而流动。植物和其他光能自养生物几乎养活了地球上所有不进行光合作用的生物，所有直接以光能自养生物为食的生物都是食草动物，以食草动物或其直接捕食者为食的动物也间接地食用了光能自养生物。如果没有植物进行光合作用，我们所知的生命将无法存在。然而，直到17世纪，科学家才开始研究植物是如何

> **说植物能从空气中创造生命不仅仅是比喻。**
> 迈克尔·波伦（Michael Pollan），
> 美国科普作家

促进自身生长的。

水

17世纪初，人们认为植物生长和质量增加均源于其所在的土壤，荷兰裔比利时医生和化学家扬·范·海尔蒙特受德国学者库萨的尼古拉的启发，专门设计了一个验证实验：他在一个装有91千克土壤的大花盆里，种下一棵2.2千克的小柳树。

给这棵柳树持续浇水五年后，海尔蒙特再次称重了柳树和土

参见： 复杂的细胞 38~41页，新陈代谢 48~49页，必需营养素 56~57页，有机化学的开端 61页，光合作用反应 70~71页，植物的蒸腾作用 82~83页，食物链 284~285页，再循环与自然周期 294~297页。

壤，柳树增重74千克，而土壤只减少了57克。他得出结论，植物生长需要的是水而非土壤，甚至所有东西都是水的产物。

海尔蒙特的结论不完全正确。他没有意识到，土壤在提供植物生长所需的矿物质方面发挥了作用。他是证明植物需要水才能生长的第一人，也因此发现了光合作用的第一种反应物。他还进行了许多关于化学反应释放的气体的实验，并创造了"气体"（gas）这个术语，其中他命名的"树木气体"（gas sylvestre），后来被称作"固定空气"或二氧化碳。

| 水 | 二氧化碳 | 光 |

绿色植物通过光合作用生成食物（糖）来促进生长

氧气被释放到空气中

氧气

18世纪末，英国博物学家、牧师、化学家和教育家约瑟夫·普里斯特利研究了空气。当时他支持一种假说，即空气会被一种叫作燃素（phlogiston）的不可见有害物质"污染"，这种物质在可燃物燃烧时被释放出来。

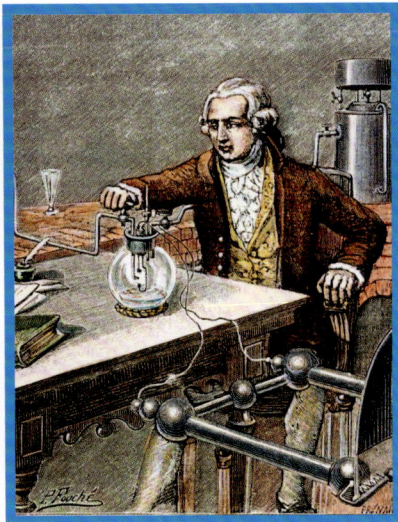

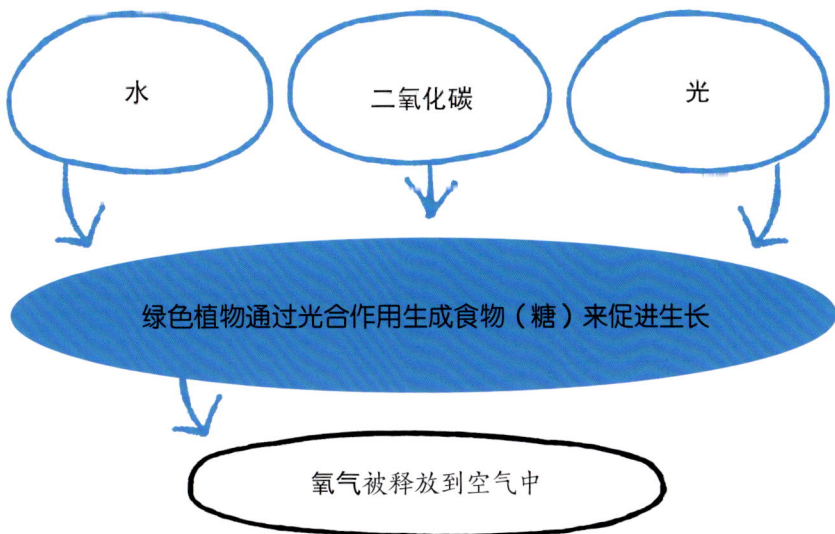

普里斯特利在他于18世纪70年代出版的《不同种类空气的实验与观察》（*Experiments and Observations on Different Kinds of Air*）中描述了自己的众多实验，其中之一发现：空气不是单一物质，而是多种气体的混合物。他分离出了几种气体，包括1774年被他命名为"脱燃素空气"的气体，该气体似乎能净化被燃素"污染"的空气，如燃烧蜡烛后罐子里被耗尽的空气。

1774年，普里斯特利还观察到，一只被单独放在密封钟罩里的老鼠会死去，但如果在钟罩里再放一枝薄荷，老鼠就能活下来。他总结道，植物会释放出"优质"的

1778年，安托万·拉瓦锡证明燃烧涉及与氧气（他于1779年命名了该气体）发生的反应，从而推翻了燃素理论，但并非所有科学家都同意他的观点。

空气，可以"净化"钟罩里被"污染"的空气，使老鼠得以生存，植物能释放氧气的事实由此确立。同年晚些时候，法国化学家安托万·拉瓦锡重复了普里斯特利的实验，并分离出了相同的气体。

光与绿叶

1779年，受普里斯特利研究的启发，荷兰化学家扬·英格豪斯通过测试植物产生"脱燃素空气"的量和光对植物的影响，研究了植物生长所需的条件。

英格豪斯进行了500多次实验，并在其1779年的专著《植物实验》（*Experiments upon Vegetables*）中做了详细描述。他使用一种水生植物——眼子菜进行实验，以便观察植物释放的气泡。为了证明气泡中的气体是"脱燃素空气"，他收集了这些气泡并将其点燃。英格豪斯证明，这些气泡只会

瑟讷比埃证明植物吸收二氧化碳的实验，使用钟罩来控制每株植物周围的空气成分。如果将二氧化碳从空气中提取出来，钟罩A里的植物就无法生长；钟罩B里的空气含有二氧化碳，所以植物能继续生长。

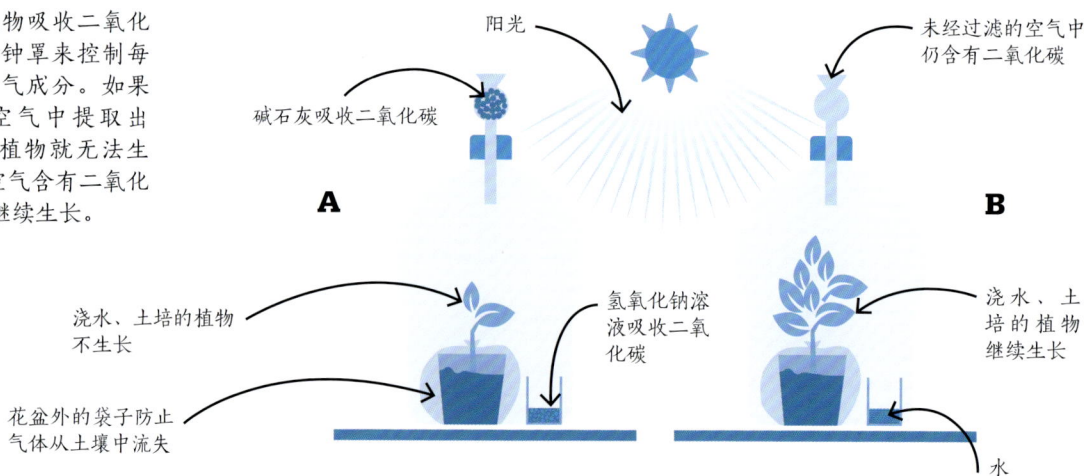

阳光

未经过滤的空气中仍含有二氧化碳

碱石灰吸收二氧化碳

A

B

浇水、土培的植物不生长

氢氧化钠溶液吸收二氧化碳

浇水、土培的植物继续生长

花盆外的袋子防止气体从土壤中流失

水

在眼子菜见光时冒出，而非在温暖的环境中出现。植物对光的需求成为理解光合作用的又一个依据。

他还描述道，只有绿色的叶和茎才会释放氧气；光线明亮时植物会释放更多氧气；植物在夜间会用"固定空气"（二氧化碳）"污染"空气。

二氧化碳

瑞士博物学家、植物学家兼牧师让·瑟讷比埃摒弃了"植物吸收坏空气和燃素以释放好空气（氧

气）"的观念。1782年，瑟讷比埃描述了一项精巧的实验：准备两个透明钟罩，每个钟罩里各有一株植物，并且都具备水源和阳光（见上）。其中一个钟罩暴露在空气中，另一个被密封起来并被去除"固定空气"（二氧化碳）。两个钟罩里各有盛有等量水的容器，但密封钟罩里的水中含有氢氧化钠，用于吸收钟罩内的二氧化碳。能接触到含二氧化碳的空气的植物继续生长，而缺乏二氧化碳的植物则停止生长。

植物收集无机形式的碳（如二氧化碳）并将碳原子转化为有机化合物的能力被称为碳固定（carbon fixation）。

瑟讷比埃得出结论，绿色植物在阳光下吸收二氧化碳，将其用作促进生长的食物。他还证实了叶子会释放氧气，尽管他误认为这种"纯净空气"是"固定空气"转化的产物。

1804年，瑞士化学家西奥多·德·索绪尔（Théodore de Saussure）在称重和测量容器中的植

物及其周围的气体后提出，水也必然有助于植物重量的增加。他发现，生长中的植物吸收的二氧化碳重量轻于它所产生的有机物质和氧气的总重量，因此只有水可以解释这一差异。

绿色的颗粒

两位法国药剂师约瑟夫·比耶梅·卡旺图（Joseph-Bienaimé Caventou）和皮埃尔-约瑟夫·佩尔蒂埃（Pierre-Joseph Pelletier），从蔬菜植物中提取并研究了多种生物碱，发现了咖啡因、士的宁、奎宁等神奇的成分。1817年，他们分离出植物中的绿色色素，并将这种物质命名为叶绿素（chlorophyll），源于希腊语的"绿色"（chloros）和"叶子"（phyllon）。

德国植物学家雨果·冯·莫尔通过显微镜研究了绿色植物细胞，并于1837年将叶绿素描述为颗粒（chlorophyllkörnern），尽管他当时并未意识到它们的作用。

秋天叶子的颜色变化是叶绿体停止产生叶绿素的结果，这通常会掩盖叶片中的其他色素，如橙色、黄色和红色类胡萝卜素。

能量

到19世纪中期，植物增加重量这一过程中所涉及的基本成分和产物已经确定。德国医生兼物理学家尤利乌斯·罗伯特·冯·迈尔（Julius Robert von Mayer）认识到，该过程实际上是一种能量转换过程。他是为热力学第一定律（能量守恒定律）做出贡献的几位科学家之一。1841年，他描述了这一定律，指出能量不能被破坏或创造。

1845年，迈尔提出植物将光能转化为化学能或"能量差"。在光合作用中，来自太阳的能量会引发一系列化学反应，从空气中收集碳原子并将其转化为糖分子，为植物提供能量。

叶绿素的作用

光合作用产生的简单的糖（译者注：三碳糖）会被植物转化为葡萄糖，以满足其直接的能量需求，任何剩余的葡萄糖分子都会串成大

> 植物吸收一种形式的能量：光能，并产生另一种形式的能量：化学能。
>
> 尤利乌斯·罗伯特·冯·迈尔

的支链，生成淀粉。淀粉是植物的储存分子，用作能量储备。葡萄糖和淀粉是不同形式的碳水化合物。

1862—1864年，德国植物学家尤利乌斯·冯·萨克斯（Julius von Sachs）用碘给叶片中的淀粉颗粒染色，证明了淀粉只在光照条件下生成。1865年，借助最新的显微镜，他描述了淀粉是如何只在叶绿素颗粒内部形成的。这证实了叶绿体一定是光合作用的场所。

1882年，德国生理学家西奥多·恩格尔曼（Théodor Engelmann）进行了一个精妙的实验，证明了植物细胞中的叶绿体可以释放氧气。他用棱镜将光谱投射到显微镜下的绿藻丝上。玻片上添加了需氧菌，在蓝光或红光的照射下，这些细菌会聚集到绿藻上，这表明叶绿素吸收红光和蓝光来产生氧气。绿光的波长不会被叶绿素吸收，但会被反射回来，所以我们的眼睛看到了绿色。

直到20世纪，分子化学的进步才使下一步研究——揭示光合作用的化学反应过程成为可能。■

蓝藻

能进行光合作用的单细胞蓝藻生活在水中，和植物一样，含有叶绿素，能利用二氧化碳、水和阳光产生氧气、糖和其他有机分子。

约35亿年前，地球的原始大气中氧气含量极少，但那个时代的化石显示当时已存在蓝藻。人们认为，蓝藻将光合作用的废料——氧气排放到大气中，改变了地球的进化轨迹。在含氧的大气中，生物能够利用氧气从食物中获取更多能量，并为更大的多细胞生物提供动力。

蓝藻（以前叫作蓝绿藻）也是一种固氮菌：它们直接从空气中获取氮，将其融入蛋白质和核酸等有机分子中。这种能力使它们成为食物链底层的高营养光能自养生物。

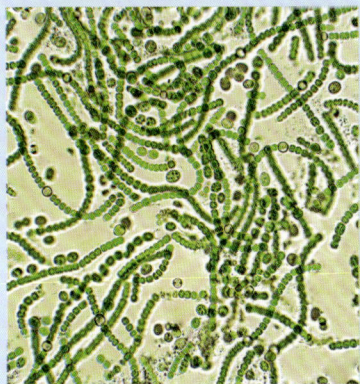

蓝藻（这里属于念珠藻属）常见于淡水和海水中，与细菌相比，它们的细胞相当大。

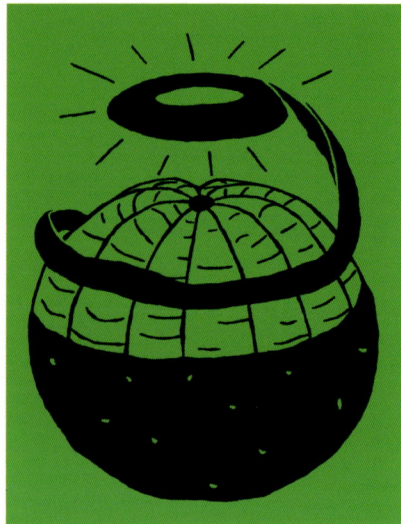

橘子和柠檬的功效

必需营养素

背景介绍

关键人物
詹姆斯·林德（1716—1794）

此前

约公元前3800年 一具骨骼异常的婴儿骨架表明，当时的埃及已存在坏血病（维生素C缺乏症）。

约公元前1550年 古埃及的埃伯斯纸草书卷首次描述了坏血病。

1500年 探险家佩德罗·卡布拉尔（Pedro Cabral）舰队的水手食用橙子和柠檬来治疗坏血病。

1614年 英国军医约翰·伍德尔（John Woodall）注意到食用柑橘类水果可以治愈坏血病。

此后

1912年 波兰生物化学家卡西米尔·冯克（Casimir Funk）列出了四种能预防特定疾病的重要维生素。

1928年 匈牙利生物化学家阿尔伯特·圣捷尔吉（Albert Szent-Gyorgyi）分离出了抗坏血酸（维生素C）。

定期食用**柑橘类水果**，水手的**坏血病症状**就能消除。

⬇

其他疗法，如饮用醋，对改善**患坏血病水手**的症状毫无作用。

⬇

身体需要柑橘类水果含有的一种物质来执行重要功能——如果没有它，人就容易得坏血病。

11—13世纪欧洲十字军远征期间，医生和军事指挥官注意到了一种容易在长途陆路行军时击垮军队的疾病，该疾病被命名为坏血病，症状是疲劳、牙龈出血、骨质疏松和骨骼异常，最终可能致人死亡。14—18世纪，文艺复兴和大航海时代见证了贸易的扩展和海上强国的崛起，在长年累月的航海中，坏血病是导致水手患病和死亡的最大原因。

坏血病的成因

虽然坏血病的科学基础尚未确立，但许多航海者和医生已知道它与水手们不均衡的饮食有关。水手们的饮食仅限于航程开始时带上船的食物，如饼干和咸牛肉，他们无法获得新鲜的食物。尽管有些人逐渐意识到，食用蔬菜和新鲜水果，尤其是柑橘类水果，可以预防坏血病，但海军和医疗机构忽视了这一建议，部分原因是许多医生持

参见： 食物组 60页，酶作为生物催化剂 64~65页，酶的运作方式 66~67页，呼吸作用 68~69页。

18世纪，英国探险家詹姆斯·库克（James Cook）在法属波利尼西亚的莫雷阿岛（Moorea）等港口为自己的舰队补充包括柑橘类水果在内的新鲜农产品，以帮助对抗坏血病。

有其他（错误的）观点，如坏血病是由消化系统失调引起的，可以通过服用泻药来预防。

坏血病实验

1747年，苏格兰海军外科医生詹姆斯·林德首次谨慎地研究了治疗坏血病的各种方法。他当时在英国皇家海军的索尔兹伯里号（HMS Salisbury）上工作，他将12名患有坏血病的水手分成6对，每对每天服用一种据说有效的药物。这些药物共有6种，分别是苹果酒、稀硫酸、醋、海水、两个橙子加一个柠檬、由香料糊制成的泻药。几天内，食用了橙子和柠檬的水手的症状开始好转，而其他人依然患病。林德得出结论，柑橘类水果中的某种特定物质可以治愈甚至预防坏血病。

林德的实验是现代医学最早的临床试验之一，并引出了必需营养素（essential nutrients）的概念，必需营养素指身体正常运作所需的物质。然而，由于人体无法自我生成这些物质，所以我们必须确保饮食中包含它们。现在我们知道，预防坏血病所需的必需营养素是维生素C——有好几种代谢酶都需要它才能正常运作。1928年，维生素C首次被分离为一种分子。彼时的人们已经了解了其他几种疾病与缺乏相应营养素之间的联系，这些疾病被统称为营养缺乏病（nutritional deficiency diseases）。如今，已知的必需营养素约有40种，包括13种维生素（小的有机分子）和16种矿物质，如钙、铁等元素。

虽然林德的实验证明了食用柑橘类水果可以治愈和预防坏血病，但英国皇家海军在40年后才采纳了他的建议。1795年，海军开始向长途航行的水手发放柠檬汁以预防坏血病。■

营养缺乏病

除坏血病外，还有两种典型的营养缺乏病：缺乏硫胺素（维生素B1）引起的脚气病（beriberi），以及缺乏维生素D引起的佝偻病（rickets）。小麦粉和大米天然含有硫胺素，但碾磨和其他加工过程会导致硫胺素流失，所以脚气病在以加工过的白米为主要饮食的地区更为普遍。佝偻病高发于饮食缺乏富含维生素D的食物（如肥鱼、蛋黄和强化早餐麦片）的人群中，尤其是那些很少晒太阳的人，因为阳光照射皮肤可以使身体合成一些维生素D。其他常见的营养缺乏病还包括维生素B12缺乏性贫血，易发于素食主义者中，因为维生素B12只存在于动物性食品中；以及会导致甲状腺肿大和其他健康问题的碘缺乏症。

食物转化为养分的过程

消化

消化过程，即食物被分解成分子，通过血液循环被输送到全身并被细胞吸收的过程，在18世纪前一直是个谜。意大利生物学家拉扎罗·斯帕兰扎尼实现了理解上的突破，他发现胃液中含有分解食物所必需的特定化学物质。

在斯帕兰扎尼之前，医生们对消化过程持有不同的理论。一些人认为，体内的热量"烹煮"食物以产生能量；一些人将消化比作发酵；还有一些人则认为食物通过机械过程被简单地磨碎，即所谓的研磨理论（trituration）。

更古老的理论可追溯到古代由亚里士多德倡导且一直持续到19世纪的"活力论"，该理论认为身体内部的各个过程由一种精神生命力驱动，像消化这样奇妙的过程无法仅用物理术语来解释。

16—17世纪，比利时医生安德烈·维萨里和英国医生威廉·哈维在解剖学上取得了突破性进展。到18世纪初，医生们通过解剖动物

消化过程分为三个阶段，始于口腔的咀嚼和唾液中消化酶的初步分解，然后由胃中的酶和胃酸继续分解，最后由肠道中的酶进一步分解。

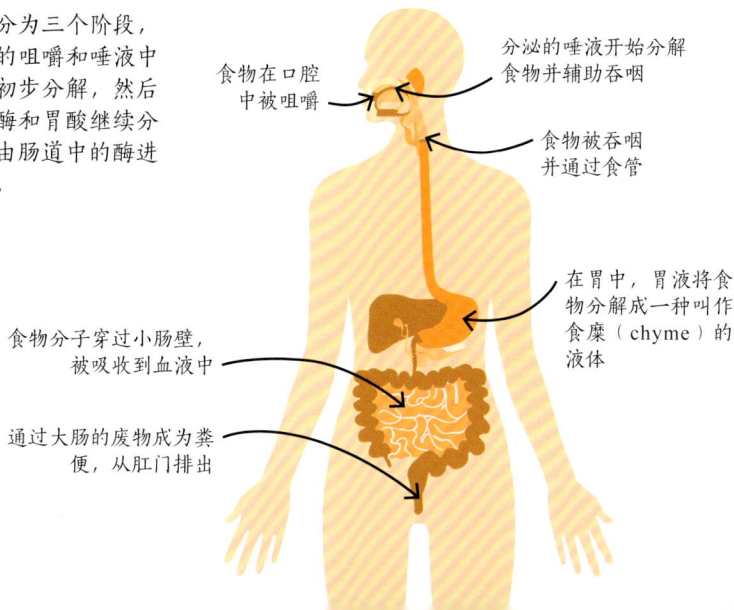

分泌的唾液开始分解食物并辅助吞咽

食物在口腔中被咀嚼

食物被吞咽并通过食管

在胃中，胃液将食物分解成一种叫作食糜（chyme）的液体

食物分子穿过小肠壁，被吸收到血液中

通过大肠的废物成为粪便，从肛门排出

参见： 解剖学 20~25页，新陈代谢 48~49页，必需营养素 56~57页，食物组 60页，有机化学的开端 61页，发酵 62~63页，呼吸作用 68~69页，血液循环 76~79页。

甚至人的尸体，对胃肠道有了更多了解。他们认识到消化液是酸性的，但大多数人仍认为消化是一个机械的而非化学的过程。

胃液

18世纪70年代末，斯帕兰扎尼进行了严谨细致的实验，证明了消化是一个化学过程。此前，法国昆虫学家勒内·安托万·费尔绍·德·列奥米尔（René Antoine Ferchault de Réaumur）曾试图证明，如果消化是纯化学过程，那么它应当可以在体外进行。斯帕兰扎尼改进了列奥米尔的实验设计，将饲料装进有细孔的小圆筒中，再用长绳拴住圆筒，让乌鸦整个吞下，一段时间后他通过拽绳取出圆筒，发现里面的食物已被部分消化。

斯帕兰扎尼还从动物的胃中提取了液体【他称之为胃液（gastric juices）】以进行体外消化实验。他将这些液体保持在体温水

> **如果我着手证明某件事，那我就不是真正的科学家。我必须学会跟随事实的指引，学会摒弃偏见。**
>
> 拉扎罗·斯帕兰扎尼

平，并直观地看到了不同食物的化学分解。他注意到，蔬菜、水果和面包比肉类消化得更快，而且在体外比在胃内需要更长时间，这表明胃壁会在需要时补充胃液，从而提高消化效率。斯帕兰扎尼还强调了咀嚼和口腔中的唾液的重要性：将食物咀嚼成更小的部分可以增加胃液与食物接触的表面积，而唾液本

身含有消化性化学物质。

斯帕兰扎尼的发现为19世纪关于消化的进一步探究铺平了道路，包括1833年美国陆军外科医生威廉·博蒙特（William Beaumont）发现的证据：当时他从一名腹部中弹的患者身上观察、实验并分离出了胃液。1897年，俄国生理学家伊万·巴甫洛夫（Ivan Pavlov）发表了他关于触发胃液分泌的神经系统机制的研究成果，其后来著名的动物条件反射（conditioned reflexes）研究也基于此。■

拉扎罗·斯帕兰扎尼

1729年，拉扎罗·斯帕兰扎尼出生在意大利东北部斯坎迪亚诺（Scandiano）的一个显赫家庭。起初，父亲劝他进入法律行业，但大学期间，他放弃了法学，转而对其他学科产生了浓厚兴趣，包括物理学和自然科学。

30岁出头时，斯帕兰扎尼已成为一名天主教神父，同时在摩德纳大学任教授。1769年，他接受了帕维亚大学的职位，并在那里任职直至1799年去世。他的成就闻名欧洲，并使他成为多个著名科学学会的成员。

除了研究消化，斯帕兰扎尼还进行了重要的动物繁殖研究：他是第一个使用青蛙进行体外受精（in vitro fertilization，简称IVF）的人，他对蝙蝠的实验为20世纪30年代回声定位（echolocation）的发现奠定了基础。

主要作品

1780年 《论动物和植物的生理学》

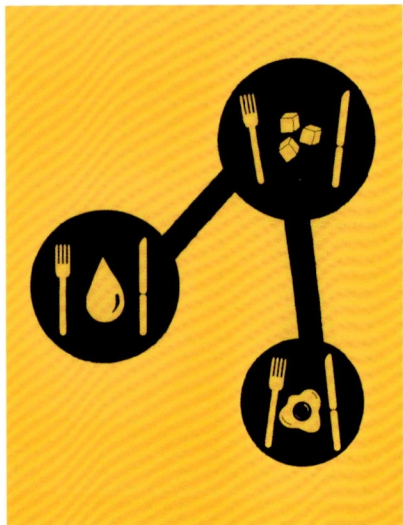

糖、油和蛋白质

食物组

19世纪初，人们已清楚地认识到，生命依赖化学过程，而食物中的某些化学物质在保持健康方面发挥着关键作用。19世纪20年代，英国医生威廉·普劳特通过对消化化学的研究，发现了主要的食物组（food group）。

普劳特分析兔子、鸽子等动物的肠道内容物，发现其中只包含几种由碳、氢和氧组成的基本物质。当在几种动物的胃中发现了盐酸后，他更加确信消化过程的化学性质。普劳特共撰写了三篇关于食物中化学物质（他称之为营养物质）的论文。其中的第一篇论文发表于1827年。普劳特将食物分为三"类"（principle）：糖（碳水化合物）、油（脂肪）和蛋白（蛋白质）。这是首次对主要食物类别进行明确的阐述。

如今，人们了解到，碳水化合物是由碳、氢和氧构成的糖和淀粉，它们为细胞提供基本的能量。脂肪和油（脂类）同样由碳、氢和氧构成，用于为身体储备能量和维生素、生产激素、保护器官。蛋白质则承担了多重任务，从构建肌肉到抵御感染等。蛋白质由20多种氨基酸构成，而氨基酸又是由碳、氢、氮、氧或硫组成的。■

红肉、鱼、蛋、奶酪、坚果和西蓝花等食物中富含动物身体生长和修复所必需的蛋白质。

参见：有机物可以是人造的 27页，创造生命 34~37页，必需营养素 56~57页，消化 58~59页，有机化学的开端 61页。

不存在比碳更合适的生命元素

有机化学的开端

天然物质分为两大类：无机物，如岩石中的矿物质，以及有机物——那些存在于或源自生物体的物质，如食物。

1828年，德国化学家弗里德里希·维勒证明哺乳动物尿液中的一种有机成分——尿素，可以在实验室用无机物通过化学反应制造出来。此后，关于有机物本质的研究激增。

研究进展

1831年，德国化学家尤斯图斯·冯·李比希完善了精确测定有机化合物中碳、氧和氢含量的技术。随后，他展开了涉及食品化学、动植物营养、呼吸作用等领域的研究，揭示了食物和生物体的化学成分主要是由含碳原子的分子组成的。

后来，化学家发现，有机物丰富、复杂的多样性源于碳原子的特质：它们可与多达四个其他原子

> 含有碳的分子种类比所有其他分子种类的总和还要多。
>
> 尼尔·德格拉斯·泰森（Neil deGrasse Tyson），美国天体物理学家

（包括其他碳原子）形成键，从而使得生物体内能够构建出基于链状和环状碳结构的复杂大分子。这些大分子主要分四类：蛋白质、碳水化合物、脂类和核酸。简言之，如果没有碳，地球上的生命就不可能存在。■

参见：有机物可以是人造的 27页，创造生命 34~37页，光合作用 50~55页，食物组 60页，发酵 62~63页，光合作用反应 70~71页。

没有游离氧的生命活动

发酵

路易·巴斯德最初以化学家的身份成名，在被任命为法国里尔大学理学院院长时，当地一名葡萄酒生产商请他调查发酵过程中酒水变酸的问题。那时，即19世纪50年代，发酵被广泛认为是一个纯粹的化学过程，而非生物过程。然而，一些人对此持不同意见。

以西奥多·施旺为首的几位科学家观察到，在将糖转化为酒精的发酵过程中，酵母作为一种生物体参与了发酵，酵母通常以一种名为出芽生殖的方式进行繁殖。施旺还证明，酵母停止繁殖时，发酵过程便会停止，正如酵母是启动发酵过程的关键一样。推论很明确：发酵时将糖转化为酒精的过程，是依赖生物体行为的生物过程的一部分。鉴于这一点，巴斯德开始研究葡萄酒、啤酒和醋在生产过程中变质的原因。他的实验不但证实了施旺的理论，而且进一步表明，在这个有机过程中，活酵母细胞从糖等营养物质中获得能量，同时将其转化为酒精和二氧化碳。巴斯德还证实，发酵可以在没有氧气的情况下发生，或者用他的话来说，就是"无空气的生命"。

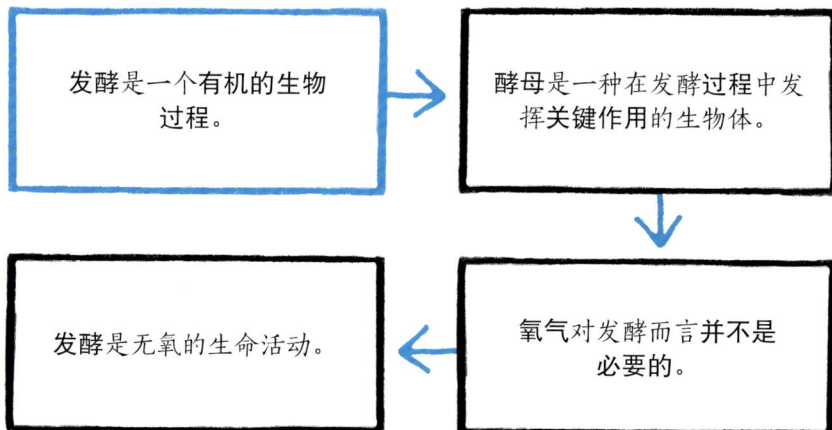

```
┌─────────────────────┐      ┌─────────────────────┐
│ 发酵是一个有机的生物 │ ───> │ 酵母是一种在发酵过程中发 │
│ 过程。               │      │ 挥关键作用的生物体。 │
└─────────────────────┘      └─────────────────────┘
                                        │
                                        ▼
┌─────────────────────┐      ┌─────────────────────┐
│ 发酵是无氧的生命活动。│ <─── │ 氧气对发酵而言并不是 │
│                     │      │ 必要的。             │
└─────────────────────┘      └─────────────────────┘
```

参见： 有机化学的开端 61页，酶作为生物催化剂 64~65页，酶的运作方式 66~67页，疾病细菌说 144~151页。

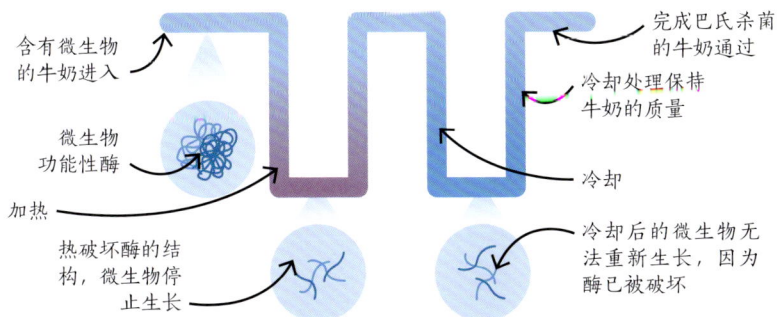

含有微生物的牛奶进入

微生物功能性酶

加热

热破坏酶的结构，微生物停止生长

完成巴氏杀菌的牛奶通过

冷却处理保持牛奶的质量

冷却

冷却后的微生物无法重新生长，因为酶已被破坏

牛奶的巴氏杀菌于1882年首次投入商用。该方法通过加热牛奶来破坏其中的有害微生物，从而延长牛奶的储存时间，并预防伤寒和结核病等疾病的暴发。

巴氏杀菌法

在确定发酵的有机性质后，巴斯德对微生物的世界产生了浓厚兴趣。对葡萄酒和啤酒行业来说，巴斯德对发酵的研究揭示了一条重要信息：不同类型的微生物会导致不同类型的发酵，并非所有类型的发酵都是酒商所希望的，例如，特定类型的酵母能产生葡萄酒中的酒精，但其他类型的酵母则会导致葡萄酒酸败。

为防止葡萄酒和啤酒不理想的发酵或导致牛奶变酸的发酵，巴斯德建议快速加热和冷却液体，以杀死导致不利发酵的微生物并防止其繁殖，这一过程被称为巴氏杀菌（pasteurization）。

然而，德国科学家尤斯图斯·冯·李比希反对微生物参与了发酵的观点，坚持认为发酵纯粹是无机的。直到1897年，"李比希-巴斯德之争"才被德国化学家爱德华·布赫纳解决。他发现，没有活细胞的酵母提取物也能够将葡萄糖转化为乙醇，他因此得出结论：导致发酵的是酵母细胞中的酶，而不是活酵母本身。■

右图为路易·巴斯德在研究啤酒时用于冷却和发酵的设备。巴斯德对微生物的后续研究促成了巴氏杀菌的发明。

路易·巴斯德

1822年，巴斯德出生于一个皮匠家庭，后在法国汝拉地区长大。在贝桑松学习后，他进入巴黎高等师范学院，1847年获物理和化学博士学位。1848年，巴斯德被任命为斯特拉斯堡大学的化学教授，随后在里尔大学、巴黎高等师范学院和索邦大学任职。在里尔，他开始研究发酵，这激发了他对微生物的兴趣，最终促成了牛奶巴氏杀菌和首批疫苗的诞生。1859年，巴斯德参加了一场反驳自然发生说的最佳实验竞赛，他的获奖实验是在天鹅颈瓶中煮沸肉汤，从而阻挡空气中的微生物进入。1895年去世后，巴斯德在巴黎圣母院大教堂享受了国葬待遇。

主要作品

1878年《有组织的微生物在发酵、腐败和传染中的作用》

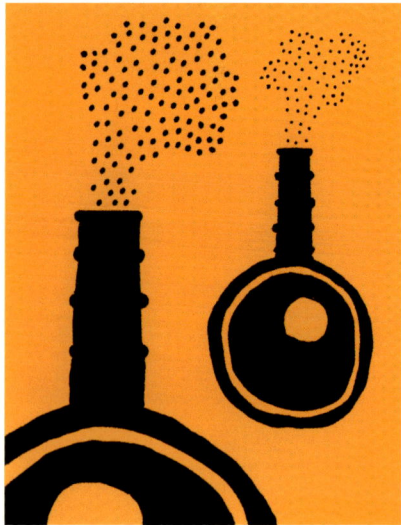

细胞是化学工厂
酶作为生物催化剂

背景介绍

关键人物
威廉·屈内（1837—1900）

此前

1752年 法国科学家勒内·安托万·费尔绍·德·列奥米尔研究了胃液在消化食物过程中的作用。

1857年 路易·巴斯德提出发酵的微生物理论（germ theory of fermentation），将发酵过程与生物体联系起来。

此后

1893年 德国化学家威廉·奥斯特瓦尔德（Wilhelm Ostwald）将酶归类为催化剂。

1894年 德国化学家埃米尔·费歇尔提出了锁钥模型（lock-and-key model），用于解释酶与其目标分子相互作用的方式。

1926年 美国化学家詹姆斯·萨姆纳（James Sumner）获得了脲酶晶体，并证明了它是一种蛋白质。

活细胞在获取维持自身所需能量的同时，其内部发生着大量的生化活动。这种细胞活动叫作新陈代谢，是维持生命所需的化学和物理变化过程，包括修复和更新组织、从食物中获取能量，以及分解废物。大多数代谢反应并不会主动发生，而需要通过催化剂参与的催化作用（catalysis）才能实现。催化剂是一种只改变反应速度而不改变自身性质的物质，这种特性使其能够进一步催化反应。

现在人们知道，酶是生物催化剂，促进维持生命的基本化学反应发生。如果没有酶，生命依赖的反应将会变得过慢，从而无法维持生命。

1833年，法国化学家安塞姆·佩恩（Anselme Payen）和让·弗朗索瓦·佩尔索兹（Jean François Persoz）首次分离出一种酶【他们称之为酵素（ferment）】。他们进行了一项实验，从发芽的大麦中提取出一种能将淀粉转化为糖的物质，并将其命名为淀粉糖化酵素（diastase），即现在的淀粉酶（amylase）。两年后的1835年，瑞典化学家永斯·雅各布·伯齐利厄斯发明了"催化剂"一词，用于描述那些促进化学反应而不改变自身性质的物质。第二年，德国生理学家西奥多·施旺在研究消化过程时发现了胃蛋白酶（pepsin），这是首个从动物组织中提取的酶。在接下来的几年里，其他化学家陆续发现了更多种类的酶。

酿造酒精饮料的发酵过程已有数千年历史，但直到19世纪，人们才发现这一过程是由活生物体引

> ❝
> （催化剂）形成新的化合物，而它们自身不参与这些化合物的形成。
> 永斯·雅各布·伯齐利厄斯
> ❞

参见：新陈代谢 48~49页，消化 58~59页，有机化学的开端 61页，发酵 62~63页，酶的运作方式 66~67页。

发的。19世纪50年代末，路易·巴斯德在研究酵母将糖转化为酒精的发酵过程时，认为发酵是由酵母细胞内的"酵素"引发的，这些物质只能在活生物体内发挥作用。德国生物化学家尤斯图斯·冯·李比希挑战了巴斯德的观点，认为发酵是一个纯粹的化学过程，不需要微生物参与。

非生命物质

1876年，威廉·屈内发现了胰蛋白酶（trypsin），这种酶在胰腺中生成，在小肠中分解蛋白质。他是第一个使用"酶"一词的科学家，酶后来被用来指代像胃蛋白酶和淀粉酶这样的非生命物质，而"酵素"指与生物体相关的化学活性。随后，在1897年进行的一系列实验中，德国化学家爱德华·布赫纳研究了酵母提取物——而非活酵母细胞——发酵糖的能力。他

发现，即使没有活酵母细胞存在，发酵也会发生，这有效地结束了关于发酵是否需要生物体参与的争论。他将促进发酵的酶命名为酿酶（zymase，实际上是一组酶）。

酶通常以其作用的分子来命名——由底物（substrate）的名称加上后缀-ase构成。例如，乳糖酶（lactase）分解乳糖（lactose）——一种存在于牛奶中的糖。这种命名系统由法国微生物学家埃米尔·杜克洛（Emile Duclaux）于1899年提出。■

胰蛋白酶（见以下模型）与精氨酸（arginine）和赖氨酸（lysine）分子结合，分解肠道中的蛋白质，辅助消化。

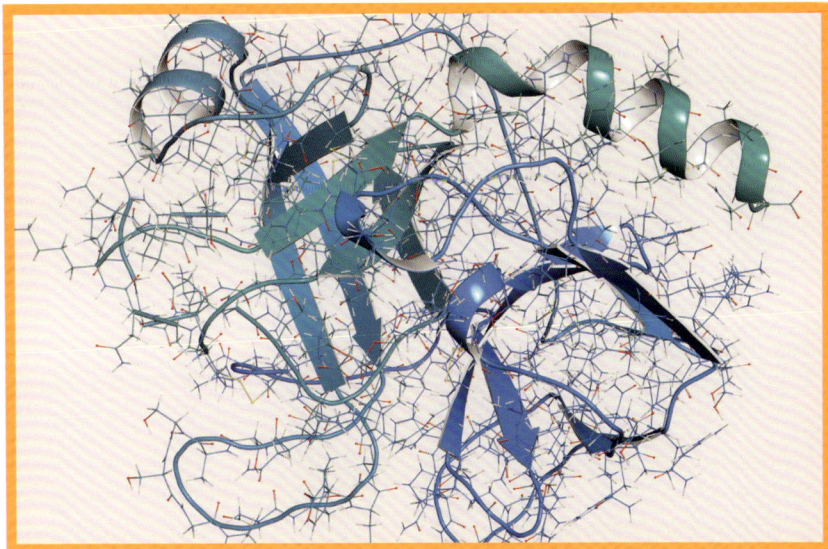

威廉·屈内

1837年，威廉·屈内出生于德国汉堡的一个富裕家庭，17岁时进入哥廷根大学学习化学、解剖学和神经学。毕业后，他以关于青蛙的诱导性糖尿病（induced diabetes）的论文获得博士学位。随后，他在欧洲多所大学学习生理学，并于1871年接替赫尔曼·冯·亥姆霍兹（Hermann von Helmholtz）成为德国海德堡大学的生理学教授。

在海德堡大学期间，屈内主要研究肌肉和神经（特别是视神经）生理学，以及消化的化学过程。值得注意的是，他发现了分解蛋白质的胰蛋白酶。屈内一直在海德堡大学工作到1899年退休，次年在海德堡去世。

主要作品

1877年《论各种有组织发酵和所谓的无组织发酵的行为》

它们必须像锁和钥匙一样契合

酶的运作方式

到19世纪末，人们已经确定了酶作为生物催化剂的地位。然而，它是如何工作的呢？一种特定的酶通常只与一种特定的物质（底物）相互作用。德国化学家埃米尔·费歇尔是这种现象的最早研究者之一，他通过研究不同类型的糖分子结构和引起其发酵的酶观察到，"酶和糖苷（glucoside，葡萄糖的天然前体）必须像锁和钥匙一样契合"。这一发现令他声名鹊起。

酶是大分子，而与它相互作

> **"**
> 本质上，每种蛋白质在与另一种蛋白质结合时都会发生某种变化，且大多是相当大的变化。
> 丹尼尔·科什兰（Daniel Koshland）
> **"**

用的底物通常要小得多。这种尺寸上的差异意味着酶和底物只在酶的一个特定部位接触，这个部位被称作活性位点（active site）。不过，一个酶可能有多个活性位点。费歇尔1894年的模型提出，底物以类似钥匙插入锁孔的方式嵌入酶的活性位点，形成进行反应的酶-底物复合物（enzyme substrate complex），然后复合物解体，释放出反应的最终产物，酶恢复到之前的状态。

酶作为蛋白质

事实证明，费歇尔对"反应中酶的特异性为何如此之高"的解释是持久可靠的。然而，后来的发现逐渐表明，将酶与对应底物的关系比喻成"一把钥匙开一把锁"，并不全面。

1926年，美国生物化学家詹姆斯·萨姆纳提取出了纯净的脲酶晶体，这种酶能将尿液分解成氨和二氧化碳，且完全由蛋白质组成。根据这一发现，他推测所有的酶都是蛋白质。萨姆纳的理论最初

参见： 有机物可以是人造的 27页，新陈代谢 48~49页，发酵 62~63页，酶作为生物催化剂 64~65页，基因工程 234~239页。

费歇尔提出的锁钥模型显示，酶和底物分子具有互补的形状，它们在酶的活性位点结合并发生反应，反应结束后，酶保持不变。

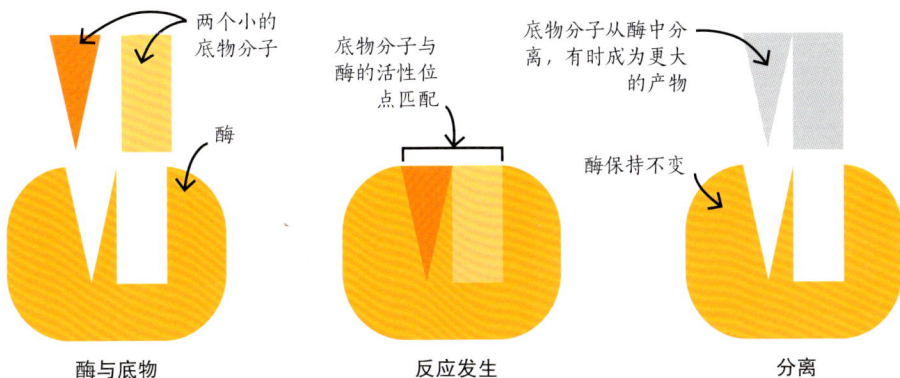

两个小的底物分子

酶

底物分子与酶的活性位点匹配

底物分子从酶中分离，有时成为更大的产物

酶保持不变

酶与底物　　　　　反应发生　　　　　分离

引发了争议，但到了1930年，它就被接受了。当时，他的同事、美国生物化学家约翰·诺斯罗普（John Northrop）成功使消化酶胃蛋白酶和胰蛋白酶结晶，并发现它们也是蛋白质。

　　大约同一时期，英国遗传学家J. B. S. 霍尔丹提出，酶与其底物之间形成的键会扭曲底物，从而催化反应。他写道："钥匙与锁并非完美适配，而是对锁施加了一定的力。" 1946年，美国化学家莱纳斯·鲍林（Linus Pauling）指出，

酶的催化活性涉及酶表面的一片活性区域，其结构与受力状态下的底物分子互补，而不是与正常状态下的底物分子互补。

诱导契合学说

　　1958年，美国生物化学家丹尼尔·科什兰提出诱导契合学说（induced-fit theory），发展了锁钥模型。他认为，酶的活性位点不是底物的精确模板，不像特定的钥匙插入形状固定的锁。底物与活性位点接触时，酶会产生结构性

变化，酶中的催化基团（catalytic group）与底物的催化基团对齐，进而发生反应。科什兰的模型更像戴手套时拉扯面料以使其更加适手，而非将一把钥匙精确插入锁孔中。

　　酶只有在pH值和温度条件合适时才起作用。以人体为例，当胃的pH值为2、肠道的pH值为7.5、体温正常（37℃）时，酶的活性最佳。■

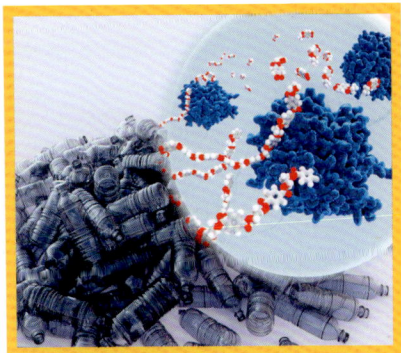

PET酶（在上图中显示为蓝色）是一种分解PET（聚对苯二甲酸乙二醇酯）塑料的细菌酶，其应用对于治理塑料污染具有重要意义。

酶抑制剂

　　可以减缓或停止酶催化作用的分子叫作酶抑制剂（enzyme inhibitor）。常见的酶抑制剂有两种类型：竞争性抑制剂和非竞争性抑制剂。

　　竞争性抑制剂类似于底物，会与底物竞争酶的活性位点。如果活性位点被抑制剂占据而无法与底物结合，反应就会减缓。相反，非竞争性抑制剂通常与酶的其他部分——

而不是活性位点——相互作用，这会改变酶的形状，从而改变活性位点，使底物无法与酶相互作用形成酶-底物复合物，最终阻止反应发生。

释放食物能量的代谢途径

呼吸作用

背景介绍

关键人物

汉斯·克雷布斯（1900—1981）

此前

1784年　法国化学家安托万·拉瓦锡发现，身体的热量与吸入氧气和呼出二氧化碳的化学过程有关，他称这一过程为呼吸作用（respiration）。

1929年　德国生物化学家卡尔·洛曼（Karl Lohmann）发现了三磷酸腺苷（adenosine triphosphate, 简称ATP），它是细胞中的能量载体。

此后

1946年　德裔美国生物化学家弗里茨·李普曼（Fritz Lipmann）发现了辅酶A，它为三羧酸循环提供能量。

1948年　美国生物化学家尤金·肯尼迪（Eugene Kennedy）和阿尔伯特·莱宁格尔（Albert Lehninger）发现，线粒体（细胞内微小、特化的细胞器）是呼吸作用发生的场所。

呼吸作用的生物化学过程发生在所有活细胞中。在氧气的帮助下，这是从食物中提取能量以驱动生命所需的所有其他化学过程的方式。

"呼吸作用"这一术语是在18世纪由首次发现和研究空气中气体的化学家创造的。他们发现，无论白天还是夜间，动物和植物呼出的二氧化碳都比吸入的多，呼出的氧气都比吸入的少，于是他们猜测食物中的葡萄糖（或糖）是这种气体变化的能量来源。20世纪30年代上半叶，人们揭示了葡萄糖是如何被分解成一种更简单的被叫作丙酮酸（pyruvate）的物质的，这个过程被称为糖酵解（glycolysis），会释放少量能量且不需要氧气参与，如今科学家称之为发酵——早期有机体在地球拥有富氧大气层之前就在使用的一种古老代谢过程。

> 没有ATP，我们体内的任何微小动作都会减缓并停止。
>
> 乔纳森·韦纳（Jonathan Weiner），
> 美国作家

代谢的途径

1937年，德国化学家汉斯·克雷布斯在英国谢菲尔德工作时，发表了糖酵解的产物——丙酮酸被氧化的步骤。在呼吸作用中，氧化是损失电子和释放能量的过程，释放的能量被细胞中的其他分子收集起来。克雷布斯耗费数年时间，通过让鸽子的肌肉和肝脏组织吸收氧气，然后分析其中的有机化学物质，才得出了这一结论。他曾预测，一些含有四个或六个碳原子的有机化合物，即四碳和六碳有机酸，可通过丙酮酸的逐步氧化而产生。他还发现其中一些化学物质以

参见：动物和人类不同 26页，有机物可以是人造的 27页，生命的细胞本质 28~31页，酶作为生物催化剂 64~65页，酶的运作方式 66~67，光合作用反应 70~71页。

不同的量存在，其比例根据组织吸收氧气的量而变化。基于这一事实，克雷布斯构建了一个以柠檬酸为起点和终点的环状代谢途径——这就是该过程通常被称为柠檬酸循环（三羧酸循环）的原因。

三羧酸循环是细胞呼吸作用的核心。丙酮酸以乙酰辅酶A（acetyl-CoA）的形式进入循环，CoA的全称为coenzyme A，它是将丙酮酸还原为乙酰基（acetyl group）和二氧化碳的化学物质。含有两个碳原子的乙酰基进入循环，与四碳分子草酰乙酸（oxaloacetate）发生反应，生成六碳分子柠檬酸（citrate）。

循环随后开始一系列释放电子和能量的氧化反应，这些电子和能量又通过一系列还原反应被其他分子捕获。经过八个步骤，循环回到草酰乙酸，途中分子从六个碳原

三羧酸循环包含一系列化学反应，负责产生复杂生物体所需的能量。该循环的能量来源于被转化为丙酮酸形式的葡萄糖，这类葡萄糖之后会转化为二氧化碳和高能中间分子。

标识

高能中间分子释放和捕获的能量

子变为四个碳原子，加上两个二氧化碳分子。这些反应释放的能量随后被高能中间分子捕获，这些分子就像充满电的电池，储存能量供细胞在呼吸作用的后续步骤中使用。

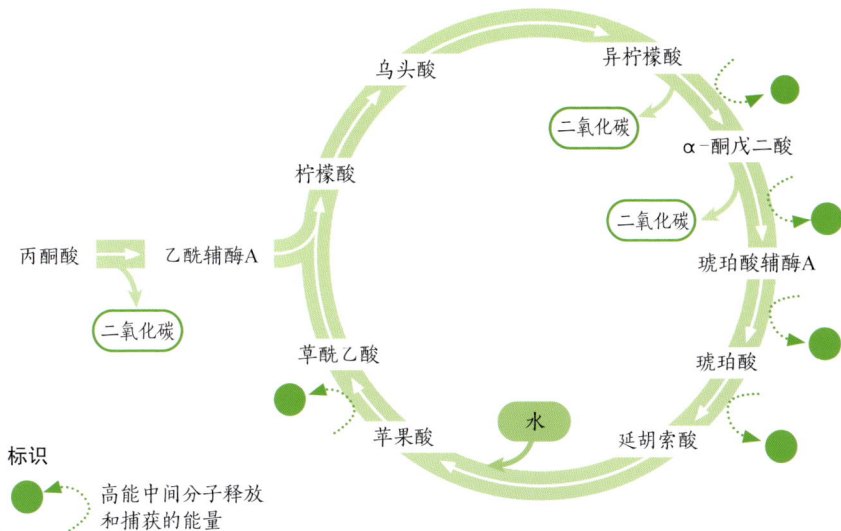

催化三羧酸循环反应的酶，能根据细胞的能量需求加快或减缓反应速度。克雷布斯的循环研究对我们理解代谢和能量产生至关重要。■

汉斯·克雷布斯

1900年，汉斯·克雷布斯出生于德国希尔德斯海姆，25岁时取得行医资格。热衷于研究工作的他在柏林研究生物化学。1932年，在弗莱堡大学工作期间，他发表了关于尿素形成代谢途径的发现，由此奠定了自己在学术界的地位。1933年，由于有犹太血统，他被迫离开德国以躲避纳粹的迫害，在英国谢菲尔德大学找到一份工作，并在那里发现了三羧酸循环。尽管获得认可花费了一段时间，但他最终在1947年当选为英国皇家学会会员，1953年与弗里茨·李普曼共同获得了诺贝尔生理学或医学奖。1957年，克雷布斯与英裔美国生物化学家汉斯·科恩伯格（Hans Kornberg）合作，发现了乙醛酸循环（glyoxylate cycle）。他于1981年在英国牛津去世。

主要作品

1937年《动物组织中酮酸的代谢》

1957年《调查：生命物质中的能量转化》

光合作用是所有生命的绝对前提

光合作用反应

19世纪末，人们已经知道绿色植物的细胞通过光合作用来利用光能，但究竟是哪些化学过程在利用水、二氧化碳和阳光来产生糖，同时将氧气作为废物排出呢？长期以来，人们认为二氧化碳和水结合产生糖，同时二氧化碳释放出氧气。1931年，荷兰裔美国微生物学家科内利斯·范·尼尔（Cornelis van Niel）提出，氧气实际上源于水分子的分解，这一反应依赖光。1939年，英国生物化学家罗伯特·希尔（Robert Hill）证实了尼尔的理论，表明二氧化碳必须在一个独立的反应中被分解或还原成糖——这一过程现被称为碳固定（carbon fixation）。

叶绿体是植物细胞中的一种细胞器，其中包含位于叫作基粒（grana）的堆叠结构中的叶绿素，这些基粒由细胞内的膜结构折叠而成。

卡尔文循环

自1945年起，美国生物化学

参见：复杂的细胞 38~41页，光合作用 50~55页，有机化学的开端 61页，酶作为生物催化剂 64~65页，植物的蒸腾作用 82~82页，植物体内的养分转运 102~103页，再循环与自然周期 294~297页。

在叶绿体中，光依赖反应（light-dependent reaction）通过叶绿素来利用太阳能，最终将水分解成氢离子和氧原子，并产生高能分子。这些高能分子为叶绿体液体基质中的卡尔文循环提供动力，分解多个二氧化碳分子，然后生成糖。

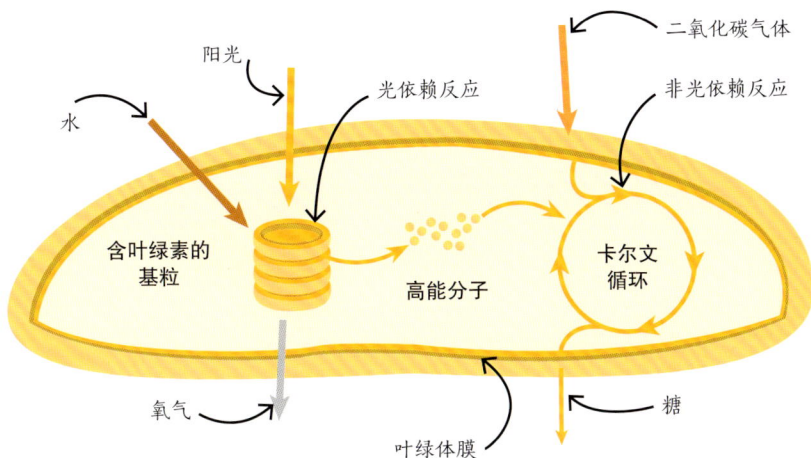

了电子传递链，即在光合作用的光依赖阶段传递电子、释放能量的一系列蛋白质分子。

当光到达植物细胞中的叶绿体中时，每个叶绿素分子都像一根天线，吸收光能并释放电子（带负电荷的亚原子粒子）。松散的电子在电子传递链中从一个蛋白质传递到另一个蛋白质，并与附近酶的活动结合，产生高能分子。这些高能分子随后进入叶绿体的液体空间（又称基质）中，为卡尔文循环的非光依赖反应（light-independent reaction）提供动力。

在光依赖阶段释放电子后，每个叶绿素分子都需要一套新的电子来再次运转。罗伯特·希尔的研究辅助证明，在叶绿体中，水分子给叶绿素提供电子，并分解成氢离子（带电的原子）和氧原子。氢离子用于制造高能分子，而氧原子则结合形成氧气，通过叶片气孔（小孔）作为废气逸出。■

家梅尔文·卡尔文带领团队，开创性地使用放射性碳-14来追踪光合作用过程中碳在植物中的完整路径，证明了碳固定发生于暗反应（不依赖光的反应）中，暗反应实际上是一系列连锁反应。他的发现被称为卡尔文循环，或卡尔文-本森循环——为纪念与他合作的学者之一、美国生物学家安德鲁·本森（Andrew Benson）。

由二氧化碳生成糖的过程被称为一个循环，因为它涉及一系列复杂的化学反应，其中循环生成的最后一个分子会启动循环的第一个分子的生成，由此往复。

卡尔文循环的第一个反应（碳固定阶段）从空气中的二氧化碳里逐个移除或固定碳原子，需进行六次循环，每次吸收一个碳原子，以积累足够的碳来生成可供植物使

用的糖分子。一旦固定了六个碳原子，它们便会经历更多的反应（碳还原阶段），形成三碳糖分子，其中一个分子离开叶绿体为植物提供营养。其他糖分子则留在循环中，进入碳再生阶段，重新形成六碳分子。这些六碳分子提供能量以固定空气中的另一个碳原子。

卡尔文循环是一个非常耗能的过程，必须由光合作用的光依赖阶段产生的高能分子提供动力。然而，在1961年接受诺贝尔化学奖时，卡尔文承认，阳光激活叶绿素后究竟会发生什么仍是一个谜，他猜测可能是一个电子传递过程（electron transfer process）。

光依赖反应

1956—1965年，加拿大裔美国理论化学家鲁道夫·马库斯描述

> 通过混合来自下方的水、矿物质与来自上方的阳光、二氧化碳，绿色植物将地球和天空连接起来。
>
> 弗里佐夫·卡普拉（Fritjof Capra），
> 奥地利裔美国物理学家

TRANSPORT AND REGULATION

运输与循环

威廉·哈维证明人
体内循环的血液有
固定的量。

↑

1628年

尼古拉斯·斯丹诺
（Nicolas Steno）通过证
明心脏的肌肉性质，证
实了心脏泵送血液到全
身的理论。

↑

17世纪**60**年代

在阿诺德·伯特霍尔德
（Arnold Berthold）发现睾丸分
泌的化学物质负责男性特征
后，人们发现其他腺体分泌的
激素也会引发特定的反应。

↑

1849年

1661年

↓

马尔切洛·马尔皮吉用显
微镜观察到了由微小血管
组成的多分支网络——毛细
血管。

1727年

↓

斯蒂芬·黑尔斯（Stephen
Hales）描述了植物中水分和
养分的线性流动——水从根部
流向叶片，并蒸发到空气中。

19世纪**50**年代

↓

克劳德·伯纳德（Claude
Bernard）发现，生物体通
过调节内部条件来补偿外
部环境的变化。

17—18世纪的科学革命期间，人们在理解生物体如何处理生命所必需的营养物质方面取得了重大进展（参见46~71页）。与此同时，科学家研究了这些营养物质如何被输送到生物体内的相应部位。

其中，最明显的例子当属动物的血液系统。以前人们普遍认为血液是单向流动的，由器官生成并被器官消耗，但1628年，威廉·哈维挑战了这种观点，他证明了固定量的血液在一个闭合系统中循环流动。

1661年，马尔切洛·马尔皮吉发现了名为毛细血管的微小血管，并提出，重要物质可以透过这些血管的薄壁被邻近细胞吸收。同样是在17世纪60年代，尼古拉斯·斯丹诺证明了心脏是一个由肌肉组成的器官，其功能是将血液泵送到全身。

血液的作用

通过这些研究人们确定，血液循环的目的是将必需的营养物质输送到身体的各个部位。接下来亟须研究的问题便是，这些营养物质究竟是如何被血液携带的？这类研究的突破性发现是，在将氧气从肺部输送到身体各个部位的过程中，红细胞中的血红蛋白起着重要作用。19世纪60年代和70年代初，费利克斯·霍庇-赛勒对血红蛋白化学成分的研究表明，它含有可通过氧化过程吸收氧气的铁。

与运输营养物质研究相关的问题是，代谢的废物如何从体内排出。直到1917年，阿瑟·卡什尼（Arthur Cushney）才确定了肾脏在过滤血液以移除废物并通过尿液形式排出这些废物中的作用。

不过，营养物质并不是在人类和动物体内运输的唯一物质。某些器官分泌的其他物质会引发化学反应。1849年，阿诺德·伯特霍尔德发现了睾丸产生的睾酮，这是最早被发现的激素之一，负责男性的

在研究血液如何携带重要营养物质时，费利克斯·霍庇－赛勒（Felix Hoppe-Seyler）发现，血红蛋白是运输氧气的关键因素。

阿瑟·卡什尼确定了肾脏在排泄代谢废物中的作用。

厄恩斯特·芒奇（Ernst Münch）解释了植物内部养分的分配方式，即从光合作用产生养分的位置输送到其他部位。

1871年

1917年

1930年

1910年

20世纪**20**年代

爱德华·沙比－谢弗（Edward Sharpey-Schafer）解释说，不同的激素负责调节身体的不同功能。

弗里茨·W. 文特（Frits W. Went）发现了植物中相当于动物激素的生长调节剂。

生理和行为特征。激素由各种腺体产生，每种激素含有不同的化学成分，可在体内引发特定的反应。

内部调节

19世纪50年代，一种看似与伯特霍尔德的激素研究无关的理论出现了。克劳德·伯纳德观察到，即便外部条件变化，身体也始终倾向于通过一种叫作稳态的过程来维持内部环境的稳定（如正常体温），这表明人体存在某种确保最佳生存条件的自我调节机制。约50年后的1910年，爱德华·沙比－谢弗解释说，这种调节是由激素控制的，激素好比化学物质的信使，触发各个器官的必要反应以维持稳定。

对植物运输系统的类似研究始于18世纪，展现出植物运输系统与动物运输系统的根本区别。动物体内的血液是循环流动的，而斯蒂芬·黑尔斯发现，植物中的液体是线性流动的：水从根部流经植物，到达叶片并在那里蒸发。而且和动物体内一样，携带营养物质流经植物的液体也携带其他物质，包括20世纪20年代弗里茨·W. 文特发现的类似于动物激素的化学物质，该物质会触发化学反应来调节植物的生长。

本质上，这种水和营养物质的流动是单向的，但这无法解释光合作用产生的物质如何传递到植物无法进行光合作用的部位，如根部。厄恩斯特·芒奇最终解决了这个难题，他证明了树液携带着光合作用产生的糖和其他物质，通过韧皮部筛管系统流动到植物所需的部位。■

仿佛在做圆周运动

血液循环

背景介绍

关键人物
威廉·哈维（1578—1657）

此前
公元2世纪 盖伦认为血液从心脏和肝中流出，并被身体消耗。

13世纪 伊本·纳菲斯提出，血液在肺和心脏之间循环。

此后
1658年 简·施旺麦丹（Jan Swammerdam）借助显微镜发现了红细胞。

1840年 人们发现血红蛋白负责携带血液中的氧气。

1967年 外科医生克里斯蒂安·巴纳德（Christiaan Barnard）在南非进行了首例成功的人类心脏移植手术。

参见：实验生理学 18~19页，解剖学 20~25页，毛细血管 80页，心肌 81页，血红蛋白 90~91页。

体内的**血液量**保持不变，因此血液必然**在体内循环**。

血液通过**静脉**进入心脏，通过**动脉**离开。

心脏包含两个独立的部分，因此**血液循环**也必须形成两个闭环。

肺循环将心脏与肺连接起来。

体循环将血液输送至全身。

威廉·哈维

1578年，威廉·哈维出生于英国肯特，15岁时从剑桥大学毕业，随后在国外学习，其中最重要的是在意大利帕多瓦学习医学，师从意大利解剖学家西罗尼姆斯·法布里休斯（Hieronymus Fabricius）。1609年，年仅31岁的哈维被任命为伦敦圣巴罗买医院的主任医师。六年后，他被任命为皇家内科医学院的卢姆雷恩讲师（译者注：卢姆雷恩讲座是英国阜家内科医学院从1582年发起的一系列年度讲座，讲座最初仅限于外科，现在则涵盖了普通医学），1618年成为国王詹姆斯一世的御医。1628年他最著名的著作出版，但其声望反而下降了，因为医学界不愿接受他激进的心脏理论。1661年，也就是他去世四年后，他的观点才得到验证。

主要作品

1628年 《心血运行论》
1651年 《论动物的产生》

1628 年，英国医生威廉·哈维确认了血液的循环方式：从心脏到肺，再回到心脏，然后流经全身其他部位，完成两个循环。这一人类及动物解剖学的重要特征曾被误解了数个世纪。对尸体进行科学研究曾是禁忌，因此人体器官的形态和功能一直迷雾重重。当时的最佳研究来自动物解剖和外科医生在处理严重创伤的伤口时对活体内部的匆忙观察，不可避免的是，这些证据来源提供的信息并不完整，某些情况下

还会引起严重误解。

静脉和动脉

17世纪，西方医学仍主要基于公元2世纪古罗马医生盖伦的研究。盖伦曾是角斗士的外科医生，在治疗竞技场上受重伤的患者时，得以观察人体的解剖结构。

古埃及早期的医学思想认为，人体内的血管网络是空气流通的渠道，只有血管受损时，血液才会填充血管。盖伦驳斥了这种观点，主张血管中始终含有血液，并通过血

管的不同特征区分了静脉和动脉：动脉更坚固且位于身体更深处，静脉更脆弱且通常靠近表面。盖伦认为，静脉血在肝脏中生成，为身体提供营养，使其生长和自我修复；而动脉血则充满了"普纽玛"（pneuma）——一种来自空气的"生命灵气"。他推断，"普纽玛"通过心室间隔中的微小孔隙从动脉血流向静脉血——心室间隔是心脏左右两侧之间的肌肉壁。动脉血源自心脏，沿反方向流动，其中包含的废物在呼气时被排出体外。

11世纪的波斯博物学家伊本·西那[Ibn Sina，在西方被称为阿维森纳（Avicenna）]撰写了重要的医学著作，但他对血液循环的探讨重申了盖伦的错误观点。然后，1242年，阿拉伯学者伊本·纳菲斯评论了伊本·西那的解剖学著作，并首次准确描述了肺循环，断言血液从心脏右侧流经肺部，然后回到心脏。

推翻旧观念

四个世纪之后，威廉·哈维出版了《心血运行论》（*Exercitatio Anatomica de Motu Cordis et Sanguinis in Animalibus*，简称 *De Motu Cordis*）。他从自己的医学院老师、意大利解剖学家西罗尼姆斯·法布里休斯的发现中得到了启发。后者描述了静脉中的瓣膜：一对与静脉壁成角度的瓣膜，仅允许血液向心脏方向流动。哈维强烈地意识到，这种定向流动表明血液在循环。

盖伦理论的核心前提之一是身体消耗血液，但哈维否定了这一点。在他看来，心脏是一个肌肉泵，每次收缩时会泵出约57毫升的血液，心脏每分钟跳约72次。如果盖伦是正确的，那么每分钟身体必须生产并消耗多达4升血液，而这

似乎不可能。实际上，哈维的计算也低估了心脏的泵血能力：心脏每分钟泵出约5升血液。

含有两部分的系统

哈维进一步研究了血管的解剖结构，并对鳗鱼和其他鱼类进行了活体解剖，观察它们的心脏在生命最后几分钟内如何泵血。他还绑住了活体解剖动物的静脉和动脉，以证明血液是如何进入和离开心脏的。绑住动脉会使器官充满血液，而阻隔静脉则会排空心脏。

最终，哈维得出结论：血液的量是恒定的，并在由两个部分组成的闭合系统中循环，动脉将血液带离心脏，静脉将其带回。我们现在称为肺循环的部分是连接心脏和肺的循环。哈维没有意识到血液

> 动物的心脏是其生命的基础，是体内一切事物的主宰……是所有生长依赖的基础。
>
> 威廉·哈维，《心血运行论》

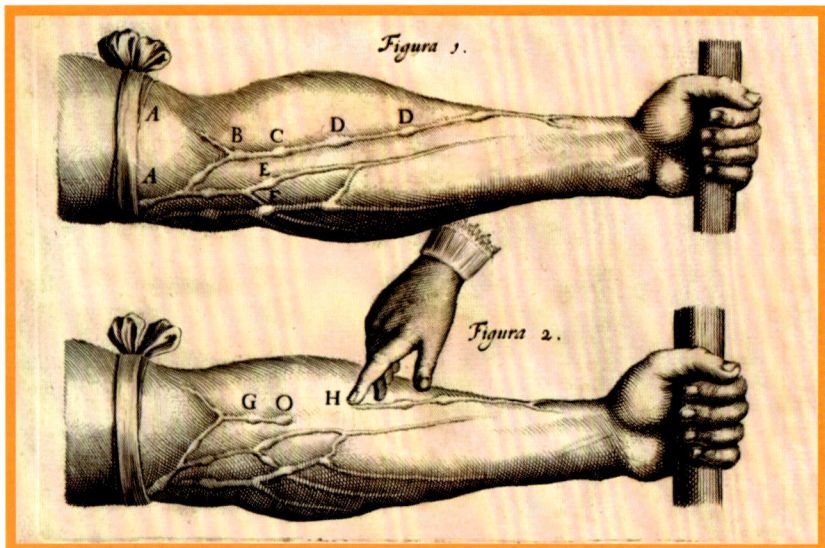

哈维《心血运行论》的插图1（左图上）展示了前臂静脉网络。插图2（左图下）则展示了如果阻止血液向心脏流动，静脉中的血液将如何排空。

携带气体，但到了19世纪，人们了解到，人体从空气中摄取氧气并通过血液运输氧气，而血液在体内循环时积累的二氧化碳在肺部被排出，这些过程被称为气体交换（gas exchange）。

说回心脏，含氧的血液通过现在被称为体循环（systemic circulation）的途径流遍全身。心脏的最大腔室——左心室通过收缩排出血液，并将其推入最大的动脉——主动脉中。动脉（除了肺动脉）总是携带含氧血液，它们具有刚性结构，包括一层平滑肌，以承受将5升液体通过长达10万千米的血管推遍全身所需的高压。

哈维描述了动脉如何直接向身体组织供血，以及血液如何从那里被静脉回收并返回心脏右侧，进入肺循环。然而，他没能解释血液是如何从动脉系统转移到静脉系统的。1661年，意大利生物学家马尔切洛·马尔皮吉使用新发明的显微镜，观察到了复杂的微小血管网络——毛细血管，它们在动脉和静脉之间形成连接，每个网络都是一个名为毛细血管床的系统。

静脉比动脉更脆弱，其内部的血液压力较低。动脉血液由跳动的脉搏推动，静脉血液回流到心脏的过程则需要身体正常运动时骨骼肌收缩的辅助，而骨骼肌收缩会挤压血管。

哈维对双循环系统的描述影响深远，不仅促进了使用结扎止血等医学干预措施的发展，还证明了科学家可以改变已经停滞几个世纪的医学教义。■

> (血液的）运动轨迹是一个圆圈，从中心流向四肢，再从四肢流回中心。
>
> 威廉·哈维，《心血运行论》

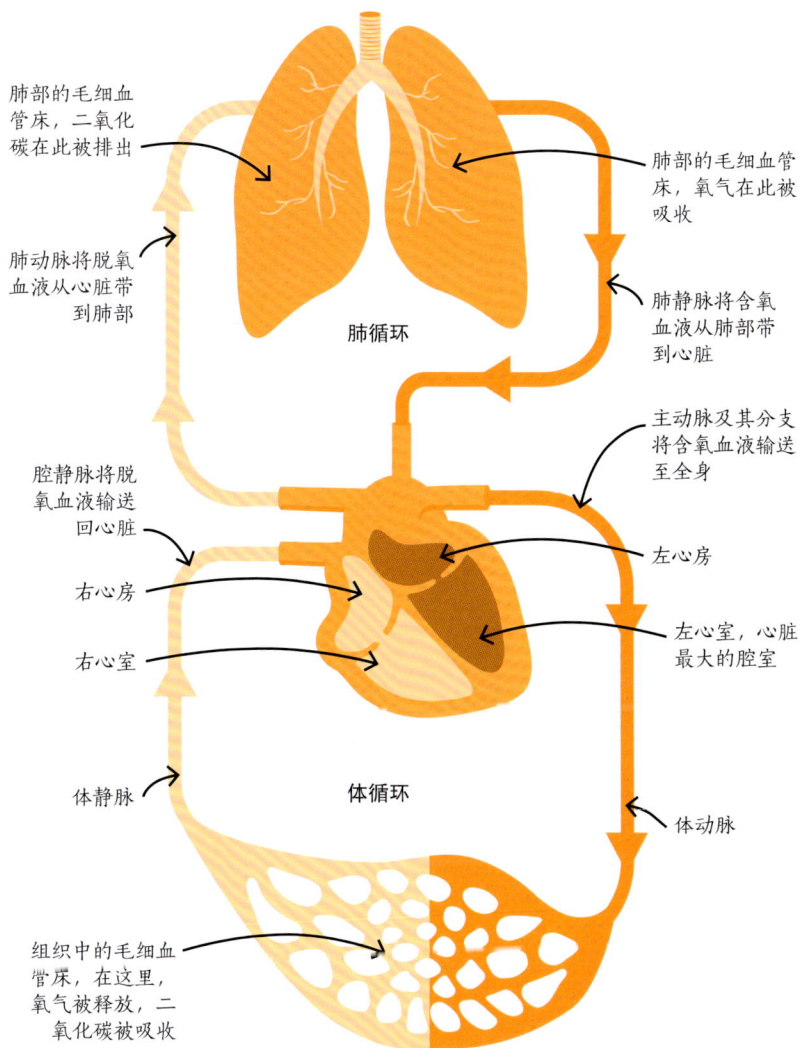

肺部的毛细血管床，二氧化碳在此被排出

肺部的毛细血管床，氧气在此被吸收

肺动脉将脱氧血液从心脏带到肺部

肺静脉将含氧血液从肺部带到心脏

肺循环

主动脉及其分支将含氧血液输送至全身

腔静脉将脱氧血液输送回心脏

左心房

右心房

左心室，心脏最大的腔室

右心室

体静脉

体循环

体动脉

组织中的毛细血管床，在这里，氧气被释放，二氧化碳被吸收

肺循环在心脏和肺之间输送含氧和脱氧血液。体循环将含氧血液从心脏输送到全身，并将脱氧血液（富含二氧化碳）带回心脏。

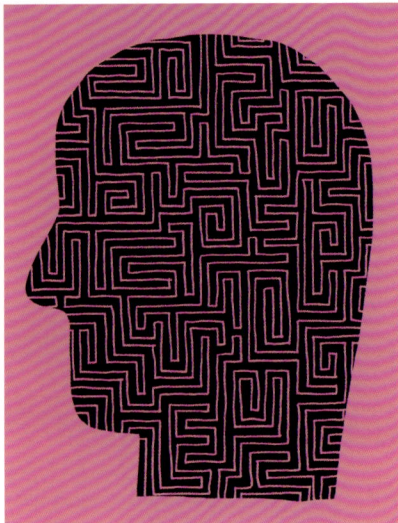

血液流经许多弯绕

毛细血管

背景介绍

关键人物
马尔切洛·马尔皮吉（1628—1694）

此前

1559年 意大利医生马泰奥·科隆博（Matteo Colombo）观察到，肺静脉将血液——而非以前所认为的空气——从肺部输送到心脏。

1658年 荷兰生物学家简·施旺麦丹首次记录了对红细胞的观察。

此后

1696年 荷兰解剖学家弗雷德里克·鲁谢（Frederik Ruysch）证明，几乎所有组织和器官中都存在血管。

1839年 西奥多·施旺证明了毛细血管具有由薄细胞组成的壁。

1922年 丹麦教授奥古斯特·克罗（August Krogh）描述了氧气、营养物质和其他物质通过毛细血管供应周围组织的方式。

1628年，英国医生威廉·哈维首次详细描述了心脏和循环系统。他描述了血液如何通过动脉离开心脏，并通过静脉回到心脏，但他的认识尚不全面。受限于当时的显微镜技术，哈维无法解释血液如何或在何处从动脉流入静脉。

哈维于1657年去世，四年之后，即1661年，意大利医学教授马尔切洛·马尔皮吉的发现填补了哈维的空缺。在使用最新的显微镜研究青蛙的肺和膀胱时，他发现了最小的血管——毛细血管。马尔皮吉顺着青蛙的动脉观察，发现它们不断分支成"细管"（tubules），将血液输送到小静脉。他写道："我可以清楚地看到，血液在曲折的血管中形成分支并流动，它们并非倾泻而出，而是始终沿着血管流动，通过蔓延四处的血管遍布全身。"

1666年，马尔皮吉成为最早观察到红细胞的显微学家之一。然而，在此之后，科学家历经多年才证明，携带氧气的是红细胞中的血红蛋白，毛细血管则是身体交换物质的血管。毛细血管遍布所有的身体组织，营养物质、气体（氧气和二氧化碳）及废弃物在血液和组织之间通过由单层内皮细胞（endothelial cell）构成的、薄薄的毛细血管壁进行交换。■

> ……其尺寸之小，即便最敏锐的视力也难以捕捉。
> 马尔切洛·马尔皮吉

参见：实验生理学 18~19页，解剖学 20~25页，血液循环 76~79页，心肌 81页。

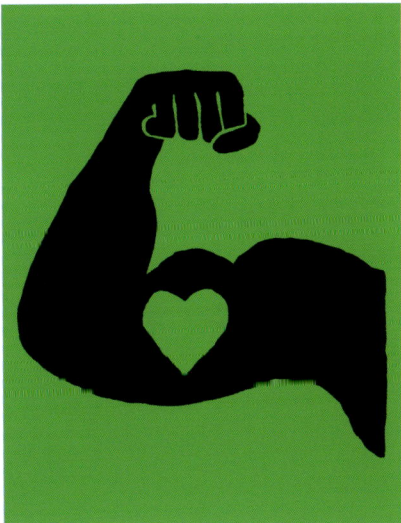

心脏只是一块肌肉

心肌

背景介绍

关键人物
尼古拉斯·斯丹诺（1638—1686）

此前

公元2世纪 盖伦声称血液是在肝脏中生成的。

1628年 威廉·哈维称心脏的主要功能是使血液在全身循环。

此后

1881年 捷克裔奥地利医生塞缪尔·西格弗里德·卡尔·冯·巴施（Samuel Siegfried Karl von Basch）发明了早期的血压监测仪。

1900年 荷兰医生威廉·埃因托芬（William Einthoven）开始研究心电图（ECG）。

1958年 瑞典心脏外科医生埃克·森宁（Ake Senning）和工程师鲁恩·埃尔姆奎斯特（Rune Elmqvist）开发了首个全植入式心脏起搏器。

1967年 南非外科医生克里斯蒂安·巴纳德进行了首例完整的心脏移植手术。

人们不仅在身体活动时会感到心跳加快，情绪高涨时也会有同样的感觉，这些体验使人们萌生出"心脏是人类本质所在"的想法，而丹麦生物学家兼地质学家尼尔斯·斯滕森（Niels Stensen）（拉丁语名为尼古拉斯·斯丹诺）则以挑战这些旧学说为己任。

17世纪60年代初期，斯丹诺对肌肉运动尤其感兴趣。他认为，肌肉收缩时会改变形状，但体积不变，并为肌肉运动设计了几何描述。随后他决定检验"心脏是无形的生命力或者说'生命灵气'的源泉"这一古老的观念。

斯丹诺熟知身体内的各种肌肉、它们的纤维及相关血管和神经，在研究动物的心脏时，他发现心脏不但包含这些部分，而且几乎没有其他成分。1662年，他宣布心脏只是一块普通的肌肉，不是身体活力和温暖的中心。而此前的1651年，威廉·哈维认为跳动的心脏

尼古拉斯·斯丹诺不仅是第一位发现心脏是肌肉的科学家，还证明了心脏由两个独立的泵组成。

是"由血液激发的"。斯丹诺对肌肉结构和功能的观察挑战了这些观念，是人们理解肌肉收缩与心脏跳动的一个转折点。■

参见：实验生理学 18~19页，解剖学 20~25页，血液循环 76~79页，毛细血管 80页。

植物吸收和蒸腾

植物的蒸腾作用

背景介绍

关键人物

斯蒂芬·黑尔斯（1677—1761）

此前

1583年 意大利医生兼植物学家安德烈亚·切萨尔皮诺（Andrea Cesalpino）确定植物通过吸收作用（absorption）来汲取水分。

1675年 马尔切洛·马尔皮吉首次观察并描绘了木质部导管，将其命名为气管（tracheae），因为其外形让他联想到了昆虫的气道（airway）。

此后

1891年 波兰裔德国植物学家爱德华·施特拉斯布格证明，水分向上移动是发生在非生命木质部导管中的物理过程。

1898年 英国博物学家弗朗西斯·达尔文（Francis Darwin）——查尔斯·达尔文之子，描述了（大多数）植物通过在夜间关闭气孔来控制因蒸腾作用而流失水分的过程。

植物中水分蒸发这一现象被博物学家观察了几个世纪，但英国牧师斯蒂芬·黑尔斯是首位为这一称作蒸腾作用的过程提供证据的人。他研究过人类血压，并在数年间进行了一系列细致入微且独具匠心的实验，以测试植物是否也有类似的循环系统。

1727年，黑尔斯在《植物静力学》（*Vegetable Staticks*）一书中描述了自己的实验和结论，这是空气化学和植物生理学领域的开创性著作。黑尔斯证明了水分从叶片中"渗出"（perspire）或蒸发，并且从土壤中吸收的水分或树液向上呈线性传输，而非在植物中循环。

水分进入植物根部

在一次实验中，黑尔斯在一株被切断的葡萄藤上放置了一根玻璃管，并观察到根部从土壤中吸收了雨水后，"树液的力量"——现称为根压（root pressure），将树液向上推动。直到19世纪30年代，法国生理学家亨利·杜特罗歇才描述了渗透作用（osmosis）这一过程，即水分从周围土壤进入植物根部的过程。

在渗透作用中，水分通过半透性膜流向溶质浓度较高的区域，以平衡膜两侧溶质的浓度。

植物的根部存在具有半透性壁的根毛。根毛中的化学反应从土壤中吸收矿物离子（带正电的原子），使根部的矿物浓度增加。水分通过渗透作用随矿物进入根部，然后进入黑尔斯称为"毛细树液导管"（capillary sap vessels）的结

> **……都说处于沙漠边缘的植物是在与干旱做斗争，更准确地说，它们是在依赖水分。**
> 查尔斯·达尔文，1859年《物种起源》

参见：细胞膜 42~43页，光合作用 50~55页，毛细血管 80页，植物体内的养分转运 102~103页。

蒸腾作用，即水分通过叶片气孔的蒸发，类似于通过吸管吸水，对抗重力以将树液向上拉动。蒸腾作用只在白天气孔张开时发生。

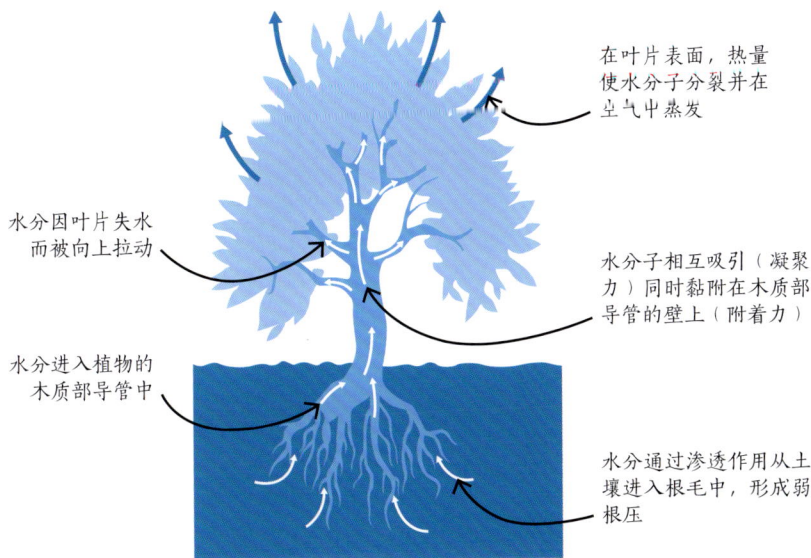

在叶片表面，热量使水分子分裂并在空气中蒸发

水分因叶片失水而被向上拉动

水分子相互吸引（凝聚力）同时黏附在木质部导管的壁上（附着力）

水分进入植物的木质部导管中

水分通过渗透作用从土壤进入根毛中，形成弱根压

植物制造雨水

在陆地上，大气中约90%的水分是通过植物循环的。乔木、灌木和草本植物的根部从土壤中吸收水分，一些水分在光合作用过程中被分解，但大多数用于帮助运输矿物养分、维持植物细胞的膨胀度，并通过蒸发作用给植物降温。

在叶片表面，温暖的日光使水分子链的化学键断裂，水分蒸发成气体（水蒸气）。水蒸气在大气中上升并冷却，就会重新凝结成水滴，形成云层。水滴足够大时，就会以降雨（降水）的形式落下。因此，植物是地球水循环的一个重要部分。

就像汗水从皮肤上蒸发一样，蒸腾作用通过把水分从液态转变为气态，带走了树顶的热量，使当地气温降低。

构中，从而向植物上部移动。该结构于19世纪被命名为木质部（xylem），由长条状、非生命、形似吸管的细胞组成。

水分向叶片移动

黑尔斯描述了木质部导管的"强吸引力"，但他没有意识到使水分在植物中向上移动时保持凝聚的那种作用力。1894年，亨利·迪克森（Henry Dixon）和约翰·乔利（John Joly）提出了"内聚力学说"，20世纪初，多位学者完善了该学说。

和磁铁一样，一个水分子的正极会被附近另一个水分子的负极吸引，所以水分子是有凝聚力或者

说是有黏性的，能形成一条条水分子链。水分子也更倾向于黏附在导管的壁上（如果你手拿一杯水并稍微倾斜，水就会沿着杯子的边缘流下）。水的黏附性有助于其在植物茎中向上移动。

黑尔斯意识到，叶片丰富的蒸腾推动了水分向茎上部移动，而树液的流动会随着光照强度、天气和叶片数量的变化而变化。

根据内聚力学说，当水分子链到达叶片时，链中的每一个水分子都会被吸入一个气孔（叶片上的孔）中并蒸发，这产生了一个负压（张力），带动下一个水分子向上移动，从而形成了一个名为蒸腾拉力（transpiration pull）的连续过程。■

以婆罗洲（Borneo）的这片雨林为例，许多大树蒸腾的结果是：形成低雾，并以连续的循环将水释放回土壤。

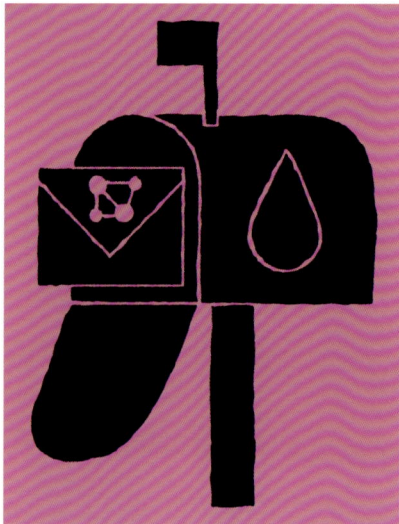

通过血液循环奔走的化学信使

激素触发反应

激素是身体的化学信使，它们由内分泌腺（endocrine gland）——包括脑垂体（pituitary）、松果体（pineal）、肾上腺（adrenal gland）、胰腺（pancreas）、甲状腺（thyroid）、睾丸（testes）和卵巢（ovary）——分泌，进入血液，然后被输送到身体的其他部位。每种激素都会在相应的部位触发特定的反应。激素存在于所有多细胞生物中——包括植物、真菌和动物，影响或控制一系列生理活动，如生长、发育、青春期、血糖水平的调控和食欲等。在动物体内，内分泌系统与神经系统是体内主要的通信方式。

19世纪初，生物学家认为性征（sexual characteristic）的发育是由神经系统控制的。1849年，德国生理学家、哥廷根大学动物学藏

阿诺德·伯特霍尔德的实验内容为，切除六只小鸡的雄性性器官（睾丸），并将它们分成三组。第一组没有做任何其他处理；第二组中的每只小鸡的一个睾丸被移植到其腹部；第三组中的每只小鸡的一个睾丸被移植到另一只被阉割的小鸡体内。

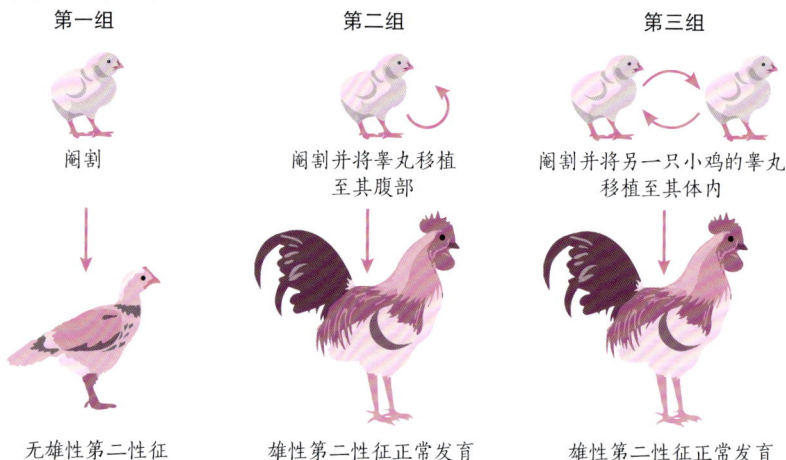

第一组	第二组	第三组
阉割	阉割并将睾丸移植至其腹部	阉割并将另一只小鸡的睾丸移植至其体内
无雄性第二性征	雄性第二性征正常发育	雄性第二性征正常发育

参见： 消化 58~59页，血液循环 76~79页，稳态 86~89页，激素帮助调节身体 92~97页，电神经冲动 116~117页。

> 这些化学信使——或者我们称之为激素的东西，必须通过血液循环到达它们所影响的器官。
>
> 欧内斯特·斯塔林，1905年

品馆馆长阿诺德·伯特霍尔德进行了一项实验，他切除了六只雄性小鸡的睾丸，结果这些小鸡未能发育出雄性第二性征。然而，他将另一只鸡的睾丸移植到其中两只小鸡的腹内后，这两只小鸡又正常发育出了雄性第二性征。

伯特霍尔德解剖这些小鸡时发现，移植的睾丸并未形成任何神经连接。他因此得出结论：性发育的信号是通过血液循环触发的，而非通过神经传递。

斯塔林和贝利斯

尽管已有伯特霍尔德的发现，但人们仍然认为器官之间的通信仅通过神经系统传递的电信号进行。然而，1902年，英国生理学家欧内斯特·斯塔林（Ernest Starling）和他的姐夫威廉·贝利斯（William Bayliss）在伦敦的实验室中共事时，研究了胰腺和小肠的神经系统。当时他们正在验证俄国生理学家伊万·巴甫洛夫的理论，即胰腺分泌物是由从小肠壁到脑再返回胰腺的神经信号控制的。

斯塔林和贝利斯切断所有与向胰腺和小肠供血的血管相连的神经后，再向小肠中注入酸，发现胰腺仍正常分泌激素。随后，他们开始验证一个假设，即酸会触发小肠释放某种物质进入血液。他们从小肠内壁刮取了一些物质，向其中加入酸，再过滤混合物，然后将其注射到一只被麻醉的狗体内。仅仅几秒钟后，他们便检测到了胰腺分泌物，这证明小肠与胰腺之间的触发链接并不是通过神经系统传递的。

第一种激素

小肠释放的这种化学信使被命名为"分泌素"（secretin），这是第一种被称为激素的物质。斯塔林和贝利斯发现，分泌素是从小肠内壁释放到血液中的，产生前提是来自胃的酸性液体。分泌素通过血液到达胰腺，刺激胰腺分泌碳酸氢盐（bicarbonate）以中和胃酸。他们发现，分泌素是一种普遍存在的刺激物，一个物种的分泌素可以刺激任何其他物种的胰腺。■

阿诺德·伯特霍尔德

1803年，阿诺德·伯特霍尔德出生于德国索埃斯特，在家中六子里排行老五。他在哥廷根大学学习医学，1823年提交了博士论文。他游历数所欧洲大学，之后于1835年返回哥廷根大学任医学教授，并在五年后成为该校动物学藏品馆的馆长。伯特霍尔德的研究涉猎广泛，除了在小鸡身上进行的革命性实验，他还发现了一种砷中毒的解药，同时研究了近视、怀孕和指甲的形成。1861年，他在哥廷根去世。1980年，德国内分泌学会为纪念他而设立了伯特霍尔德奖章，该奖章延续至今。

主要作品

1849年 《睾丸移植》

恒定的条件即平衡

稳态

背景介绍

关键人物
克劳德·伯纳德（1813—1878）

此前
1614年 桑托里奥·桑托里奥研究了支撑生命的化学过程。

1849年 阿诺德·伯特霍尔德发现，并非所有的身体活动都由神经系统控制。

此后
1910年 爱德华·沙比-谢弗证明了激素在调节身体功能中的关键作用。

1926年 沃尔特·坎农（Walter Cannon）成为第一位使用"稳态"一词的生理学家。

参见： 血液循环 76~79页，激素触发反应 84~85页，激素帮助调节身体 92~97页，肌肉收缩 132~133页。

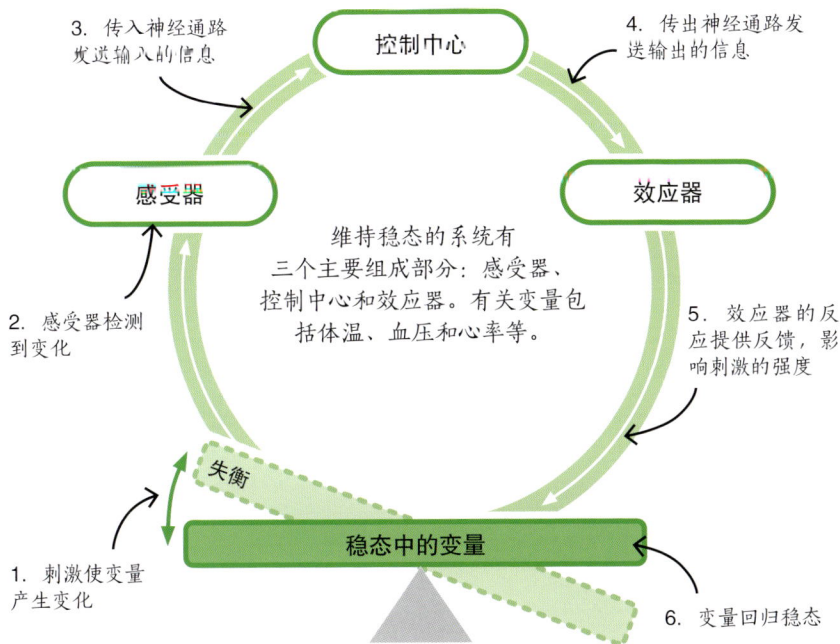

3. 传入神经通路发送输入的信息

4. 传出神经通路发送输出的信息

控制中心

感受器

效应器

维持稳态的系统有三个主要组成部分：感受器、控制中心和效应器。有关变量包括体温、血压和心率等。

2. 感受器检测到变化

5. 效应器的反应提供反馈，影响刺激的强度

失衡

稳态中的变量

1. 刺激使变量产生变化

6. 变量回归稳态

构成生物体的细胞浸泡在一种可提供养分并带走废物的液体中，从而得以维持生命。无论简单的动物还是复杂的动物，其身体都在努力维持所有细胞生存所需的稳定液体环境，这种内环境保持相对稳定的状态就被称为稳态。

稳态是生物学的关键概念之一。动物的结构和功能都以维持稳态为目标。单个细胞参与到确保自身生存的活动中，构成复杂生物体组织的细胞则为生物体的生存做出贡献。细胞、组织和器官系统的共同作用确保了稳定的内部环境，使细胞能够茁壮成长。

法国生理学家克劳德·伯纳德是确立实验在生命科学研究中的重要性的关键人物之一。他接受了

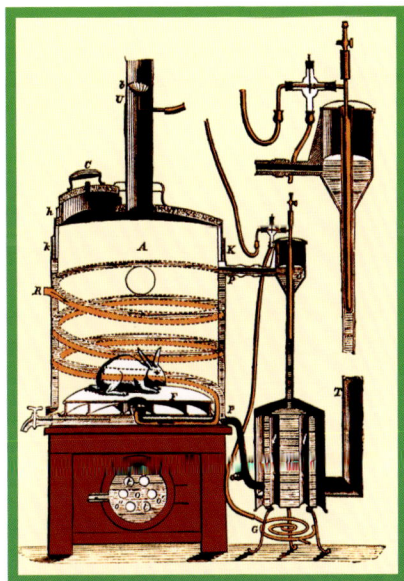

这台装置由克劳德·伯纳德设计，用于研究高温对动物的影响——这是伯纳德诸多稳态研究中的一个。

克劳德·伯纳德

1813年，克劳德·伯纳德出生于法国维勒弗朗什附近，儿时曾帮助父亲打理葡萄园。1834—1843年，他在巴黎学习医学，随后开始与当时顶尖实验生理学家弗朗索瓦·马让迪（François Magendie）合作。1854年，伯纳德入选法国科学院院士。次年，马让迪去世后，伯纳德接替他成为巴黎法兰西学院的全职教授。1864年，拿破仑三世在自然历史博物馆为他建造了一个实验室。1869年，伯纳德与妻子分居，因为她强烈反对他进行活体解剖实验。

1878年伯纳德去世后，法国政府为他举办了葬礼，这是法国首次以这种方式悼念一位科学家。

主要作品

1865年 《实验医学研究导论》

西奥多·施旺的细胞学说，称细胞为"活力原子"，同时认为细胞与其所处环境的关系对于理解生理学至关重要。1854年，伯纳德提出"内环境"（milieu intérieur）的概念，用来描述在外部环境不断变化的情况下，动物体内也能保持平衡的机制。

最初，伯纳德所指的内环境主要是血液，但后来他将围绕细胞的组织间液（interstitial fluid）也包含在内。伯纳德意识到，血液的温度是自主调节的，并推测至少可能部分是通过改变血管直径来控制的，因为他注意到皮肤的血管在寒冷时会收缩，在炎热时会扩张。他还发现，血糖水平通过肝脏中糖原的储存和释放来维持稳定。此外，他还研究了胰腺在消化中的作用。

晚年的伯纳德汇集了自己的研究，得出结论：身体过程旨在维持一个恒定的内环境，即通过无数相互关联的反应来补偿外部环境的变化。他写道："活的生物体实际上并不存在于外部环境（milieu

extérieur）中，而是存在于液体的内环境中。"

伯纳德所提出的"内环境受生理机制调节"的概念与当时仍被广泛认同的"活力论"相对立，后者被认为是超越物理和化学范畴的力量。伯纳德主张，支撑生物科学的原理与物理、化学的原理并无不同。然而，尽管伯纳德是当时法国最著名的科学家之一，但他关于内环境保持稳定且不受外部条件影响的假设在此后的50年间一直被忽视。

自我调节

20世纪初，伯纳德关于"内环境"的概念终于得到了生理学家的认可，如发现了第一种激素——分泌素的威廉·贝利斯和欧内斯特·斯塔林。斯塔林形容内环境的调节是"身体的智慧"。内分泌系统通过分泌激素，在维持稳态方面发挥了关键作用，如胰腺分泌胰岛素来调节血糖水平。

美国生理学家沃尔特·坎农

> 人类和其他动物之所以能在广泛的环境条件下生存，是因为其能够调节内部的温度。

进一步发展了伯纳德的思想。1926年，坎农创造了"稳态"这一术语，用来描述生物体通过自我调节保持体温稳定和控制其他重要条件的过程，如血液中的氧气、水、盐分、糖分、蛋白质和脂肪的水平。坎农选择了"homeo"（意为"类似的"）而非"homo"（"相同的"）作为前缀，反映了伯纳德的观点，即内部条件可以在一定范围内变化。

坎农最重要的发现之一是交感神经系统（sympathetic nervous system）在维持稳态中所起的作用。交感神经系统负责非自主反应（involuntary responses）。他正确地推测出交感神经系统与肾上腺在紧急情况下共同维持稳态。坎农用"战斗或逃走"（fight or flight）这一短语来描述身体对高压情境的反应：肾上腺释放的肾上

> 活生物体尽管需要周边的环境，但仍能相对独立于环境。
>
> 克劳德·伯纳德

外部温度下降使体温降低。

→

感觉细胞向下丘脑的控制中心发送信号。

↓

下丘脑指示皮肤中的血管收缩、肌肉颤抖、肝脏释放葡萄糖。

←

体温上升。

↓

感觉细胞检测到温度上升。

→

下丘脑让肌肉停止颤抖，并扩张血管。

中某个分泌激素以调节血钙水平的腺体。一旦平衡恢复，感觉细胞（sensory cell）便会向下丘脑发送信号，从而停止效应器的作用。

调节血糖水平是伯纳德发现的关于负反馈回路的一个绝佳例证。血液中的葡萄糖刺激胰腺产生胰岛素，使肝脏将多余的葡萄糖储存为糖原。当血液中的葡萄糖浓度下降时，胰腺停止产生胰岛素，肝脏也停止产生糖原。这样一来，血液中的葡萄糖水平便能保持在身体所需的特定范围内。葡萄糖水平升高会触发身体的负反馈机制，而葡萄糖水平降低时，该机制会关闭。■

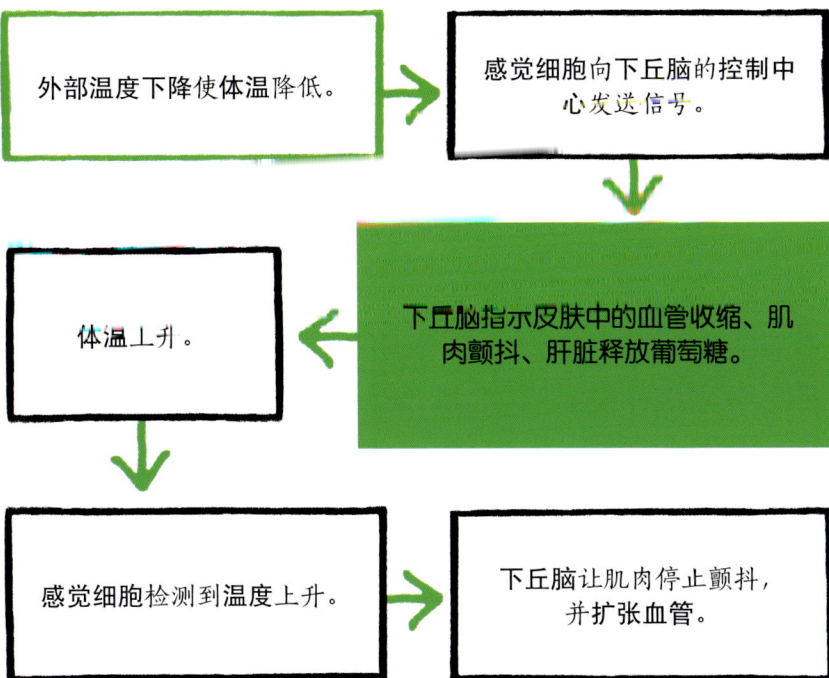

腺素进入血液，从而引发若干反应，例如在四肢的骨骼肌中，肾上腺素通过放松血管来增加血流量，以更高效地运送提供能量的血糖和清除废物；同时，肾上腺素使皮肤的血管收缩，促进凝血。这两种反应旨在减少受伤时的失血。肾上腺素还会触发糖原的分解，并将葡萄糖从肝脏释放到血液中，促进呼吸，以最大限度地从肺部向血液输送氧气。

1946年，瑞典生理学家乌尔夫·冯·奥伊勒（Ulf von Euler）发现，哺乳动物交感神经系统的关键神经递质（神经冲动的载体）是去甲肾上腺素（norepinephrine），而非坎农之前认为的肾上腺素。

三部分系统

维持稳态需要一个由三部分构成的系统：感受器（receptor）、控制中心（control centre）和效应器（effector）。这三个部分通过负反馈回路协同工作，抵消或重置触发行为的刺激。坎农是提出此观点的第一人，他描述了身体将干扰保持在小范围内的调整方式。

感受器是能够感受到环境变化刺激的细胞，如检测温度变化的神经元或检测血压变化的血管细胞。刺激触发信号从感受器传递到控制中心，然后控制中心决定适当的反应。最重要的控制中心之一是下丘脑（hypothalamus），它负责监督从体温、心率、血压到睡眠周期的一切事务。如果反应合适，控制中心就会向效应器发出信号，由效应器负责实施恢复平衡所需的变化：这可能是你在感到寒冷时发抖的肌肉，也可能是内分泌系统

"

我们身体中的一切都朝着有用的目标行进。

沃尔特·坎农

"

与血液结合的空气

血红蛋白

血液的红色来自一种富含铁的蛋白质——血红蛋白。

进入血液的氧分子与血红蛋白中的铁结合。

血红蛋白携带的氧气比溶解在血浆中的氧气多70倍。

血红蛋白将氧气输送到身体需要的地方。

血液是身体的主要运输系统，负责输送激素、营养物质和废物，但其最重要的功能是输送氧气。多亏了德国生理学家和生物化学家费利克斯·霍庇－赛勒的研究，人们得以早在19世纪便开始理解血液如何完成这一任务。

在人体内，血液的55%由一种名为血浆（plasma）的黄色液体组成，而血浆中大部分是水。血液运输的许多成分溶于血浆，但氧气在水中的溶解度很低。对免疫功能非常重要的血小板（platelet）和白细胞（white blood cell）则约占血液的2%。

红细胞（erythrocytes）占据了血液剩余的43%，负责将氧气从肺部输送到身体各个需要氧气的地方。想要探究红细胞如何完成这项任务，线索之一是其内部的一种大

参见：有机物可以是人造的 27页，血液循环 76~79页，毛细血管 80页，血型 156~157页。

型蛋白质——血红蛋白给红细胞带来的红色。霍庇-赛勒和其他科学家发现，血红蛋白是真正的氧气载体。1840年，德国化学家弗里德里克·路德维希·胡内费尔德（Friedrich Ludwig Hünefeld）首次揭示了血红蛋白的这种特殊能力。19世纪50年代，另一位德国生理学家奥托·芬克（Otto Funke）创造出了一种结晶形式的血红蛋白，霍庇-赛勒也因此得以证明这种结晶物质既能吸收氧气，也能释放氧气，从而证实了它在血液中的功能。

血红蛋白的运作方式

在血红蛋白开始工作之前，空气被吸入体内，最终到达肺部的微小气囊——肺泡（alveoli）中。在这里，氧气通过肺泡的薄膜进入血液和红细胞中。

红细胞中的血红蛋白是由四个亚基组成的大型蛋白质，每个亚基中心都有一个铁离子（正是铁离子赋予了血液红色）。在细胞内部，每个血红蛋白分子收集四个氧分子，每个氧分子与一个铁离子结合。而每个红细胞内部含有约2.7亿个血红蛋白分子。

我们现在知道，血红蛋白携带的氧气量是溶于血浆中的氧气量的约70倍，并且5升的正常人类血液随时都可以携带1升的氧气。氧

红细胞会在人体内循环约100~120天。之后它们会被分解，其中的铁元素会被重新利用以制造新的红细胞。

合血红蛋白（oxyhaemoglobin）是完全饱和的血红蛋白，使动脉中含氧血液呈现明亮的草莓红，而静脉中的脱氧血液颜色则较暗，这部分归因于十氨基甲酰血红蛋白（carbaminohaemoglobin）的存在。这种化合物帮助身体排出细胞产生的二氧化碳废物，但只有四分之一的二氧化碳通过这种方式回到肺部，最终通过呼气排出，大多数二氧化碳以碳酸氢盐离子的形式溶于血浆中。

1959年，奥地利分子生物学家马克斯·佩鲁茨通过X射线晶体学技术发现了血红蛋白的四亚基结构，并因此获得了1962年的诺贝尔化学奖。

现已知人类群体中存在超过1000种不同的血红蛋白变体，其中一些会导致镰状细胞贫血和地中海贫血等，即血液中红细胞或血红蛋白总量减少，影响健康。■

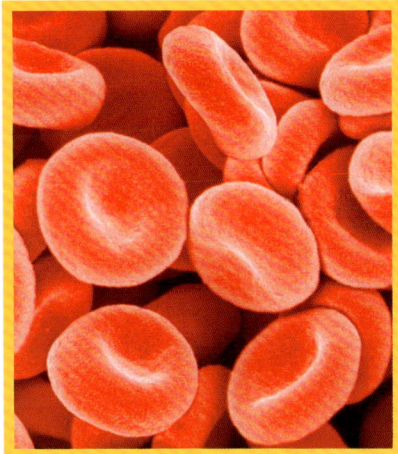

费利克斯·霍庇-赛勒

费利克斯·霍庇-赛勒被视作生物化学和分子生物学的奠基人之一。他于1825年在德国弗莱堡出生，父母给他起名厄恩斯特·费利克斯·霍庇（Ernst Felix Hoppe）。9岁时，成为孤儿的他被姐夫格奥尔格·赛勒收养，后者来自一个与巴伐利亚光明会（一个慈善家秘密组织）有联系的显赫家族。霍庇-赛勒成为医生后，曾在图宾根和斯特拉斯堡从事研究工作。除了血红蛋白研究，他还对叶绿素进行了重要研究。此外，他被誉为分离各种复杂蛋白质的先驱。1877年，他创办了《生理化学期刊》（*Journal for Physiological Chemistry*），并担任编辑直至1895年去世。

主要作品

1858年 《生理和病理化学分析手册》

生命齿轮的润滑油

激素帮助调节身体

背景介绍

关键人物

爱德华·沙比-谢弗（1850—1935）

此前

1849年 阿诺德·伯特霍尔德通过阉割公鸡的实验指出，人体内存在一种未知的调节机制。

19世纪50年代 克劳德·伯纳德提出了"内环境"的概念，内环境指的是生物体稳定的内部环境。

此后

1915年 美国神经学家沃尔特·坎农证明了内分泌腺与情绪反应之间的联系。

1950年 菲利普·亨奇（Philip Hench）、爱德华·肯德尔（Edward Kendall）和塔德乌什·赖克斯坦（Tadeusz Reichstein）因发现类固醇（cortisone）——一种用于治疗类风湿性关节炎的激素药物——而获得诺贝尔生理学或医学奖。

20世纪80年代 合成人胰岛素批量生产，用于治疗糖尿病。

生物体在面对环境变化时会保持相对稳定的内部状态，这被称为稳态。这要求身体不同部位的细胞和组织之间能够进行可靠的沟通，而这一过程是通过释放名为激素的化学物质来实现的。激素通过血液到达它们的目标细胞，并引发相应的反应。1905年6月，英国生理学家欧内斯特·斯塔林首次使用"激素"一词，他将其定义为"沿着血液从细胞到细胞传递信号的化学信使，能够协调身体不同部分的活动和生长"。分泌激素的细胞、组织和器官共同组成了人体的内分泌系统。

发现激素

阿诺德·伯特霍尔德和克劳德·伯纳德等19世纪的科学家的实验成果已经证明，动物的不同器官之间存在某种化学沟通。然而，当斯塔林提出"激素"这个新术语时，人们对其性质或工作原理知之甚少。

根据19世纪后期的文献记载，医生们用动物组织（如甲状腺、肾上腺和胰腺）的提取物成功治疗了某些疾病。后来人们发现，这些疾病是由激素缺乏引起的。1889

> 胰岛素不是糖尿病的治愈方法，而是一种治疗手段。它能使糖尿病患者消耗足够的碳水化合物，从而可以将蛋白质和脂肪添加到饮食中。
>
> 弗雷德里克·班廷

年，毛里求斯神经学家夏尔·爱德华·布朗-塞卡尔（Charles Edouard Brown-Séquard）向巴黎科学院报告说，他给自己注射了一种由狗和豚鼠睾丸的静脉血、精液及其他液体组成的混合物，这使他的力量、耐力和注意力得到了显著提升。后来在1891年，他提出，所有组织都会产生分泌物，而人们可以提取这些分泌物来治疗疾病——这可能是激素替代疗法（hormone replacement therapy）的最初设想。

同样在1889年，德国医生约瑟夫·冯·梅林（Joseph von Mering）和奥斯卡·闵可夫斯基（Os-

```
刺激引发内分泌腺释放激素。  →  激素通过血液移动。
                                      ↓
目标器官根据刺激产生相应的变化。  ←  激素与目标器官细胞上的受体结合。
```

参见：新陈代谢 48~49页，消化 58~59页，血液循环 76~79页，激素触发反应 84~85页，稳态 86~89页。

kar Minkowski）发现了胰腺对于预防糖尿病的作用。他们观察到被切除胰腺的狗会出现糖尿病的所有症状，且随后很快就会死亡。1891年，英国神经外科医生维克托·霍斯利（Victor Horsley）证明，甲状腺功能低下的患者可以用甲状腺提取物进行治疗。

1894年，英国生理学家爱德华·沙比-谢弗和乔治·奥利弗（George Oliver）证明了肾上腺素的存在及其效果，以及肾上腺分泌肾上腺素这一事实。给一只狗注射肾上腺提取物后，他们惊讶地

发现，狗的血压急剧上升。奥利弗和沙比-谢弗进而证明，垂体提取物会引起血压上升，甲状腺提取物则会使血压下降。1902年，欧内斯特·斯塔林和威廉·贝利斯在进行实验时发现了一种叫作分泌素的物质，当胃酸进入小肠时，该物质会促使胰腺开始分泌物质。

斯塔林和贝利斯还证明了分泌素具有普遍的刺激作用：一个物种的分泌素能够引发其他任何物种的胰腺开始分泌物质。进一步的研究表明，这种普遍性适用于斯塔林后来命名的所有激素。例如，1912

主要的内分泌腺

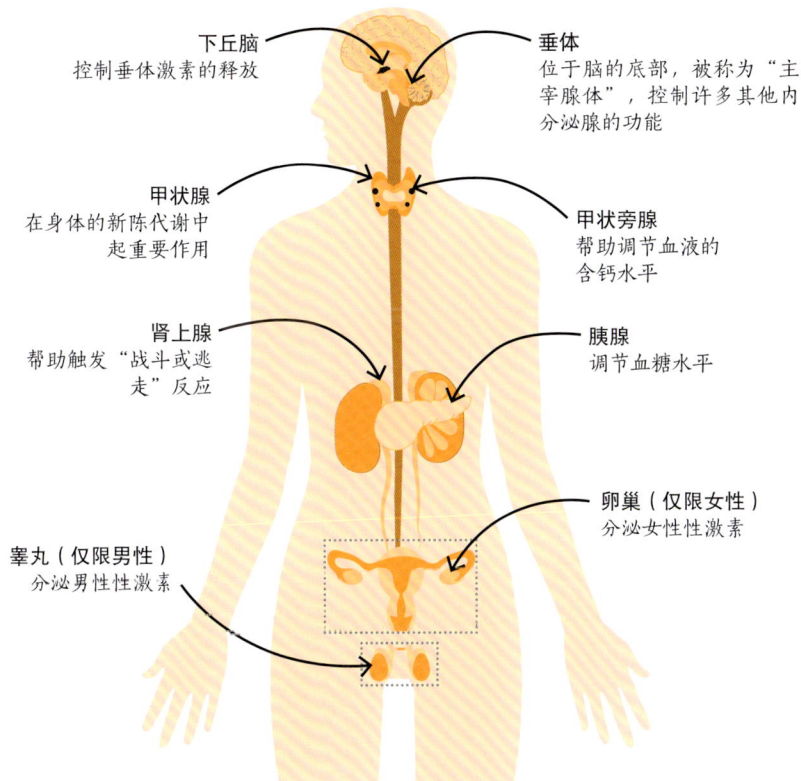

下丘脑
控制垂体激素的释放

垂体
位于脑的底部，被称为"主宰腺体"，控制许多其他内分泌腺的功能

甲状腺
在身体的新陈代谢中起重要作用

甲状旁腺
帮助调节血液的含钙水平

肾上腺
帮助触发"战斗或逃走"反应

胰腺
调节血糖水平

卵巢（仅限女性）
分泌女性性激素

睾丸（仅限男性）
分泌男性性激素

爱德华·沙比-谢弗

爱德华·沙比-谢弗，原名爱德华·阿尔伯特·谢弗（Edward Albert Schafer），于1850年出生在伦敦，被认为是内分泌学（endocrinology）的创始人之一。他在伦敦大学学院学习医学，受教于著名生理学家威廉·沙比（William Sharpey），沙比对他的影响如此之深，以至于他后来将沙比的名字加到了自己的姓名中。

1878年，谢弗当选为英国皇家学会会员，并于1883年成为皇家学会教授，1899年成为爱丁堡大学的生理学教授。他始终热衷于尝试新的实验室操作流程，1903年发明了俯卧压背人工呼吸法，他因此而变得更加知名。1911—1912年，他担任英国科学协会的主席，1933年退休，两年后在苏格兰北贝里克的家中去世。

主要作品

1898年 《高级生理学教科书》
1910年 《实验生理学》

年，德国生理学家弗里德里克·古德纳奇（Friedrich Gudernatsch）使用马的甲状腺提取物促使蝌蚪快速发育成了青蛙。

理解激素

沙比-谢弗被视作"内分泌"一词的发明者，这一词源自希腊语中的"endon"（意为"在……之内"）和"krinein"（意为"分泌"）。他提出了激素作用于体内器官和细胞的观点，认为激素是一种与神经系统不同的通信和控制系统。1910年，他提出，糖尿病是由缺乏胰腺中胰岛生产的一种化学物质造成的。他将这种化学物质命名为胰岛素（insulin），源自拉丁语中的"insula"（意为"岛屿"）。

1922年，加拿大医生弗雷德里克·班廷使用从狗胰腺中提取的胰岛素成功治疗了14岁的糖尿病患者伦纳德·汤普森（Leonard Thompson）。这是另一个证明激素的普遍性的里程碑事件。

> **" 我们已经了解到，情绪的高涨与低落也可以用内分泌学来解释。"**
> 阿道司·赫胥黎（Aldous Huxley），
> 1963年《文学与科学》

20世纪初的研究集中在确定激素的来源和揭示它们的化学性质上。1926年，英国生物化学家查尔斯·哈林顿（Charles Harington）首次实现了化学合成激素——他合成了甲状腺素（thyroxine）。十年后，美国生物化学家爱德华·多伊西（Edward Doisy）提出了识别激素的四个标准：必须确定一个进行内部分泌的腺体；必须能检测到分泌的物质；必须能够提纯该物质；需要分离出纯物质并对其进行化学研究。多伊西对卵巢激素作用的研究为激素避孕药的发展奠定了基础。

激素与调节

内分泌系统包含了激素、分泌激素的腺体及它们影响的目标器官之间复杂的相互作用。激素携带指令，将其从十多个内分泌腺体和组织传递给全身的细胞。已知人体内大约有50种不同的激素，控制着包括肌肉生长、心率、月经周期和饥饿感在内的多种生物过程。单一激素可能影响多个过程，而一个功能可能由几种不同的激素控制。

激素不仅仅会与目标器官通信。例如，当胰腺释放胰岛素时，它会刺激肌肉细胞从血液中吸收葡萄糖，还可能调节其他内分泌腺体的激素释放。内分泌系统的"主宰腺体"是垂体，这颗豌豆大小的腺体位于脑的底部，控制着许多其他内分泌腺体的功能。垂体分泌的激素会影响我们对疼痛的反应、向卵巢和睾丸传递生成性激素的信号，以及控制排卵和月经周期。

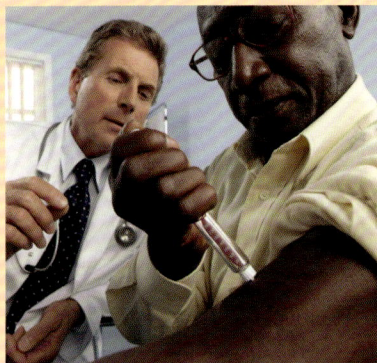

一名医生指导他的糖尿病患者使用胰岛素笔将激素注入血液中。

糖尿病

糖尿病是稳态失调的常见病理，会导致人体血糖水平过高。如果不进行治疗，它可能会导致糖尿病患者昏迷甚至死亡。糖尿病有两种形式：1型糖尿病和2型糖尿病。1型糖尿病的成因是免疫系统错误地攻击胰腺中负责胰岛素生产的细胞，从而使身体无法产生胰岛素。目前尚不清楚这一过程的具体原因。正如弗雷德里克·班廷所证明的那样，尽管无法治愈，但1型糖尿病可以通过注射合成胰岛素来进行治疗。

2型糖尿病患者虽然可以产生胰岛素，但他们无法对其进行有效利用，或者产生的胰岛素不足。这是目前最常见的糖尿病类型，通常在晚年被诊断出，而且强有力的证据表明，生活方式会影响病情的发展。

胰腺

胰腺中的 β 细胞将胰岛素释放到血液中

胰岛素

体细胞

体细胞吸收葡萄糖

肝

肝脏吸收葡萄糖并将其储存为糖原

血糖水平下降

刺激：血糖水平上升

胰腺产生的激素调节血糖水平。在健康的身体中，胰岛素通过使许多细胞吸收和利用葡萄糖来调节血糖，从而降低血糖水平。胰高血糖素（glucagon）则相反，它刺激体内的细胞释放葡萄糖，从而提高血糖水平。两者共同维持血糖水平平衡。

稳态
血糖水平平衡

刺激：一段时间后血糖水平下降

胰腺

胰腺中的 α 细胞释放胰高血糖素

胰高血糖素

肝

肝脏分解糖原，释放葡萄糖

血糖水平上升

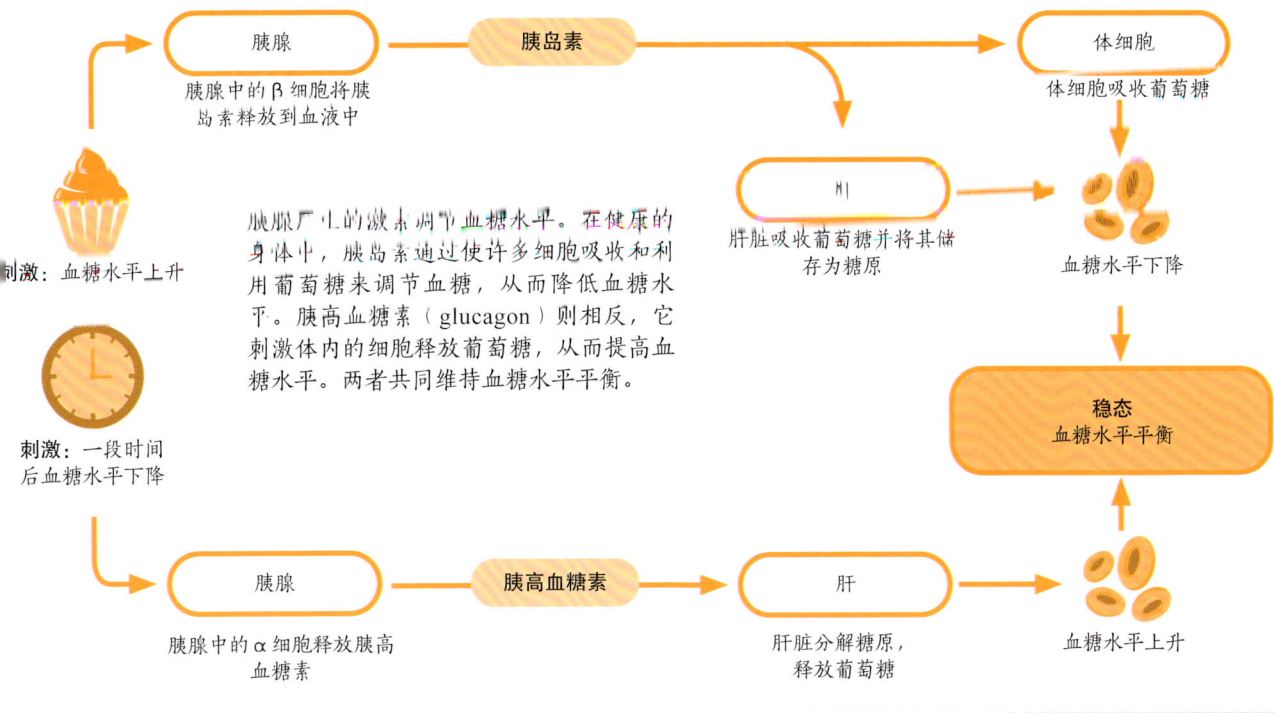

激素通过血液循环，与全身的细胞进行无差别的接触，但它们只会对某些细胞产生反应，这类细胞被叫作靶细胞（target cell）。它们之所以能对某种激素产生反应，是因为它们具有该激素的受体，而缺乏这些受体的细胞不会对激素产生反应。激素的效应取决于其在血液中的浓度，浓度过高或过低都会导致疾病。例如，胰岛素水平低会引发糖尿病，甲状腺过度活跃会导致甲亢（hyperthyroidism）。

沙比-谢弗错误地认为内分泌系统与神经系统是分开的，但实际上，这两个系统共同调节和维持着身体其他系统的健康平衡，尤其是内分泌系统与交感和副交感神经系统密切相关。交感神经系统能在压力来临时发挥作用，应对这一威胁健康或破坏体内平衡的因素，让身体为反应做好准备，并激活内分泌系统中的腺体；副交感神经系统负责让情绪平静下来，使身体在消除压力后恢复平衡状态。■

饥饿感由胃饥饿素（ghrelin）触发，这种激素主要由胃部释放。胃饥饿素通过增加胃酸分泌来帮助身体为摄入食物做好准备。

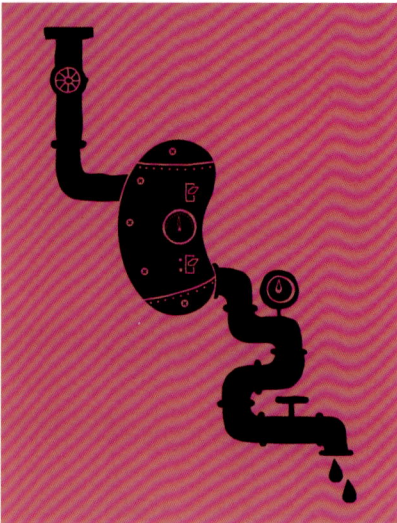

我们内部环境的首席化学家

肾脏与排泄

背景介绍

关键人物

阿瑟·卡什尼（1866—1926）

此前

公元前4世纪 亚里士多德认为，肾脏是膀胱的辅助器官，对排泄废物而言并非不可或缺。

1628年 英国医生威廉·哈维确定了血液在体内不断循环的事实。

1666年 马尔切洛·马尔皮吉揭示了肾脏的部分微观结构。

此后

1945年 威廉·科尔夫（Willem Kolff）证明了肾衰竭患者可通过人工透析维持生命。

1958年 丹麦科学家汉斯·乌辛（Hans Ussing）从细胞层面详细研究了肾功能。

肾脏的主要功能是通过排泄和重吸收从血液中去除废物和多余的液体。

1666年，意大利解剖学家马尔切洛·马尔皮吉首次微观描述了肾脏的结构。当时能使用的仪器可能只有20～30倍的放大率，但还是展示了被马尔皮吉认为是腺体的结构。他描述道，这些结构"如同一棵美丽的树上的苹果"。他认为，尿液从血液中分离出来的过程始于这些腺体，这一观点后来被证明是准确的和极具前瞻性的。

相互矛盾的观点

1842年，英国解剖学家威廉·鲍曼（William Bowman）详细描述了肾脏的结构。他花了两年时间研究马尔皮吉发现的腺体，

并注意到，马氏小体（Malpighian bodies）是由囊内的微小毛细血管团【血管球或肾小球（glomerulus）】构成的——为纪念他的发现，这个囊后来被命名为鲍曼囊（Bowman's capsule）。鲍曼发现，鲍曼囊与肾导管（renal duct）相连，尿液通过肾导管进入膀胱。他认为，水分从每个肾小球中排出，沿着从鲍曼囊引出的小管冲刷废物——尿素。

当时，德国医生卡尔·路德

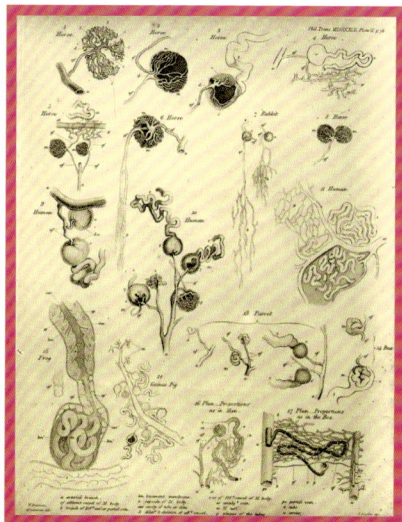

威廉·鲍曼使用比马尔皮吉所用的显微镜强大十倍的显微镜来研究肾脏，并绘制了非常详细的图表，如右图所示的这张。

参见：解剖学 20~25页，新陈代谢 48~49页，消化 58~59页，血液循环 76~79页，毛细血管 80页，激素帮助调节身体 92~97页。

> **极其微小的部位被塑造成这样一种奇妙的器官。**
>
> 马尔切洛·马尔皮吉

维希（Carl Ludwig）质疑鲍曼的理论，提出了另一种过滤过程，他认为血浆（plasma）中的成分（除脂肪和蛋白质等较大分子外）能通过肾小球的毛细血管壁。路德维希推测，由于滤液的体积远大于尿液的体积，所以大部分滤液必须被肾小管重吸收。

德国生理学家鲁道夫·海登海因（Rudolph Heidenhain）反对路德维希的观点。1883年，他公布了一项计算结果，表明一个正常成年人的肾脏每天需要过滤70升的液体，方可解释每天的尿素排出量，而达到这至少四倍的血液流经肾脏。海登海因认为，尿液必须完全由肾小管分泌而非通过过滤产生。

现代理论

1917年，苏格兰医生阿瑟·卡什尼出版了《尿液的分泌》（ *The Secretion of Urine* ），为路德维希的过滤-重吸收理论进行辩护。他通过实验推翻了海登海因关于肾小管无法重吸收所需水量的论断，并否定了尿液是由分泌产生的观点。与之相对，他提出了所谓的"现代肾脏功能理论"。

卡什尼表示，重吸收的液体量以及大量的水分意味着几乎所有被过滤的葡萄糖、氨基酸和盐类物质都必须由肾小管重吸收。这些物质的浓度不同，因此被重吸收的程度也不同，例如，氨基酸几乎能被完全重吸收，而肌肉代谢产生的肌氨酸酐（creatinine）等废物则几乎不会被重吸收。■

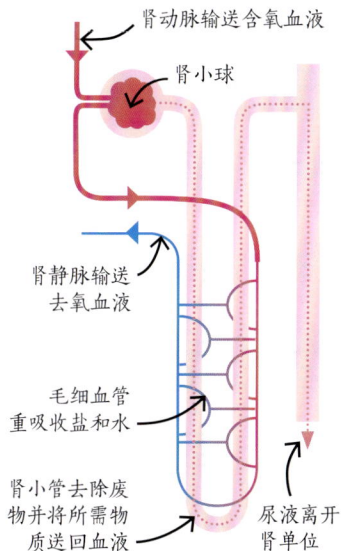

人类的肾脏含有数十万个被称作肾单位（nephrons）的血液过滤单位，每个肾单位都有一个肾小球——一个被囊包围的血管团，用于去除废物和多余的水分。

这款晚期版本的科尔夫原始人工肾机使用了40米的玻璃纸管道，管道缠绕在一个木质滚筒上。

透析

20世纪中期之前，肾衰竭实质上等于死亡判决，没有肾脏过滤有害废物，身体就无法正常运作。20世纪20年代，德国医生格奥尔格·哈斯（Georg Haas）首次尝试对人类患者进行透析治疗（人工去除废物），他使用的是具有半透性特性的纤维素基管道，但患者无一存活，主要原因是疗程不够长。1945年，该技术迎来突破：荷兰医生威廉·科尔夫成功为一位急性肾衰竭患者进行了一周的透析。

科尔夫使用由玻璃纸管道制成的人工肾机，管道缠绕在一个木质滚筒上，患者的血液流经这些管道，滚筒在电解质溶液（透析液）中旋转。当管道通过溶液时，毒素通过渗透作用从血液进入溶液中。

无生长素就无生长

植物生长调节剂

背景介绍

关键人物
弗里茨·W. 文特（1903—1990）

此前
1881年 查尔斯·达尔文及其儿子观察到了燕麦幼苗朝向光弯曲。

1911年 丹麦科学家彼得·博伊森-詹森（Peter Boysen-Jensen）提出，植物体内存在类似激素的信号。

1924年 美国植物生理学家弗兰克·丹尼（Frank Denny）解释说，农民所用煤油灯中的乙烯（ethylene）诱发了水果成熟，而非此前人们认为的热量或烟雾。

此后
1935年 日本农业化学家薮田贞治郎（Teijiro Yabuta）分离并命名了赤霉素（gibberellin）。

1963年 美国植物学家弗雷德里克·阿迪科特（Frederick Addicott）和英国植物学家菲利普·韦林（Philip Waring）分别发现了脱落酸（abscisic acid）。

为了生存，动物会转移到食物和水源附近活动，远离危险。同理，植物也必须对环境刺激做出反应，但由于无法移动，它们只能朝向光、水和氧气存在的方向生长，并通过长出防御性结构或释放保护性化学物质来保护自己。

植物生理过程由类似动物激素的分子控制，这些分子在组织间移动，反应速度慢于动物激素，主要影响植物的长期生长模式，因此它们被称为植物生长调节剂（PGRs）。

每个PGR适配一种蛋白质或受体，类似钥匙与锁的关系。蛋白质"锁"被打开时，会引发一连串事件，启动生存机制，如植物保护自己免受干旱或朝着水源生长。

发现生长素

第一种被发现的PGR是生长素（auxin）。19世纪80年代，查尔斯·达尔文及其儿子发现，如果用黑纸覆盖燕麦幼苗的顶端或剪掉顶端，幼苗就不会朝向光弯曲。他们的结论是，植物顶端存在某种"影响因素"，控制植物对光的生长反应【向光性（phototropism）】。

1927—1928年，荷兰植物生理学家弗里茨·W. 文特和苏联微生物学家尼古拉·乔罗尼（Nikolai Cholodny）分别描述了日后被命名为生长素的化学物质。1937年问世的乔罗尼-文特模型结合了两人的发现，细述了生长素在植物向光性和根的向地性（geotropism，对重力的生长反应）中的作用，该模型

成熟的水果释放乙烯气体，以协调同株植物上其他水果的成熟度。一碗水果中，成熟的香蕉可用于催熟西红柿等绿色水果。

参见： 细胞膜 42~43页，光合作用 50~55页，植物的蒸腾作用 82~83页，稳态 86~89页，激素帮助调节身体 92~97页，植物体内的养分转运 102~103页，传粉 180~183页，营养级 300~301页。

证明生长素在向光性中的作用

在自然环境中，生长素会刺激幼苗或枝条的阴暗侧细胞生长，使其弯向细胞较短的一侧，即阳光较多的一侧。

1. 阳光充足时，生长素集中在幼苗或枝条的顶端。

2. 如果幼苗的一侧被遮挡，那么生长素会扩散到被遮挡的一侧。

3. 被遮挡一侧的细胞生长得更长，因此枝条弯向有光的一侧。

文特的实验通过从燕麦幼苗顶端分离生长素，操纵幼苗的生长方向，揭示了生长素在向光性中的作用。

1. 切除幼苗顶端，然后将其放置在一个琼脂（agar）块上，生长素从顶端扩散到琼脂块中。

2. 将琼脂块放在被切断的幼苗的一侧。此时没有光源，因此光本身无法引起任何反应。

3. 生长素从琼脂块扩散到枝条的这一侧，混入了生长素的细胞的生长速度比枝条另一侧的细胞的生长速度快，导致枝条弯曲。

是理解PGRs的关键步骤。

主要类型的PGRs

19世纪末和20世纪初的众多科学家在观察到乙烯气体催熟水果的作用后，逐步总结出它的作用。1934年，英国植物学家理查德·甘恩（Richard Gane）证明了水果可以合成乙烯。成熟水果对植物生命周期至关重要，因为它们包含了可孕育下一代的种子，这些种子必须在适当季节传播。例如，一棵苹果树上，第一个成熟的苹果会释放乙烯气体，使其他苹果一起成熟。乙烯现被商用于控制在未完全成熟时被摘下的水果的成熟时间，以便销售时它们恰好成熟。

20世纪40年代，瑞典裔美国植物生理学家福克·斯库格（Folke Skoog）开始研究引发细胞分裂和分化为植物器官（如根、叶、花或果实）的化学物质。1954年，他的学生卡洛斯·米勒（Carlos Miller）分离出细胞激动素（kinetin），即细胞分裂素（cytokinin）。这种PGR还影响衰老过程，例如，细胞分裂素的减少会导致秋季叶绿素的降解，从而使叶片中的其他色素显露出来；春季时，细胞分裂素水平上升，以促进叶芽的形成。

其他PGRs包括赤霉素和脱落酸。前者在生长素存在的前提下，促进细胞伸长和分裂，并打破种子休眠，被商用于无籽葡萄的膨胀发育。脱落酸控制对环境压力的反应，如干旱时关闭气孔和促进休眠。

所有PGRs都有多种功能，如生长素还调节叶片和花的形成、果实的成熟及从插条中生成新的根。PGRs还在植物生长过程中以复杂方式相互作用，有时协同，有时对抗。■

光敏色素

1959年，美国植物学家哈里·博思威克（Harry Borthwick）和美国农业部的生物化学家斯特林·亨德里克斯（Sterling Hendricks）首次分离出光敏色素（phytochrome）——一种对光敏感的植物蛋白，会与光受体结合，就像PGRs与蛋白质结合一样，光受体是锁，阳光中红光的波长则是钥匙。

光敏色素不仅可以根据不同时段的红色光波使植物判断时间以及了解自身的光照情况，还能通过检测某些波长存在的时长来判断季节。

凭借这些信息，植物能够调节其昼夜（日常）节律【circadian (daily) rhythms】，包括进行光合作用以及种子发芽、开花和休眠的时间。

植物体内的流体运动

植物体内的养分转运

所有生物体都需要糖的能量来维持细胞活动，在养分转运过程中，光合作用合成的糖与根部吸收的其他养分通过汁液在植物体内移动。19世纪，植物学家通过观察韧皮部细胞发现，汁液流经的是由韧皮部构成的筛管。这一发现引起了一系列讨论，讨论的焦点在于：究竟是外部压力，还是扩散或渗透作用在驱动汁液在韧皮部筛管内流动？

源与库

1928年，爱尔兰植物学家托

> 叶片制造了糖分，你吃的所有糖最初都来自一片树叶。
>
> 霍普·洁伦（Hope Jahren），
> 美国地质生物学家

马斯·梅森和他的英国同事欧内斯特·马斯克尔证实了韧皮部是植物体内运送糖的部位，并描述了他们的源-库理论：糖产自植物体内的某个部位，根据需要被"运送"到其他部位。糖产生的部位是"源"（source），被送达的部位则是库（sink）。

随着季节变化，植物体内的源和库会改变。例如，到了冬季，地里未收割的胡萝卜顶部的绿叶会枯死。等到春天，作为源的胡萝卜根部所储存的糖会被输送到顶部供应新的叶片生长，新生的叶和茎就成了库。之后到了生长季，成熟的叶片开始进行光合作用，变成新的源。胡萝卜的根、花、嫩茎和嫩叶都需要糖，所以又都能成为库。

养分转运的过程

梅森和马斯克尔曾误认为汁液完全通过扩散在韧皮部流动。1930年，德国植物生理学家厄恩斯特·芒奇发表了压力流动假说（mass-flow hypothesis或pressure-flow hypothesis），该假说可谓对

参见： 生命的细胞本质 28~31页，细胞膜 42~43页，光合作用 50~55页，光合作用反应 70~71页，植物生长调节剂 100~101页，传粉 180~183页，食物链 284~285页。

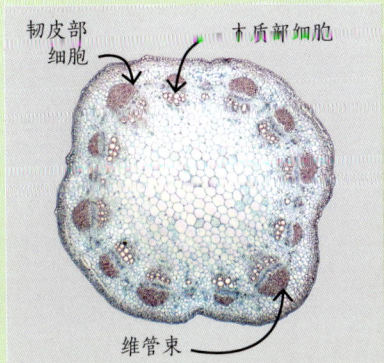

韧皮部
细胞

市质部细胞

维管束

在向日葵的茎中，韧皮部细胞和木质部细胞的维管束呈环状排列在髓部组织的中心区域。

韧皮部组织

在植物养分的转运过程中，糖分的所有"运送"和"接收"都需要专门的运输细胞，这类细胞被称为"韧皮部细胞"。它们与木质部细胞类似，木质部细胞负责运载植物的蒸腾流。

1969年，德裔美国植物解剖学家凯瑟琳·埃绍（Katherine Esau）借助透射电子显微术（transmission electron microscopy，简称TEM）详细描述了韧皮部的结构和功能。韧皮部组织由末端有孔的柱状细胞组成，这些细胞端对端排列，形成被称作"筛管"（sieve tubes）的管道。在向日葵等草本植物中，输水组织（木质部）和输糖组织（韧皮部）捆绑在一起，从根部延伸到茎、叶、花和果实；在橡树等木本植物中，木头由木质部组织构成，树皮中则含有韧皮部。

冬季，麋鹿等动物会吃树皮，这种将完整的一圈树皮从树干上剥除的行为被称作"环状剥皮"（ring barking），会导致树木死亡，因为树皮中供应糖分的韧皮部被切断了。

汁液如何从源流向库的最佳解释。在生物系统中，有一种名为渗透的过程，即水穿过细胞膜，从糖浓度低、水含量高的区域被动地扩散到糖浓度高、水含量低的区域。芒奇发现，树叶将光合作用产生的糖转移到其附近的韧皮部细胞时，汁液中的高糖分通过渗透作用将水从木质部（输送水的导管）吸入韧皮部，就像打开花园里的高压水管一样，突然涌入叶韧皮部密闭空间的水会产生高压——这种高压被称为静水压（hydrostatic pressure）。

芒奇还解释了汁液如何沿着压力梯度向下移动：从静水压较大的源移动到静水压最小的库。库，如根或芽，可能处于不同的位置，因此汁液会沿着韧皮部向上或向下移动。

库需要糖来维持细胞活动，并会主动从韧皮部提取糖分。一旦库的糖分流失，韧皮部中水的能量（势能）就比木质部中的低，被称

为低水势（low water potential），因此水会在木质部循环，并在蒸腾流中向上移动。

蚜虫（一种小型昆虫）会用针状口器【学名口针（stylets）】刺入韧皮部筛管中吸食植物的汁液，就像人从高压水管中喝水一样，蚜虫只是让汁液流过自己的身体，同时代谢所需的糖分。1953年，研究者通过切断蚜虫的口针首次测量出了汁液流动的速率。■

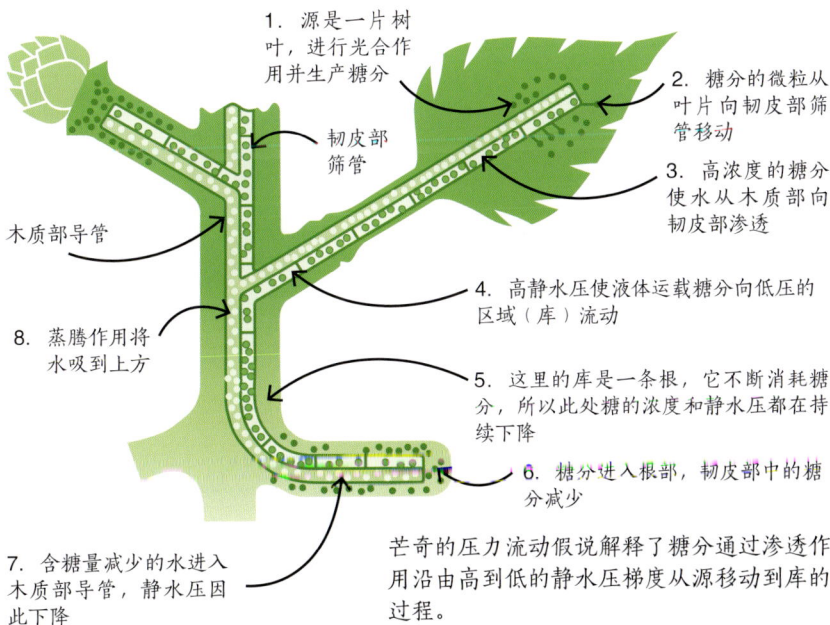

1. 源是一片树叶，进行光合作用并生产糖分

2. 糖分的微粒从叶片向韧皮部筛管移动

3. 高浓度的糖分使水从木质部向韧皮部渗透

韧皮部筛管

木质部导管

4. 高静水压使液体运载糖分向低压的区域（库）流动

8. 蒸腾作用将水吸到上方

5. 这里的库是一条根，它不断消耗糖分，所以此处糖的浓度和静水压都在持续下降

6. 糖分进入根部，韧皮部中的糖分减少

7. 含糖量减少的水进入木质部导管，静水压因此下降

芒奇的压力流动假说解释了糖分通过渗透作用沿由高到低的静水压梯度从源移动到库的过程。

BRAIN AND BEHAVIOUR

脑与行为

路易吉·伽伐尼（Luigi Galvani）展示了如何通过电刺激使死青蛙腿部的肌肉抽动。

赫尔曼·冯·亥姆霍兹（Hermann von Helmholtz）提出"三色视觉"理论，解释了人类如何通过三种受体感知颜色。

埃米尔·杜·布瓦-雷蒙（Emil du Bois-Reymond）提出，"动物电"是通过神经系统传递的电信号。

18世纪80年代

19世纪50年代

约1865年

1815年

1861年

1873年

让-皮埃尔·弗卢朗（Jean-Pierre Flourens）通过切割活鸽子和兔子的脑部，证明了脑的不同区域控制着不同的功能。

通过研究脑损伤患者，保罗·布罗卡（Paul Broca）发现了控制言语生成的脑区。

道格拉斯·斯波尔丁（Douglas Spalding）为"先天与后天"之辩做出了贡献，区分了年幼动物的本能行为与学习行为。

动物具有移动的能力，因此能够以特定方式行动——这个事实在19世纪成为科学家研究的一大焦点。早期的相关研究集中在使运动成为可能的物理机制上，但通过这些研究，人们逐渐认识到神经系统，尤其是脑，不仅控制着运动器官，还控制着感觉器官，因此是动物行为的核心。

电流

路易吉·伽伐尼是首批洞察神经系统运作方式的科学家之一，他在研究新发现的电流对动物组织的影响时，取得了突破性进展。18世纪80年代，他进行了一系列实验，发现死青蛙的腿在受到电刺激时会抽动。他由此推断，肌肉收缩及动物的运动是由一种他称之为"动物电"（animal electricity）的电信号引发的。不过直到近一个世纪后，即19世纪60年代，埃米尔·杜·布瓦-雷蒙提出伽伐尼的"动物电"是通过神经系统传遍全身的，人们才对神经系统的本质有了更深入的理解。

控制中心

到了19世纪初，人们已普遍接受脑是控制动物运动和行为的中心，但对其运作方式仍知之甚少。生理学家让-皮埃尔·弗卢朗继承了1600多年前的盖伦的精神，对活鸽子和兔子的脑部进行了一系列实验。他切除部分脑组织并观察后续效果，发现身体的不同功能由脑的特定部位控制。保罗·布罗卡通过研究脑损伤患者，证实了弗卢朗的发现：那些有言语障碍的患者其实是脑的特定部位受损了，这个部位后来被称为布罗卡区（Broca's area）。

"脑的不同区域控制不同功能"的观念逐渐确立起来，生理学家开始按照各个区域的专门功能绘制人脑的"地图"，例如，被称为大脑皮质的区域负责控制最复杂的功能，如记忆、解决问题和交流；

圣地亚哥·拉蒙·卡哈尔（Santiago Ramón y Cajal）通过显微镜观察染色的神经组织，证实了神经系统由细胞组成。

奥托·勒维（Otto Loewi）发现了神经递质这一化学物质，它们在细胞间传说神经信号。

埃里克·坎德尔（Eric Kandel）证实了拉蒙·卡哈尔的理论，即突触中的化学变化与记忆的形成有关。

19世纪**90**年代

1921年

20世纪**60**年代

1909年

1954年

1960年

科宾尼安·布罗德曼（Korbinian Brodmann）制作了首张大脑皮质的详细功能图。

安德鲁·赫胥黎（Andrew Huxley）和罗尔夫·尼德格尔克（Rolf Niedergerke），以及休·赫胥黎（Hugh Huxley）与简·汉森（Jean Hanson），分别发现了引起肌肉收缩的化学过程。

珍·古道尔（Jane Goodall）观察到，黑猩猩不仅会使用工具，还会制造工具，这激发了研究者对动物使用工具这一主题的兴趣。

脑的其他部分则控制较低级的功能，如运动。

到了20世纪初，科宾尼安·布罗德曼借助最新的显微镜技术，成功绘制出了详细的脑功能图，展示了大脑皮质的特异性空间组织。

19世纪50年代，赫尔曼·冯·亥姆霍兹对动物感知光线（视觉）的方式的研究表明，眼睛也存在专门分工，尤其是在分辨颜色方面。他的理论是，色觉的产生源于眼睛中存在的对特定波长的光敏感的不同色素受体。

处理信号

19世纪末，人们在理解"信号如何从感觉器官传输到脑，以及如何从脑传输到其他器官"方面取得了突破性进展。圣地亚哥·拉蒙·卡哈尔借助新的染色技术观察到了前所未见的神经组织结构，从而发现神经是由不同细胞组成的，这些细胞被称为神经元（neuron），负责传递往返于脑的信号。后来，奥托·勒维发现，神经元通过释放能触发细胞之间电脉冲的化学物质，在神经纤维的间隙（突触）"交流"。

随着脑和神经系统生理学详细知识体系的逐渐建立，人们可以在一定程度上解释高级的脑功能，如记忆和学习。20世纪60年代，埃里克·坎德尔证明了这些功能与脑中的物理过程有关。

然而，有关动物行为，尤其是人类行为的许多问题仍悬而未决。比如，究竟有多少行为是天生的，源自脑的复杂结构，又有多少是通过身处环境的经验学习而形成的？在漫长的进化过程中，我们的行为有多少是遗传而来，且能够传递给后代的？■

肌肉收缩导致强直性惊厥

可兴奋组织

关键人物

路易吉·伽伐尼（1737—1798）

此前

公元1世纪　古希腊和古罗马的医生使用地中海电鳐（一种带电的鳐鱼）的电击来治疗头痛和痛风。

1664年　荷兰显微镜学家简·施旺麦丹切除一只青蛙的腿，并通过捏压其神经使其抽动。

1769年　根据美国医生爱德华·班克罗夫特（Edward Bancroft）的记录，其他带电鱼类具有击晕猎物的能力。

此后

1803年　意大利医生乔瓦尼·阿尔迪尼（Giovanni Aldini）在伦敦用电刺激了一名刚被处决的罪犯的尸体，使其产生了活动。

1843年　德国医生埃米尔·杜·布瓦-雷蒙证明，用电流刺激神经可使肌肉不自主地收缩。

1791 年，意大利解剖学家路易吉·伽伐尼发表了一项研究成果，彻底改变了我们对动物与电的理解。他切下一对青蛙腿，用铜钩固定住并立刻解剖，发现当铁制手术刀接触青蛙暴露的神经时，青蛙腿会抽动。他用一端为铁另一端为铜的金属弧重复这一实验——通过触碰这个装置的两个金属尖端，多种动物的肌肉能够重新开始活动。从公元前4世纪的亚里士多德开始，科学家一直信奉"活力论"，认为所有生物体内都含有一种无形的"活力"。在伽伐尼所处的时代，电还是一个亟待探究的现象。伽伐尼提出，"活力"实际上是电的表现。有人对此持反对意见，认为两种不同的金属和体内的盐分表明这是一种化学过程。1800年，意大利物理学家亚历山德罗·伏特（Alessandro Volta）通过用铜、锌和盐水浸泡的纸制作出了世界上第一个电池，证明了这一点。不过，到了1843年，德国医生埃米尔·杜·布瓦-雷蒙在青蛙的肌肉和神经中检测到了电流，从而证明了神经信号带电这一观点。■

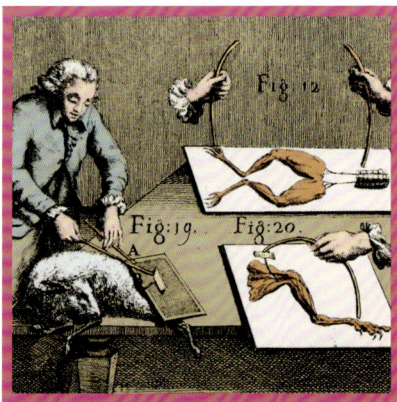

路易吉·伽伐尼在青蛙和其他动物身上进行的实验使他相信，动物由一种电力驱动，他称之为"动物电"。

参见：有机物可以是人造的 27页，电神经冲动 116~117页，神经元 124~125页，突触 130~131页。

感觉、知觉与意志的能力

脑控制行为

关于脑功能的早期观点各不相同，古希腊人曾争论思想和灵魂究竟位于心脏还是位于脑。亚里士多德认为，脑的功能是冷却血液，但另一些古希腊人——包括希波克拉底——认识到了脑在感觉和思考方面的作用。在公元2世纪的古罗马，盖伦讲到，脑控制着精神功能。

脑的功能

19世纪上半叶，科学家观察到脑的不同部分可能负责不同的功能。1822—1824年，法国生理学家让-皮埃尔·弗卢朗对动物脑的三个主要部分进行了实验——小脑（cerebellum，脑后部的结构）、脑干（brainstem，连接脊髓的脑"根部"）和大脑（cerebrum，位于脑干上方，为成对的叶状组织）。他发现，小脑似乎调节自主运动；脑干控制非自主的生命功能，如呼吸和血液循环；人脑参与更高级的

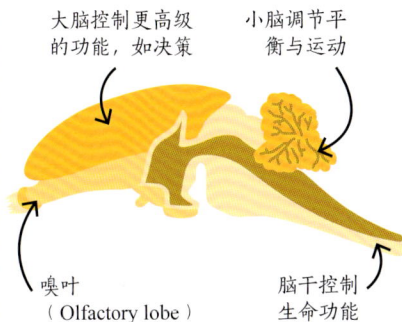

大脑控制更高级的功能，如决策

小脑调节平衡与运动

嗅叶（Olfactory lobe）

脑干控制生命功能

为了确定活兔的脑是如何工作的，弗卢朗通过切除脑的不同部位来观察其影响。

功能，如知觉（perception）、决策和自主运动的启动。换言之，大脑在控制行为中起着关键作用。■

参见：实验生理学 18~19页，言语与脑 114~115页，大脑皮质的组织结构 126~129页。

三原色: 红、黄、蓝

色觉

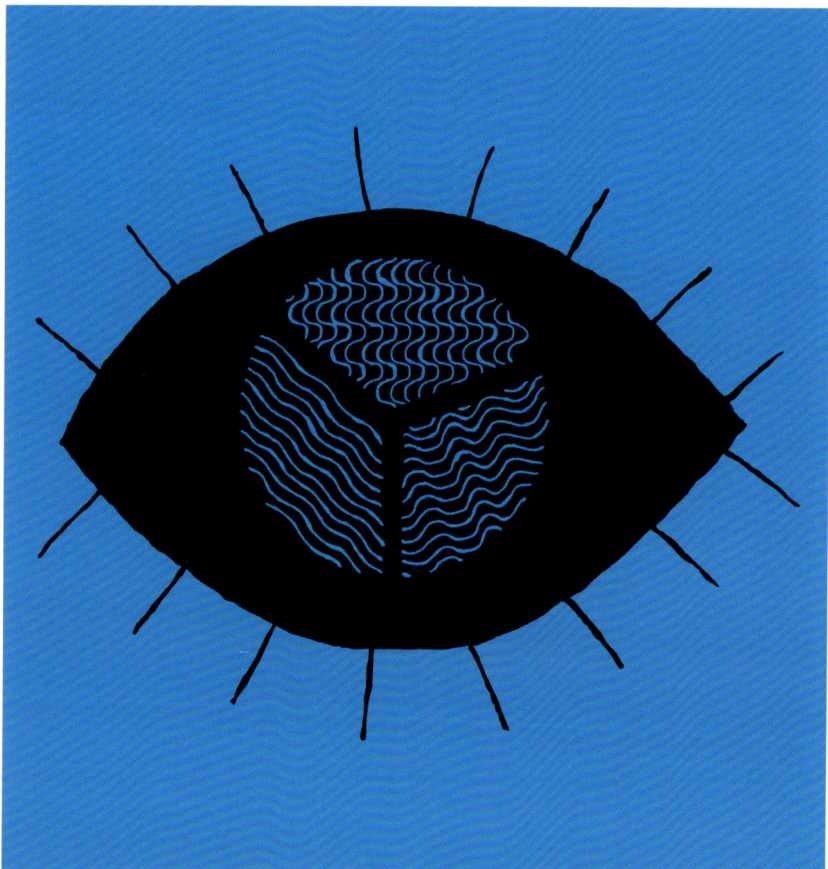

背景介绍

关键人物

托马斯·杨（1773—1829）

此前

1704年 艾萨克·牛顿（Isaac Newton）出版《光学》（*Opticks*），他在其中详细介绍了关于光的物理性质的实验。

1794年 英国化学家约翰·道尔顿（John Dalton）研究了色盲，认为这是由眼睛中的房水（aqueous humour）变色所致的。

此后

1876年 德国生理学家弗朗茨·博尔（Franz Boll）发现了视杆细胞（rod cells）中存在的感光蛋白质——视紫红质（rhodopsin）。

1967年 美国生物化学家乔治·沃尔德（George Wald）因对视网膜的视锥细胞（cone cells）中名为光视蛋白（photopsin）的感光蛋白质的研究，获得了诺贝尔生理学或医学奖。

颜色是有视觉的人类和动物体验世界最重要的方式之一。若干个世纪以来，人们一直认为光和颜色是两种不同的现象：光是颜色的载体，而不是颜色本身的来源；颜色是物体固有的属性，由光传递给观察者。英国物理学家艾萨克·牛顿在出版的《光学》中记录道，他通过一系列巧妙的实验证

参见： 电神经冲动 116~117页，神经元 124~125页，大脑皮质的组织结构 126~129页，染色体 216~219页，突变 264~265页。

四色视觉

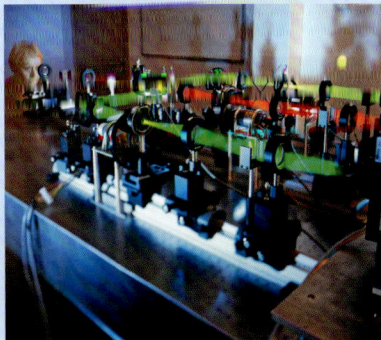

一个人（左上角）正在进行四色视觉测试，接受彩色光束的照射。

眼睛中的每种视锥细胞能区分大约100种色调（shade），因此三种类型的视锥细胞加起来，可以让我们区分大约100万种不同的颜色。

人们认为，四色视觉与X染色体上为红色和绿色视锥细胞编码的基因变异有关。虽然四色视觉在女性中更为常见，但男性也可能具备这种能力。约6%的男性携带着产生不同红色或绿色视锥细胞的基因，他们的色觉与普通人略有不同。女性有两条X染色体，可在一条X染色体上携带正常的红色和绿色基因，而在另一条上携带变异基因，从而可能拥有四种视锥细胞。

在色觉范围的另一端，大多数色盲患者与大部分其他哺乳动物一样，拥有两色视觉——仅有两种功能正常的视锥细胞，只能区分大约1万种色调。

明，用棱镜折射一束白光，可将其分解为彩色的光谱，从而为"颜色是光的属性"这一观点提供了确凿证据。剩下等待解答的问题是"我们是如何看到颜色的"。

法国科学家勒内·笛卡儿还有牛顿等人误认为眼睛通过视网膜中的振动工作：不同颜色的光产生不同频率的振动，被脑解读为不同的颜色。1777年，英国玻璃制造商乔治·帕尔默（George Palmer）出版了一本小册子，他在其中提出，光由三种颜色的光线组成——红色、黄色和蓝色光线，并且视网膜中存在三种类型的探测器（detector），可各自被一种颜色的光线激活，混合光则会同时激活多个视网膜探测器。如果所有探测器都被激活，结果便是看到白光——缺乏某种探测器，则会导致色盲。帕尔默的观点是三色视觉（trichromacy）概念的雏形。

三色理论

英国物理学家托马斯·杨是一位才华横溢的人，其剑桥大学的同学都称他为"现象级的杨"（Phenomenon Young）。1801年，他在伦敦皇家学会的一系列演讲中提出了三色理论，用来解释眼睛是如何感知颜色的。杨的理论源自"光是一种波"的观点，认为人只需要三种受体，分别对应三种基本颜色，即可感知整个彩色光谱。他说："几乎难以设想，视网膜的每个敏感点都包含无数的微粒，而每个微粒都能与每一种波动完美共振，（因此）必须假定数量有限……只有三种主要颜色——红色、黄色和蓝色。"

没有任何解剖学证据可以支持杨的观点，而且他关于波的理论与牛顿提出的"光是微粒流"的观点相矛盾，而后者才是人们普遍接受的观点。因此，在当时，支持杨的三色理论的人寥寥无几。

接下来的几十年里——多亏了法国物理学家奥古斯丁-让·菲涅耳（Augustin-Jean Fresnel）、杨等人的研究——光的波动性变得毋庸置疑。19世纪中期，德国科学家赫尔曼·冯·亥姆霍兹在柯尼斯堡大学用棱镜进行了一系列关于混色（colour mixing）的实验。起初，

> " 光的本质……对生活的实际需求并无重大意义。
>
> 托马斯·杨，1801年《论光和色彩的理论》（On the Theory of Light and Colours）

他只能通过混合黄色和蓝色获得白光。由于这与混合黄色和蓝色颜料会产生绿色的事实相矛盾，所以亥姆霍兹开始研究混合不同波长的光【加色混合（additive mixing）】与混合不同颜色的颜料【减色混合（subtractive mixing）】之间的区别。混合颜料时，只有两种颜料都反射的波长才会保留下来。1853年，德国数学家赫尔曼·格拉斯曼（Hermann Grassmann）通过数学方法成功证明，色环（the colour circle）上的每个点都有一个互补色。亥姆霍兹受此启发，使用新设备继续进行实验，果然发现了更多互补色对。

感受器

动物的感受器是感觉神经元的树突（dendrite），这些神经元专门负责接收特定的刺激。神经元将信息传递给脑，脑随后迅速组织、排序优先级、分析并做出回应。眼睛中的光感受器（photoreceptor）探测光线，皮肤中的温度感受器（thermoreceptor）和机械感受器（mechanoreceptor）感知温度和压力的变化，全身的痛觉感受器（nociceptor）探测疼痛，鼻子和舌头中的化学感受器（chemoreceptor）感知溶解的化学物质。感受器还可分为接收外部刺激的外感受器（exteroceptor）、检测来自内脏器官和血管刺激的内感受器（interoceptor），以及接收来自骨骼肌、提供身体位置信息的刺激的本体感受器（proprioceptor）。

大约在同一时期，苏格兰物理学家詹姆斯·克拉克·麦克斯韦（James Clerk Maxwell）也在进行颜色测量。他对色觉的兴趣始于他在爱丁堡大学的一位教授的介绍。麦克斯韦研究了色觉，特别是关于人们如何看到颜色的混合。他制作了两三个安装在陀螺上的彩色圆盘，经过排列，每种颜色占一定比例，圆盘快速旋转时，颜色会模糊并融合在一起。麦克斯韦仔细记录了内圈和外圈颜色相匹配所需的不同颜色和比例。在当时，他演示的三色混合为证实杨的理论提供了最有力的物理证据。接下来需要做的就是补全生物学方面的细节。

视网膜

西班牙神经解剖学家圣地亚哥·拉蒙·卡哈尔通常被视为现代神经科学之父。19世纪90年代，他

发挥自己的艺术才华和解剖学技能，详细绘制了神经元的图像，并描述了视网膜复杂的分层结构。

视网膜实际上是中枢神经系统（central nervous system）的一部分，约0.5毫米厚，覆盖眼球后方约65%的内表面。视网膜最靠

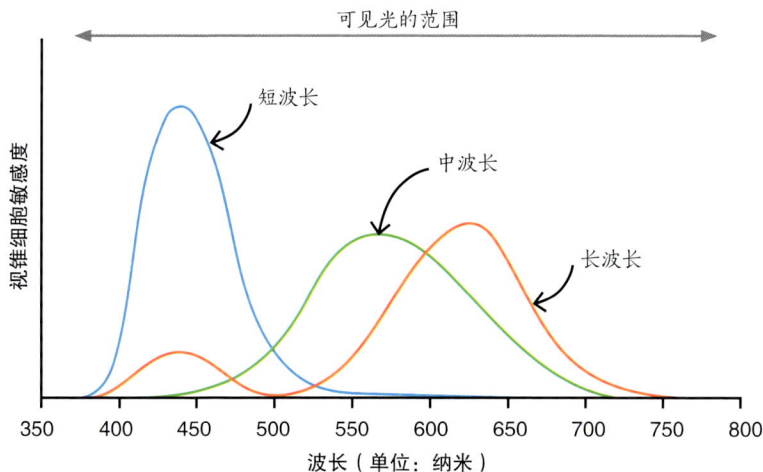

1850年，亥姆霍兹发展了杨的理论，解释了三种视锥细胞分别对不同波长的光敏感——短波（蓝色）、中波（绿色）和长波（红色）。鉴于亥姆霍兹的贡献，三色理论被命名为杨-亥姆霍兹理论。

这幅由拉蒙·卡哈尔绘制的图展示了视网膜结构的复杂性。他定义了视网膜的各层，包括图中顶部的视杆细胞和视锥细胞。

近眼球前部晶状体（lens）的那一层由节细胞（ganglion cell）组成，这些细胞通过视神经（optic nerve）将信息从眼睛传递到脑。感光细胞（视杆细胞和视锥细胞）位于视网膜最内层，紧邻色素上皮（pigment epithelium，细胞层）和脉络膜（choroid，血管构成的组织），这意味着，进入眼睛的光线必须先穿过几乎整个视网膜的厚度，才能到达并激活视杆细胞和视锥细胞。

数量最多的感光细胞是视杆细胞：每个人类视网膜中平均有1.2亿个。视杆细胞对光强度的敏感性约是视锥细胞的1000倍，但它们对颜色不敏感。它们使我们能够在弱光条件下看到物体，而且非常擅长探测运动，尤其是视野边缘的运动，因为那里的视杆细胞明显多于视锥细胞。

视锥细胞与颜色

正如托马斯·杨所猜测的，麦克斯韦和亥姆霍兹的研究证实了我们看到的颜色是由进入眼睛的光的波长决定的。大多数人是三色视觉者，即我们眼中有三种对颜色敏感的视锥细胞。人眼中约有600万到700万个视锥细胞，大多集中在直径约0.3毫米的中央凹（fovea centralis）——视网膜上的一个小凹陷处。视网膜中的视锥细胞近三分之二对红光最敏感，约三分之一对绿光最敏感，只有约2%对蓝光最敏感。当你看一个苹果时，不同的视锥细胞会不同程度地被激活，通过视神经向脑的视觉皮质发出大量信号。脑处理这些信息后，判断苹果是红色的还是绿色的。

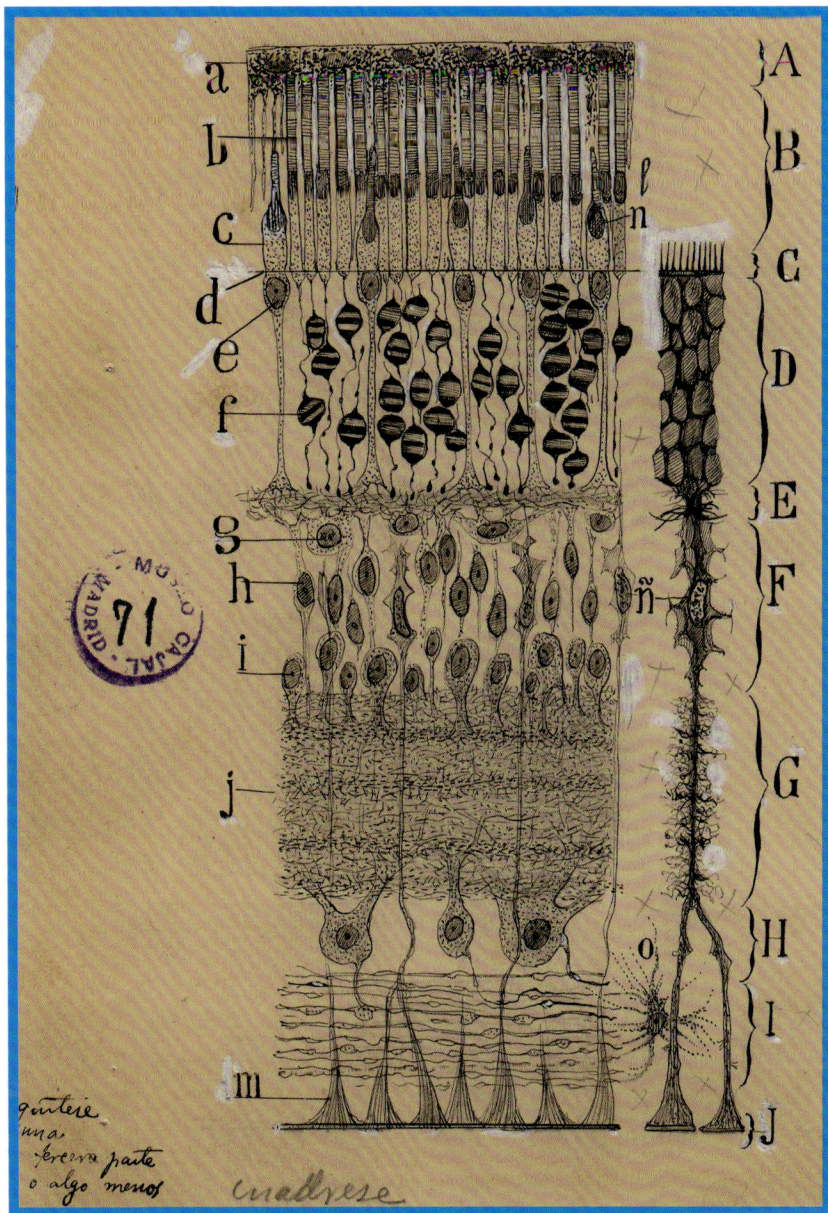

现在我们知道，并非所有脊椎动物的视网膜都有相同数量的视锥细胞类型。人类和其他灵长类动物拥有三色视觉；鲸鱼、海豚和海豹是单色视觉，只有一种视锥细胞；大多数其他哺乳动物则拥有双色视觉（有两种视锥细胞）；某些鸟类及少数人为四色视觉，拥有四种视锥细胞。■

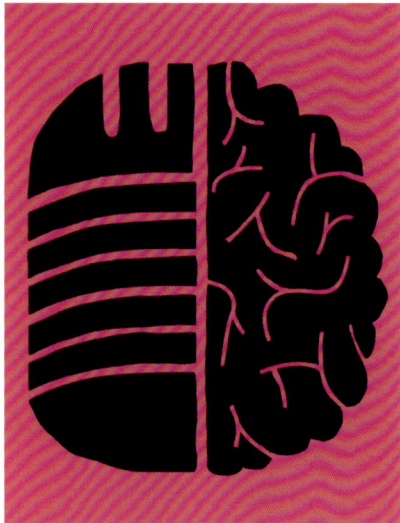

我们用左脑说话

言语与脑

数个世纪以来，一种直觉一直主导着有关脑的研究：脑的不同部分负责不同的能力，如情感、智力和言语。尽管后来人们发现这一假设大体是正确的，但很长一段时间它都是基于猜测的。19世纪初之前，主流理论是颅相学，即把脑功能映射到颅骨上，认为个体的智力、才能甚至恶习都可以通过仔细测量颅骨的形状来确定。由于缺乏临床证据，这一理论逐渐沉寂。随后，1861年，法国医生保罗·布罗卡发现，言语能力由脑的特定部位控制，并提供了首个脑功能局部化的解剖学证据。

布罗卡区

布罗卡识别出的这个特定部位位于额叶。他通过研究两名在他位于巴黎的医院就诊的患者发现了该区域。这两名患者都因严重的神经疾病而患上了失语症（aphasia），无法正常组织言语。第一名患者叫路易斯·维克托·莱博恩（Louis Victor Leborgne），51岁，30岁时失去了说话的能力，只能说"tan"，大家后来便用这个名字来称呼他。Tan的听力没有任

95%的人类的布罗卡区和韦尼克区位于脑的左侧，因为大多数人是左脑主导型的。

布罗卡区，位于额叶，负责运动言语编程

韦尼克区，位于颞叶后部，负责理解言语

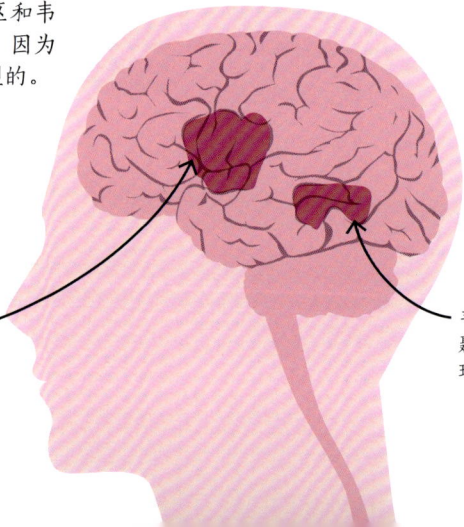

参见： 脑控制行为 109页，本能行为与学习行为 118~123页，大脑皮质的组织结构 126~129页，记忆的储存 134~135页。

> ❝
>
> **失语症的特殊性并不取决于疾病的性质，而仅仅取决于其发生的位置。**
>
> 保罗·布罗卡, 1861年
>
> ❞

何问题，而且能通过变化语调和使用手势来表达自己的意图，这表明他的认知并未受到影响。

Tan忍受了多年的身体功能衰退，最终在与布罗卡见面的几天后去世。布罗卡进行了尸检，发现Tan的脑中现在称为布罗卡区的区域存在一个病变。

不久后，布罗卡遇到了拉扎尔·勒隆（Lazare Lelong），一位84岁的脑卒中患者。他只能说五个词："oul"（是的）、"non"（不是）、"trois"（三）、"toujours"（总是）、"lelo"（他名字的一部分）。他去世后，布罗卡发现，勒隆的脑中与Tan相同的位置也有损伤。若在今天，这两位患者都将被诊断为布罗卡失语症【Broca's aphasia，又称表达性失语症（expressive aphasia）】，即说话不流利。患者通常能理解语言，但只能说出简短的、类似电报的句子。

韦尼克区

1874年，德国医生卡尔·韦尼克确定了脑的另一个言语中心，该区域受损会导致韦尼克失语症【Wernicke's aphasia，又称接受性失语症（receptive aphasia）】，其特征是"词汇沙拉"（word salad）现象：患者说话流利，但句子毫无意义。他们通常不知道自己没有表达清楚，而且很难理解别人对

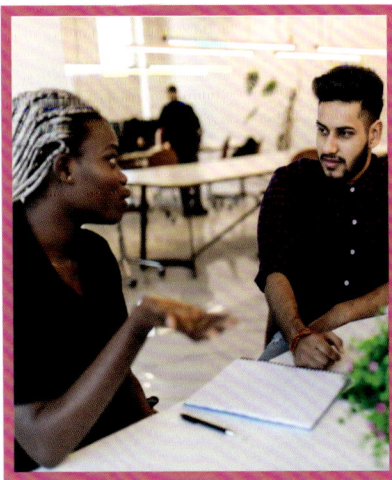

由于体型较小，女性的脑通常比男性的小，但她们的布罗卡区更大——这与保罗·布罗卡当时带有性别歧视色彩的观点相反。

他们说的话。

20世纪60年代，人们发现，脑的每个半球对世界的体验不同，左脑从抽象和分析的角度出发，右脑则是视觉-空间的。大多数人的言语功能位于左脑，但也有些人的位于右脑或两侧都有。■

保罗·布罗卡

1824年，保罗·布罗卡出生于靠近波尔多（Bordeaux）的大圣富瓦（Sainte-Foy-la-Grande）。年少时他便展露奇才，16岁获得学士学位，20岁获得行医资格。他的医学事业成就斐然，他在许多医学学会中担任重要职务。除了研究神经科学，他对人类学也兴趣浓厚，并于1859年创立了巴黎人类学学会（the Société d'Anthropologie de Paris）。

布罗卡认为不同种族属于不同物种，有着不同的起源。他对脑的兴趣源于对智力、发源地和颅骨大小之间联系的探究。如果没有研究人类学，他就不会遇到那些成就他最著名发现的患者。不过也要注意，如今看来，他的假设含有性别歧视和种族主义。布罗卡后来在法国参议院任职，于1880年去世。

主要作品

1861年 《观察到失语症（失语）后基于言语表达的评论》

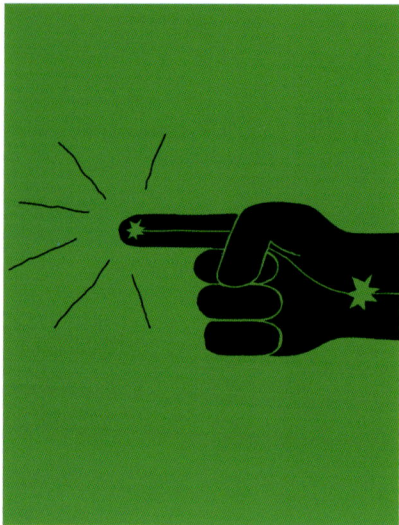

激发神经肌肉力的火花

电神经冲动

背景介绍

关键人物
埃米尔·杜·布瓦-雷蒙
（1818—1896）

此前
18世纪80年代 意大利医生及物理学家路易吉·伽伐尼发现电流刺激会使肌肉收缩。

1830年 卡洛·马泰乌奇（Carlo Matteucci）证明了细胞膜内外存在电位差。

1837年 捷克研究员扬·埃万杰利斯塔·浦肯野（Jan Evangelista Purkinje）识别出了第一个神经元。

此后
1862年 法国神经学家杜彻尼·德·博洛尼（Duchenne de Boulogne）通过给神经施加电极，实现了控制受试者的面部表情。

1952年 安德鲁·赫胥黎、艾伦·霍奇金（Alan Hodgkin）和伯纳德·卡茨（Bernard Katz）发表了关于产生动作电位的化学过程的研究结果。

神经系统是一个由数十亿个长神经细胞（又称神经元）组成的、遍布全身的网络。这些神经元之间不断发送和接收信号，沿单个神经元传递的信号以电脉冲，即"动作电位"（action potential）的形式存在。一旦被触发，这种非黑即白的反应——要么彻底发生，要么根本不会发生——就会沿着神经元从树突向轴突（axon）传递。这一现象于19世纪40年代末被德国生理学家埃米尔·杜·布瓦-雷蒙发现。

杜·布瓦-雷蒙是电生理学（electrophysiology）的奠基人之一，该学科研究生物组织的电性质及测量其中的电流，起源于电磁学（electromagnetism）——一个于1820年出现的物理学分支，因为人们观察到电和磁是同一物理力的两个方面。结果之一是电流计（galvanometer）的发明——一种利用磁铁测量电流的存在及其强度的设备。

> 动物学家对动物之间的差异感到高兴，而生理学家希望所有动物在本质上以相同的方式运作。
>
> 艾伦·霍奇金，1992年《偶然与设计》
> （*Chance and Design*）

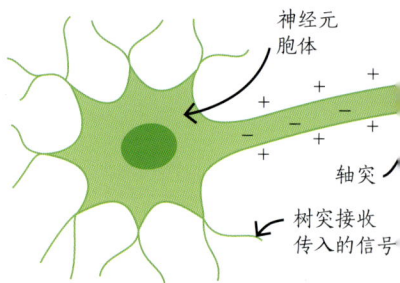

动作电位是沿神经元传递的正电荷脉冲，它刺激电压门控通道打开，允许钠离子（Na$^+$）进入神经的下一个部分。1毫秒后，这些通道关闭，其他通道打开，排出钾离子（K$^+$）。

参见： 可兴奋组织 108页，神经元 124~125页，突触 130~131页，肌肉收缩 132~133页。

意大利物理学家卡洛·马泰乌奇进行了早期电生理学研究，使用电流计证明了活体组织的电活动。之后他用青蛙的腿部肌肉及其坐骨神经制造了一个电压检测器，用于测量两个点之间的电位差。肌肉接触电荷时会抽动。

膜电位

杜·布瓦-雷蒙复制了马泰乌奇的"青蛙验电器"并发现，当电刺激神经时，神经中的电荷会增加；而肌肉中的电荷增加时，神经中的电荷会减少。他解释道，这就是电脉冲沿神经移动的证据，并提出活体组织可能由"电分子"（electric molecules）组成。

1902年，杜·布瓦-雷蒙的学生朱利叶斯·伯恩斯坦（Julius Bernstein）提出假设：这一电脉冲的机制源于神经元膜上带正电荷的钠离子（Na⁺）和钾离子（K⁺）浓度的变化。然而，当时的技术无法测量如此微小且短暂的电效应。

20世纪40年代，借助微电极（microelectrode）记录法，英国生理学家艾伦·霍奇金和安德鲁·赫胥黎证实了伯恩斯坦的假设。他们使用乌贼的巨大神经——它足够粗大，所以能测量到膜上的电压——发现在静息状态下，细胞的电荷保持着微妙的平衡，导致细胞内部相对于外部呈负电荷。这种电荷差异——极化（polarization）——就是膜电位（membrane potential）。

细胞膜受到电刺激时，膜上的孔【电压门控通道（voltage-gated channels）】会打开，允许Na⁺大量涌入，导致细胞去极化（depolarize）。内部电荷短暂地转为正电荷，刺激邻近的Na⁺通道也打开，使神经中的电流激增。随后，Na⁺通道关闭，K⁺通道打开，释放K⁺并恢复膜电位。■

埃米尔·杜·布瓦-雷蒙

1818年，埃米尔·杜·布瓦-雷蒙出生于柏林，在当地的法语学院接受教育，随后在柏林大学学习医学。他的才华得到了解剖学和生理学教授约翰尼斯·彼得·穆勒（Johannes Peter Müller）的赏识，后者任命他为助理。

穆勒向他的门徒推荐了卡洛·马泰乌奇关于动物电现象的出版物。杜·布瓦-雷蒙受到启发，将"电鱼"（electric fishes）作为毕业论文的主题——这是他在生物电学领域漫长职业生涯的开端。

1858年，杜·布瓦-雷蒙成为柏林大学的生理学教授，1867年被任命为柏林科学院（the Academy of Sciences of Berlin）的秘书。他甚至涉猎哲学，1880年，在面向科学院发表演讲中，他提出了七个"世界之谜"，即科学要解决的谜团，其中一些——如自由意志的问题——至今仍未得到解答。1896年，杜·布瓦-雷蒙在他出生的城市去世。

主要作品

1848/1884年 《动物电研究》

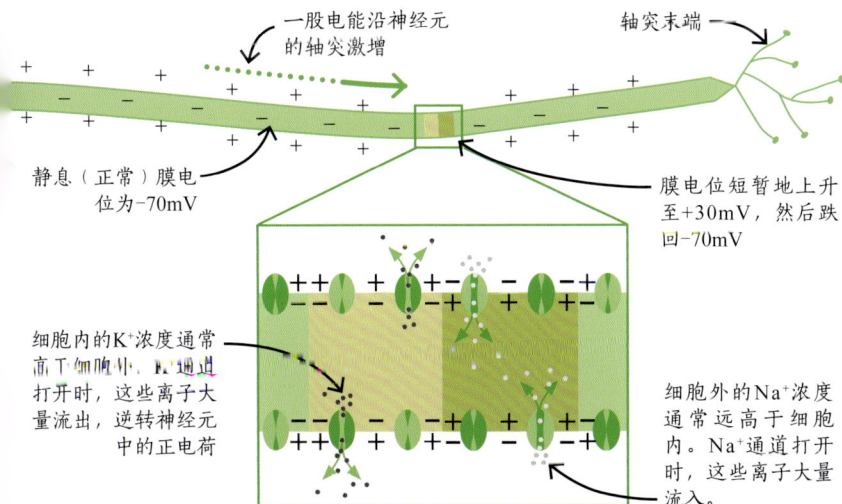

一股电能沿神经元的轴突激增 · 轴突末端

静息（正常）膜电位为-70mV

膜电位短暂地上升至+30mV，然后跌回-70mV

细胞内的K⁺浓度通常高于细胞外，K⁺通道打开时，这些离子大量流出，逆转神经元中的正电荷

细胞外的Na⁺浓度通常远高于细胞内。Na⁺通道打开时，这些离子大量流入。

本能与学习
携手共进

本能行为与学习行为

背景介绍

关键人物

道格拉斯·斯波尔丁（1841—1877）

此前

公元前4世纪 亚里士多德描述了他细致观察到的动物行为。

13世纪 艾尔伯图斯·麦格努斯（Albertus Magnus）开始研究动物的能力和行为。

此后

1927年 伊万·巴甫洛夫发表了狗的条件反射的研究成果。

1975年 爱德华·O. 威尔逊（Edward O. Wilson）的《社会生物学》（*Sociobiology*）一书引发了人们对社会行为而非个体行为的研究兴趣。

2004年 美国鸟类学家彼得·马勒（Peter Marler）研究了鸟鸣，发现其中一些特征是先天的或本能的，另一些则是学习得来的。

对于需要狩猎或避免成为猎物的史前人类来说，有关动物反应的知识是无价之宝。公元前4世纪，亚里士多德成为最早记录动物生活各个方面——包括它们的习性——观察结果的人之一。然而，近千年的时间里，几乎没有人以科学的方式研究动物行为。

到了13世纪，德国哲学家艾尔伯图斯·麦格努斯成为少数几个尝试这么做的人之一，他研究了动物的生理学和心理学，并在共计26卷的《论动物》（*De Animalibus*）中记录了自己的发现。他认为，有些动物具有出色的记忆力，能够学习并进行简单的推理，如狗；而另一些动物则没有记忆力，也从不学习，如苍蝇。

记录行为

英国博物学家约翰·雷（John Ray）是最早讨论"动物行为与生俱来"这一概念的人之一。1691年，他描述了鸟类的本能行为并指出，不同种类的鸟能建造风格不同的巢，一只鸟即使幼年时期从未见过如何筑巢，它也能完成这个任务。

法国博物学家乔治·勒罗伊（Georges Leroy）撰写了关于动物行为的最早专著之一。在《关于动物的信》（*Lettres sur les Animaux*，1768年）中，他讨论了狼、狐狸和鹿在自然环境中的发展，并认为是感官经验和智力驱使动物完成那些

织巢鸟建造复杂的巢穴。研究人员发现，年长的织巢鸟会不断改进筑巢技巧，这表明筑巢是本能与学习相结合的行为。

满足本能需求（如饥饿和口渴）的行为。

以自然选择进化论闻名的查尔斯·达尔文，也是19世纪最杰

查尔斯·达尔文仔细观察了长子威廉从出生到五岁之间的变化，从孩子身上确定了本能行为和学习行为。

参见：脑控制行为 109页，记忆的储存 134~135页，动物与工具 136~137页，传粉 180~183页，遗传定律 208~215页，生命进化 256~257页，自然选择 258~263页。

出的动物行为学家之一。他不仅在《物种起源》（*On the Origin of Species*）中专门讨论了本能，还于1872年出版了《人类和动物的表情》（*The Expression of the Emotions in Man and Animals*）。他对家养动物的行为及其与野生祖先的关系倍感兴趣，还详细研究了自己的儿子在婴儿时期的行为发展，并于1877年发表了研究成果：论文《婴儿小传》（*A Biographical Sketch of an Infant*）。

自然历史的视角

在与达尔文同时代的人当中，有一位基本是自学成才的英国生物学家——道格拉斯·斯波尔丁。他和达尔文一样，选择在自然环境中而非实验室环境中观察、研究动物的反应。斯波尔丁研究了后被称为印记（imprinting）的现象，当时他称之为"刻印"（stamping in）——这是一种行为特征，指非常幼小的动物本能地依附遇到的第一个移动物体，通常是它的母亲。

印记必须在一个关键期内发生：如果母亲因种种原因没有出现，印记将无法发生。斯波尔丁在小鸡出生的头三天里将它们放在黑暗环境中饲养，之后将它们移入有光的环境中，他注意到，这些小鸡会追随他的手——它们看到的第一个移动物体。他认为，这种行为一定是本能的，因为这显然没有先例可循。

尽管斯波尔丁确信本能行为

本能行为：从父母那里遗传得来。 → 代代相传，通过自然选择缓慢地发展。 → 变成该物种的固有特征。

学习行为：可以在整个种群中传播。 → 可以通过单一代际完成传递，并且能迅速发展。 → 可能获得新的特征，但也可能被遗忘。

道格拉斯·斯波尔丁

1841年，道格拉斯·斯波尔丁出生于伦敦，幼年时与家人移居苏格兰。他曾做过一段时间的瓦匠，但学者亚历山大·贝恩（Alexander Bain）说服了阿伯丁大学允许斯波尔丁免费上课。后来他回到伦敦，经过培训成为律师。他醉心于研究动物的行为，是最早证明学习与本能如何共同决定行为的人之一，也是第一个描述印记现象的人。出于对其研究的认可，《自然》（*Nature*）杂志任命斯波尔丁为审稿人，直到1877年他因肺结核早逝。

主要作品

1873年 《本能：对幼小动物的原始观察》

与生俱来且能遗传，但他同时认为它也与学习有关，两者之间相互引导。1873年，他发表了对小鸭和小鸡的印记和本能觅食行为的观察结果。达尔文读后推荐道，这是"一篇卓越的文章"。

约40年后，德国生物学家奥斯卡·海因洛特（Oskar Heinroth）完善了印记的概念。虽然海因洛特不知道斯波尔丁早期的实验，但他在水禽身上观察到了相同的现象，并将之命名为"Prägung"，意思是"压印"，几乎与斯波尔丁的术语完美呼应。海因洛特还证明，至少在他研究过的物种中，印记是针对整个物种，而非物种里的单独个体的，因此一只小鹅对人类的印记意味着它把所有人类都视为自己的同类。他也是首位使用"动物行为学"（ethology）这一术语指代对动物行为的研究的生物学家。

自我条件反射

来自奥地利的康拉德·洛伦茨（Konrad Lorenz）是海因洛特的学生之一，后来成为动物行为研究的奠基人。年轻时，洛伦茨饲养了喜鹊等鸟类，观察其行为，并与海因洛特通信交流研究。1932年，他发表了一篇论文并提出，喜鹊通过一种称作"自我条件反射"（self-conditioning）的试错过程来解决问题。

洛伦茨进一步研究了印记现象，认为这是一个使鸭子或鹅等动物能够识别自身物种并发展适宜交配行为的过程。他更非凡的发现是，一些幼年时对婴儿推车产生印记的鹅，后来在维也纳的一个公园里试图与推车交配。

洛伦茨认为，行为可分为通过经验学习的行为和先天的或本能的行为。本能行为表现为"固定的动作模式"，由特定的刺激触发。例如，雌性刺鱼（stickleback fish）看到繁殖期雄鱼的红色腹部后，会做出求偶行为；鹅看到蛋在巢外时，会将其滚回巢中。这些行为模式是先天的，即使是第一次遇到触发刺激也能表现出来。本能行为源

自有关行为的自然选择，从动物的父母那里遗传并延续。比如，成群狩猎的狼比单独狩猎的狼更容易成功且活得更久，因此狼更可能将成群捕猎的基因传递给后代，数代之后，成群捕猎的行为便成为狼的一个遗传特征。

刺激与行为

20世纪，动物行为学的另一位重要人物是荷兰生物学家尼古拉斯·廷伯根（Nikolaas Tinbergen），洛伦茨与他合作时发展了许多自己先前的观点。他们进行了"超常刺激"（supernormal stimuli）实验——将某些刺激放大，以产生比自然刺激更强烈的反应。例如，廷伯根发现，鸟类会优先孵化有斑点和颜色标记的假蛋，而非外表普通的真蛋。

廷伯根和洛伦茨与奥地利动物

康拉德·洛伦茨在鹅身上进行了印记实验。如果他是刚孵化出来的小鹅看到的第一个移动物体，那么小鹅就会跟随他，就像他是它们的母亲一样。

> 甚至昆虫也会表现出愤怒、恐惧、嫉妒和爱。
>
> 查尔斯·达尔文

行为学家卡尔·冯·弗里施（Karl von Frisch）共同获得了1973年的诺贝尔生理学或医学奖。冯·弗里施最为人所知的大概是他关于蜜蜂的研究。1919年，他证明了蜜蜂通过训练可以区分各种味道和气味。他更引人注目的发现是，蜜蜂通过舞蹈告知群落其他成员食物的距离和方向。找到蜜源的蜜蜂会跳"圆形舞"（round dance），刺激其他蜜蜂绕着蜂巢寻找蜜源。如果蜜源距离蜂巢超过50米，返回的蜜蜂则会跳"摆尾舞"（waggle dance）——反复向前短距离飞行并摇动腹部，"摆尾舞"的方向会告知其他蜜蜂蜜源相对于太阳的方向。

1963年，他在发表的论文《动物行为学的目标与方法》（*On Aims and Methods of Ethology*）中提出了四个问题：什么刺激能产生行为？行为如何促进动物的生存与繁衍？在动物的一生中，行为是如何发展的？行为最初是如何在物种中出现的？他认为回答这些问题是全面理解任何行为的必要条件。近年来，人们了解了更多关于本能行为和学习行为的知识，认识到许多行为实际上是本能与学习的结合。■

蜜蜂的"摆尾舞"向蜂巢的其他成员告知蜜源的位置，这种行为无须教授。

在研究进食如何刺激狗的唾液和胃液分泌时，俄国生理学家伊万·巴甫洛夫注意到，只要看到穿白大褂的人，狗就开始分泌唾液，因为它知道并期待这样的人来喂食。通过在铃声与食物之间建立联系，他证明了最终狗只要听到铃声就会流口水。这是条件反射的一个例子。

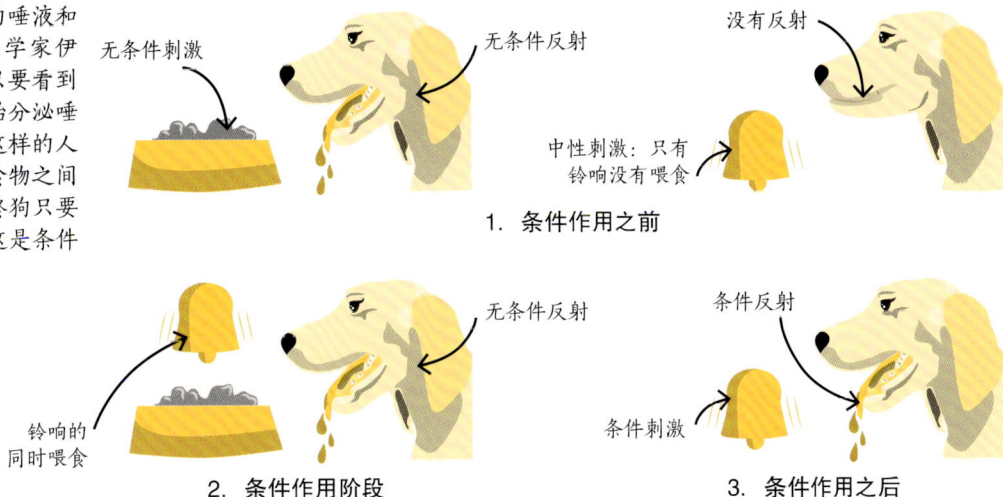

无条件刺激　无条件反射　没有反射

中性刺激：只有铃响没有喂食

1. 条件作用之前

铃响的同时喂食　无条件反射

2. 条件作用阶段

条件反射　条件刺激

3. 条件作用之后

形状精美的细胞
神经元

神经系统是从脑和脊柱延伸到身体各个角落的纤维状细胞网络，但由于神经元非常微小，所以在1839年德国生理学家西奥多·施旺提出细胞理论（整个身体由微小的细胞组成）时，神经被视为一个例外。直到意大利生物学家卡米洛·高尔基实现了显微镜技术的突破，西班牙神经科学家圣地亚哥·拉蒙·卡哈尔才通过研究发现，神经确实是一种特殊的细胞——神经元。

对19世纪的微生物学家来说，神经看起来像有无数细长腿的蜘蛛，他们称之为突起（process-es）。比起细胞，它们更像连接细胞的电线。直到1873年，高尔基发现可以用重铬酸钾和硝酸银将神经染成墨黑色，从而得以在显微镜下清晰地观察到，这些突起由一根长长的尾巴和从主胞体延伸出的纤细分支组成。

14年后，拉蒙·卡哈尔借助改良版的高尔基染色剂，细致地描

细致的绘图（出自圣地亚哥·拉蒙·卡哈尔之手，也是其开创性的显微镜研究的一部分）表明，他观察到的动物视网膜中的神经元是独立的细胞。

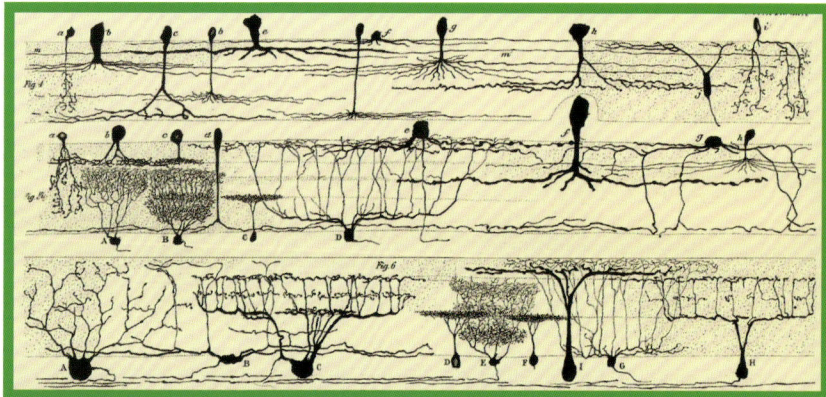

参见： 可兴奋组织 108页，电神经冲动 116~117页，突触 130~131页，肌肉收缩 132~133页。

感觉神经元的树突位于胞体最靠近感受器的一侧。

↓

感觉神经元的轴突位于通向中枢神经系统的神经元所在的一侧。

↓

运动神经元的轴突和树突方向相反。

↓

神经信号只能单向传递：从树突到轴突。

绘了神经元。他还注意到，每个神经的突起之间都有间隙，因而他确信神经系统是由离散的个体细胞（神经元）组成的。神经元的长尾巴被称为轴突，分支被称为树突。

细胞之间的接力

拉蒙·卡哈尔认为，神经信号像接力赛中的选手一样，从一个神经元传递到另一个神经元。他在每个轴突末端发现了圆锥形的结构，认为这些结构通过后来被称为突触的小间隙传递信号。他还注意到，连接到感受器（如皮肤上的）的神经元与连接到肌肉的神经元，连接方式相反，感觉神经元的轴突向内，树突向外，而使肌肉运动的神经元（运动神经元）的轴突指向相反的方向。

总之，拉蒙·卡哈尔指出，

神经元只能单向传递信号，信息从树突进入，通过轴突传出。他意识到，信号沿着特定的路径传播，人们可以追踪它们在神经系统中的路径。

从20世纪30年代开始，科学家发现了来自身体的感官输入与脑特定部分的连接方式，还发现了通过细胞传递信号的化学反应与电结合的过程，以及一种通过突触传递信号的化学物质——神经递质（neurotransmitter）。我们现在已了解神经的具体物理结构，尽管我们尚未完全理解它是如何使脑工作的。■

圣地亚哥·拉蒙·卡哈尔

1852年，圣地亚哥·拉蒙·卡哈尔出生于西班牙的佩蒂利亚-德阿拉贡（Petilla de Aragón）。被父亲说服学习医学后，他曾在古巴担任军医，返回西班牙后，于1877年获医学博士学位，并担任萨拉戈萨博物馆馆长，同时在萨拉戈萨大学任职，之后被任命为瓦伦西亚大学的解剖学教授。1887年，拉蒙·卡哈尔搬到巴塞罗那，并在神经系统研究方面取得了关键成就。1899年，他被任命为国家卫生研究所所长。因在神经系统方面的贡献，他与卡米洛·高尔基共同获得了1906年的诺贝尔生理学或医学奖。他致力于神经系统研究，直到1934年去世。

主要作品

1889年 《正常组织学与显微技术手册》

1894年 《神经中枢的精细解剖学新观点》

1897—1899年 《人类与脊椎动物的神经系统教科书》

人类脑的"地图"

大脑皮质的组织结构

背景介绍

关键人物

科宾尼安·布罗德曼（1868—1918）

此前

1837年 捷克生理学家扬·埃万杰利斯塔·浦肯野首次描述了一种神经元：位于小脑的浦肯野细胞（Purkinje cells）。

1861年 保罗·布罗卡发现了脑中专门负责言语的区域。

此后

1929年 美国心理学家卡尔·拉什利（Karl Lashley）和谢泼德·弗朗兹（Shepherd Franz）提出了脑等势学说（the brain's equipotentiality），认为脑中健康的区域可以承担受损区域的功能。

1996年 功能性磁共振成像（functional magnetic resonance imaging，简称fMRI）技术使研究人员得以观察脑活动，将认知活动与脑的特定区域联系起来。

所有脊椎动物的脑——从鱼类到人类都具有的器官——由三部分组成：前脑（forebrain）、中脑（midbrain）和后脑（hindbrain）。后脑和中脑是最原始的结构，因为在早期进化过程中，这两部分是脑的主导，而且负责呼吸等基本功能。前脑则与更高级的认知功能相关，如智力。人类的前脑占整个脑的90%，海豚和其他灵长类动物等具有高级能力的动物也有较大的前脑。20世纪初，德国神经学家科宾尼安·布罗德曼制作了首张大脑皮质的详细功能图，展示了

参见：脑控制行为 109页，言语与脑 114~115页，记忆的储存 134~135页。

人脑最大的部分是大脑，分为两个半球。外层是大脑皮质，有四个叶，每个叶都有不同的功能。

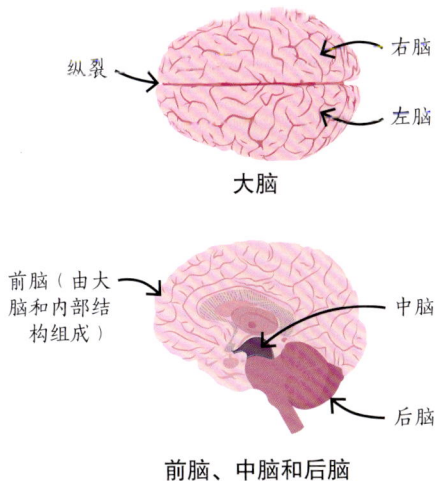

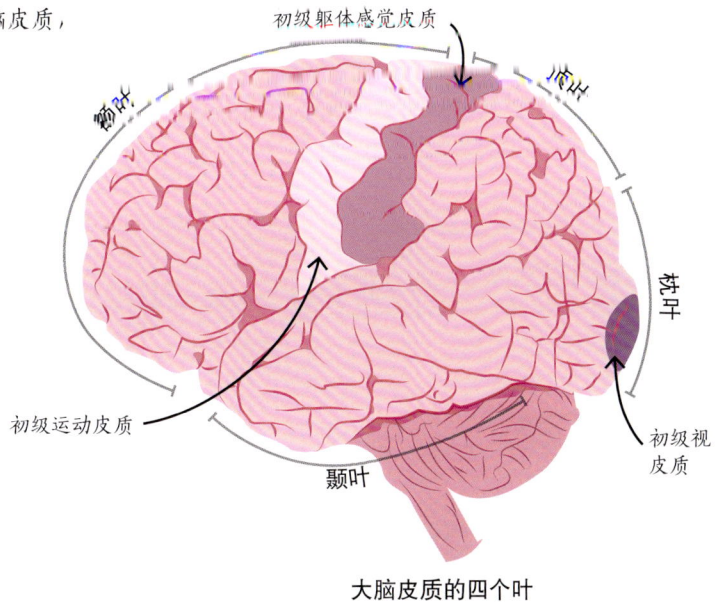

纵裂

右脑

左脑

大脑

前脑（由大脑和内部结构组成）

中脑

后脑

前脑、中脑和后脑

初级躯体感觉皮质

额叶

顶叶

枕叶

初级运动皮质

颞叶

初级视皮质

大脑皮质的四个叶

前脑最发达的部分。

白质和灰质

　　按体积计算，前脑主要由白质（white matter）组成，它是神经通路束，因被名为髓鞘（myelin）的脂肪层包裹而呈白色。髓鞘类似包裹电线的绝缘塑料，使神经信号能以更快速度传输更远的距离。白质连接中脑及其他部分，还负责在前脑区域之间传递信号。前脑包括整个大脑——人脑最大的部分，以及更深的结构，如丘脑（thalamus）、下丘脑（hypothalamus）、松果体和边缘系统（limbic system）。

　　大脑的外层是大脑皮质，又称灰质（grey matter），这里密集分布着神经元，没有髓鞘，因此呈灰色。大脑皮质是处理高级认知功能，如思维、记忆、言语和想象等的地方——所有这些活动都在约2.5毫米厚的灰质中进行。根据所连接的脑的部分，皮质神经元（cortical neuron）从表面向下延伸到不同的深度，较深层的连接到后脑和丘脑（前脑的"接线盒"，与中枢神经系统相连）。连接中间层的神经元收发来自大脑皮质其他地方的信号。

人脑拥有庞大的前脑和广泛折叠的表层——大脑皮质。

皮质由许多独立的神经纤维网络组成，它们彼此相连。

这些独立的皮质区域分别与特定的功能紧密相关，例如言语和自主运动控制。

运动皮质、躯体感觉皮质和视皮质

到19世纪70年代，人们已经了解到，对大脑皮质的不同部位施加电流可刺激肌肉运动。80年代，苏格兰神经学家大卫·费里尔（David Ferrier）通过动物活体解剖发现，随意运动（voluntary movements）受额叶与顶叶交界处的一个带状区域调节，这一区域后被命名为布罗德曼4区。进一步的研究表明，身体各部位在这一初级运动皮质中分别有对应的区域，例如，控制脚趾的区域位于两个半球之间的纵裂深处。

初级躯体感觉皮质位于顶叶（布罗德曼1、2和3区），负责处理触觉和疼痛等感觉信息；初级视皮质（布罗德曼17区）解读来自视网膜的信息。无论何种情况下，左侧皮质都与身体右侧相关，右侧皮质都与身体左侧相关。

这种垂直分层意味着大脑皮质的处理能力受限于表面积，因此为了增加表面积，人类和大多数哺乳动物的大脑皮质都有大量褶皱。皮质表面有名为脑沟（sulci）的深沟和名为脑回（gyri）的隆起。最深的脑沟划定了四个叶（lobe）的边界，这些叶根据其上方的颅骨分区命名，分别为额叶（frontal）、颞叶（temporal）、顶叶（parietal）和枕叶（occipital）。此外，大脑分为左脑和右脑，两者大体上呈轴对称分布，通过一束厚厚的白质——胼胝体（callosum）进行沟通。

如今，人们普遍认为，大脑皮质的额叶与记忆相关，枕叶控制视觉，颞叶则是言语的中心。这种功能区分基本正确，而各个区域也在密切合作。

19世纪60年代之前，功能区分布的描绘很大程度上是凭猜测得出的，直到法国外科医生保罗·布罗卡在额叶中发现了控制言语的区域。做尸检时他发现，无法说话的病人的受损脑区就是现在被称为布罗卡区的地方。

结合还是分离？

19世纪末，神经科学领域的两位巨人展开了关于"脑神经元如何连接"的激烈争辩，并得出对立的结论。意大利病理学家卡米洛·高尔基认为，脑由一个连续的"神经网"组成，每个部分都通过某种途径与其他部分相连；西班牙医生圣地亚哥·拉蒙·卡哈尔则主张，神经元之间没有物理连接。

这两个相反的观点也反映了两人各自的政治立场。高尔基年轻时正值意大利统一时期，"脑像一个由多个单元组成的联邦，正如意大利王国从小的封地发展而来"，这一理念深深影响着他。拉蒙·卡哈尔的政治立场则更注重个体的力量，他把神经元比作"自治的州"，即一个可以自主决定何时以及如何与邻居合作的单位。

19世纪70年代，高尔基发现了"黑反应"（the black reaction）——一种将神经元染色，使

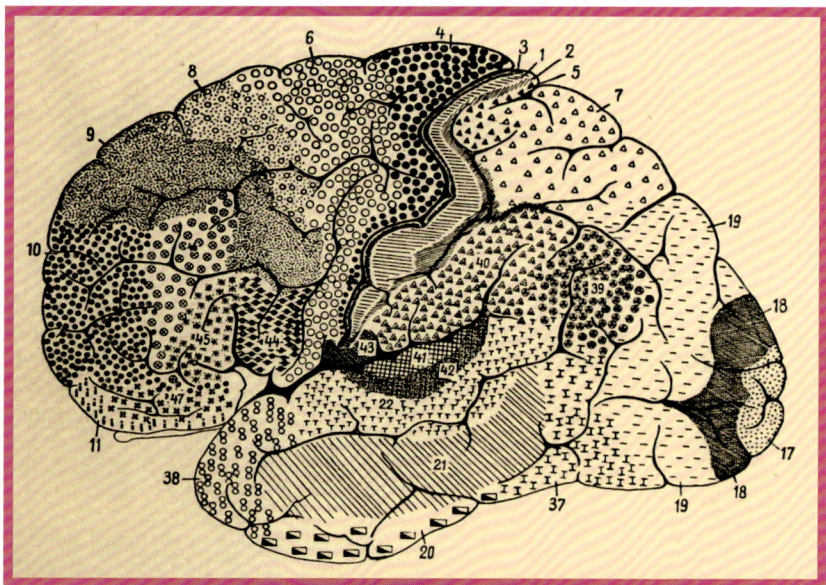

布罗德曼的这张人脑侧视图，展示了他编号的多个区域，这些区域根据其细胞结构和分层方式划分。

> 质层区域的明确分化
> 无可辩驳地证明了它们在
> 功能上的明确分化。
>
> 科宾尼安·布罗德曼

其极细的纤维从周围众多细胞中显现出来的方法。14年后，拉蒙·卡哈尔运用"黑反应"，通过更强大的显微镜和更精细的切片机（可将物质切割成仅几层细胞厚的切片）观察到，神经元之间被微小的间隙（突触）分隔开，这表明脑由相互独立的神经回路构成。由此，包括科宾尼安·布罗德曼在内的几位研究人员开始绘制大脑皮质这一区域的构造。

组织地图

布罗德曼使用了能够显示细胞蛋白质制造位点的染料。这种染色方法非常适合将纤细的神经纤维与背景区分开，并成功识别出皮质上的52个区域，这些区域的细胞形成了独特的物理网络。对比猕猴和人类脑的组织，他发现，它们在组织结构上几乎没有差异，其中一些名为布罗德曼区的区域已经为人熟知，如布罗德曼44区和45区对应布罗卡区。布罗德曼的组织结构图（organizational map）以及类似的"地图"的问世意味着，神经科学家开始将功能与皮质的特定区域联系起来。这些图至今仍在指导神经科学的研究。

20世纪70年代以来，安全的医学成像技术使神经科学家能越来越清晰地观察活体脑的情况。如今主要使用的fMRI设备，利用强大的磁场激发氢原子，然后通过无线电波确定它们的位置，扫描细微的横截面切片，逐步建立起脑的整体详细图像。除了用于评估

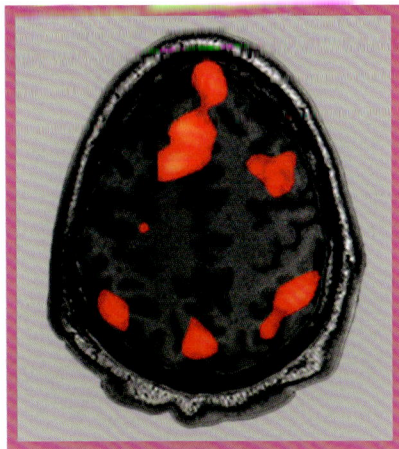

上方的fMRI扫描图的红色区域，显示了测试对象使用记忆执行任务时脑工作的相关部分。

脑损伤，fMRI在心理学研究中也极具价值，比如分析学习过程——神经学家让受试者进行心理任务，并监测其脑中与之相关的活动。■

科宾尼安·布罗德曼

1868年，科宾尼安·布罗德曼出生于德国南部，曾在德国多所院校学习医学，27岁获得行医资格。经历了短暂的临床生涯后，30岁出头的他开始专攻精神病学和神经学，从而结识了阿洛伊斯·阿尔茨海默（Alois Alzheimer）——发现了以其名字命名的痴呆（dementia）的研究者。阿尔茨海默鼓励他从事脑研究。1909年，布罗德曼在柏林的一家私人研究所工作时绘制出了大脑皮质"地图"。这家研究所由神经学家奥斯卡·沃格特（Oskar Vogt）和塞西尔·沃格特（Cécile Vogt）运营，他们也制作了一张类似的地图。

1910年，布罗德曼成为图宾根大学的教授，同时在大学精神病诊所任职。之后他全面回归临床工作，先是在哈雷，然后去了慕尼黑。1918年，在搬到慕尼黑不久后，他因肺炎去世。

主要作品

1909年　《大脑皮质的定位》

神经内部的脉冲释放化学物质

突触

背景介绍

关键人物
奥托·勒维（1873—1961）

此前

1839年 捷克解剖学家扬·埃万杰利斯塔·浦肯野发现了位于小脑的神经元，后被称为浦肯野细胞。

1880年 圣地亚哥·拉蒙·卡哈尔证明电信号始终单向通过神经，并提出细胞之间存在空隙。

1897年 查尔斯·谢灵顿（Charles Sherrington）发明了"突触"（synapse）这一术语，用来描述神经元之间进行交流的神秘"分离表面"。

此后

1952年 澳大利亚生理学家约翰·埃克尔斯（John Eccles）发现了兴奋性突触后电位（excitatory postsynaptic potential，简称EPSP），它可启动穿过神经的动作电位。

迄今为止 人类已鉴定出超过200种神经递质，但其总数仍然未知。

当神经信号以电脉冲的形式沿着细胞传递时，它们担任着细胞之间的化学信使——1921年，德裔美国药理学家奥托·勒维证实了这一点，他发现了这些现被称为神经递质的化学物质。距此30多年前，人们已经开始探索神经元之间的确切交流形式。当时，西班牙医生圣地亚哥·拉蒙·卡哈尔提出，神经元之间没有物理连接，而通过细胞之间的间隙进行交流。1897年，英国神经生理学家查尔斯·谢灵顿将这种间隙或者说"分离表面"命名为突触，意为"紧扣在一起"（clasp together）。他和英国电生理学家埃德加·阿德里安（Edgar Adrian）凭借在20世纪20年代的神经系统研究，共同获得了1932年的诺贝尔生理学或医学奖。

1953年，随着电子显微镜的问世，仅40纳米宽的突触终于被观察到，此时距勒维等人弄清突触的工作原理已过去多年。

连接的规则

拉蒙·卡哈尔证明了电信号总是沿着同一方向在细胞间传递。信号沿着细胞唯一的轴突——通常是最长、最粗的纤维传递，轴突末端可能会分支成多个末梢，每个末梢与不同的相邻细胞相连。轴突末端的对面就是下一个神经元的树突（神经元的线状延伸物）。大多数神经元有多个树突，它们轮流将一个神经信号传递到胞体，刺激或抑制通过轴突向下一组突触传递的电信号，以此类推。20世纪20年代，

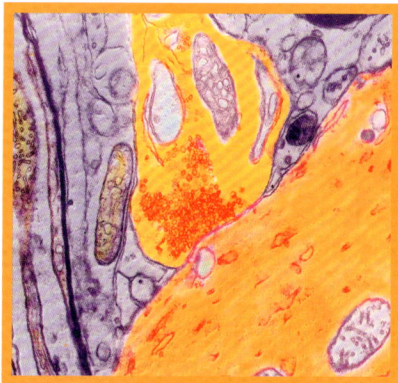

允许一个（突触前的）神经元向另一个（突触后的）神经元传递化学信号的整个结构即为突触，两个神经元之间的间隙叫突触间隙（synaptic cleft）。

参见：电神经冲动 116~117页，神经元 124~125页，大脑皮质的组织结构 126~129页。

神经科学家已充分了解了这一原理，但突触之间交流神经信号的机制仍然是个谜，人们不清楚这种交流究竟是化学的还是电的。勒维声称，他从两个梦中获得的一个实验设计灵感，可以解答这个问题。

化学通信

　　勒维的实验设计是：活体解剖两只青蛙的心脏，并将它们分别浸泡在生理盐水中，以保持它们在体外仍旧跳动；然后切除其中一颗的迷走神经（连接心脏与脑的神经），另一颗则保持完整。勒维用小电流刺激后者，减慢心跳，随后将这部分浸液倒入切除迷走神经的心脏的浸液中，结果那颗被切除迷走神经的心脏的跳动立即以相同方式减慢了。勒维据此推断，迷走神经会产生能与心脏交流的化学物质，这种化学物质向没有神经的心脏发送了相同的信息。他最终确定这种化学物质就是乙酰胆碱（ace-tylcholine）。

　　1914年，亨利·戴尔（Henry Dale）从一种有毒真菌——麦角（ergot）中分离出了乙酰胆碱，并发现其能抑制心跳，与能刺激心跳的肾上腺素正好相反，这也是最早被鉴定出来的两种神经递质。如今人们已鉴定出超过200种参与突触间信号传递的化学物质，其中大多数是简单的蛋白质，但信号传递的过程依然迷雾重重。■

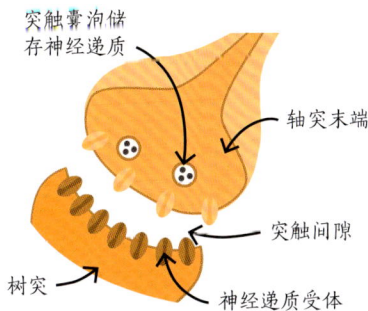

突触囊泡储存神经递质　**轴突末端**　**突触间隙**　**树突**　**神经递质受体**

化学储备

动作电位（神经冲动）到达并使膜去极化　**钙离子进入**　**去极化导致电压门控通道打开**

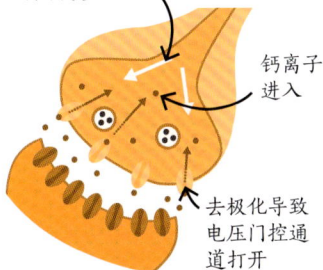

接收神经冲动

钙离子内流使突触囊泡释放神经递质　**相邻神经元的通道打开，正离子流入**　**神经递质嵌入受体位点**

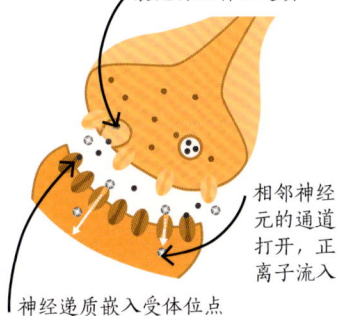

传递化学信息

神经递质在神经元的胞体中生成，沿着轴突移动到囊泡（膜囊）中。动作电位沿轴突移动时，会使膜去极化，使钙离子得以进入细胞，同时神经递质被释放出来，穿过突触移动到下一个神经元。

奥托·勒维

　　1873年，奥托·勒维出生于德国法兰克福，在斯特拉斯堡大学获博士学位。目睹了结核病和其他无法治愈的疾病给患者带来的痛苦后，他决定放弃临床生涯，转而从事治愈方法的研究。1902年，他搬到伦敦，与亨利·戴尔成为同事。次年，勒维来到奥地利格拉茨，在这里完成了令他载入史册的工作：与戴尔一起发现了神经递质，二人共同获得1936年的诺贝尔生理学或医学奖。他在奥地利一直工作到1938年德国吞并奥地利。由于是犹太人，勒维不得不逃离纳粹的统治，最终移居美国，在纽约大学医学院任教，1945年成为美国公民，于1961年去世。

主要作品

1921年《关于体液心脏神经效应的可转移性》

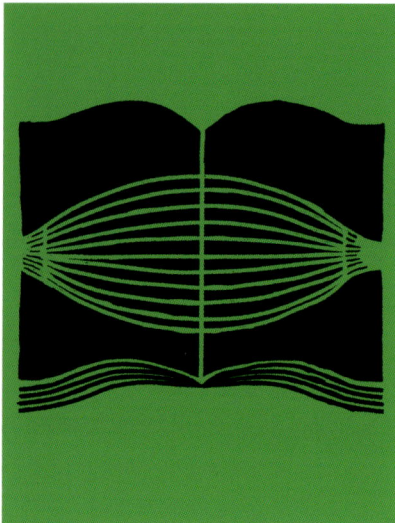

肌肉收缩的完整理论

肌肉收缩

神经研究与肌肉研究一直密切相关，因为肌肉收缩是神经系统正常工作的体现。

1954年，在研究者揭示动作电位（传递神经信号的电脉冲）的机制仅两年后，两组研究人员几乎同时发现并阐明了肌肉收缩背后的化学过程：英国生理学家安德鲁·赫胥黎和德国生理学家罗尔夫·尼德格尔克（Rolf Niedergerke），还有英国生物学家简·汉森和休·赫胥黎（与安德鲁·赫胥黎非亲属）。

肌肉的类型

人体有三种肌肉：骨骼肌使四肢和身体自主移动，由具有横纹的肌组织构成；消化系统等部位的不随意肌，属于平滑肌组织，外观上没有横纹；第三种是心肌，只存在于心脏部位，外观介于前两者之间。

所有肌肉的工作原理都是收缩长度或至少增加张力。收缩产生拉力，作用于身体部位，使其移动。肌肉不会产生推力。通常，骨骼肌成对工作，力的方向相反，即一块肌肉收缩时，另一块肌肉舒张。

肌肉的工作原理

肌肉主要由蛋白质组成。两种蛋白质——肌球蛋白和肌动蛋白——形成长丝，结合为被称为肌原纤维（myofibril）的肌纤维。在每根肌原纤维内部，较细的肌动蛋白丝与较粗的肌球蛋白丝交错排列，共同构成了名为肌节（sarcomere）的可收缩结构。一根肌纤维中有上千个肌节串联在一起，比如，一根肱二头肌纤维通常包含10万个肌节。骨骼肌还有少部分心肌之所以呈现条纹状，是因为一根纤维中的肌节大体上与上下纤维中的肌节排列一致。而在平滑肌中，肌节排列较为杂乱，但作用方式相同。

参见： 可兴奋组织 108页，电神经冲动 116~117页，突触 130~131页。

肌动蛋白丝和肌球蛋白丝形成肌节。当肌肉收缩时，肌球蛋白丝拉动肌动蛋白丝，使它们彼此靠近，从而缩短肌肉。这一过程在单次收缩期间会反复发生。

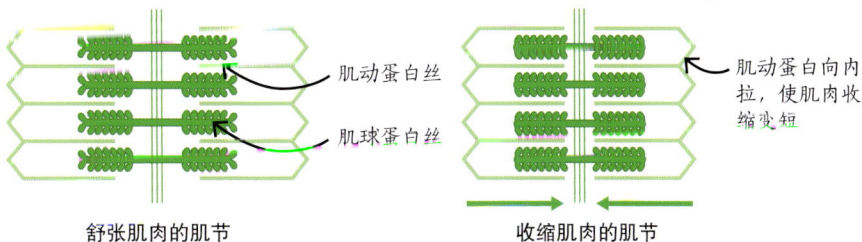

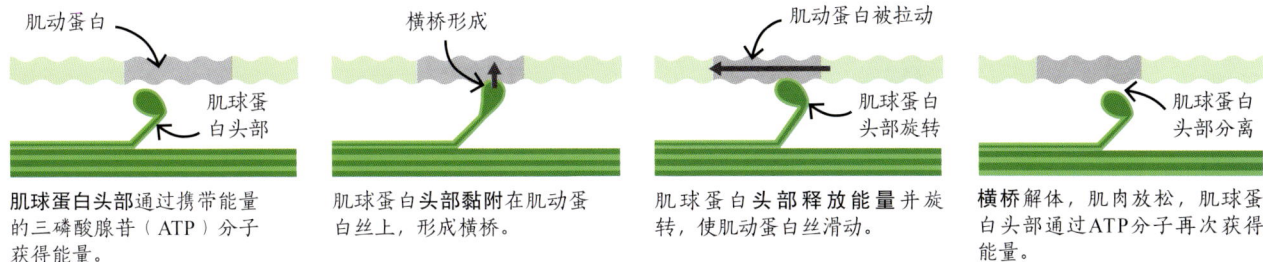

肌动蛋白丝

肌球蛋白丝

肌动蛋白向内拉，使肌肉收缩变短

舒张肌肉的肌节

收缩肌肉的肌节

肌动蛋白

肌球蛋白头部

横桥形成

肌动蛋白被拉动

肌球蛋白头部旋转

肌球蛋白头部分离

肌球蛋白头部通过携带能量的三磷酸腺苷（ATP）分子获得能量。

肌球蛋白**头部黏附**在肌动蛋白丝上，形成横桥。

肌球蛋白**头部释放能量**并旋转，使肌动蛋白丝滑动。

横桥解体，肌肉放松，肌球蛋白头部通过ATP分子再次获得能量。

　　数个肌原纤维由一层细胞膜包裹起来，形成一个包含许多细胞核的肌肉细胞。神经信号到达时，它通过突触发送神经递质，刺激肌原纤维膜产生电压尖峰。与神经一样，这会导致一阵电荷波，即一个动作电位沿着肌纤维涌出。电压暂时的变化导致钙离子进入

肌原纤维。钙离子的增加，加上肌纤维提供的能量，使肌动蛋白和肌球蛋白彼此滑动，每个肌节收缩约10%。这些微小的收缩积累起来，产生肌肉的拉力。只要肌纤维中的钙离子和能量充足，这种收缩状态就能保持，直到能量耗尽后肌肉才会放松。

　　汉森与休·赫胥黎，以及尼德格尔克与安德鲁·赫胥黎，分别提出了版本稍有不同的肌丝滑行学说（sliding-filament theory），它们至今仍是肌肉收缩的公认机制。■

简·汉森

　　1919年，简·汉森出生于英国德比郡，在伦敦国王学院获得博士学位，并在那里度过了大部分职业生涯，她从事生物物理学（biophysics）研究。1953年，她获得麻省理工学院提供的洛克菲勒奖学金，并在那里结识了来自英国的同行休·赫胥黎。二人共同提出了肌丝滑行学说。尽管1956年他们利用电子显微镜观察到了肌纤维的收缩，但这一发现仍备受质疑。汉森后来转向

无脊椎动物的肌肉研究。

　　1966年，她成为伦敦国王学院的教授，并被任命为生物物理学部主任。然而，1973年，在事业的巅峰期，汉森因罕见的脑部感染去世。

主要作品

1954年 《肌肉在收缩与伸展过程中的横纹变化及其结构解释》

记忆塑造了我们

记忆的储存

背景介绍

关键人物
埃里克·坎德尔（1929— ）

此前

公元前4世纪 柏拉图把人脑比作可因"尺寸、透明度和浓度"而异的蜡块。

1949年 加拿大心理学家唐纳德·赫布（Donald Hebb）提出了"突触可塑性"（synaptic plasticity）。

1959年 美国神经学家布伦达·米尔纳（Brenda Milner）确定，海马体是短时记忆变成长时记忆的区域。

此后

1971年 约翰·奥基夫（John O'Keefe）与他的学生乔纳森·陀思妥夫斯基（Jonathan Dostrovsky）在一只老鼠的海马体中发现了负责建立关于位置的记忆的"位置细胞"（place cell）。

2008年 以色列裔加拿大微生物学家内厄姆·索嫩贝尔格（Nahum Sonenberg）发现了蛋白质合成对于巩固记忆的重要性。

无论多么细微，记录记忆必须使脑内部产生**变化**。

⬇

这些**变化**必须是**物理**变化，因此也必须是**可被观察到**的。

⬇

在**坎德尔**的海蛞蝓实验中，随着海蛞蝓学习对刺激做出反应，他观察到了它们的突触的**化学变化**。

⬇

记忆的建立必然与突触中的物理变化有关。

西班牙物理学家及神经学家圣地亚哥·拉蒙·卡哈尔在发现了突触（神经元之间传递神经信号的间隙）不久后，于19世纪90年代提出，这些间隙可能对建立记忆有重要作用。然而，直到1970年，美籍奥地利神经生物学家埃里克·坎德尔通过对海蛞蝓进行的实验才证明，突触确实是记忆的中心，拉蒙·卡哈尔是正确的。

坎德尔通过研究发现，神经通过突触的变化捕捉记忆，并且学习活动能激活神经递质的级联反应，从而通过特定路径加强神经元之间的连接。

坎德尔侧重研究简单的习得反应，即对海蛞蝓进行条件反射训练，让其受到特定刺激时表现出某种行为。对动物的条件反射训练并非新鲜事，1902年，俄国生理学家伊万·巴甫洛夫便以他经典的实验证明，狗通过训练可以对诸如"与食物有关的铃声"等刺激做出反应。狗的反应涉及全身：从跳跃、吠叫到对信号的垂涎。那么神经系统是如何学会用这种复杂的方

参见： 脑控制行为 109页，电神经冲动 116~117页，本能行为与学习行为 118~123页，神经元 124~125页，突触 130~131页。

式来协调整个身体的呢？

记忆的种类

1949年，加拿大心理学家唐纳德·赫布提出了"突触可塑性"的观点：形成新记忆涉及改变神经纤维的路线和突触。神经科学家将记忆分为短时记忆和长时记忆，前者最多持续几小时，后者可持续数周甚至一生。赫布认为，产生长时记忆需要重复，以强化某些突触连接。他有一句名言："连在一起的神经元也会一起发电。"神经科学家还将记忆分为"陈述性"（declarative）记忆和"程序性"（procedural）记忆。"陈述性"记忆指有意识地回想的事实或事件，比如最喜欢的故事等；程序性记忆，或称非陈述性记忆，则是深度习得的技能和习惯，以至于能下意识地反应，如击球等。

海马体

1953年，在为了控制患者"H.M."的癫痫所进行的手术中，医生切除了其脑中的海马体，这导致患者再也无法产生新的记忆。美国神经学家布伦达·米尔纳通过研究"H.M."的病例证明：海马体是短时记忆转为长时记忆的部位。显然，产生记忆有赖于改变海马体内的神经连接。然而，当20世纪60年代开始研究时，坎德尔意识到，在异常复杂的人类海马体中详细研究突触是天方夜谭，因此他决定将研究聚焦在只有几千个神经元的海蛞蝓的脑上，这引起了各种争议。海蛞蝓遇到危险时会反射性地闭上鳃，坎德尔用电棍对海蛞蝓进行闭鳃反射训练。研究表明，弱刺激使海蛞蝓的突触产生与短时记忆有关的化学变化，而强刺激会引起不同种类的突触变化，从而产生长时记忆。

坎德尔和其他神经科学家继续研究发现，新的长时记忆的编码过程包含突触的持续变化。通常情况下，一个神经元能与1200个神经元建立联系，但受到反复刺激后，它能与两倍甚至更多的神经元建立联系。脑具有高度的"突触可塑性"。也就是说，脑尤其擅长建立这种联系，特别是在生命的早期。

> "……生命都是记忆，除了唯一的当下……"
>
> 埃里克·坎德尔引自美国剧作家田纳西·威廉姆斯（Tennessee Williams）

这就是为什么年轻时学会的技能可以伴随一生，如语言。随着年龄的增长，尽管学习的速度变慢了，但脑依然会继续学习、适应和记忆。■

海蛞蝓为水生腹足类动物。在发现威胁时，海蛞蝓会本能地释放有毒的紫色墨汁。

双手握住物体

动物与工具

背景介绍

关键人物

珍·古道尔（1934— ）

此前

1887年 英国海洋测量员阿尔弗雷德·卡彭特（Alfred Carpenter）发现，长尾猕猴会用石头敲开牡蛎。

1939年 美国博物学家埃德娜·费希尔（Edna Fisher）描述了一只海獭使用石头敲开贝类的过程。

此后

1982年 美国生物学家伊丽莎白·麦克马汉（Elizabeth McMahan）发现刺蝽（assassin bug）利用死去的白蚁作诱饵，引诱其他白蚁"上钩"。

1989年 剑桥大学的一个研究小组发现，埃及秃鹫使用石头敲开蛋的行为是与生俱来的而非学习来的。

2020年 澳大利亚研究员索尼娅·怀尔德（Sonja Wild）观察到，瓶鼻海豚（bottlenose dolphins）将鱼困在海螺壳里，然后摇晃海螺壳，从而把鱼摇到嘴里。

人们早已意识到一些动物会使用工具。查尔斯·达尔文在《人类的由来》（*The Descent of Man*）中提到过猿类使用工具，但直到1960年11月，科学界才真正关注到这种行为。当时，年轻的英国田野研究员珍·古道尔观察到一只她命名为"灰胡子大卫"（David Greybeard）的黑猩猩会使用干草茎"钓取"白蚁。当她在位于坦桑尼亚的贡贝基地联系自己的导师、古人类学家路易斯·李基（Louis Leakey），与其分享这一发现时，导师回应："现在我们必须重新定义工具、重新定义人类，否则就要接受黑猩猩是人类。"

这一发现引起了全世界的关注，因为它为科学家打开了一扇了解早期人类心智的窗。黑猩猩是现

一些黑猩猩群落只在地面上"钓取"白蚁，另一些则专门捕食地下的白蚁。这是黑猩猩文化多样性的一个例子。

参见：本能行为与学习行为 118~123页，记忆的储存 134~135页，食物链 284~285页，捕食者-猎物关系 292~293页，生态位 302~303页。

> "
> 裸露的手或理解能力都……不能产生多大效果。工作是通过工具和辅助设备来完成的。"
>
> 弗朗西斯•培根（Francis Bacon），
> 英国哲学家

存最接近人类的亲属，人们很容易将其行为看作是数百万年前我们祖先可能的日常生活方式。古道尔还发现，她的黑猩猩会剥去草茎上的叶子，以便将其插入白蚁巢穴，这意味着它们不仅会使用工具，还会制造工具。

构建工具箱

古道尔识别出黑猩猩使用茎、树枝、树叶和石头等来完成与进食、饮水和清洁有关的任务，以及作为武器的九种方式。后来的研究者提供了更多数据。在刚果盆地，观察者发现，黑猩猩咀嚼细长的树枝，使其末端变平，从而制作出用于蘸取蜂蜜的刮刀；在塞内加尔，它们把树枝末端咬出尖锐的头，以刺穿隐藏在树洞中的婴猴（galago，别名bush baby）；在科特迪瓦，一个群落中的黑猩猩排队使用尤其引人注目的石头去砸开露兜树。

小脑袋，大智力

2004年，另一个惊喜降临：开坚果并不是黑猩猩的专利。在巴西，胡须卷尾猴（bearded capuchin monkey）使用砧板和碎石工具打开了腰果，并且做得非常熟练。它们把腰果放在砧板上以实现最好的效果，并根据腰果的大小、形状和坚硬程度调整敲击力度。

在所有这些灵长类动物的例子中，制造和使用工具是通过群体中的其他成员学习得来的——这被称为社会学习（social learning）。一些社会群体的成员会成为专家，通过多年的实践掌握技能，它们的"学徒"则会专心观察以进行学习。由于每个群体都有自己独特的做事方式，所以灵长类动物学家认为，这些灵长类动物拥有独特的文化。■

胡须卷尾猴以使用大石头砸开棕榈坚果的硬壳而闻名，这些大石头需要的击打次数较少。

鸟类的脑

新喀鸦（New Caledonian crow）具有折弯树枝末端以制作钩状工具的技巧和灵活性。

1905年，美国鸟类学家爱德华•吉福德（Edward Gifford）观察到，加拉帕戈斯啄木雀（Galápagos woodpecker finches）会使用仙人掌的刺挖掘蛆虫（grub）。2018年，人们发现新喀鸦将工具制造提升到了新的水平：它们用树枝制成两种不同的钩子，用于从树皮的孔洞中提取昆虫。这些鸟像黑猩猩一样，制造出了非常精确的工具，而在人类文明中，类似工具的首次出现在约20万年前的旧石器时代晚期。

会使用火能将人类与其他动物区分开来吗？未必。2017年，澳大利亚鸟类学家鲍勃•戈斯福德（Bob Gosford）描述道，黑翅鸢（black kite）、褐隼（brown falcon）和啸栗鸢（whistling kite）能捡起燃烧的树枝，将它们带到未被火烧过的草地上，点燃新火，以便抓住逃跑的昆虫和爬行动物。事实证明，澳大利亚北领地（Australia's Northern Territory）的原住民很早以前就知道动物的这种行为，并将其融入了他们的神圣仪式中。

HEALTH AND DISEASE

健康与疾病

希波克拉底在其医学院授课时提出，疾病是由体内四种体液（humour）失衡引起的。

约瑟夫·利斯特根据疾病细菌说推测，成功使用化学抗菌剂可以杀死传染性微生物。

坎贝尔·德·摩根（Campbell de Morgan）确定，癌症从原发部位扩散（转移）是由肿瘤细胞脱落并在体内循环造成的。

公元前400年 | **19世纪60年代** | **1874年**

16世纪初 | **19世纪70年代**

帕拉塞尔苏斯奠定了现代药理学（pharmacology）的基础，提倡使用适量药物来治愈疾病。

罗伯特·科赫（Robert Koch）发现了传染病患者体内的细菌，证实了疾病细菌说（germ theory of disease）。

史前时代以来，人类一直在寻找应对疾病的方法。当时的人们相信超自然力量，认为疾病一般只能通过魔法或宗教手段治疗，但也有一些治病者（healer）开发出了为医学科学奠基的治疗方法。在古埃及和古希腊，为了找到更好的治病方法，人们对了解疾病成因的兴趣与日俱增。

古代医学

　　古希腊人尤其重视合理地解释自然现象，包括诊断和治疗疾病。他们认为，宇宙万物皆由土、火、气和水四种基本元素组成，并由此衍生出一种理论，即人体由四种体液——血液、黄胆汁、黑胆汁和黏液组成。在健康的身体中，这些体液处于平衡状态，当某种体液过剩或不足时，疾病就会产生。

　　希波克拉底的医学理论便受到体液说启发，并成为近两千年里西方医学实践的理论基础。而后，文艺复兴带来了科学发现的新纪元，包括医学在内的各个学科领域都有了长足发展。医生兼炼金术士帕拉塞尔苏斯作为该时期医学领域的先驱，主张通过有条理的观察来研究疾病，并得出结论：疾病并非因体液失衡引起，而是由"毒物"侵入体内所致的，可以通过服用适量药物等混合物来对抗这些毒物。

疾病细菌说

　　直到19世纪，人们才更为准确地解释了疾病。在关于传染病传播的众多理论中，路易·巴斯德和罗伯特·科赫的实验表明，微生物是导致传染病的元凶。后来，科赫在被感染的患者体内发现了相关细菌，证实了疾病细菌说。

　　不良卫生习惯是疾病传播的主要因素之一，微生物很可能也是伤口感染的原因。基于此，约瑟夫·利斯特提出，可使用抗菌剂（能杀死传染性微生物的化学物质）来显著降低治疗伤口和进行手术时的感染风险。

　　1928年，在对抗疾病的过程

亚历山大·弗莱明（Alexander Fleming）在被意外污染的微生物培养物中发现了青霉素（penicillin）——可治疗细菌感染的抗生素。

乔纳斯·索尔克（Jonas Salk）开发了一种疫苗，最终几乎彻底消灭了脊髓灰质炎（polio）。

1928年

1955年

1901年

1955年

1957年

卡尔·兰德施泰纳（Karl Landsteiner）鉴定出三种不同的血型，并发现混合不相容的血液会导致血细胞凝集。

罗莎琳德·富兰克林（Rosalind Franklin）通过X射线晶体学图像记述了烟草花叶病毒（tobacco mosaic virus）的结构。

弗兰克·伯内特（Frank Burnet）描述了免疫系统如何记录被击败病原体的结构，进而提供针对未来攻击的免疫力。

中，人们发现了另一个重要的武器。当时，亚历山大·弗莱明注意到，实验室中受污染的微生物培养物有些异常——意外诞生的青霉素证明，某些微生物会产生抑制其他微生物生长的化学物质，即这些化学物质的抗生（antibiotic）特性可被用于对抗病原体（能引起人和动植物病害的微生物，包括致病性细菌、真菌、病毒和寄生虫等）感染。

创造免疫力

接种的想法——通过使患者感染轻度疾病以预防更严重的感染——可能源于中世纪的伊斯兰医

学。不过，直到18世纪末，爱德华·詹纳（Edward Jenner）观察到轻度牛痘患者似乎对更严重的天花免疫之后，这一做法才在西方逐渐流行起来。詹纳将牛痘脓液接种给一名小男孩，成功地引发了免疫反应，使小男孩免受天花感染。

接种疫苗创造免疫力成了消灭疾病的重要手段，例如，路易·巴斯德的狂犬病疫苗，以及20世纪50年代乔纳斯·索尔克开发的、几乎消灭了脊髓灰质炎的疫苗。接种疫苗的重要性在于，许多传染病是由病毒（virus）而非细菌引发的，而抗生素难以对抗病毒。

罗莎琳德·富兰克林对病毒

的非细胞结构的研究，帮助人们理解了病毒侵入和改变宿主遗传系统来繁殖的过程。对疫苗如何通过刺激抗体产生来发挥作用的进一步研究，则促成了弗兰克·伯内特的理论，即免疫系统对抗原（antigen）这种物质的反应会触发特定抗体克隆的复制，这些抗体可以抵御未来的攻击。■

疾病不是神的旨意

疾病的自然基础

对许多人来说，医学起源要追溯到希波克拉底，这位著名医生生活在2500年前的古希腊科斯岛（island of Cos）。当时，大多数人认为，疾病是邪恶的魔法或神灵降下的惩罚，但也有一些人开始探索自然疗法，如利用大蒜和蜂蜜。另一方面，柏拉图、亚里士多德等人主张用逻辑和理性来解释世界。

古希腊思想家认为，人体由四种体液构成，而为了保持健康，四种体液——血液、黄胆汁、黑胆汁和黏液——必须保持平衡。

希波克拉底将体液说确立为医学理论，尽管最终后人证明它是错的，但它为理解和治疗疾病的方法奠定了一个纯粹理性的基础。医学是一门科学，而不是巫术，希波克拉底坚称："疾病既不是由神灵降下的，也不会由它们带走。它源于自然。"他还说："如果能找到病因，我们就能找到治疗方法。"

希波克拉底敦促所有医生仔细检查病人，详尽记录病史并观察他们的症状——这些现在已成为标准的医学程序。传统的医学实践由父传子，但希波克拉底开设了培训课程，允许任何人成为医生。学生必须宣誓将病人的需求放在首位——这一誓言可能并非出自他本人——这就是今天广为人知的"希波克拉底誓言"，伦理从此成为医学实践的核心，一些国家的医生至今仍以此为誓。■

> "
> ## 我会避免一切故意的错误与伤害。
> '希波克拉底誓言'
> "

参见：实验生理学 18~19页，药物与疾病 143页，疾病细菌说 144~151页，抗菌防腐 152~153页，抗生素 158~159页。

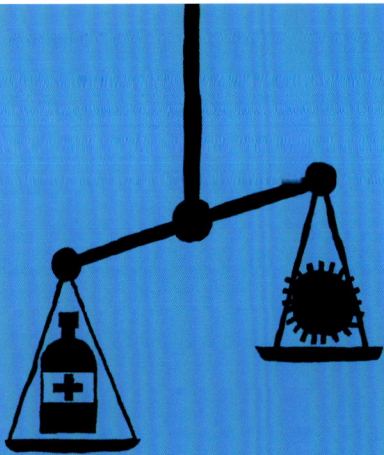

剂量造就毒性

药物与疾病

用植物或矿物治疗疾病的方法可追溯到史前时代。民间治病者将古老的草药疗法代代相传，古希腊军医迪奥斯科里德斯将这些疗法汇编在《药物论》中。后来，伊斯兰博物学家贾比尔·伊本·哈扬首先提出了化学药物的理念。然而，在中世纪的欧洲，医生仍将疾病视为四种体液失衡的结果。

1478年，《药物论》的首次印刷重新引起了人们对药物的兴趣，并促成了药典——有使用说明的药物清单的出版。到了16世纪，瑞士医生兼炼金术士帕拉塞尔苏斯认为，疾病并非体液失衡的结果，而是由于身体遭到了"毒素"入侵，需要用解毒剂来治疗。

帕拉塞尔苏斯表示，解毒剂甚至可能就是毒药本身："万物皆毒药，无物不带毒，剂量是决定有无毒性的唯一标准。"

他认为，医生必须像矿工一样提取化学物质，像农夫一样收获它

帕拉塞尔苏斯原名奥里欧勒斯·冯·霍亨海姆（Aureolus von Hohenheim），"帕拉塞尔苏斯"意为"超越塞尔苏斯（Celsus）"——公元1世纪，古罗马的奥卢斯·科尼利厄斯·塞尔苏斯（Aulus Cornelius Celsus）撰写了一部著名的医学百科全书。

们。他通过实验探索药用化合物，主要成果包括发现了由鸦片粉和酒精组成的鸦片酊（laudanum），鸦片酊在此后的几个世纪内都是主要的止痛药；以及用小剂量汞来治疗梅毒（syphilis）。■

参见：实验生理学 18~19页，有机物可以是人造的 27页，疾病的自然基础 142页，疾病细菌说 144~151页，抗生素 158~159页。

微生物掌握
最终决定权

疾病细菌说

背景介绍

关键人物
路易·巴斯德（1822—1895）
罗伯特·科赫（1843—1910）

此前
约公元180年 在古罗马，医生盖伦认为瘟疫是由空气中携带的"瘟疫种子"传播的。

1762年 奥地利医生马库斯·普伦西奇提出，微生物可能引发某些疾病，但这一说法并未被当时的人接受。

1854年 约翰·斯诺（John Snow）将霍乱的传播与受污染的水源联系起来。

此后
1933年 1918—1919年"西班牙流感"大流行之后，科学家首次确认了病毒是人类流感的源头。

1980年 天花被根除。

> 某些微小的生物体……飘浮在空气中，通过口鼻进入体内，并引发严重疾病。
>
> 马库斯·特伦提乌斯·瓦罗（Marcus Terentius Varro），公元前35年《论农业》（De Re Rustica）

疾病细菌说认为，许多疾病是由细菌（bacteria）等微生物引起的。病原体进入或感染人体后，会迅速繁殖并引发特定疾病，导致宿主出现相应的症状。

19世纪末，法国化学家路易·巴斯德和德国医生罗伯特·科赫通过实验确立了疾病细菌说。当时许多医生仍相信瘴气理论（miasma theory），认为疾病是通过空气，尤其是靠近积水的潮湿、难闻的雾气传播的。

公元前1世纪，古罗马建筑师兼作家维特鲁威（Vitruvius）建议人们不要在沼泽附近建房，因为随晨风飘来的瘴气携带着沼泽生物的有毒气息，会令人染病。

瘴气理论的一些怀疑者主张，疾病通过接触传播，即人与人或被污染物之间的直接接触，但他们并没有意识到微生物的存在。不过，"疾病可能由微生物传播"的想法古已有之。约2500年前，印度耆那教信徒认为一种叫作尼戈达的微小生物会带来疾病。古罗马学者马库斯·特伦提乌斯·瓦罗曾写

几个世纪以来，人们认为携带疾病的瘴气从污染严重的泰晤士河流向伦敦，这幅19世纪中期的画作描绘了相关情景：死神划着船前行。

道，应在沼泽地采取预防措施，以防携带疾病的微生物入侵人体。

14世纪，一些目睹了安达卢西亚瘟疫的伊斯兰医生也在他们的著作中记录了类似的想法：伊本·哈蒂马（Ibn Khatima）认为"微小生物"导致了瘟疫传播；伊本·哈提卜（Ibn al-Khatib）描述了这些微小生物通过人与人的接触进行传播的过程。

首次发现微生物

问题在于，微生物太小，肉眼无法看到，但这一切在16世纪末显微镜发明后发生了改变。1656年，德国神父和学者阿塔那修斯·基歇尔（Athanasius Kircher）用显微镜观察罗马瘟疫死者的血液时，发现了"微小的蠕虫"，并认为这些蠕虫是瘟疫的罪魁祸首。尽管可能并没有真正看到导致瘟疫的鼠疫

参见：细胞是如何产生的 32~33页，发酵 62~63页，抗菌防腐 152~153页，抗生素 158~159页，病毒 160~163页，预防疾病的疫苗 164~167页，免疫反应 168~171页。

杆菌（Yersinia pestis），但他正确地推断出微生物是病因。1658年，基歇尔发表了他的理论，甚至提出了防止瘟疫传播的方法：隔离病人，同时焚烧他们的衣物。

17世纪60年代末，荷兰科学家安东尼·范·列文虎克制造出可放大200倍的简易显微镜。在接下来的几年里，他发现看似清澈的水中其实充满了微小生物【如今我们称之为细菌、原生动物（protozoa）和线虫（nematode）】。事实上，他意识到微小生物几乎无处不在。

1683年，观察到牙垢中的细菌后，列文虎克发表了第一张所谓的"微动物"（animalcules）图。他的绘制非常细致，总共记录了螺旋状、杆状等四种不同形态的细菌，但他并没有将其与特定疾病联

名叫僵病的蚕病常见于家蚕，引发此病的真菌被命名为白僵菌（Beauveria bassiana），以纪念阿戈斯蒂诺·巴希。

系起来。如今，微生物学家已鉴定出三万多种细菌，分为三种基本形态（见下图）。

日益增加的证据

尽管有列文虎克等人的发现，但瘴气理论仍占据主导地位。1807年，意大利昆虫学家阿戈斯蒂诺·巴希（Agostino Bassi）开始研究僵病（muscardine）——正在摧毁意大利和法国蚕丝产业的疾病。他发现，一种微小的寄生真菌导致了这种具有传染性的疾病，它通过被污染的食物和接触，在蚕之间传播。1835年，他公布了自己

的发现，提出微生物不仅能导致人类生病，还可能导致动物和植物患病。

这样的观点逐渐得到支持。1847年，匈牙利医生伊格纳兹·塞麦尔维斯（Ignaz Semmelweis）在维也纳的产房中掀起了一场分娩革命。在此之前，产褥热（puerpural）在新妈妈中肆虐。

细菌的主要种类

球菌（coccus）是一种圆形细菌，呈单细胞或多细胞形态，会引发脑膜炎、肺炎、猩红热、咽喉炎等疾病。

杆菌（bacillus）呈细长的杆状，有些呈链状或丛状（棘状排列），会引发白喉、破伤风、结核病、百日咳等疾病。

弯曲菌（curved bacteria）包括螺旋状的螺旋状菌（spirilla）、螺丝锥状的螺旋菌（spirochaetes）、逗号状的弧菌（vibrios），会引发霍乱等疾病。

单球菌　　双球菌

栅栏细胞　　芽孢杆菌

弧菌　　螺旋状菌

链球菌　　四联球菌

棒状菌　　双杆菌

螺旋菌

塞麦尔维斯认为，产褥热是由学生们从解剖室带到产房的"死尸颗粒"（cadaverous particles）引起的。他提出的卫生管理制度（包括洗手），使产褥热病例大幅减少。尽管如此，许多医生仍不相信卫生可以有效预防疾病。

霍乱

1854年，伦敦索霍区暴发了一场霍乱，疾病细菌说迎来了转折点。英国医生约翰·斯诺怀疑，瘴气理论与疫情暴发的模式并无关联，因为尽管患者集中在一个非常小的区域内，但也有些患者居住在遥远的地方。

通过细致研究和绘制该地区的地图，斯诺发现，所有受害者都饮用了来自同一个水泵的水，而该水源被附近排放的人类粪便污染了。斯诺证实了霍乱传播的理论，显然瘴气并非罪魁祸首。当局虽仍持怀疑态度，但还是开始改善城市的供水系统。

同年，霍乱席卷了意大利佛

> 66
>
> 一想到生命被这些微小生物的繁殖所左右，就觉得可怕……
>
> 路易·巴斯德
>
> 99

罗伦萨。当地解剖学家菲利波·帕西尼（Filippo Pacini）研究了从患者肠道黏膜中提取的黏液，发现每个病例的黏液中都有逗号状的细菌，他将其命名为霍乱弧菌（Vibrio cholerae）。这是人类首次明确地将重大疾病与特定病原体联系在一起。然而，医学界仍倾向于瘴气理论，忽视了帕西尼的发现。

葡萄酒与酵母

19世纪50年代末，路易·巴斯德在法国进行了一系列摧毁瘴气理论的实验，开启了疾病细菌说方面的先锋研究。作为里尔大学科学系的主任，他应当地一家葡萄酒生产商的要求，开始研究发酵过程。

酿酒师们一直认为发酵是纯粹的化学反应，但巴斯德发现，成熟的葡萄酒中含有微小的圆形微生物，即酵母。他正确地推断出，是酵母发酵了葡萄酒。随后他又发现，只有一种类型的酵母能使葡萄酒正常成熟，其他酵母则会生成破坏葡萄酒的乳酸。

他还发现，将葡萄酒温和地加热至约60°C可以杀死有害酵母，同时不影响有益酵母。1865年，他为此项技术申请了专利，这便是巴氏杀菌法，如今广泛用于葡萄酒、啤酒行业及杀灭牛奶和果汁等新鲜产品中潜在的病原体。

巴斯德开始探索像酵母这样的微生物是如何出现的。那时，人们仍相信生命可以凭空出现，认为霉菌会在变质食物上自发产生。1859年，巴斯德通过一次著名的实验推

路易·巴斯德设计了鹅颈瓶，空气中的微粒会沉积在瓶颈的弯曲处，而不会进入肉汤里。

巴斯德推翻自发产生观点

1745年，英国博物学家约翰·尼达姆（John Needham）将肉汤煮沸以杀死任何微生物，但不久后肉汤再次变得浑浊并依然含有微生物。他认为，这些微生物是肉汤中的物质自发产生的。

1859年，巴斯德改进了这个简单的实验：在自己特制的鹅颈瓶内煮沸肉汤，以防空气中微生物的污染，随后封住瓶颈阻止空气进入，肉汤得以长时间保持清澈。然而，打破瓶颈允许空气进入后，肉汤很快又变得浑浊起来，这表明有微生物在繁殖。

巴斯德确凿地证明，使肉汤变质的微生物，以及导致发酵的酵母，均来自空气。他通过实验推翻了自发产生的观点，驳倒了反对疾病细菌说的观点。

炭疽病是一种严重的传染病，影响包括人类在内的动物，是由土壤细菌（soil bacteria）炭疽杆菌的孢子引起的。

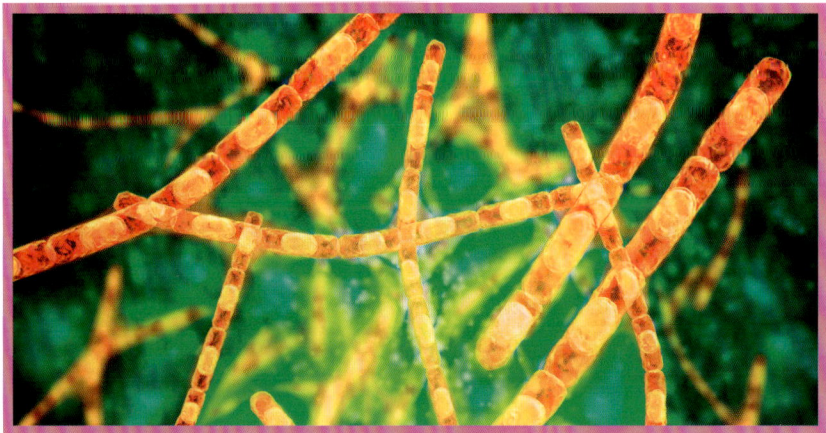

翻了自发产生的说法：传播疾病的很可能是空气中的微生物，而不是瘴气理论所宣称的空气本身。

　　几年后，转折点出现。1865年，巴斯德开始寻找解决家蚕微粒子病（pébrine）的方法，这种疾病正在毁灭法国南部丝绸产业赖以为生的蚕。他阅读了30年前巴希的僵病研究，很快发现了一种微生物——现被归类为微孢子虫（microsporidia）的微小寄生虫——是家蚕微粒子病的原因。1870年，他发表了自己的研究成果并提出，唯一的根除方法是焚烧所有受感染的蚕和桑树。丝绸生产商听从了巴斯德的建议，家蚕微粒子病得以根除。

研究疾病细菌说

　　在巴斯德确认了细菌是许多

> ""
>
> ……要克服陈旧偏见，让医生们承认新事实的正确，也需要很长时间。
>
> 罗伯特·科赫，1905年诺贝尔奖演讲
>
> ""

感染的罪魁祸首以后，他开始进一步探索人类和动物疾病的传播方式。英国外科医生约瑟夫·利斯特阅读了巴斯德的研究成果后，意识到杀死细菌是防止疾病传播的最佳方法，于是19世纪60年代末，利斯特坚持清洗伤口和使用无菌敷料消灭任何可能存在的微生物。随着其他外科医生采用同样的无菌程序，手术后的死亡率显著下降。

　　在1872年的德国，受巴斯德研究的启发，医生罗伯特·科赫在私人实验室开始了自己的疾病细菌说研究。1876年，他成功识别出引发炭疽（anthrax）的细菌是一种杆菌，并称之为炭疽杆菌（Bacillus anthracis）。实际上，他还进一步做了一个巧妙的实验，首次证明了细菌能够引发疾病。

　　科赫先从一只死于炭疽病的羊的血液中提取出了炭疽杆菌，然后在实验室培养，让它们在没有接触过病羊的培养基上繁殖——最初用牛眼液体，后来是琼脂和明胶的混合培养基。然后，他将培养出来的细菌注射到小鼠体内，小鼠很快便死于炭疽。毫无疑问，正是这些

细菌导致了炭疽病。

　　确认科赫的成果后，巴斯德回应了这一惊人的实验，并进一步证明，炭疽杆菌可在土壤中存活很长时间：仅仅是在曾有病羊活动过的地里放牧，健康的羊就会被感染。

　　此前的18世纪90年代，英国外科医生爱德华·詹纳发现，接种牛痘可以使人对天花免疫——牛痘与炭疽病类似，会影响牛，对人类则影响较轻。

　　巴斯德通过将炭疽杆菌加热至刚好能削弱其活性的程度，开发出了一种炭疽疫苗，并在羊和牛身上成功进行了测试——功效与温和的牛痘一样，削弱后的炭疽杆菌能够激活体内的免疫反应，足以产生免疫力，又不会引发疾病。

　　巴斯德在炭疽病上实现突破以来，用减弱或"稀释"了的致病菌制成的疫苗已成为对抗白喉、结核病等疾病的主要武器。

微生物与疾病的关联

　　巴斯德证明了空气中存在微生物，随后他与科赫也证明了某些微

实验证明，**发酵和霉变并非自发产生**，而是由空气中的微生物导致的。

特定的微生物也存在于患病动物体内，但**这些微生物是否只以疾病为食**？（译者注：原文如此，实际意为"以患病动物为食"。）

将这些可疑的微生物转移到健康动物体内，这些健康动物就会患病。

因此这些微生物，或者说病原体，是导致疾病的原因。

的病原体是逗号状的细菌——霍乱弧菌，这正是30年前帕西尼在佛罗伦萨发现的细菌。

科赫意识到霍乱弧菌在受污染的水中繁殖，因此提出了一系列预防传播的措施。同时，巴斯德也在继续寻找关于疾病细菌说的更多证据，并在1885年开发出了狂犬病疫苗。

寻找病原体

尽管巴斯德和科赫的研究取得了辉煌成就，但疾病细菌说仍面临不少反对。1878年，德国病理学家鲁道夫·魏尔肖曾批评科赫关于炭疽病的研究"不可信"，然后用了10年时间才接受了这一理论。到了19世纪90年代，充分的事实表明，瘴气理论已无法成立。自那时起，科学家开始寻找每种传染病的病原体，先后识别出约1500种可致病的微生物，其中一些有复杂的生命周期，涉及不同的携带者或媒介。不过，99%的微生物对人体完

生物会导致疾病。关键在于，每种疾病都由特定的微生物引起。虽然这些微生物可能极其微小，但它们可以从呼吸道、泌尿生殖道、胃肠道以及皮肤破损处进入宿主体内，然后迅速繁殖，干扰宿主身体功能或释放毒素，从而损害宿主身体。

19世纪80年代，科赫设计了一系列（四项）测试，以确认微生物与疾病之间的关联，并为识别病

原体制定了标准。这四项测试被称为科赫法则（Koch's postulates）（见下），其修改版本至今仍被使用。

1882年，科赫趁热打铁，发现了引起结核病的细菌——结核分枝杆菌（Mycobacterium tuberculosis）。他还希望找到导致霍乱的细菌，因此前往印度和埃及收集样本。到了1884年，他确认了引发霍乱

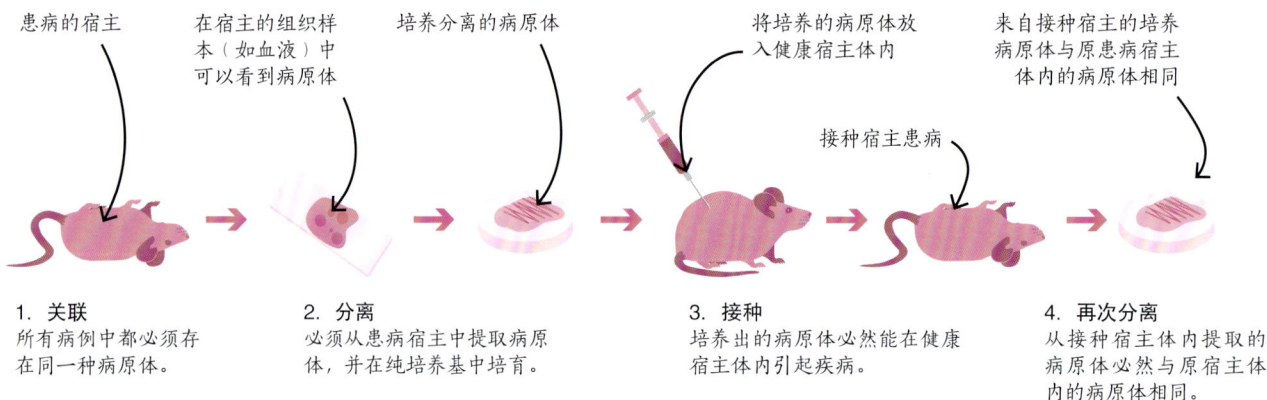

科赫法则

患病的宿主 → 在宿主的组织样本（如血液）中可以看到病原体 → 培养分离的病原体 → 将培养的病原体放入健康宿主体内 → 接种宿主患病 → 来自接种宿主的培养病原体与原患病宿主体内的病原体相同

1. 关联 所有病例中都必须存在同一种病原体。

2. 分离 必须从患病宿主中提取病原体，并在纯培养基中培育。

3. 接种 培养出的病原体必然能在健康宿主体内引起疾病。

4. 再次分离 从接种宿主体内提取的病原体必然与原宿主体内的病原体相同。

病毒可在硬质表面（如门把手）上存活长达24小时。细菌可以存活数小时至数天，甚至数月。

病原体传播的方式

包括病毒和细菌在内的大多数病原体无法自行移动，每种病原体都有特定的传播途径。因此每当出现新的疾病时，快速确定其病原体的传播方式至关重要，以便及时采取预防和治疗措施。

病原体主要通过四种方式传播。最常见的是接触：直接接触感染者的皮肤、黏膜或体液，以及间接接触，例如接触感染者触摸过的门把手等表面。其次是空气传播，病原体特别是病毒，可通过打喷嚏、咳嗽，甚至是呼吸产生的飞沫悬浮在空气中，被下一个宿主吸入。新型冠状病毒主要通过接触和空气传播，因此保持安全距离、手部卫生和佩戴口罩对控制传播至关重要。

病原体还可以通过媒介传播，如通过食物、水或血液等物质传播。病媒传播也是病原体传播的方式，蚊子、螨虫和蜱虫等是载体——携带能够感染其他生物的病原体的生命体。

全无害。

起初，人们认为细菌、微孢子虫和原生动物是主要的病原体。然而，1892年，俄国微生物学家德米特里·伊凡诺夫斯基（Dmitri Ivanovsky）发现了更微小的病原体——连当时最先进的显微镜都无法显示它的存在。1898年，这种病原体被命名为病毒（virus）。

现在我们知道，病毒甚至不算真正的活体——它们只是极小的复制性物质颗粒，必须侵入活的有机体内才能复制和传播。病毒几乎无处不在，广泛存在于空气、海洋和土壤中。虽然只有少数病毒——刚刚超过200种——能引起人类的疾病，但许多疾病程度严重、传播广泛，从普通感冒到更具威胁的疾病，如流行性感冒和新型冠状病毒感染。

对抗疾病

疾病细菌说改变了人类对抗疾病的方式。现在人们拥有了明确的、经过验证的措施来阻止病原体传播，如卫生、消毒、隔离、保持距离和佩戴口罩等。科学家很快就理解了疫苗如何赋予免疫力，并能够通过分离病原体来开发针对某种疾病的疫苗。

在巴斯德和科赫证实疾病细菌说之后，科学家意识到，当传染病的病原体侵入人的身体细胞时，身体拥有精密的防御系统——免疫系统来应对入侵。许多疾病的症状，如发热和炎症，实际上是身体对抗病原体的免疫反应。

20世纪，微生物学成为探索疾病的核心领域。实验室培养研究促使亚历山大·弗莱明发现了抗生素——对抗细菌的首个有效药物。抗病毒药物（antiviral）等也被开发出来，用于消灭微生物并阻止疾病传播，而不仅仅是缓解症状。

一个世纪前，霍乱、肠炎、肺炎、天花、结核病和斑疹伤寒等传染病给人类带来了广泛的痛苦和死亡。如今，疾病细菌说的进步意味着，这些疾病导致的死亡大幅减少。■

> " "
> **纯化培养是所有传染病研究的基础。**
> 罗伯特·科赫

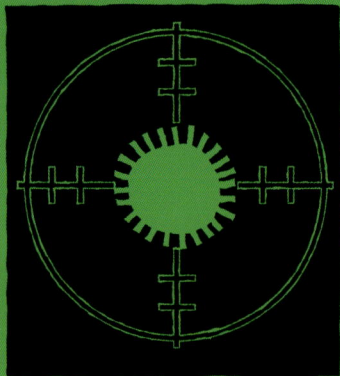

首要目标必须是消除任何引起腐败的致病菌

抗菌防腐

背景介绍

关键人物

约瑟夫·利斯特（1827—1912）

此前

公元前4世纪 希波克拉底认识到伤口中的脓液可能致命。

1847年 伊格纳兹·塞麦尔维斯提出，进入产科病房前洗手可降低产妇产后感染的风险。

1858年 弗洛伦斯·南丁格尔（Florence Nightingale）的报告显示，克里米亚战争中英军的大多数死亡本可通过更好的卫生条件避免。

此后

1884年 罗伯特·科赫提出科赫法则，描述了特定微生物与特定疾病之间的因果关系。

1890年 美国外科医生威廉·霍尔斯特德（William Halsted）开创了外科医生使用橡胶薄手套的做法——这也是无菌技术（aseptic techniques）的开端。

在今天，保持清洁对防止感染的重要性不言而喻。然而，实际上直到19世纪末，人们对感染机制和卫生益处的科学理解才逐渐形成。19世纪60年代，法国化学家路易·巴斯德发现发酵以及牛奶、啤酒、葡萄酒的变质是由空气中的微生物引起的。这是证明疾病细菌说的第一大步——环境中存在肉眼看不见的、会导致疾病的生物体。到了70年代，德国医生罗伯特·科赫证明了微生物与疾病的联系。然

而，早在19世纪40—50年代，匈牙利医生伊格纳兹·塞麦尔维斯和英国护士兼统计学家弗洛伦斯·南丁格尔等人就已经注意到了不良卫生与感染风险之间的联系。

1867年，英国外科医生约瑟夫·利斯特受巴斯德研究的启发，尝试了一种减少术后感染的新方法。当时，约一半接受手术的病人会死亡，通常死于不洁设备导致的感染。在巴斯德的发现之前，普遍的理论认为，这种感染可归因于

人们发现感染是由微生物（病原体）引起的。

⬇

空气中和物体表面的病原体在手术过程中会进入伤口。

⬇

手术中使用抗菌化学物质处理伤口可杀死病原体并预防感染。

参见： 发酵 62~63页，疾病细菌说 144~151页，抗生素 158~159页，免疫反应 168~171页。

> 将能摧毁飘浮微粒生命的材料用作敷料，涂抹在受伤的部位，也许就能避免腐烂。
>
> 约瑟夫·利斯特

身体内部组织暴露于瘴气或"有害空气"——一种来自腐烂物质的有毒蒸气。利斯特坚信罪魁祸首是微生物，因此开始寻找可用于病人伤口、在微生物入侵前将其杀死的化学物质。他选择了石炭酸【carbolic acid，现在更为人熟知的名字是苯酚（phenol）】溶液，这种物质来自煤焦油，因为他听说煤焦油曾被用于消除田地污水的气味。

抗菌防腐的效果

1865年，利斯特在格拉斯哥皇家医院首次试验了他自制的防腐剂【antiseptic（sepsis在希腊语中意为"腐烂"）】，对象为11岁的詹姆斯·格林利斯（James Greenlees）。詹姆斯的腿部遭遇开放性骨折，利斯特用苯酚为其冲洗伤口并制成敷料为其定期更换，詹姆斯的伤口逐渐愈合，没有感染，恢复状况极好。受此鼓舞，利斯特指示所负责病房的外科医生使用苯酚清洗手术器械和双手，结果感染率显著下降。他还尝试在手术中喷洒苯酚雾，但效果有限。

起初，利斯特的理念遭到了一些医学界同行的反对，因为疾病细菌说尚未被广泛接受。然而，他的成果很快就说服了全球的临床医生。几十年内，外科手术技术发展到加入了今天使用的无菌手术程序，最大限度地减少了微生物感染的风险，例如，临床工作人员穿戴无菌口罩、手术服和手套；手术室保持与医院其他拥挤区域隔离，并使用过滤空气通风等。■

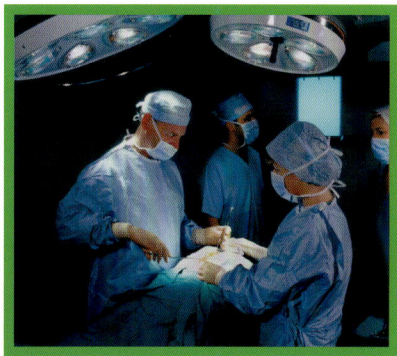

现代手术中最常用的备皮抗菌剂是碘、葡萄糖酸氯己定（chlorhexidine gluconate）和酒精。苯酚对皮肤有刺激作用，现已不再使用。

约瑟夫·利斯特

1827年，约瑟夫·利斯特出生于伦敦附近一个富裕的贵格会家庭。他在伦敦大学学院学习古典学和植物学，随后进入大学医学院学习医学。在爱丁堡，他担任外科助手，并逐步晋升为格拉斯哥大学的皇家外科教授。1861年，利斯特被任命为格拉斯哥皇家医院的外科医生，其抗菌技术研究又使他获得了爱丁堡大学的外科教授职位，随后他成为伦敦国王学院医院的外科教授，后来又成为维多利亚女王的首席外科医生。1883年，他被授予贵族称号。利斯特开创了使用羊肠线缝合伤口的方法，还创新了膝盖修复术和乳房切除术。利斯特菌（Listeria）——一种会导致食物中毒的细菌——便是以他的名字命名的。他于1912年去世。

主要作品

1867年 《外科实践中的抗菌原理》
1870年 《抗菌治疗系统对外科医院卫生状况的影响》

去掉它，但它还会生长

癌转移

癌症是全球最主要的死亡原因之一，仅次于心脏和循环系统疾病。癌症始于普通细胞的异常生长。通常情况下，细胞通过分裂产生新细胞来替代老化或受损的细胞。然而，出现癌症时，这一过程会失去控制，细胞分裂生成并不需要的新细胞，从而形成肿瘤。

19世纪70年代，英国外科医生坎贝尔·德·摩根在理解癌症上取得了重要突破，他认为癌症起源于身体的某个部位，然后扩散到其他部位，该过程现被称为转移（metastasis）。这一认识对于理解手术后必须定期接受检查以确认癌症是否复发至关重要。

早期的理论

早在古代，人们就观察到了癌症。古希腊医师希波克拉底认为，癌症是由四种体液之一的黑胆汁过多引起的，他的理论持续了近2000年。到了18世纪，医生们认识到癌症是异常的生长。随着19世纪40年代麻醉技术的出现，外科切除肿瘤成为惯例。1839年，德国生物学家西奥多·施旺提出身体是由细胞组成的。1855年，德国医生鲁道夫·魏尔肖首次认识到癌症起源于正常细胞。

到这个时候，人们普遍认识到环境因素与某些癌症有关——18世纪，人们注意到曾是烟囱清洁工的男孩长大后患阴囊癌的概率很高。同时，遗传也在癌症的发生中发挥了作用。然而，医生们对癌症的本质仍争论不休，尤其是它究竟属于全身疾病还是局部病患。

> **"**
> 今天，所有还在我们手术可操作范围内的（癌），可能明天就已扩散到我们无法控制的地方。
> **"**
> 坎贝尔·德·摩根

参见：细胞是如何产生的 32~33页，免疫反应 168~171页，有丝分裂 188~189页，染色体 216~219页，人类基因组计划 242~243页。

癌症是正常细胞的**异常生长**。 → 癌症可能**始于一个局部的**肿瘤。

↓

仅仅通过手术切除肿瘤可能无法阻止癌症发展。 ← 之后它可能会**转移**，通过**淋巴**或**血液循环扩散**到全身。

坎贝尔·德·摩根

1811年，坎贝尔·德·摩根出生于英国德文郡克洛韦利，之后在伦敦大学学院学习医学，成为米德尔塞克斯医院的外科医生，并在那里一直工作到去世。他参与了医院医学院的创立并担任讲师，后来成为教授。1861年，德·摩根被选为英国皇家学会院士。19世纪70年代，他通过研究发现，癌症最初发生在局部，随后扩散到其他部位。他还首次描述了与年龄相关的非癌性红色皮肤病变，后来这种病变被命名为"坎贝尔·德·摩根斑"（Campbell de Morgan spots）。

德·摩根以谦逊、善良的品格为人称颂，在1876年因肺炎去世的几天前，他还在无私地照顾一位因同病而濒死的朋友。

主要作品

1872年《癌症的起源》
1874年《癌症观察》

癌细胞

德·摩根进行了数十年系统的癌症临床研究，于1874年发表了其成果，提出癌症首先局部发病，然后由此病灶扩散。癌细胞可以通过肿瘤周围的组织、淋巴系统或血液系统独立传播。这些"癌病菌"可能会在体内休眠多年，甚至无限期，原因尚不明确，但在某些生命阶段，身体会表现出其他变化，如老年时前列腺增大、女性面部多年不活跃的毛囊长出毛发等。

德·摩根逻辑合理、基于证据的推理说服了同行，并为未来的研究确定了方向。1914年，德国动物学家西奥多·博韦里（Theodor Boveri）提出，癌症源于染色体异常的细胞，换言之，它是遗传性的。60年后，美国遗传学家艾尔弗雷德·克努森（Alfred Knudson）提出基因突变模型，进而催生了肿瘤抑制基因（tumour suppressor genes）的概念，这种基因在癌细胞中发生突变，突变可能是遗传性的，也可能是由外部损伤引起的。

如今，癌症仍是最严重的健康问题之一，但早期干预、防止扩散可以挽救生命。早期诊断同样至关重要，这也是为什么针对某些癌症的筛查计划是关键的健康策略。■

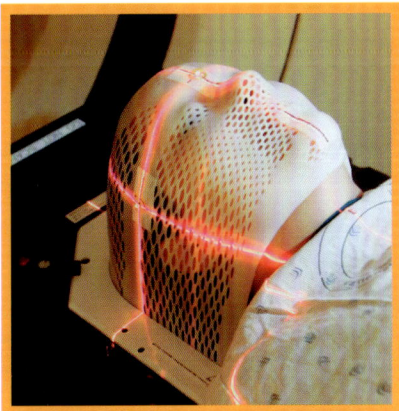

放射治疗使用如X射线等高能射线杀死癌细胞。在治疗头部或颈部的癌症时，患者需佩戴带有激光线的面罩来固定自己的位置，以便精确标记目标区域。

人类的血液有四种

血型

背景介绍

关键人物
卡尔·兰德施泰纳（1868—1943）

此前

1665年 英国医生理查德·洛厄（Richard Lower）完成了首次有记录的成功输血，对象是两条狗。

1667年 法国医生让-巴蒂斯特·德尼（Jean-Baptiste Denis）首次给人类直接输血，他使用的是绵羊血。

1818—1830年 英国产科医生詹姆斯·布伦德尔（James Blundell）多次成功完成人对人的输血。

此后

1903年 匈牙利医生和微生物学家拉斯洛·德特雷（László Detre）发明了"抗原"一词。

1907年 美国血液学家鲁本·奥滕伯格（Reuben Ottenberg）基于卡尔·兰德施泰纳的研究，在纽约的西奈山医院进行了首次血型匹配的输血。

19世纪，英国实现了几次成功的人类输血，但其他一些尝试却以病人死亡告终，医生们无法理解其中的原因。到了1870年左右，医学界大多放弃了输血，因为风险太高。

1875年，德国生理学家伦纳德·兰多伊斯（Leonard Landois）揭开了这一谜团的部分真相。他证实，如果将一种动物的红细胞与另一种动物血液中的液体部分混合，红细胞通常会凝集、堵塞血管并阻碍血液循环。有时，红细胞还会破裂，导致名为溶血危象（haemolytic crisis）的致命情况。这表明，以往不成功的输血是由于血液液体部分和被识别为"非自身"的红细胞之间发生了不良反应。然而，这没能解释为什么有些输血成功，而有些却失败了。

1901年，奥地利生物学家和医生卡尔·兰德施泰纳从在自己实

个人血液与他人的血清混合时，红细胞是否凝集因人而异。

↓

人类可以根据血型分组，最常见的有八种：A+、A−、B+、B−、O+、O−、AB+和AB−。

↓

确定血型后，便可以给需要的病人安全输入所需的血液。

参见： 血液循环 76~79页，血红蛋白 90~91页，免疫反应 168~171页，遗传定律 208~213页，突变 264~265页。

验室工作的科学家身上采集血样，再将每个血样分离为红细胞和血清（血液的液体部分，去除了细胞和凝血因子），然后将各个血清样本与其他红细胞样本分别混合。

血型系统

兰德施泰纳意识到，这些科学家的血液可分为三类：A型、B型和C型。每类血液的血清都不会凝集同类型的红细胞，但A型血液的血清总会凝集B型血液的红细胞，反之亦然；C型血液的血清会凝集A型和B型血液的红细胞，反之却不成立；C型血液的红细胞似乎从不凝集。

于是兰德施泰纳提出，A型和B型血液的红细胞携带着不同的凝集原（agglutinogens，即现在所称的抗原），其血液的液体部分含有凝集素（agglutinins，即现在所称的抗体），如果遇到"非自身"的抗原，就会触发凝集反应。例如，A型血液的血清含有使携带B抗原的红细胞凝集的抗体，反之亦然。C型血液的红细胞既不携带A抗原也不携带B抗原，但血清中含有能与A抗原和B抗原反应的抗体。这一发现意味着可以更加安全地输血，任何需要输血的患者及所有献血者的血液，都可通过与已知血型的血清相混合进行检测，进而确定血型，按程序输血，确保病人不会接受不兼容血型的血液。

进一步的发展

1902年，兰德施泰纳的两位同事发现了第四种血型：AB型，含有A抗原和B抗原，但没有针对这两种抗原的抗体。1907年，C型血被重新命名为O型血。1937年，兰德施泰纳和美国血清学家亚历山大·S. 威纳（Alexander S. Wiener）发现了第二个血型系统：恒河猴（Rh）系统【rhesus (Rh) system】，之后人们发现了许多其他血型系统，但ABO系统和Rh系统仍是最重要的输血匹配安全系统。目前已知人的血型是一种遗传特征，和眼睛颜色或头发颜色一样，通过基因继承。■

血型兼容性表有助于确保安全输血。紧急情况下，没有兼容的血型时，可以输O-血，因为它最有可能被所有血型接受，但这仍存在一定风险。

		接受者的血型							
		O-	O+	A-	A+	B-	B+	AB-	AB+
献血者的血型	O-	兼容	兼容	兼容	兼容	兼容	兼容	兼容	兼容
	O+	不兼容	兼容	不兼容	兼容	不兼容	兼容	不兼容	兼容
	A-	不兼容	不兼容	兼容	兼容	不兼容	不兼容	兼容	兼容
	A+	不兼容	不兼容	不兼容	兼容	不兼容	不兼容	不兼容	兼容
	B-	不兼容	不兼容	不兼容	不兼容	兼容	兼容	兼容	兼容
	B+	不兼容	不兼容	不兼容	不兼容	不兼容	兼容	不兼容	兼容
	AB-	不兼容	不兼容	不兼容	不兼容	不兼容	不兼容	兼容	兼容
	AB+	不兼容	不兼容	不兼容	不兼容	不兼容	不兼容	不兼容	兼容

标识
- 💧 兼容
- ✕ 不兼容

血液的组成

血液是人类和其他脊椎动物体内的一种液体，由悬浮在一种黄色液体——血浆中的血细胞组成。血细胞分三种类型：含有血红蛋白的红细胞，能携带氧气并将其输送到身体各个组织；白细胞，在抵抗感染时发挥重要作用；血小板，在凝血过程中有着举足轻重的作用。

血浆占血液的55%，主要由水组成，但也含有重要的溶解蛋白（包括抗体和凝血因子）、葡萄糖和其他物质。血清是去除了凝血因子的血浆。

如今，输注含所有成分的全血已较为少见，最常见的输血只是输红细胞，液体量较少（称为红细胞悬液），或者是输血浆。

毁灭其他微生物的微生物

抗生素

抗生素是医学领域的"奇迹药物"，使用历史非常悠久。古代文明就曾使用各种霉菌来对抗感染，从古埃及到中国、古希腊和古罗马，将发霉的面包等敷在伤口上都是常见的治疗方法。

1877年，路易·巴斯德和罗伯特·科赫都观察到某些类型的细菌能够抑制其他细菌的生长。其他生物学家也研究了抗生性（antibiosis），即一种微生物与另一种微生物的化学冲突。

到1900年时，公共卫生的改善减少了大多数传染病的发生，但它们仍占死亡原因的很大比例。例如，在美国，传染病导致的死亡率高达34%。1928年，苏格兰细菌学家亚历山大·弗莱明意外发现的青霉素，为抗击传染病提供了新的强大武器。到20世纪中期，消灭许多传染病似乎成为可能。

一次意外的发现

1928年，弗莱明开始进行一系列与金黄色葡萄球菌（Staphylococcus aureus）有关的实验。度假归来，他注意到样本上出现的霉菌正在杀灭与之接触的细菌。他确定该霉菌为特异青霉菌（Penicillium notatum），并发现其对引起猩红热、肺炎和白喉的细菌也有效。他意识到，杀死细菌的不是霉菌本身，而是它产生的"汁液"——弗莱明将其命名为"青霉素"（penicillin）。然而，他在试图分离出更多青霉素时遇到了困难。1929年，他发表了实验结果，其中仅简

古埃及人发现，用发霉的面包处理感染后，伤口愈合得更快，尽管他们并不知晓其中的原理。

参见：药物与疾病 143页，疾病细菌说 144~151页，预防疾病的疫苗 164~167页，免疫反应 168~171页。

> **"** ……我当然没打算颠覆整个医学…… **"**
>
> 亚历山大·弗莱明

略提及青霉素的治疗潜力，科学界对他的论文并未给予太多关注。

奇迹药物

1938年，牛津大学的一组研究人员开始专攻提纯青霉素。病理学家霍华德·弗洛里（Howard Florey）和生物化学家恩斯特·钱恩（Ernst Chain）将实验室变成了一个青霉素工厂，大规模培养青霉菌（Penicillium），并将其储存在奶罐和浴缸等容器里。1941年，43岁的警察艾伯特·亚历山大（Albert Alexander）成为牛津青霉素的首位人类受试者，使用之后他身上的致命感染显著好转。然而，弗洛里和钱恩没有足够的纯化青霉素来彻底清除感染，几天后亚历山大不幸去世。

后来，一个幸运的发现使研究团队发现了产黄青霉菌（Penicillium chrysogeum）——可以产出更多青霉素的青霉菌种。第二次世界大战期间，青霉素的生产速度大大加快，到了1943年9月，盟军已有足够的青霉素供应。到战争结束时，青霉素已经拯救了大量生命，并赢得了"奇迹药物"的美誉。

弗莱明、弗洛里和钱恩因而共同获得了1945年的诺贝尔生理学或医学奖。在获奖演讲中，弗莱明警告说滥用青霉素可能导致细菌产生抗药性。此后抗生素的广泛使用确实导致了特殊菌株——对一种或多种抗生素具有抗药性——的出现。■

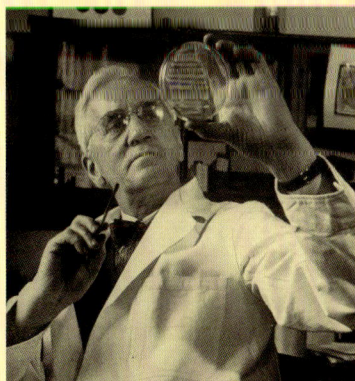

亚历山大·弗莱明

1881年，亚历山大·弗莱明出生于苏格兰艾尔郡的一个农民家庭，在八个孩子中排行第七。1901年，他获得伦敦圣玛丽医院医学院的奖学金。

作为圣玛丽医院的医学细菌学家，弗莱明于1906年加入疫苗接种部门，重点研究通过疫苗疗法增强身体的免疫力。1921年，他在自己的鼻涕中发现了一种能使某些细菌解体的物质，并将其命名为溶菌酶（lysozyme），这是许多动物先天免疫系统的重要组成部分，也是一种天然抗生素。1927年，他开始研究葡萄球菌属细菌的特性，并于次年发现了青霉素。1955年，弗莱明去世，被安葬于伦敦圣保罗大教堂中。

主要作品

1929年 《青霉菌培养物的抗菌作用》

此图展示了一些主要类别的抗生素的发现年份，以及抗药性的出现年份。1987年以来，尚未批准任何新的抗生素投入使用，但2020年发现的三种新抗生素带来了希望。

标识
- 发现年份
- 抗药性出现年份

青霉素　1928—1942年
四环素　1948—1950年
大环内酯类　1952—1955年
氟喹诺酮　1962—1968年
碳青霉烯类　1976—1998年

1920年　1940年　1960年　1980年　2000年　2020年

藏在蛋白质里的坏消息

病毒

背景介绍

关键人物

罗莎琳德·富兰克林（1920—1958）

此前

公元前1世纪 古罗马学者马库斯·特伦提乌斯·瓦罗提出，一些传染病可能是由肉眼看不见的活体微生物引起的。

19世纪80年代 路易·巴斯德开发出了狂犬病疫苗。

1915年 英国细菌学家弗雷德里克·图尔特（Frederick Twort）发现了能感染细菌的"可滤过生物"（filterable agents）。

此后

1962年 美国医生约翰·特伦丁（John Trentin）报告称，人类腺病毒（adenovirus）可在被感染的动物体内引发肿瘤。

1970年 人们首次记述了逆转录酶（reverse transcriptase）——一些病毒用来将RNA复制成DNA的酶。

19世纪中期，荷兰农民发现，烟草死亡前，其叶子会从深绿色变成斑驳的棕黄色。1879年，德国植物病理学家阿道夫·迈耶（Adolf Mayer）将这种病命名为烟草花叶病。他证明，受感染烟草叶的汁液会将疾病传染给健康的叶子，但他无法在培养皿中培养出致病因子，用显微镜也观测不到。

1887年，俄国植物学家德米特里·伊万诺夫斯基用孔径小于细菌的瓷过滤器过滤受感染烟草叶的

参见：生命的细胞本质 28~31页，细胞膜 42~43页，疾病细菌说 144~151页，预防疾病的疫苗 164~167页，免疫反应 168~171页，双螺旋 228~231页，基因工程 234~239页，基因编辑 244~245页。

汁液，再把过滤后的汁液涂抹到健康的烟草叶上，不久后健康叶子也出现了病情，于是他得出的结论：烟草花叶病可能是由细菌分泌的毒素引起的，或者是细菌通过了瓷过滤器的缝隙。

比细菌还小

荷兰微生物学家马丁努斯·拜耶林克（Martinus Beijerinck）也进行了类似的过滤实验，但他得出了不同的结论：烟草花叶病的致病因子不是细菌，而是更小的非细胞物质。1898年，他在发表研究结果时，引入了"病毒"一词来指代这种新型病原体。与之前的迈耶和伊万诺夫斯基一样，拜耶林克也无法在培养皿中培养出病毒，但实验结果使他坚信，病毒能够入侵活体植物细胞并在其中繁殖。

科学家开始探究其他原因不明的疾病。例如，1901年，美国研究人员认为黄热病也是由"可滤过生物"——能够通过瓷过滤器的微小致病因子引起的。科学家怀疑，家畜的口蹄疫

近小烟草叶由患烟草花叶病而布满棕色和黄色斑点。消灭病毒的唯一方法是销毁受感染的植株。

（foot and mouth disease）同样由类似的病原体引起。然而，研究人员仍不相信这些疾病的起因是拜耶林克所说的非细胞物质。

病毒是颗粒

1929年，美国生物学家弗朗西斯·O.霍姆斯（Francis O. Holmes）的报告称，将稀释的受感染烟草植株汁液涂抹在健康的烟草叶上，叶片会产生小而离散的坏死（死亡）区域。汁液越稀释，"死亡斑点"分布得就越稀疏。这说明，致病的"病毒"是以离散颗粒或大分子形式存在的，而不是溶解的小分子物质。

20世纪30年代初，第一台电

子显微镜问世，其分辨率远超了光学显微镜。到了30年代末，科学家首次得到了病毒的清晰图像，这证明病毒是颗粒状的。在大多数情况下，它们看起来与细菌截然不同，并且引发不同疾病的病毒的形状和大小各有差异，通常直径在20~1000纳米。细菌的体积则要大得多，平均直径为2500纳米，已知最大细菌的直径为0.75毫米【译者注：此处指的是纳米比亚嗜硫珠菌（Thiomargarita namibiensis）。然而，2009年，海洋生物学家奥利维尔·格罗斯（Olivier Gros）在加勒比海法属瓜德罗普岛的海边红树林中发现了一种直径达2厘米的细菌，并将其命名为华丽念珠菌（Thiomargarita magnifica）】。

20世纪30年代中期，科学家在确定病毒成分方面取得了进展。美国生物化学家温德尔·斯坦利

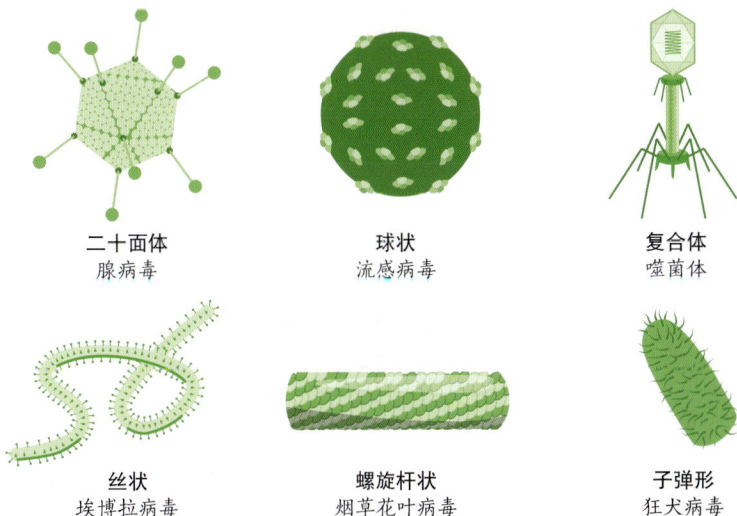

病毒的形状

二十面体
腺病毒

球状
流感病毒

复合体
噬菌体

丝状
埃博拉病毒

螺旋杆状
烟草花叶病毒

子弹形
狂犬病毒

（Wendell Stanley）成功提取了烟草花叶病毒（简称TMV）的结晶样品。经过多种化学物质处理后，他检测分解产物，发现病毒颗粒是由蛋白质和核酸分子聚合而成的。

从20世纪40年代起，研究人员利用相对较新的X射线衍射技术研究病毒结构。许多有关TMV结构的最终细节是英国X射线衍射专家罗莎琳德·富兰克林确定的，此前她为发现DNA结构做出了贡献。1955年，她拍摄了迄今为止最清晰的TMV的X射线衍射图像，同年发表了一篇研究论文，指出所有TMV颗粒长度相同。不久后她又提出，每个TMV颗粒分两部分，外部是由螺旋排列的蛋白质分子组成的细长、中空棒状或管状结构，内部是沿着管内表面缠绕的RNA螺旋链。这些观点后被证明是正确的。富兰克林与同事还研究了其他植物病毒，以及引发脊髓灰质炎的病毒的结构。

到20世纪50年代末，得益于富兰克林等人的工作，人们确定了病

> 每个烟草花叶病毒颗粒都含有一定量的RNA（核糖核酸）和蛋白质。

> X射线衍射研究表明，蛋白质部分是一个由许多亚基螺旋排列成的中空管。

> 该蛋白质为病毒颗粒的遗传物质（RNA）提供保护，RNA位于中空管的亚基内部。

毒由核酸（RNA或DNA）组成，这些核酸被包裹在坚固、刚性的外部蛋白质壳［被称为衣壳（capsid）］中，这与细菌的结构非常不同。60年代，科学家发现一些动物病毒还有一层额外的外部脂质（脂肪）层，被称为包膜（envelope），其

中通常嵌有蛋白质分子。

病毒学家现在知道，保护性衣壳或包膜有两个功能：一是保护病毒核心RNA或DNA不被宿主免疫系统中的酶破坏，二是附着在潜在宿主细胞的特定受体上。

罗莎琳德·富兰克林

1920年，罗莎琳德·富兰克林出生于英国伦敦，学生时代便展露出杰出的科学天赋，她在剑桥大学攻读自然科学，1941年毕业，1945年获博士学位。两年后，她前往巴黎，成为X射线衍射方面的专家。1951年，富兰克林回到伦敦，加入了国王学院的一个团队，使用X射线衍射技术来确定DNA的三维结构。她的一个学生拍摄了51号照片——这项探索中的重要证据。

1953年，富兰克林开始研究RNA和烟草花叶病毒的结构，成为结构病毒学（structural virology）的奠基人。1956年，她被诊断出患有卵巢癌，但一直坚持工作到1958年去世，去世时年仅37岁。

主要作品

1953年 《关于晶体结构中脱氧核糖核酸钠的双螺旋证据》

1955年 《烟草花叶病毒的结构》

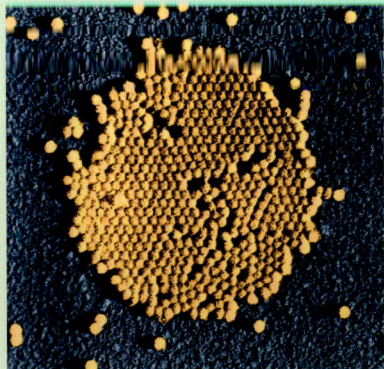

1952年，脊髓灰质炎病毒首次成像。这张图片是2008年用电子显微镜拍摄的，为清晰起见，还进行了着色处理。

电子显微镜与病毒检测

电子显微镜（简称EM）利用高速电子束照射需要成像的物体。1931年，德国科学家恩斯特·鲁斯卡（Ernst Ruska）和马克斯·诺尔（Max Knoll）研发出首台电子显微镜，可放大400倍。现代最强大的电子显微镜可以创建出分辨率达到氢原子半径的一半的图像。

电子显微镜是识别、检测病毒的重要工具。1939年，鲁斯卡和两位同事首次对病毒（TMV）进行成像，1948年，他们又展示了天花病毒和水痘病毒的区别。病毒学家还使用电子显微镜研究新疫情暴发的原因。1976年，病毒学家利用它检测出了非洲埃博拉病毒病的病原体。电子显微镜对于研究病毒与宿主细胞和组织之间的相互作用也至关重要。

生命周期与复制

到了20世纪50年代末，生物学家大体确定了病毒在感染的动物或植物细胞中增殖，但具体如何增殖仍是个谜。60年代，生物学家通过汇总、研究过去25年来收集的证据，终于弄清了病毒复制的方式。

病毒需要宿主细胞才能复制，如果不感染有机体，病毒就会一直保持惰性。一旦遇到合适的宿主细胞，病毒就会附着在宿主细胞表面，并将其核酸注入宿主细胞外层；或者，宿主细胞会吞下整个病毒颗粒，病毒在宿主细胞内释放其核酸，然后"劫持"宿主细胞的蛋白质制造系统和DNA复制机制，制造自身的多个拷贝，部分核酸指挥制造新病毒颗粒的蛋白质成分。新的核酸和蛋白质成分随后自我组装成新的病毒颗粒，最终在宿主细胞中爆发，摧毁宿主细胞，并通过类似的方式迅速侵入和摧毁其他细胞，传播感染。不同病毒的生命周期和复制细节有所不同，例如，携带DNA的病毒和携带RNA的病毒之间存在特定差异。大量研究致力于理解不同病毒群体及其生命周期，从而制定对抗这些病毒的方法。常见的病毒感染包括不同株的流感、水痘和腮腺炎（mumps）。1976年，人们发现了埃博拉病毒，2020年发现了新型冠状病毒。

研究表明，环境中的病毒无处不在。比如，每一茶匙海水中大约含有1000万个病毒颗粒，大多是感染细菌和蓝藻的病毒。绝大多数病毒对人类和其他动物无害，且在调节海洋生态系统（ecosystem）中发挥着至关重要的作用。■

这张横截面展示了新型冠状病毒颗粒的结构。外部即包膜，由一个球形脂质层组成，三种蛋白质分子嵌入其中，分别是刺突蛋白、膜蛋白和包膜蛋白。包膜内部是一条由衣壳蛋白包裹的RNA链。

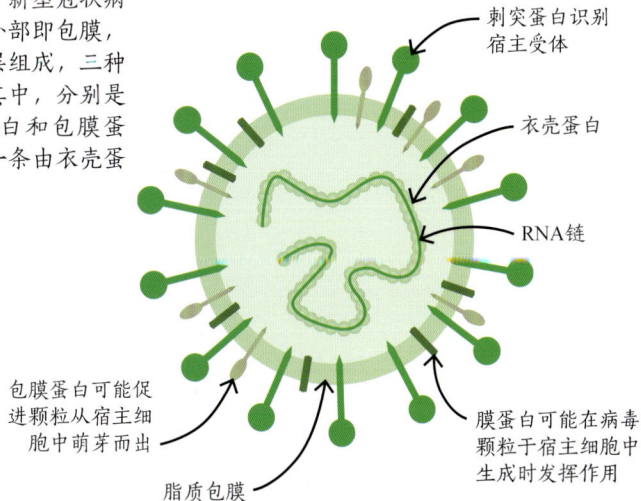

刺突蛋白识别宿主受体

衣壳蛋白

RNA链

包膜蛋白可能促进颗粒从宿主细胞中萌芽而出

脂质包膜

膜蛋白可能在病毒颗粒于宿主细胞中生成时发挥作用

再也不会有天花

预防疾病的疫苗

背景介绍

关键人物

乔纳斯·索尔克（1914—1995）

此前

1796年 爱德华·詹纳通过为人们接种牛痘来预防传染性极强且往往致命的天花疾病。

1854年 意大利医生菲利波·帕西尼的霍乱研究首次将一种疾病与特定细菌联系起来。

1885年 路易·巴斯德研制出了狂犬病疫苗。

此后

1962年 世界上首个口服抗脊髓灰质炎疫苗获得许可。

1968年 莫里斯·希勒曼（Maurice Hilleman）开发的麻疹疫苗开始分发。

1980年 世界卫生组织（WHO）宣布天花在全球范围内被根除。

疫苗可使人或动物对某种疾病产生主动免疫。美国病毒学家乔纳斯·索尔克对科学的伟大贡献在于推出了首个有效的脊髓灰质炎（小儿麻痹症）疫苗，这种疾病会导致脊柱和呼吸系统瘫痪，常常会致命。这种具有传染性且无法治愈的疾病已存在数千年，但19世纪末在欧洲和美国大规模暴发。1952年，美国记录了5.8万个脊髓灰质炎病例，其中超过3000人死亡，2.1万人不同程度瘫痪。索尔克认为，将杀死的脊髓灰质炎病毒注入健康人的血液中可以产生免

参见：有机物可以是人造的 27页，药物与疾病 143页，疾病细菌说 144~151页，病毒 160~163页，免疫系统 168~171页，突变 264~265页。

疫，这种无害的死病毒会刺激人体免疫系统产生抗体，从而抵御脊髓灰质炎病毒可能的攻击。他的理论是正确的。1954年，加拿大、美国和芬兰的儿童开始了脊髓灰质炎疫苗接种试验。这种疫苗被称为灭活疫苗（inactivated vaccine），因为使用的材料是死病毒。次年，美国便采用了这种疫苗，到了1961年，美国记录的脊髓灰质炎病例仅有161例。

同样在20世纪50年代，波兰裔美国病毒学家艾伯特·萨宾（Albert Sabin）确信，脊髓灰质炎病毒在攻击中枢神经系统之前，主要存在于肠道中。他分离出一种不会引发疾病的突变病毒，并将其接种给朋友、家人、同事及自己。他的疫苗使用了一种毒性减弱、非致命的病毒，以取代致命病毒，从而提供了保护，这就是减毒疫苗（attenuated vaccine），可通过口服更加迅速、廉价地为大量人群接种。1962年，该疫苗在美国获得许可，并被数百万人使用。2020年，世界卫生组织宣布，脊髓灰质炎病毒仅在两个国家传播：巴基斯坦和阿富汗。

> 没有专利。你能给太阳申请专利吗？
>
> 乔纳斯·索尔克（当被问到其脊髓灰质炎疫苗的专利归谁所有时）

漫长的治疗

据估计，约公元前10000年出现的传染病——天花，仅在20世纪就造成了全球多达3亿人死亡。15世纪，中国医生率先开始与这种疾病抗争，他们将干燥的天花痂粉吹入健康人的鼻腔中以预防天花。还有一种更为普遍的方法：人痘接种（variolation），即从天花患者身上取脓液，然后通过划开创口将其引入未免疫者的体内——这种方法通常有效，尽管并非总能如此，有时接种的人会丧命。

18世纪60年代，英国医生爱德华·詹纳对天花产生了浓厚的兴趣。当时众所周知，天花幸存者会获得免疫力，他自己小时候也曾进行过人痘接种。詹纳听说挤奶工由于经常被奶牛身上的牛痘感染，所以鲜少再感染天花，而牛痘只会使人出现轻微症状。1796年，他从感染牛痘的挤奶女工萨拉·内尔姆斯（Sarah Nelms）手上取脓液，并将其注入8岁男孩詹姆斯·菲普斯（James Phipps）手臂上被划开的创口中。菲普斯发烧了，但十天内便康复了。六周后，詹纳给他接种了天花病毒，但男孩并未患病。

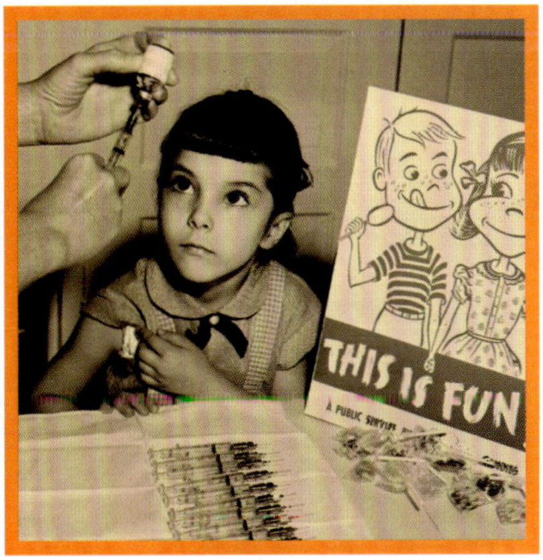

20世纪50年代，脊髓灰质炎疫苗开始大规模接种。儿童被鼓励将接种疫苗视为“有趣的事情”，接种后会被奖励棒棒糖。

人痘接种

1716年，在君士坦丁堡（今伊斯坦布尔），英国贵族玛丽·蒙塔古（Mary Montagu）了解到，奥斯曼帝国广泛应用人痘接种来预防天花。她和哥哥曾感染天花，哥哥因此去世。在她的坚持下，英国大使馆的外科医生为她的儿子进行了人痘接种。回到英国后，蒙塔古成为人痘接种的积极倡导者。

1768年，俄国女皇叶卡捷琳娜大帝邀请苏格兰医生托马斯·丁斯代尔（Thomas Dinsdale）为她和儿子进行人痘接种，以向臣民展示这种方法的安全性和有效性。接种后，她出现轻微的天花感染症状，但16天后痊愈了。她的行动说服了约2万名臣民在接下来的三年中接受了人痘接种。尽管如此，人痘接种并非完全没有风险，接种者有可能将轻度的天花传染给他人，有时甚至会导致自己死亡。

18世纪初的**挤奶工**很少患**天花**。

↓

挤奶工通常会感染轻微的**牛痘**，一旦痊愈就不会再次感染。

↓

感染牛痘似乎可以预防天花。

↓

医生们被说服，将感染牛痘作为疫苗接种，以预防天花。

19世纪初，尽管受到质疑，但詹纳还是成功说服了许多医生使用牛痘作为天花疫苗。虽然他并非首位提倡使用牛痘的人，但正是詹纳不懈的宣传和努力，才使得牛痘疫苗被广泛采用，后来的改良版疫苗挽救了数百万人的生命。此举更神奇的地方是，当时的科学家尚不了解疾病是由病毒引发的，这一发现归功于此后的法国微生物学家路易·巴斯德。

进一步的疫苗研发

19世纪80年代，巴斯德的疫苗研发取得重大突破。他注意到引起鸡霍乱的细菌【多杀巴斯德菌（Pasteurella multocida）】在经过多代培养后毒性会减弱，给鸡接种这些减毒的细菌后，鸡对原本毒性强的菌株产生了抗性。

接着，巴斯德将注意力转向炭疽。这种由炭疽杆菌引起的疾病，不仅危害人类的健康与生命，还在当时夺走了成千上万只绵羊的生命。巴斯德进行实验，给两组羊接种疫苗，结果接种了减毒菌株的羊在注射强毒性菌株后活了下来，而未接种的羊在注射后死掉了。

巴斯德最后的疫苗挑战是狂犬病——一种由极小型病毒引起的疾病，光学显微镜都无法观察到这种病毒。即便如此，巴斯德还是成功地在兔子体内培养出了该病毒，并晾干受病毒影响的兔子的神经组织以减弱病毒的毒性。1885年，他在治疗一名被患有狂犬病的狗咬伤的男孩时，11天内为他注射了13次疫苗，每次注射的疫苗的毒性递增。三个月后，男孩康复，没有出现狂犬病的症状，巴斯德的疫苗成功了，并从此享誉天下。

获得性免疫

如今科学家已经弄清楚了，人体免疫系统是由细胞、组织和器官组成的网络，它们协同工作以抵御引发疾病的细菌、病毒等病原

詹纳的天花疫苗尽管显然取得了成功，但在一段时间里仍遭到反对。詹姆斯·吉尔雷（James Gillray）于1802年创作的漫画就讽刺了天花疫苗，作品描绘了一名妇女接种疫苗时，旁观者身上长出牛的部位的情景。

体。当病原体入侵人体时，健康的免疫系统会产生名为抗体（antibody）的大分子蛋白质，每种抗体针对一种特定病原体，并在感染结束后消灭残留体内的病原体。如果病原体再次入侵，免疫系统会"记住"这种病原体，并迅速做出反应。

疫苗的工作原理与之相同，不过是在病原体入侵前就提供了免疫力。疫苗中含有减毒、灭活或人工合成的病原体，在被注入体内后会触发免疫反应，并可能引发轻微的疾病症状。20世纪40年代，研究者开发出一种预防流感的灭活疫苗，不过由于引发这种常见疾病的病毒变化迅速，疫苗的有效性随时间的推移逐渐减弱，以至于如今的抗流感疫苗每年都会更新：灭活疫苗被提供给孕妇和有特定慢性疾病的人群，减毒疫苗则被提供给没有潜在健康问题的人群。

1968年，美国微生物学家莫里斯·希勒曼研制出了预防麻疹的减毒疫苗。麻疹是当时已知最

> ## 天花已死!
> 世界卫生组织, 1980年

具传染性的疾病，在20世纪60年代初和疫苗被广泛使用之前，每年会导致约260万人死亡。如今，这种疫苗已被全球数百万名儿童接种。90年代，预防由另一种病毒引起的肝脏感染——甲型病毒性肝炎（hepatitis A）的减毒和灭活疫苗也被研发了出来。

目标毒素

破伤风和白喉是两种由病原体分泌的毒素引发的疾病，可用类毒素疫苗（toxoid vauins）预防，该疫苗会刺激仅针对毒素而非整个病原体的免疫反应。亚单位疫苗（subunit vauins）则专门针对病原体的某些部分——蛋白质、糖或衣壳。

人乳头状瘤病毒（HPV）疫苗就是一种亚单位疫苗。HPV是一种通过性传播的感染病，可能引发癌症。该疫苗由类似于真实HPV衣壳的小蛋白质组成，人体的免疫系统会被这些蛋白质欺骗，误以为它们是HPV，从而产生抗体。当人体接触到真正的HPV时，这些抗体便能够阻止其进入细胞。由于疫苗中不含真正的病毒，所以不会引发癌症，同时仍能提供免疫力。■

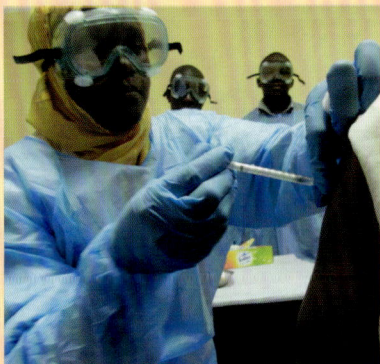

2014—2016年，西非暴发埃博拉疫情，导致1.1万人死亡。环形疫苗接种帮助阻止了更多的死亡。

环形疫苗接种

到20世纪60年代中期，疫苗接种计划已在欧洲和北美消灭了天花，但1967年，世界其他地方仍报告了13.2万个病例，且几乎可以肯定这一数字是低估了的。

世界卫生组织决定不再实施昂贵且缺乏针对性的群体疫苗接种，而是成功采用了环形疫苗接种。这种方法会识别可能接触感染者的所有人员（这些人员构成"内环"），并对这些人进行隔离和疫苗接种。"外环"则指任何与这些人接触的人，他们也被要求接种疫苗。

印度是天花的最后堡垒之一，1974年，当地病例占全球天花病例的86%，但在两年内，通过实施环形疫苗接种，天花病例完全消失。1980年，世界卫生组织宣布全球范围内的天花已被根除。

抗体是免疫学理论的试金石

免疫反应

背景介绍

关键人物
弗兰克·伯内特（1899—1985）

此前
1897年 保罗·埃利希提出了侧链理论（side chain theory），以解释免疫系统是如何工作的。

1955年 尼尔斯·耶恩（Niels Jerne）描述了后来被弗兰克·伯内特称为克隆选择（clonal selection）的过程。

此后
1958年 澳大利亚免疫学家古斯塔夫·诺萨尔（Gustav Nossal）和美国遗传学家乔舒亚·莱德伯格（Joshua Lederberg）证明，一种B细胞只能产生一种抗体，这为克隆选择提供了证据。

1975年 匈牙利裔瑞典免疫学家伊娃·克莱因（Eva Klein）发现了自然杀伤细胞（natural killer cell）。

1990年 美国研发出针对重症联合免疫缺陷病（severe combined immunodeficiency, 简称SCID）的基因疗法。

身体通过免疫系统来抵御有害的病原体（真菌、细菌、病毒、寄生虫等）和癌症的侵害。免疫系统由多个防御机制组成，通常分为先天免疫和获得性免疫（又称适应性免疫或特异性免疫）。先天免疫系统由一系列一般防御组成，包括皮肤和多种攻击入侵病原体的细胞。这些细胞包括吞噬病原体的

参见： 疾病细菌说 144~151页，癌转移 154~155页，血型 156~157页，病毒 160~163页，预防疾病的疫苗 164~167页，什么是基因 222~225页，遗传密码 232~233页。

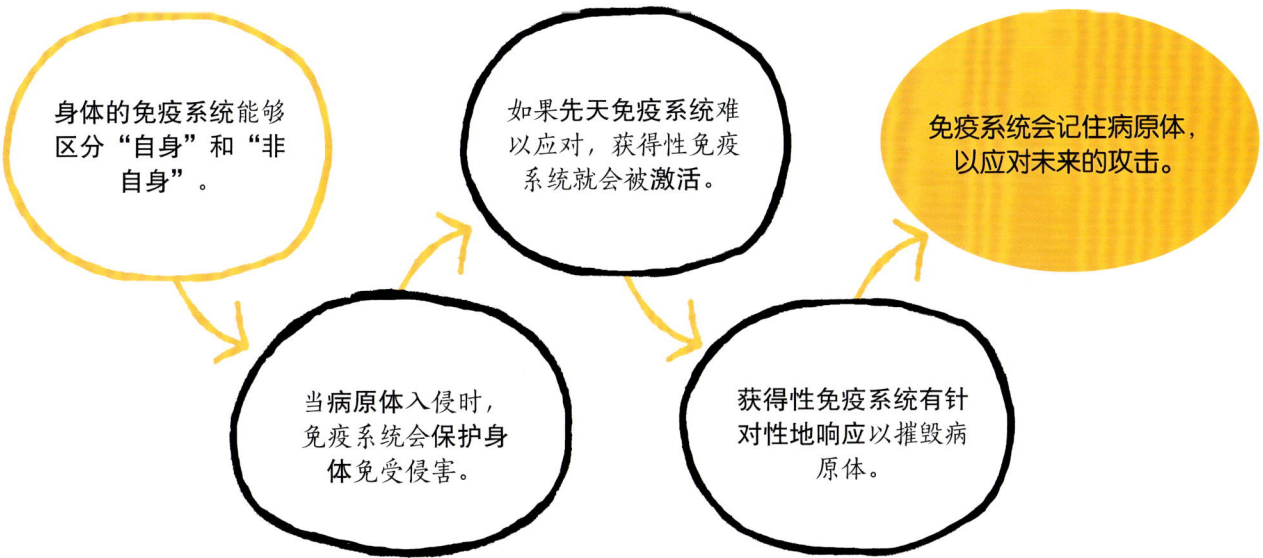

身体的免疫系统能够区分"自身"和"非自身"。

如果先天免疫系统难以应对，获得性免疫系统就会被**激活**。

免疫系统会记住病原体，以应对未来的攻击。

当病原体入侵时，免疫系统会保护身体免受侵害。

获得性免疫系统有针对性地响应以摧毁病原体。

吞噬细胞（phagocyte），以及摧毁被病原体感染的细胞的自然杀伤细胞。如果先天免疫系统无法应对病原体的攻击，获得性免疫系统就会被激活，参与战斗。获得性免疫系统通过名为淋巴细胞（lymphocyte）的白细胞来提供更有针对性的响应，其中最重要的淋巴细胞是B细胞和T细胞。

克隆选择

1955年，丹麦免疫学家尼尔斯·耶恩提出，任何感染发生前，体内都存在着大量的淋巴细胞。当病原体进入体内时，一种特定类型的淋巴细胞会被选中，匹配该病原

体并产生抗体将其摧毁。澳大利亚免疫学家弗兰克·伯内特支持耶恩的观点，并在1957年提出，被选中的淋巴细胞会大规模复制（克隆），以确保产生足够的抗体来击败病原体。伯内特将这一过程命名为克隆选择，并进一步解释了免疫

系统记住病原体表面独特分子结构（抗原）的能力。他提出，部分淋巴细胞会立即行动攻击病原体，另一部分淋巴细胞则会保留抗原的记忆，以备将来再次遭遇入侵时，为身体提供免疫力。

耶恩和伯内特的研究得益于

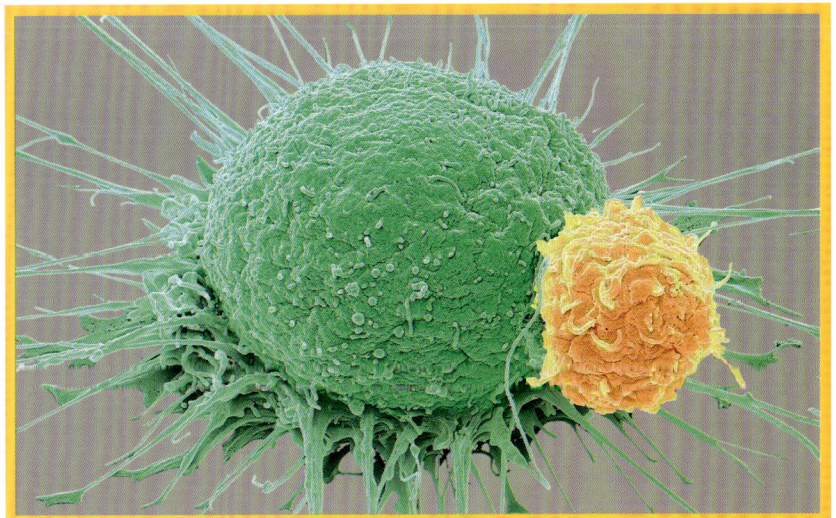

在这张电子显微镜图像中，T细胞（黄色）附着在前列腺癌细胞上。一些T细胞能够识别癌细胞表面的肿瘤抗原并与之结合。

德国细菌学家保罗·埃利希的研究。1897年，埃利希提出了抗体产生的侧链理论，认为免疫系统中的每个细胞都会表达（生成）多种不同的"侧链"（受体）——可以与细胞外分子结合的蛋白质。他相信，这些细胞就像抗体一样，会在再次遭遇感染时保护身体。

埃利希的理论并不完全正确，他认为每个免疫细胞都能表达可产生全部抗体的多种受体，但他无法解释单个细胞如何表达多种抗原所需的受体。奥地利免疫学家卡尔·兰德施泰纳证明了抗体可以针对化学合成的抗原产生，并在后来提出了另一个问题：为什么细胞会预先形成针对非有机物的受体？伯内特意识到，实际上每个细胞只有一个受体。

人体获得性免疫系统的主要工作者——B细胞和T细胞，分别具有能与其他细胞结合的受体（BCRs和TCRs），但当它们分裂时，它们会经历一个特别的过程：它们的遗传物质会故意重组，从而使每个新细胞都有一个独特的受体——这种惊人的多样性使身体能够识别并应对任何潜在的抗原。

B细胞和T细胞的功能都是识别和摧毁病原体和癌细胞，但它们的运作方式大不相同。B细胞产生抗体，主要针对抗体外的病原体，如细菌。T细胞则针对侵入细胞的病原体，如病毒，以及导致细胞内部发生变化的肿瘤。

当病原体进入体内时，吞噬细胞会检测并摧毁它们，然后在其膜上展示病原体的特定抗原，使带有能识别该抗原受体的B细胞或T细胞与之结合，然后迅速克隆自己，生成一支庞大的队伍迎战入侵者。

B细胞和T细胞都在骨髓中生成，T细胞还会在胸腺中进一步发育。然后，它们在体内循环，直到遇上能够识别的抗原，触发增殖

> **免疫系统体现了一定程度的复杂性……与人类的语言惊人地相似。**
>
> 尼尔斯·耶恩

并分化出不同的类型。辅助性T细胞（T-helper cell，简称Th细胞）能够激活其他免疫细胞，同时帮助B细胞产生抗体，而细胞毒性T细胞（cytotoxic T-cells）直接摧毁受影响的细胞。Th细胞会释放被称为细胞因子（cytokine）的信号蛋白，激活细胞毒性T细胞。

被感染后，身体内部会形成针对特定抗原、记忆持久的T细胞

T细胞在获得性免疫反应中发挥着至关重要的作用。它们专注于细胞介导的免疫（cell-mediated immunity），消灭被病原体感染或癌变的细胞，还负责激活其他免疫细胞，例如通过触发B细胞产生抗体。

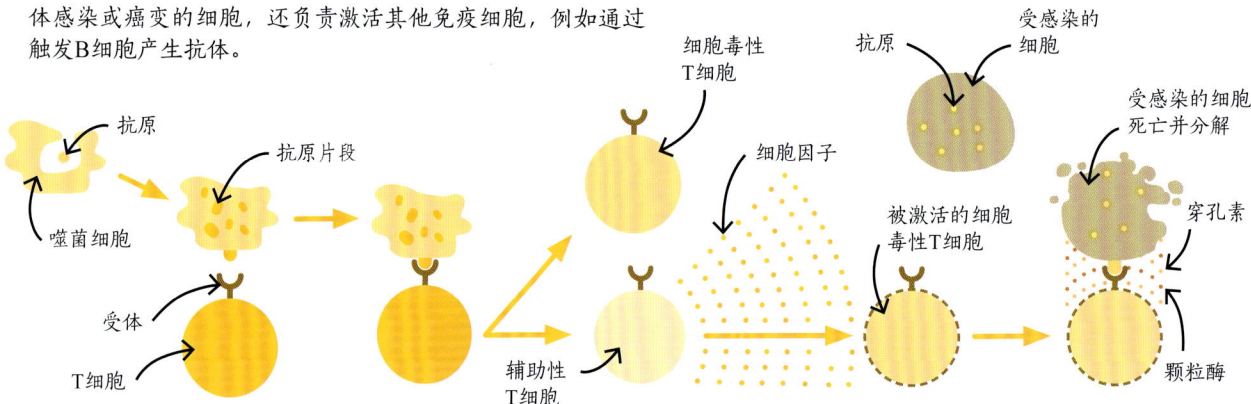

T细胞与吞噬细胞相遇，该吞噬胞已吞噬一个它识别的抗原，并在自身的表面展示抗原的片段。

T细胞受体与抗原结合，细胞开始克隆自己，产生大约1000个新细胞。

新细胞发育成两种不同的类型：细胞毒性细胞，负责杀死被感染的细胞；辅助性T细胞，负责分泌细胞因子。

细胞因子激活细胞毒性T细胞去攻击受感染的细胞。

细胞毒性T细胞锁定受感染的细胞，通过释放毒素穿孔素（perforin）和颗粒酶（granzyme）来杀死受感染的细胞。

和B细胞，它们能在再次遇到目标抗原时迅速增殖。

应用疫苗

疫苗的工作原理是将身体暴露给被识别为病原体的物质——通常是杀死或失活的微生物，刺激免疫系统进行攻击，同时又不会引发疾病，为身体提供获得性免疫。疫苗的有效性依赖获得性免疫系统记忆病原体抗原的能力，因此，如果后来活的病原体感染了身体，免疫系统便能够识别其抗原并迅速做出反应，以防感染扩散。

疫苗的作用方式取决于其成分的数量和特性，它们大致分为两类，分别产生主动免疫或被动免疫。主动免疫通过B细胞和T细胞刺激身体产生自己的抗感染反应，需要一定时间，但效果持久，如水痘疫苗；被动免疫为免疫系统提供现成的抗体，这种保护是即时的，但有效期短，如针对白喉、破伤风和狂犬病的临时免疫。

> "
>
> 艾滋病危机使我们意识到，免疫系统是保持健康的最重要元素……
>
> 格洛丽亚·斯泰纳姆（Gloria Steinem），
> 美国女性主义政治活动家
>
> "

寻找疫苗

1981年，美国观察到一种新的人类病毒，1984年它被确认为人类免疫缺陷病毒（human immunodeficiency virus，简称HIV），会引发获得性免疫缺陷综合征（acquired immunodeficiency syndrome，简称AIDS，又称艾滋病）。该病毒会入侵辅助性T细胞，导致其数量急剧减少，身体从而越来越容易被感染和患癌。到20世纪80年代中期，艾滋病成为全球性流行病，撒哈拉以南非洲受灾最重。截至2019年，估计已有3200万人死于艾滋病。虽然现有治疗方法可以控制病毒，但至今尚未研发出可以成功预防感染的疫苗。

2020年，新冠疫情导致世界经济和社会陷入巨大混乱中。截至2020年年底，疫情已造成超过8300万人感染，180万人死亡。在寻找疫苗的过程中，研究人员有许多选择，截至2021年年初，已有几款疫苗通过临床试验并开始投入使用。

器官移植排斥反应

免疫系统的一个基本特征是能够区分病原体和健康的身体组织，但在器官移植时这便成了问题。1954年美国外科医生约瑟夫·默里（Joseph Murray）首次成功进行肾移植以来，成千上万的器官或组织损伤患者受益于器官移植，但移植的器官或组织被患者免疫系统排斥的风险始终存在。

人类白细胞抗原（human leukocyte antigen，简称HLA）复合体是一组基因，编码所有细胞表面的蛋白质。每个人都有自己近乎独特的一组HLA蛋白，充当"自我标识"。免疫系统会忽略这些标识，但接受移植的患者的免疫系统可能会攻击它认为是外来细胞的捐献部位，导致器官被排斥。1954年所进行的肾移植手术中的捐赠者和接受者是同卵双胞胎，因此排斥风险有限，但这种情况实属罕见。

临床医生会确认捐赠者和接受者血型和组织的相容性，以降低器官的排斥风险。他们还通过向接受者提供免疫抑制药物来降低其身体免疫反应的强度。■

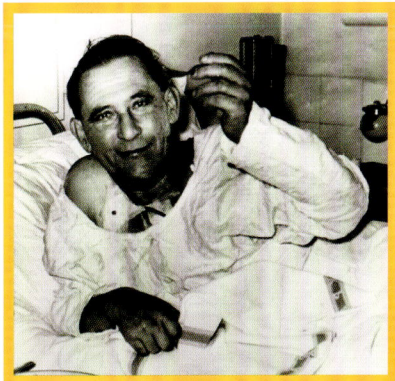

首位接受心脏移植的患者是53岁的路易斯·沃什坎斯基（Louis Washkansky），该照片摄于1967年，当时他正在病床上恢复，但18天后他便因肺炎去世了。

GROWTH AND REPRODUCTION

生长与生殖

通过观察生殖细胞（sex cell），安东尼·范·列文虎克证实了威廉·哈维关于"所有动物都是从卵子中发育而来的"这一理论。

↑

克里斯蒂安·斯普伦格尔（Christian Sprengel）解释了植物通过昆虫和风传粉的过程。

↑

奥斯卡·赫特威格（Oscar Hertwig）首次观察到了受精过程，即精子和卵子的融合。

↑

1678年　　　　**1793年**　　　　**1878年**

18世纪40年代　　　　**1827年**

↓

亚伯拉罕·特伦布利（Abraham Trembley）和查尔斯·邦尼特（Charles Bonnet）分别描述了无性生殖。

↓

通过观察胚胎从卵子到出生的变化，卡尔·冯·贝尔（Karl von Baer）证明，它们并不是预先形成的。

生物体的一个显著特征是生长和生殖，所以生长和生殖机制是生物学研究的重要领域。然而，与许多其他领域一样，在显微镜发明之前，有关研究相对较少，因为科学家无法从细胞层面观察生长和生殖过程。

以前，关于性行为如何导致怀孕和分娩的思考大多基于推测，因此相关解释通常缺乏细节，而且往往是错误的。17世纪，首个真正的科学假设出现了：威廉·哈维提出，所有动物——包括哺乳动物，都是从卵子开始发育的。大约同一时期，安东尼·范·列文虎克用显微镜观察精液，发现了有明显头部和摆动着尾巴的小"生物"。

"小人"论

他们的发现引出了两种相对的理论，一种认为卵子内含有成年个体的微型版本——"小人"（homunculus），它会慢慢长大；另一种认为"小人"存在于精子的头部，被送入女性体内，以获得适宜发育的条件。这种争论持续了近一个世纪，直到拉扎罗·斯帕兰扎尼提出精子和卵子共同形成新个体的可能性。这一想法最终在19世纪70年代，奥斯卡·赫特威格观察到海胆精子、卵子融合的受精过程后得到确认。

19世纪20年代，卡尔·冯·贝尔打破了"精子或卵子中存在预成的'小人'"的误解。他观察了

胚胎从卵子到出生的各个阶段，证明胚胎从简单、未分化的卵子开始，逐渐发育出越来越复杂的身体部分。

无性生殖

这一争论主要集中在哺乳动物和鸟类等动物的有性生殖上，但18世纪中期以来，人们就知道，其他一些动物和较为简单的生物体可通过无性生殖繁育后代。18世纪40年代，亚伯拉罕·特伦布利描述了水螅（hydra）通过出芽（budding）进行无性生殖的过程，他的同事查尔斯·邦尼特则记录了蚜虫的"处女生育"形式。同样在18世纪，克里斯蒂安·斯普伦格尔注意

奥古斯特·魏斯曼（August Weismann）确定了减数分裂（meiosis）在有性生殖过程中通过细胞分裂减少染色体数量的作用。

刘易斯·沃尔珀特（Lewis Wolpert）提出"法国国旗"胚胎发育理论，认为胚胎是由不对称的受精卵发育而来的。

由基思·坎贝尔（Keith Campbell）领导的团队成功克隆出小羊多莉——首个被成功克隆的哺乳动物。

1890年

1969年

1996年

1878年

1892年

1978年

华尔瑟·弗莱明（Walther Flemming）描述了有丝分裂（mitosis）——细胞生长和分裂的各个阶段。

汉斯·杜里舒（Hans Driesch）通过研究海胆发现，早期胚胎中的干细胞（stem cell）具有发育成成体的任何部位的潜力。

罗伯特·爱德华兹（Robert Edwards）和帕特里克·斯特普托（Patrick Steptoe）开发的技术，使首个体外受精的人类婴儿得以诞生。

到，植物若要产生能繁殖的种子，就需要昆虫或风的传播来实现异花传粉。

新发现

细胞是构建所有生物体的基本单元，这一发现彻底改变了生长和生殖领域的研究方向，鲁道夫·魏尔肖"细胞只能由细胞产生"的观点，挑战了一些历史悠久的假设。受新观点的启发，研究者开始从细胞层面研究生物体的生长过程。1878年，华尔瑟·弗莱明观察到了发育过程中生物体细胞内发生的一系列变化，包括生长和分裂的过程——有丝分裂。他注意到，分裂后，每个新细胞都保留了与原始

细胞数量相同的染色体，这确保了遗传信息的完整复制。几年后，奥古斯特·魏斯曼也将研究聚焦在染色体上，他描述了一种特殊的细胞分裂形式——减数分裂，它防止了精子与卵子融合时染色体数量的翻倍。

干细胞

早期胚胎细胞的其他研究证实，胚胎从简单细胞发育成复杂的生物体。此外，汉斯·杜里舒观察到了极早期细胞——干细胞的存在，每个干细胞都包含生物体的完整遗传信息，并且具有发育成成体任何部位的潜力。约70年后，刘易斯·沃尔珀特解释了当胚胎的所有

细胞在遗传上完全相同时，成年个体的不同器官是如何发育的。他的理论认为，受精卵本身不对称，这导致某些化学物质分布不均，进而触发了基因反应。

近年来，理论胚胎学（theoretical embryology）和生物技术的发展在多个领域得到了重要应用。例如，通过克隆动物获得用于干细胞研究和治疗的遗传材料，以及为不孕夫妇提供帮助的成功的人类体外受精技术。■

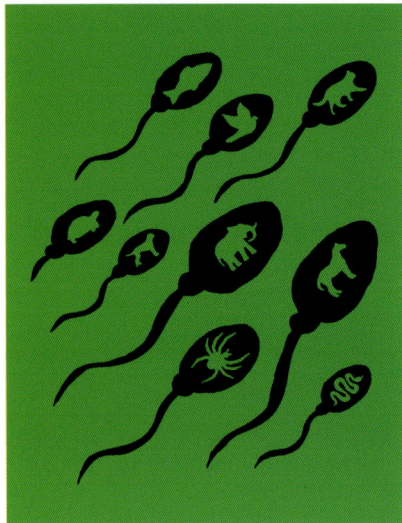

精子中的小动物

发现配子

自古以来，人们就知道两性性交会导致女性怀孕和分娩，并且男性的精液至关重要。有许多关于受孕的推测，包括男女体液的混合、伴侣间"种子"的传递，以及体内存在某种神秘的、会迁移至生殖器的"生育之气"，等等。

早期的观念

约1590年，随着显微镜的发明，早期研究者观察了各种物体和材料，其中包括雄性动物的精液。1677年，荷兰布商和显微镜发明家安东尼·范·列文虎克报告称，精液中含有会摆动的微小"生物"。他并非第一个发现这些"生物"的

人——后来他将发现归功于莱顿的医学生约翰·哈姆（Johan Ham）。范·列文虎克绘制并用母语荷兰语描述道，这些"非常小的活物"，每个都有头部和摆动着的尾巴。如此细致的观察在当时非常前卫，而且他的自制显微镜的放大倍数和清晰度都远超当时的平均水平。

随着其他研究者开始观察现被称为精子的细胞，一种早期观点逐渐流行起来：精子是生活在男性体内——主要是性器官睾丸中——

安东尼·范·列文虎克观察并绘制了人类精子，这些图画收录于他1677年写给伦敦皇家学会的信件中，清晰描绘了精子的头部和尾部。

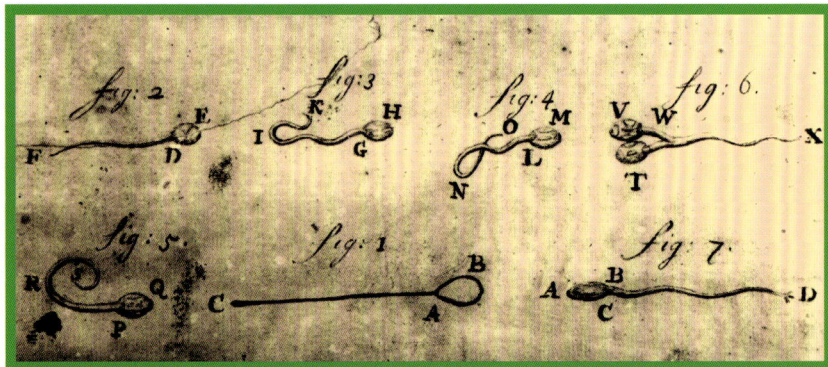

参见：无性生殖 178~179页，受精 186~187页，体外受精 198~201页，遗传的化学物质 221页。

的寄生虫。另一种渐被接受的说法是，精子是婴儿的唯一雏形，女性身体除了为其生长提供条件，几乎再无其他作用，这就是精源论者（spermist）的观点。1685年，范·列文虎克提出，精子的头部包含一个微小的人体（或称"小人"），未来会发育并出生。

精源论与卵源论

17世纪70年代末，荷兰博物学家尼古拉斯·哈佐克（Nicolaas Hartsoeker）也观察到了摆动的精子。他同样持精源论观点，并在1694年出版的《光学试析》（*Essai de Dioptrique*）中插入了一幅精子头部蜷缩着一个微小人体的素描，但他说自己从未真正看到过这一景象。

卵源论者（ovist）也持有先成说的观点：有个预成形的"小人"存在于卵子中。这个"小人"内部包含另一个卵子，其中又包含一个更小的身体，如此循环。然而，在当时，真正的卵细胞尚未被发现。大多数生物学家认为，女性性器官中的卵巢（ovary）其实是成熟的卵泡（ovarian follicle）——一个直径为10~20毫米、充满液体的容器。1827年，德国生物学家卡尔·冯·贝尔发现，真正的卵子在卵泡中，大小约为前人认为的百分之一：直径0.1~0.2毫米。卵源论者认为他们定义的"卵子"（卵泡）有足够大的空间容纳无穷的顶成体，相比之下，雄性精子极小，头部只有0.005毫米长。后来

> **"**
>
> 任何动物的雄性种子都包含……动物出生时所拥有的全部肢体和器官。
>
> 安东尼·范·列文虎克
>
> **"**

在1878年，这些生殖细胞——卵子和精子，被波兰植物学家爱德华·施特拉斯布格命名为配子（gamete）。

18世纪80年代，意大利神父兼生物学家拉扎罗·斯帕兰扎尼在进行两栖动物交配实验时，用丝绸严密包裹雄性的生殖开口，以阻止精液接触雌性的卵子，结果卵子没有受精。斯帕兰扎尼又尝试将精液过滤成较稀（不含精子）和较浓（含精子）的两种液体，较浓的液体使卵子受精。不过，他的结论仍受卵源论的影响。

1824年，法国化学家让-巴蒂斯特·杜马（Jean-Baptiste Dumas）和瑞士医生让-路易斯·普雷沃斯特（Jean-Louis Prévost）完成动物实验后，坚信精子不是寄生虫，而是参与受精的成分。然而，直到19世纪70年代，生物学家才明白，精子和卵子都是生殖后代必需的。∎

早期显微镜

就许多方面而言，安东尼·范·列文虎克的显微镜，在之后近两个世纪里都无法被超越。当时流行的显微镜使用两个凸透镜，能放大30~40倍，但这种组合会导致模糊和色彩失真。范·列文虎克只使用一个透镜，某些版本近乎球形，仅有豌豆大小，类似高倍放大镜。他用独特的技术亲手制作这些透镜。观察时，样本放在几乎紧贴透镜的金属尖端上，人从另一侧近距离观察。其放大倍数提高到200~250倍，后来的型号甚至更高。

范·列文虎克非常高产，制造了约500个透镜和至少25个显微镜框架，并向伦敦皇家学会递交了近200份带插图的报告。然而，当时很少有人能证实他的发现，其中一些成就用了200年才被认可。

这是范·列文虎克第一个显微镜的复制品，单个透镜实现了高达300倍的放大率。

一些生物已经摒弃了有性生殖

无性生殖

人类繁殖后代的方式与大多数其他动物类似，即雌、雄进行有性生殖，雌性的卵子与雄性的精子结合成受精卵，受精卵发育成新个体。许多植物也有雌、雄两种性别——有些在不同个体上，有些则在同一个体上。它们的雌、雄细胞结合产生种子或孢子。这种雌雄结合的繁殖方式非常普遍，统称有性生殖（sexual reproduction）。然而，还有另一种方式，被某些动物、真菌和许多植物采用，这种方法不涉及性行为。这种"单亲"方式被称为无性生殖（asexual reproduction或asexual propagation）。

许多植物会进行所谓的营养繁殖（vegetative propagation）：表面的匍匐茎与地下的根茎、球茎、块茎和鳞茎，都可以长出芽或其他部分，并发育成新的独立个体，而无须有性生殖。18世纪之前，几乎没有生物学家认为动物也可能以类似方式繁殖。

池塘生物与蚜虫

1740年，日内瓦博物学家亚伯拉罕·特伦布利研究了在池塘中发现的一种小型生物，它看起来像棵有许多分枝的微缩的树——类似海葵。特伦布利进行了许多实验，包括将这种只有几毫米长的生物切片。结果发现，每一部分往往都能长成完整的新个体，而且母体直接形成"婴儿"，就像植物茎上的芽一样。除了这些类似植物的能力，这种微小的生物还能移动、挥舞触手、蠕动、蜷曲——这使其看上去更像动物。特伦布利将其命名

> 切开水螅……两个部分似乎都明显成了完整的水螅，而且可以进行我所知的所有活动。
>
> 亚伯拉罕·特伦布利

参见： 细胞是如何产生的 32~33页，发现配子 176~177页，传粉 180~183页，受精 186~187页，克隆 202~203页，为生命命名和分类 250~253页。

特伦布利在实验中使用一种可以出芽的水螅。食物充足时，这种水生动物通过产生芽体进行无性生殖，这些芽体能发育成微型成虫。

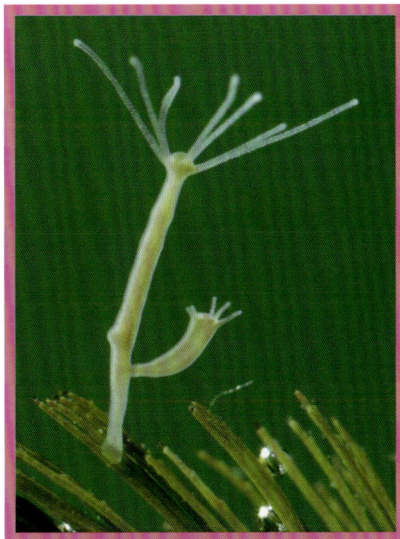

为水螅，灵感来自古希腊神话中的多头水怪：斩掉一个头，会再长出两个。

18世纪40年代，特伦布利致信法国科学院院士、著名博物学家和科学家勒内·德·列奥米尔（René de Réaumur），并在1744年出版了《淡水水螅的自然历史回忆录》（Mémoires pour Servir à l'Histoire d'un Genre de Polypes d'Eau Douce），他在其中记述并描绘了自己的观察结果，这是动物通过出芽进行无性生殖的早期记录之一。他不知道的是，约40年前的1702年，荷兰显微镜学家安东尼·范·列文虎克也曾观察并描绘过这些水螅，并将其描述为"微动物"。

与此同时，特伦布利的侄子，同样来自日内瓦的查尔斯·邦尼特——也是德·列奥米尔的朋友，正在研究吸食植物汁液的绿蚜虫和黑蚜虫。约1740年，他设计的实验证明，雌性蚜虫无须与雄性交配或接触即可生育后代。1745年，邦尼特在出版的《昆虫学论》（Traité d'Insectologie）中解释了动物的这种无性生殖方式——后被命名为孤雌生殖，意为"处女生育"。

自那时起，人们便了解到越来越多仅用自身卵子即可繁殖的雌性动物，包括多种蠕虫、昆虫和其他无脊椎动物，以及某些种类的鲨鱼、两栖动物、爬行动物，甚至还有家养的鹌鹑和火鸡。

其他无性生殖方式包括断裂（fragmentation）和再生（regeneration），即一个个体的部分分裂并发育成新的完整个体，常见于特伦布利所描述的水螅，以及一些蠕虫（根据18世纪40年代邦尼特的研究）和海星。在植物中，无配生殖（apomixis）是通过未受精的卵子产生种子进而繁殖的方式，因此产生的个体属于雌性亲本的克隆体。■

有性生殖与无性生殖

20世纪90年代末以来，人们克隆奶牛【每个个体均从单个供体细胞（donor cell）生长而来】，目的包括提高奶和肉类的产量，以及研究如何增强对疾病的抵抗力。

在有性生殖中，后代继承一套基因。卵子和精子最初形成时，这些基因就像一副被重新洗过的扑克牌一样，使后代形成新的、独特的基因组合，可能提供一些生存特征和性状的改进，如可能对新的疾病产生抵抗力。后代的基因变异为进化提供了适者生存的原材料。

在无性生殖中，单个亲本可以比有性生殖产生更多的后代，并且速度更快。这些后代拥有与亲本完全相同的基因。基因相同（或几乎相同）的生物被称为克隆体。然而，缺乏基因多样性可能是个缺点，所有个体的特征和性状都非常相似，如果出现新的疾病，缺乏适应自然选择的基因变异，生存的概率便会随之降低。

植物和动物一样，也拥有器官

传粉

背景介绍

关键人物
克里斯蒂安·斯普伦格尔（1750—1816）

此前

1694年 鲁道夫·雅各布·卡莫拉留斯（Rudolf Jakob Camerarius）发现了花的生殖器，并将仅有雄性或雌性器官的花朵隔离，证明它们无法单独产生种子。

1793年 卡尔·林奈以雄蕊（stamen）和柱头（stigma）为基础进行植物分类。

此后

19世纪60年代 查尔斯·达尔文研究了兰花及其与昆虫传粉者（pollinator）的关系。

1867年 费德里科·德尔皮诺（Federico Delpino）首创"传粉综合征"（pollination syndrome）一词，用来描述花朵与传粉者的共同进化。

开花植物的传粉，指花粉从花药转移到柱头以便受精并产生种子的过程。自花传粉（self-pollination）又称自交，指花粉落在自身的柱头上；异花传粉（cross-pollination）又称异交，指花粉传到另一朵花的柱头上。

当花粉粒中的一个精子从柱头移动到子房，与卵子融合并形成胚胎时，受精就发生了。另一个精子与子房内的其他雌性组织融合，形成胚乳，即种子内部供养胚胎的物质。

理解花朵的传粉方式，首先

参见： 发现配子 176~177页，受精 186~187页，遗传定律 208~215页，生命进化 256~257页，自然选择 258~263页。

花朵的形态多样，但大多数花朵包含传粉所需的部分。传粉通常会导致卵子受精，形成种子中的胚胎。

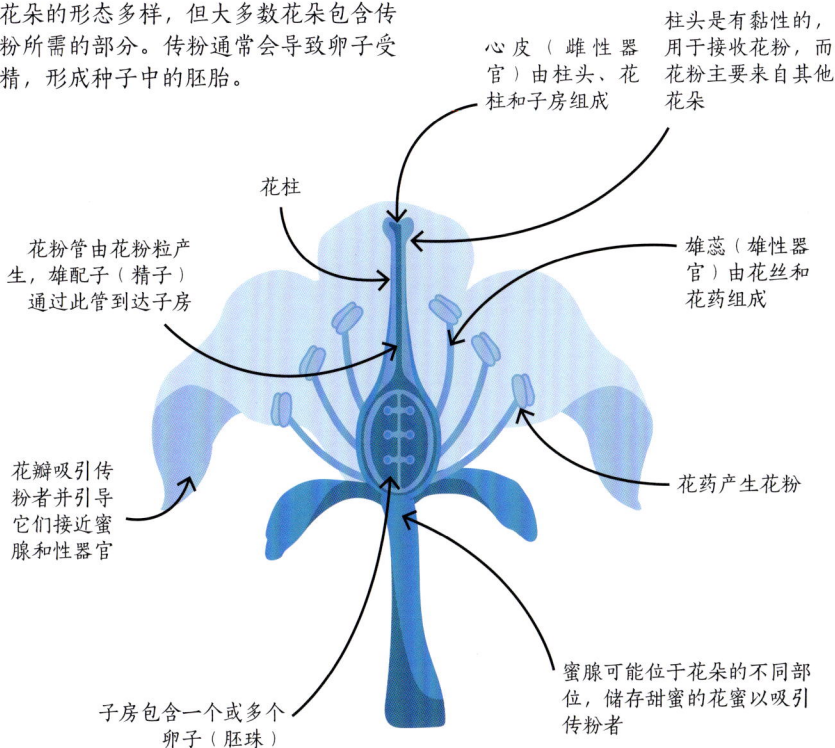

心皮（雌性器官）由柱头、花柱和子房组成

柱头是有黏性的，用于接收花粉，而花粉主要来自其他花朵

花柱

花粉管由花粉粒产生，雄配子（精子）通过此管到达子房

雄蕊（雄性器官）由花丝和花药组成

花瓣吸引传粉者并引导它们接近蜜腺和性器官

花药产生花粉

蜜腺可能位于花朵的不同部位，储存甜蜜的花蜜以吸引传粉者

子房包含一个或多个卵子（胚珠）

克里斯蒂安·斯普伦格尔

1750年，斯普伦格尔出生于德国勃兰登堡，是一位由神学家转行的植物学家。1780年，他成为施潘道（Spandau）的一名校长及教区牧师，业余时间开始研究植物学。他主攻植物繁殖，并提出了传粉理论，至今仍然适用。尽管斯普伦格尔希望自己的研究能开创生物学的新领域，但在当时，其重要且唯一的著作并未得到广泛认可。

追求植物学的乐趣使他忽视了教学和宗教职责，导致他在1794年被解雇，之后他便在柏林退休，直到1816年去世。1841年，其研究的重要性才被查尔斯·达尔文认可，并成为达尔文研究传粉和花朵进化的基础。

主要作品

1793年　《花朵结构和受精秘密本质的发现》

需要识别其生殖器。然而，17世纪之前，花朵一直被视为无性别的装饰物。1694年，德国植物学家鲁道夫·雅各布·卡梅拉留斯描述了花的生殖器——花药和心皮。他还发现，如果将只有雄性花或雌性花的植物隔离，就不会生成种子。

1761年，德国植物学家约瑟夫·戈特利布·科尔鲁特（Joseph Gottlieb Kölreuter）通过异花传粉发现了杂交植物，证明花朵受精需要花粉粒。他将无法自我受精的花朵描述为"自交不亲和"（self incompatible）的花朵。现在我们知道，这种花的精子和卵子具有不同的蛋白质特征，就像不匹配的锁和钥匙，所以无法结合并受精。这种特性确保了这些花朵只能通过其他花朵进行异花传粉。

18世纪中期，奥地利修道士格雷戈尔·孟德尔（Gregor Mendel）通过对豌豆人工传粉积累了大量数据，揭示了植物将性状从亲代传给后代的方式，证明了异花传粉会促进植物的遗传变异，为后来的遗传学研究奠定了基础。植物通过基因重组展现的变异越多，在干旱、放牧或疾病等不利条件下得以生存的可能性就越大。

斯普伦格尔的理论

德国植物学家克里斯蒂安·斯普伦格尔认识到，"特定的花朵结构促进了传粉"。自1787年起，一些花朵通过雌雄异熟来确保传粉者将花粉带到另一株植物上，完成异花传粉。有些花朵按顺序开放，雌、雄部分成熟时间不同。紫花毛地黄（*Digitalis purpurea*）由大黄蜂传粉，花穗基部的花朵率先开放。

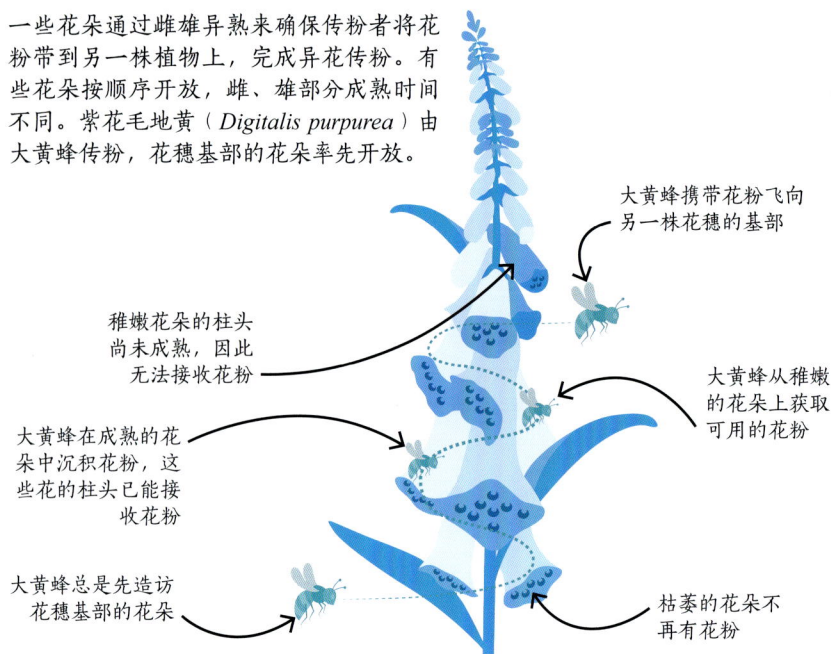

大黄蜂携带花粉飞向另一株花穗的基部

稚嫩花朵的柱头尚未成熟，因此无法接收花粉

大黄蜂从稚嫩的花朵上获取可用的花粉

大黄蜂在成熟的花朵中沉积花粉，这些花的柱头已能接收花粉

大黄蜂总是先造访花穗基部的花朵

枯萎的花朵不再有花粉

他风雨无阻地研究了数百种植物，并注意到昆虫在异花传粉中的重要性。蜜蜂是最常见的传粉者，约有2万种；蝴蝶、蛾子及一些苍蝇、黄蜂和甲虫也是重要的传粉者。

斯普伦格尔意识到，甜甜的花蜜并不像其他人所想的那样，用于滋润心皮或为种子供给营养，而是为了引诱昆虫来吸食，从而让它们将花粉转移到另一朵花上进行传粉。他发现，花的颜色、形状和气味等特征完全是为了吸引昆虫传粉。他描述了花冠、花萼、苞片甚至蜜腺的亮丽颜色吸引昆虫的方式，例如，夜间开放的花大多是白色的，这样更易于蛾子在黑暗中找到。他还发现，一些花瓣上有不同颜色的标记，他称之为蜜腺标记（nectar guides），认为这些标记会指引昆虫前往蜜腺。

在始于1912年的一系列实验中，澳大利亚动物学家卡尔·冯·弗里施发现，蜜蜂能看到可见光谱中除红色外的大部分颜色，而且与人类不同，蜜蜂还能看到紫外线。一些花朵的色素可以反射并结合紫外线和黄色光，形成蜜蜂可以感知的"蜜蜂的紫色"，这些色素在蜜腺标记中十分常见。

花的形状也有助于吸引特定的传粉昆虫。正如斯普伦格尔观察到的那样，宽大平坦的花头或格外大的下花瓣（唇瓣）可为昆虫提供"着陆平台"。有些花可能只适合某种特定昆虫：窄的管状花只能让蛾子或蝴蝶的长喙探入。

斯普伦格尔注意到了花的另一个特征——气味。例如，月见草（*Oenothera biennis*）等由蛾类传粉的花朵在白天闭合，黄昏时开放并释放出浓郁的香气；而有些花则散发出如腐肉般的臭气以吸引苍蝇。

异花传粉的策略

大多数植物为雌雄同体，每朵花都包含雄性和雌性生殖器。然而，有些花朵繁茂的植物展现出被斯普伦格尔称为雌雄异熟（dichogamy）的异花传粉策略：雌性和雄性部分在不同时间成熟，使传粉者在花朵间移动，寻找成熟花粉。

斯普伦格尔证实了科尔鲁特的理论，即花朵的"自交不亲和"

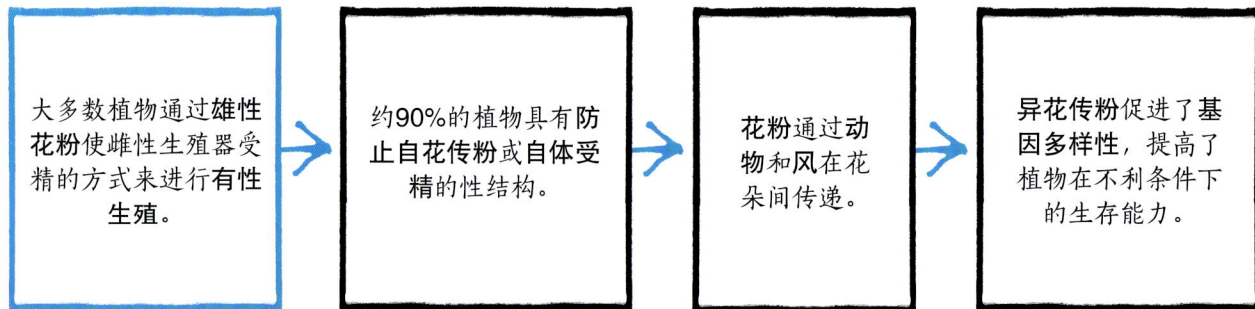

大多数植物通过**雄性**花粉使雌性生殖器受精的方式来进行**有性生殖**。

约90%的植物具有**防止自花传粉**或自体受精的性结构。

花粉通过**动物和风**在花朵间传递。

异花传粉促进了**基因多样性**，提高了植物在不利条件下的生存能力。

性欺骗花朵

拟蝇兰（*Ophrys insectifera*）拥有硕大、分裂的下花瓣，并散发类似雌性掘土蜂（*Argogorytes*）的气味。

大多数花朵通过气味、花蜜、形状或颜色吸引传粉者，也有少数植物利用性拟态（sexual mimicry）诱骗雄性昆虫来到花朵上。例如，一些兰花的花朵看起来像雌性黄蜂，甚至会释放出与雌性昆虫相似的信息素，有时还会在雌性昆虫活跃之前提供诱饵，以增加传粉成功率。

雄性黄蜂会降落在花朵"雌性"上，试图与之交配。雄性黄蜂的交配动作触发了兰花的铰链机制（hinge mechanism），将花粉囊附着在黄蜂的头上。花粉囊与雌性黄蜂尝试交配的花的柱头完美对齐，从而完成传粉。

其他兰花则通过释放类似信息素的气味吸引雄性昆虫进入其漏斗状的花朵中。与采访花粉和花蜜的蜜蜂或蝴蝶不同，雄性黄蜂为兰花传粉时得不到任何回报。

也是一种异花传粉策略。他进而提出，单性植物（雌雄异株和雌雄同株植物）已进化出仅有雄性或雌性生殖器的花朵，以确保通过其他植物进行传粉。他还描述了叫作假蜜花的花朵，它们没有蜜，但会使用蜜腺标记或通过气味来吸引昆虫传粉。

斯普伦格尔意识到，还有一些植物依靠风来传粉，因为它们没有花蜜、花冠、气味或颜色鲜艳的花萼，但花粉质轻且丰富。地球上最早开花的植物就是通过风传粉的。现在的许多植物，如草类、桦树和橡树仍然如此。它们不需要吸引传粉者，因此花朵不显眼、无味、呈淡绿色，通常簇生在穗状花序上。风吹过时，它们就会散布花粉。树叶会阻挡风，所以风媒传粉的树木和灌木通常在春天长出叶子前开花。

禾本科植物是雌雄同株，即雌蕊和雄蕊位于同一株植物的不同花朵上，因此花粉更可能通过风传递到雌花上。

进化

斯普伦格尔得出结论，花朵很少能自花传粉，但他并未研究异花传粉的目的。后来，查尔斯·达尔文在自然选择背景下发展了斯普伦格尔的理论，解释了花朵及其动物传粉者是如何共同进化、形成互利关系的。例如，1862年，达尔文预测，一种来自马达加斯加的白色兰花有着长达30厘米超过其蜜腺的花瓣，因此一定是由有相似长度口器的蛾类传粉的。后来，研究者果真发现了名为马达加斯加长喙天蛾的蛾类昆虫。

在超过一亿年的时间里，植物与传粉者的关系是开花植物成功进化的重要因素。1867年，意大利植物学家费德里科·德尔皮诺提出的"传粉综合征"解释道，共享相同的传粉者——不论昆虫、鸟类、蝙蝠还是风，无关的植物也能进化出相似的花朵特征。

非洲太阳鸟和北美洲、南美洲的蜂鸟拥有细长的喙，以富含蜜液的喇叭状花朵为食。植物耗费大量能量产生蜜液来吸引这些鸟类，但如果昆虫通常只造访一朵花并耗尽其蜜液，那么能量就会被浪费。因此，这些植物进化出深红色、橙色和红褐色的花朵，这些颜色反射的光波波长对大多数昆虫不可见，但对鸟类非常醒目，且深受鸟类的偏爱。

少数自花传粉的植物趋于生长在传粉者稀少的地方，它们无须通过进化来应对环境变化，甚至在开花前就可能完成了自花传粉。■

> ……渐渐地，一朵花和一只蜜蜂可能会同时或相继改变，以适应彼此最完美的模式……
>
> 查尔斯·达尔文，1859年《物种起源》

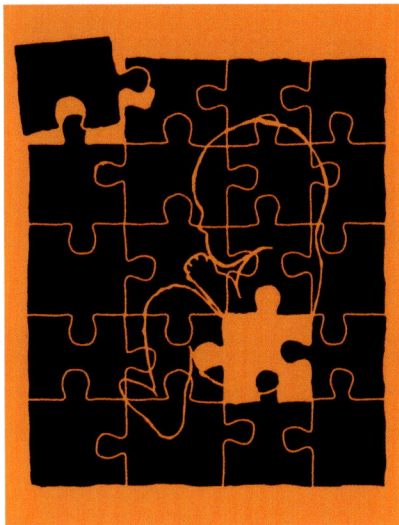

从最普通的形式中，发展出不太普通的形式

渐成论

背景介绍

关键人物
卡尔·冯·贝尔（1792—1876）

此前

公元前4世纪 亚里士多德提出了"胚胎始于未分化的物质"的理论。

1651年 威廉·哈维记录了鸡胚胎在卵中发育的阶段，并提出"万物皆源于卵"。

1677年 安东尼·范·列文虎克首次用显微镜观察精子时，对其中微小、蠕动的"生物"深感惊讶。

1817年 克里斯蒂安·潘德尔（Christian Pander）描述了小鸡的三个胚层（germ layers）。

此后

1842年 罗伯特·雷马克提供了关于三个胚层的显微证据，并为每个胚层命名。

亚里士多德时代到19世纪末，科学家始终无法就动物生殖方式的原则达成一致意见。亚里士多德提出的两种可能——预成论（preformation）和渐成论（epigenesis），一直被激烈讨论。

一些预成论的支持者认为，每个卵子中都已存在未来成年个体的微缩版；另一些人则认为这个微缩版存在于精子中，生物产生的过程不过是简单地放大了现有物质。

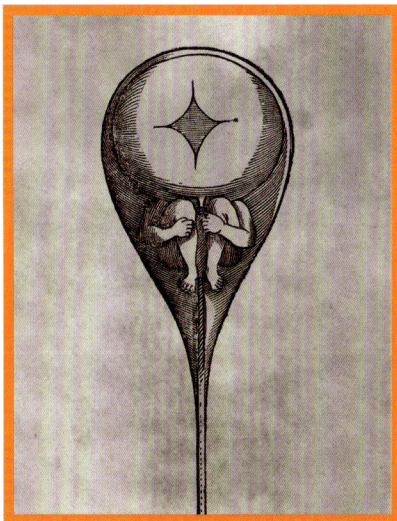

渐成论的支持者认为，雄性和雌性都贡献了产生一个新个体的物质，个体都是从无定形的、未分化的物质逐渐发育而成的。

显微观察

1677年，安东尼·范·列文虎克用显微镜观察了多种动物包括人类的精液，发现其中有许多蠕动的"生物"。荷兰物理学家尼古拉斯·哈佐克也同样观察到人类精液里有蠕动的细胞，并推测精子头部可能存在微小的人体，从而支持了预成论。

渐成论的支持者、德国生理学家卡斯珀·弗里德里希·沃尔夫（Caspar Friedrich Wolff）通过显微镜研究小鸡胚胎，没有发现支持预成论的证据。1759年，他发表博士论文，驳斥了这一理论，并主张动物的器官是逐渐形成的。他

哈佐克关于"小人"的素描，发表于他在1694年出版的《透镜学论》（*Essai de Dioptrique*）中。他相信精子头部存在一个微小人体。

参见：创造生命 34~37页，发现配子 176~177页，受精 186~187页，胚胎发育 196~197页，遗传的化学物质 221页。

还在1789年表示，每个个体的发育都是由一种"基本力"（essential force）触发的，但他最终放弃了这项研究，因为后来他认为这种力并不存在。

胚层理论

1817年，俄国生物学家克里斯蒂安·潘德尔描述了小鸡的早期发育，确定了小鸡胚胎的三个不同区域，即如今的原始胚层（primary germ layers）。德国生物学家卡尔·冯·贝尔拓展了潘德尔的发现。1827年，贝尔发现了人类的卵子，并基于观察和实验发表了胚胎发育的理论。贝尔描述了胚胎是如何从不同的层开始逐渐分化出更复杂的身体部分的。他说："胚胎分为不同的层。"

1842年，德国胚胎学家罗伯特·雷马克提供了三个胚层的显微证据。胚胎中，每个胚层都是一组可发育成器官和组织的细胞。海绵只有一个胚层；水母和海葵有名为内胚层（endoderm）的内层，还有名为外胚层（ectoderm）的外层；两侧对称（身体的左右两侧相似）的复杂动物还能发育出第三个胚层，称为中胚层（mesoderm）。

1891年，德国生物学家汉斯·杜里舒将二细胞阶段的海胆卵分离，发现每个细胞都能发育成一个完整的海胆，进而驳斥了预成论。然而，直到1944年人们发现DNA是遗传信息的载体时，"有'基本力'在指导胚胎发育"的想法才得到证实。■

原始胚层（外胚层、中胚层和内胚层）在更复杂的动物——包括人类发育的头两周内形成。

内胚层形成：
消化系统
肝脏
胰腺
肺（内层）

中胚层形成：
循环系统
肺（上皮层）
骨骼系统
肌肉系统

外胚层形成：
毛发
指甲
皮肤
神经系统

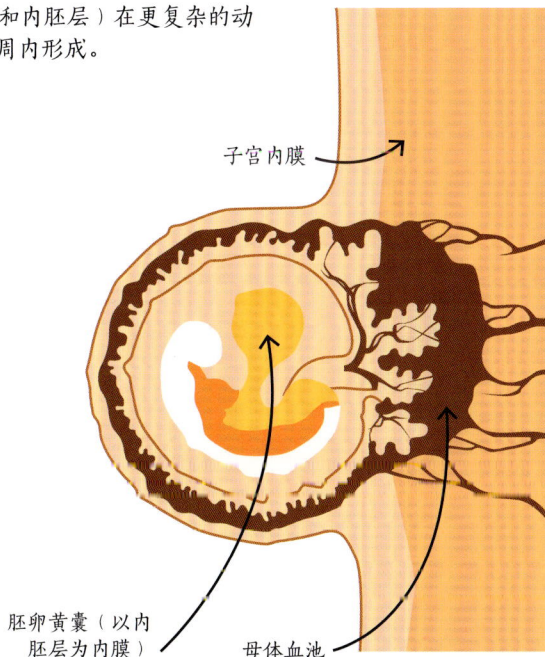

子宫内膜

胚卵黄囊（以内胚层为内膜）

母体血池

卡尔·冯·贝尔

1792年，卡尔·冯·贝尔出生于一个位于爱沙尼亚皮耶普（Piep）的普鲁士/德国贵族家庭，后进入塔尔图大学学习医学，1814年毕业。1815年，他前往德国维尔茨堡继续研究医学，并在那里遇到了生理学家兼解剖学家伊格纳兹·多林格（Ignaz Döllinger），受其鼓励开始研究鸡的发育。1819—1834年，贝尔对胚胎学做出了多项重要贡献，包括发现了囊胚（早期空心球状胚胎）和脊索（会发育成脊柱一部分的棒状结构）。1834年，贝尔移居圣彼得堡并进入科学院，1862年退休后成为一名探险家，主要在俄国北部旅行。1876年，他在塔尔图去世。

主要作品

1827年 《哺乳动物与人类卵子的起源》

1828年 《动物发育史》

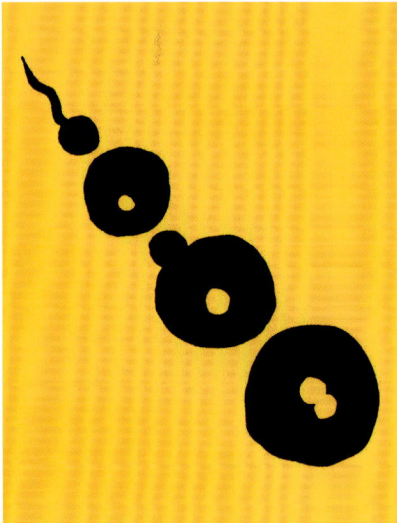

卵子与精子的结合

受精

尽管人类卵子直到1827年才被
发现，但早在17世纪和18世
纪，动物生殖的主题就已被广泛讨
论了。1677年，安东尼·范·列文
虎克研究了动物的精液，在显微镜
下观察到了精子的运动。科学家此
前曾提出，精液中的蒸气或气味会
使卵子受精，而列文虎克的发现引
发了关于精子功能的激烈争论。一
些人推测精子与受孕有关，列文虎
克最初则认为它们是寄生虫，后来
又提出，精子头部有"小人"。

卵子与精子的结合

1768年，意大利生物学家拉

扎罗·斯帕兰扎尼通过两栖动物实
验证明，卵子与精子接触是卵子受
精的必需条件。这一时期，科学家
研究了体外受精的动物，它们需要
将精子和卵子释放到外部环境中，
在体外完成卵子受精。体内受精
（in vivo fertilization）则指雄性将
精子注入雌性体内，精子在体内与
卵子结合。

到19世纪，许多研究体外受
精的科学家都选择使用海胆：海胆
的卵子和胚胎相对透明，而且成年
海胆很容易释放雄性和雌性配子
（精子和卵子），人们可以在显微
镜载玻片上观察到受精过程。

虽然人们一直怀疑精子进入
卵子的过程，但到了1875年，德国
动物学家奥斯卡·赫特威格在研究
海胆时，首次在显微镜下观察到
了受精的瞬间。他看到一颗精子进
入海胆的卵子中，二者的细胞核融

*海胆的生命周期始于将卵子和精子
释放到水中。受精卵孵化成幼虫，
然后沉到海底，附着在岩石上。*

参见：创造生命 34~37页，渐成论 184~185页，胚胎发育 196~197页，遗传定律 208~215页，染色体 216~219页。

受精即配子（精子和卵子）的融合。赫特威格发现，受精只需要一个精子，一旦有精子进入卵子，卵子便会形成一层受精膜，阻止其他精子进入。

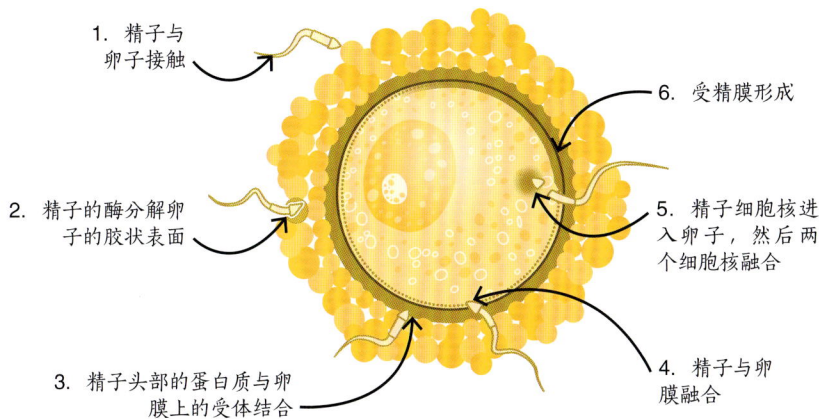

1. 精子与卵子接触
2. 精子的酶分解卵子的胶状表面
3. 精子头部的蛋白质与卵膜上的受体结合
4. 精子与卵膜融合
5. 精子细胞核进入卵子，然后两个细胞核融合
6. 受精膜形成

合成一个，形成了受精卵——合子（zygote）。

细胞核的作用

　　赫特威格见证了原本有两个细胞核的地方出现了一个细胞核，并写道："它以完整的形态出现，就像一颗太阳在卵子内升起。"这句话形象地记录了受精瞬间之美。他认识到，胚胎发育始于新形成的细胞核的分裂，并首次提出"细胞核负责将遗传特征传递给后代"的观点。1885年，他发表观点，称细胞核中一定包含着"不仅能使卵子受精，还能传递遗传特征"的物质。

　　几乎与赫特威格同时，瑞士动物学家赫尔曼·福尔（Hermann Fol）也证实了受精的过程，但两人并无交流或合作。1877年，他观察到海星的单个精子穿透卵膜，精子细胞核向卵子细胞核移动并融合的过程。通过使用大而透明的卵子，赫特威格和福尔有了开创性的发现，首次为细胞核在生物遗传中的作用提供了证据，揭示了遗传特征代代相传的机制。■

> 细胞本身是一个由许多小生命单元组成的生物体。
>
> 奥斯卡·赫特威格

奥斯卡·赫特威格

　　1849年，奥斯卡·赫特威格出生于德国弗里德贝格（Friedberg），曾就读于耶拿大学，与自己的兄弟理查德一起师从恩斯特·海克尔（Ernst Haeckel）——一位著名的比较解剖学家。赫特维格最初研究胚胎发育，后转向研究受精过程的本质。1875年，在一次与海克尔的地中海考察旅行中，他发现了海胆的受精现象，并开始记录自己的观察。1890年研究海星时，他首次观察到了动物的孤雌生殖。赫特威格是柏林的首任细胞学和胚胎学教授，1888—1921年任职，同时还担任当地新成立的解剖生物研究所所长。1922年，赫特威格在柏林去世。

主要作品

1888年　《人体与哺乳动物胚胎学教科书》

1916年　《生物体的起源——对达尔文随机理论的驳斥》

母细胞在两个子细胞核之间平等地分裂

有丝分裂

背景介绍

关键人物

华尔瑟·弗莱明（1843—1905）

此前

1665年 罗伯特·胡克在《显微制图》一书中揭示了细胞——生命最小单位的存在。

1858年 鲁道夫·魏尔肖提出了他的观点："所有细胞都来自细胞。"

此后

1951年 美国生物学家乔治·盖（George Gey）和他的团队在实验室成功地培养并维持了细胞。他们使用的是从非洲裔美国癌症患者海莉耶塔·拉克斯（Henrietta Lacks）身上采集（未经本人同意）的癌细胞。如今，她的细胞仍被用于医学研究。

1970年 英国生物学家约翰·格登（John Gurdon）成功克隆了非洲爪蟾（xenopus），但它只能发育到蝌蚪阶段。

所有生命都由细胞构成。生物体的生长和修复需要通过细胞的再生和更替来实现，而这又是通过现有细胞的生长和分裂来完成的，整个过程称为细胞周期（cell cycle）。有一种细胞分裂方式能产生两个与母细胞遗传成分相同的子细胞，这一方式被称作有丝分裂。

1831年，英国植物学家罗伯特·布朗发现，每个植物细胞都存在一种结构——细胞核，但他对其在细胞中的作用不甚了解。1838年，德国植物学家马蒂亚斯·施莱登提出，所有植物都由细胞构成，并且起源于单一细胞。次年，生理学家西奥多·施旺表示，动物也如此。施莱登和施旺误认为新细胞的形成方式与晶体一样。1858年，病理学家鲁道夫·魏尔肖拓展了施莱登和施旺的细胞理论，提出了著名的"所有细胞都来自细胞"观点。

细胞核的分裂

由于细胞是透明的，详细研究细胞的尝试一直举步维艰，研究者难以识别其内部结构。合成染料的出现改变了这一情况：它能与部分细胞结构结合并将其染色，而不影响其他结构，使科学家得以弄清细胞内部的运作机制。1875年，植

有丝分裂的过程

细胞 · 染色体 · 着丝粒 · 细胞核 · 中心体 · 纤维

细胞复制其DNA，然后在有丝分裂阶段开始之前，进行必要的修复。

在前期，可以看见染色体的两份精确副本（染色单体），它们通过着丝粒连接。

在中期，染色单体对沿着细胞中央排列，此时纤维已经连接。

参见： 生命的细胞本版 28~31页，细胞是如何产生的 32~33页，减数分裂 190~193页，染色体 216~219页，遗传的化学物质 221页，什么是基因 222~225页。

物学家爱德华·施特拉斯布格报告称，他看到了分裂的植物细胞的细胞核内的物质。1882年，他得出结论，新细胞核是由现有细胞核分裂产生的。

同年，德国生物学家华尔瑟·弗莱明出版了《细胞质、细胞核与细胞分裂》一书，详细描述了他用苯胺染料（煤焦油的副产品）染色蝾螈胚胎细胞后的观察结果。他描述了细胞分裂的过程，将细胞核内聚集成细纤维状的物质称为染色质（chromatin，后被称为染色体）。他将细胞核分裂的过程称为有丝分裂，源于希腊语中的"丝"。

多个阶段

弗莱明描述道，有丝分裂分两个阶段，染色体首先形成，然后分离。现代科学将此过程分为四个阶段。核物质凝聚成紧凑的形式，染色体变得可见的阶段称为前期（prophase）。每个染色体都由一对姐妹染色单体（chromatid）组成，在称为着丝粒（centromere）的连接点相连。后来学者证实，染

色单体包含相同的遗传序列。在细胞分裂间隙，大多数动物细胞靠近细胞核处有一个叫作中心体（centrosome）的结构。随着分裂开始，中心体也分裂，两个新形成的中心体分别定位于细胞核两端。一种复杂的纤维系统分别从两个中心体向着丝粒延伸，同时连接每个染色体的两条姐妹染色单体。

在下一个阶段——中期（metaphase），复制的染色单体排列好，准备被拉开。

中心体向外移动，将每条染色单体从其姐妹单体旁拉开，分别向细胞的两端移动。这个染色单体分离的过程称为后期（anaphase）。

随着末期（telophase）的开始，一个围绕着每组分离的染色单体的新核膜开始形成，最终每个新核膜都包裹一整套染色体，两个完全相同的子细胞就此产生。■

华尔瑟·弗莱明

1843年，华尔瑟·弗莱明出生于德国萨克森贝格（Sachsenberg），1868年在捷克布拉格大学获医学学位，随后在1870—1871年普法战争期间担任军医。战争结束后，他在布拉格大学和德国基尔大学任职。他是使用染料揭示细胞内部结构的先驱。

弗莱明以慷慨著称，为无家可归者提供食物、向庇护所捐赠大量金钱，还教授失学贫困儿童数学和科学课程。快50岁时，他患上了一种无法康复的神经系统疾病，于1905年去世，享年62岁。

主要作品

1882年 《细胞质、细胞核与细胞分裂》

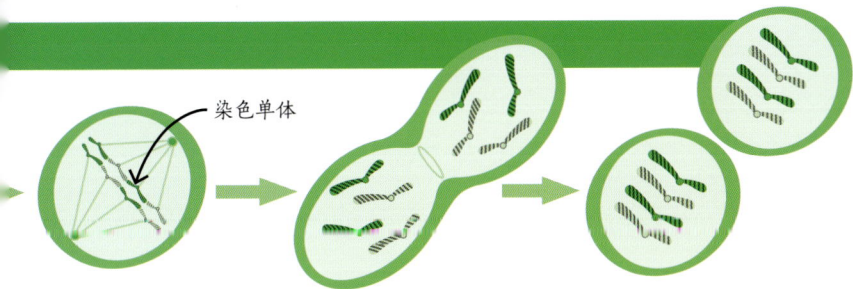

在后期（分离阶段），纤维将染色单体拉开，将每对染色单体的一半分别拉向细胞的两端。

在末期（非常短暂），开始形成围绕每组染色体的核膜。

两个子细胞形成，每个子细胞都包含了来自母细胞DNA的精确副本。

染色单体

子女与父母相似性的根源

减数分裂

背景介绍

关键人物

奥古斯特·魏斯曼（1834—1914）

此前

1840年 瑞士科学家鲁道夫·艾伯特·冯·科利克（Rudolf Albert von Kölliker）确立了精子和卵子具有细胞结构的理论。

1879年 华尔瑟·弗莱明系统研究了有丝分裂过程中的染色体行为。

此后

1909年 托马斯·摩根的果蝇研究证实了基因位于染色体上。

1953年 詹姆斯·沃森和弗朗西斯·克里克发现了脱氧核糖核酸（DNA）的结构，这种分子编码了遗传信息。

参见：细胞的生命本质 28~31页，创造生命 34~37页，发现配子 176~177页，受精 186~187页，有丝分裂 188~189页，遗传定律 208~215页，染色体 216~219页，自然选择 258~263页，突变 264~265页。

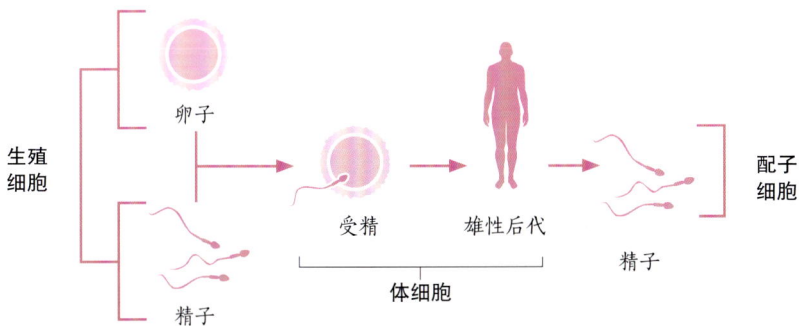

生殖细胞系指生物体生殖细胞（卵子和精子）的世系，生殖细胞将其遗传信息传递给下一代。父母的雄性和雌性生殖细胞结合产生的个体，可以产生卵子或精子，但二者不能同时产生。

1882年，华尔瑟·弗莱明观察到了分裂细胞核中的染色体，引发了人们对于"染色体可能是遗传载体"的猜想。德国胚胎学家威廉·鲁（Wilhelm Roux）是首批提出这一猜想的人之一，他于1883年指出，受精卵会接受代表着生物体不同特征的物质，随着细胞发生分裂，这些物质会在染色体上排列开来。1885年，奥地利解剖学家卡尔·拉布尔（Carl Rabl）研究蝾螈细胞时，发现它们的染色体数量恒定，并且在细胞分裂前、后的短暂时间内呈相似的排列方式。他由此提出，染色体实际上是细胞的固有特征，虽然只在细胞分裂时才可见，但它们始终保持独立性。

1890年，鲁进行了一系列实验：先使青蛙卵受精，等受精卵第一次分裂后，杀死其中一个细胞。他观察到，剩下的一个细胞长成了半个胚胎，于是他得出结论："每个细胞只能携带一半的染色体。"（译者注：鲁用针戳破其中一个细胞，但被破坏的细胞仍然附着在另一个正常细胞上，最终那个正常细胞发育为畸形的半个胚胎。被破坏但未分离的细胞影响了另外一个细胞独立分化为完整胚胎的过程）。他认为染色体的各部分会根据不同的细胞类型（如神经或肌肉组织）分配，胚胎发育源自这些染色体中携带的遗传信息。

鲁的理论提出了一个关键问题：在发育过程中，如果只有部分染色体传递给新细胞，那么完整的染色体组是如何传递到下一代的？这是德国进化生物学家奥古斯特·魏斯曼开始研究的问题。

种质学说

1885年，魏斯曼提出了种质学说（germplasm theory），认为种质是遗传的物理基础，并在七年后出版的《种质》（*Das Keim-*

体细胞突变发生于正在发育的胚胎中的细胞里。	突变只会影响突变细胞的子细胞。	突变不会传递给下一代。
生殖细胞系突变发生于受精前的配子中。	它会影响整个生物体，并且存在于该生物体的所有细胞中。	产生的配子中有一半将携带突变并会将其传递给下一代。

奥古斯特·魏斯曼

1834年，魏斯曼出生于德国法兰克福的教师之家。他是19世纪最重要的进化理论家之一。1856年从哥廷根大学博士毕业后，他做了一段时间的医生。在研读了查尔斯·达尔文的《物种起源》后，他成为进化论的坚定支持者。1861年，他开始在吉森大学研究昆虫的发育。

1863年，魏斯曼加入弗莱堡大学的医学机构，教授动物学和比较解剖学知识。1865年，他促成大学建立了动物学研究所和博物馆并担任负责人，直到1912年退休。后来他的视力减退，便由妻子玛丽（Marie）协助进行观察，而他则转向更具理论性的研究。1914年，他在弗莱堡去世。

主要作品

1887年《遗传及相关生物学问题论文集》

1892年《种质》

plasma）中进一步发展了这一理论。他认为细胞分两类：负责产生卵子和精子（统称为配子）的生殖细胞和形成普通组织的体细胞。虽然他接受鲁的意见，同意体细胞只含有部分染色体，但主张生殖细胞含有完整的染色体组，所以生殖细胞才是遗传信息的载体。后人证实，鲁关于体细胞的观点是错误的——每个细胞都包含完整的染色体组，细胞之所以有功能分化，是因为它们只使用了部分染色体组。

根据种质学说，在多细胞生物中，遗传只通过生殖细胞进行，体细胞不充当遗传的媒介。其效果是单向的：生殖细胞产生体细胞，但不会受到体细胞的任何影响——这意味着体细胞无法将遗传信息传递给下一代。这就是魏斯曼屏障（Weismann barrier）。

在《种质》中，魏斯曼提出四个原创术语：生源子（biophor）、决定子（determinant）、遗子（id）、遗子团（idant）。生源子是最小的遗传单位；决定子由生源子组成，最初存在于生殖细胞中，但能被输送到体细胞中并决定其结构和功能；遗子由决定子组成，由生殖细胞衍生而来，在发育过程中散布到不同组织的细胞中；最高等级的是携带遗子的遗子团，后来被称为染色体。

魏斯曼推测，在有性生殖中，细胞中的遗子团数量必须减半，如此后代才能从母亲和父亲的生殖细胞中各获得一半的遗子团——这解释了为什么后代既有母亲的特征，也有父亲的特征。关键就在于减数分裂。

魏斯曼的观点对生物学家理

> **无论我们如何变化，我们最后总会回到细胞。**
>
> 鲁道夫·魏尔肖

减数分裂的过程

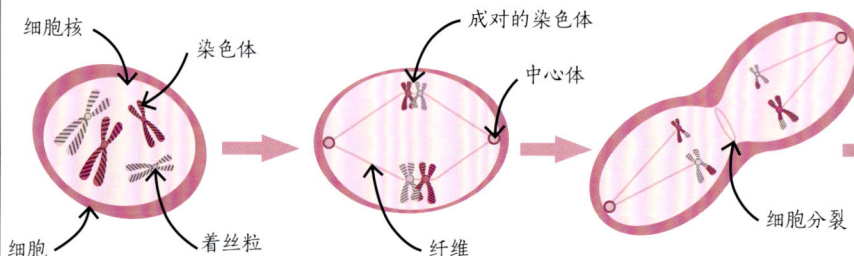

减数分裂始于一个二倍体母细胞，其中的染色体对会复制自己。

在分裂前，长度相似、着丝粒位置相同的染色体会配对，一些DNA片段进行交换。

细胞核和细胞开始分裂，纤维附着在中心体上，将染色体拉向细胞的相对两端。

解进化的方式做出了重要贡献，它直接否定了当时被广泛接受的法国自然学家让·巴蒂斯特·拉马克（Jean Baptiste Lamarck）的获得性状遗传理论（theory of acquired characteristics）。1809年，拉马克提出，生物体在生命周期中获得的性状可传递给后代。1888年，魏斯曼连续切除了五代共计900只小鼠的尾巴，证明它们的后代仍会长出尾巴，从而推翻了拉马克的理论。他推测，同一物种的个体差异源于生殖细胞中决定子的不同组合，较强的决定子会压制较弱的决定子，导致后者逐渐被淘汰。魏斯曼认为这种选择过程是适应性的，而不仅仅是随机的。

尽管魏斯曼是达尔文自然选择理论的坚定支持者，但其生殖细胞理论打击了达尔文的泛生论（pangenesis）。泛生论认为，身体的每个器官都会产生名为微芽（gemmules）的小颗粒，这些颗粒包含关于该器官的信息，会在体内移动并积聚在生殖器官中的精子和卵子中，从而将器官信息传递给

下一代——这个理论是错误的。

定义减数分裂

"生殖细胞系中的细胞分裂是如何发生的"这一关键问题仍未解决。1876年，德国生物学家奥斯卡·赫特威格观察到海胆的卵子和精子在受精过程中融合，他的结论是：两个细胞的细胞核各自为后代的遗传特征做出了贡献。比利时动物学家爱德华·范·贝内登（Edouard van Beneden）研究蛔虫时发现，这种只有两个染色体的生物体，每个亲本各为受精卵提供了一个染色体。1890年，魏斯曼观察到，精子和卵子中的染色体数量恰好是体细胞的一半。他指出，生殖细胞的染色体数量必须减少一半，否则世代连续受精时的染色体数量将加倍增长。这个减少的过程便是通过减数分裂实现的。

减数分裂与有丝分裂相似又有所不同。在有丝分裂中，母细胞分裂成两个相同的子细胞；在减数分裂中，母细胞产生四个配子细胞，每个配子细胞的染色体数量

> **细胞本身就是一个生物体，由许多微小的生命单位构成。**
>
> 奥斯卡·赫特威格

都减半。在生殖过程中，精子和卵子结合成一个单细胞时，染色体数量在后代中恢复（翻倍）。减数分裂始于一个二倍体（diploid）母细胞，即有两套染色体副本。母细胞经一次DNA复制后，进行两轮独立的细胞核分裂，最终产生四个单倍体（haploid）子细胞，它们的染色体数量是二倍体母细胞的一半。

尽管当时魏斯曼还无法了解许多事情，但他的种质学说成为解释减数分裂遗传的物理过程的关键。■

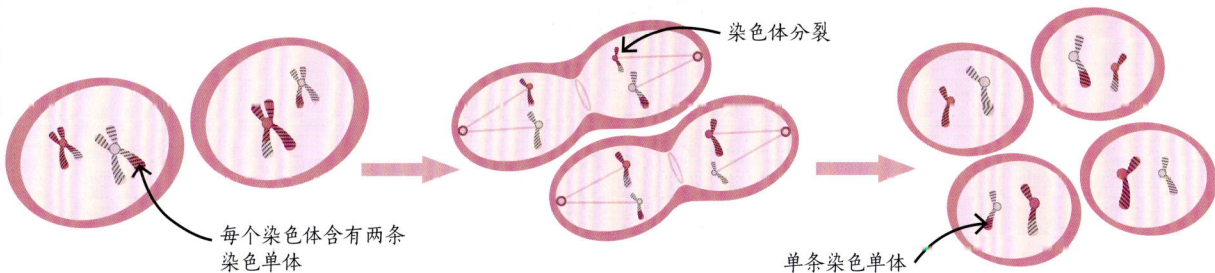

染色体对分裂成单倍体子细胞。单倍体子细胞的染色体数量是二倍体母细胞的一半。新细胞与彼此及母细胞不同。

染色体在**着丝粒**处分离，每组染色体周围形成核膜。

胞质分裂（cytokinesis，细胞分裂的物理过程）完成，减数分裂产生四个基因不同的单倍体子细胞（配子）。

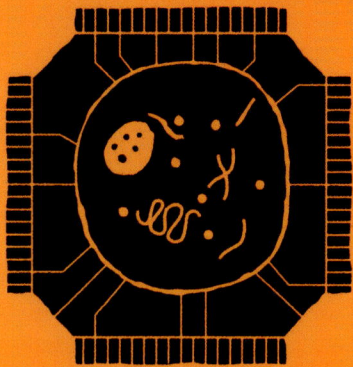

生命自主性的首次证明

干细胞

干细胞具有分化为其他细胞类型的独特能力，对于多细胞生物的胚胎发育至关重要，也在生物体内的修复系统中发挥着替换其他细胞的作用。

早期胚胎干细胞可分化为体内的所有细胞类型，因此被称为全能干细胞（totipotent stem cell）。随着胚胎生长，干细胞的分化能力逐渐聚焦到更特定的细胞类型上，成体干细胞通常只产生其本体器官的细胞类型。1868年，德国生物学家恩斯特·海克尔最早使用"干细胞"这一术语来描述最终会产生成熟多细胞生物的单个受精卵细胞。

1888年，德国胚胎学家威廉·鲁发表了一个实验结果，他取出二细胞和四细胞的青蛙胚胎，分别摧毁其中一半的细胞，结果发现，剩余细胞发育成了半个胚胎。他的结论是，即便在非常早期的阶段，发育过程中的细胞也早已确定了自己的任务。

全能胚胎细胞

1891年，德国生物学家汉斯·杜里舒使用二细胞的海胆胚胎，进行了与鲁相似的实验。然而，与鲁不同，杜里舒没有摧毁其中的一个细胞，而是将二者分开。结果显示，虽然其中一个细胞经常

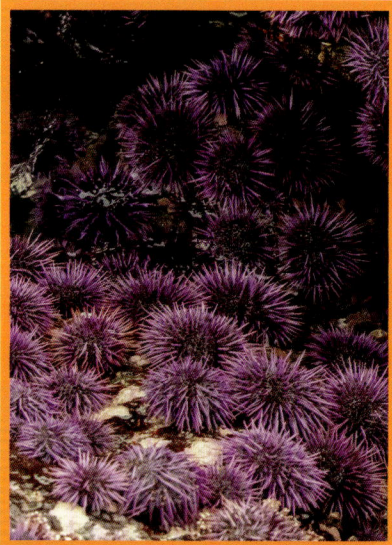

汉斯·杜里舒振动分离二细胞的海胆胚胎，并把单个细胞放入海水中，随后观察到这些细胞发育为健康的多细胞幼虫。

参见：细胞是如何产生的 32~33页，癌转移 154~155页，渐成论 184~185页，胚胎发育 196~197页，体外受精 198~201页，克隆 202~203页，基因编辑 244~245页。

受精卵和胚胎的前16个细胞是全能的，即能产生生物体中的任何细胞类型（以及胚外细胞，如哺乳动物的胎盘）。多能干细胞可分化为所有类型的专门体细胞，但不能形成胚外细胞。专能干细胞可形成许多类型的细胞，但仅限于特定的组织类型。单能干细胞（unipotent cell）只能分化成一种特定类型的细胞。

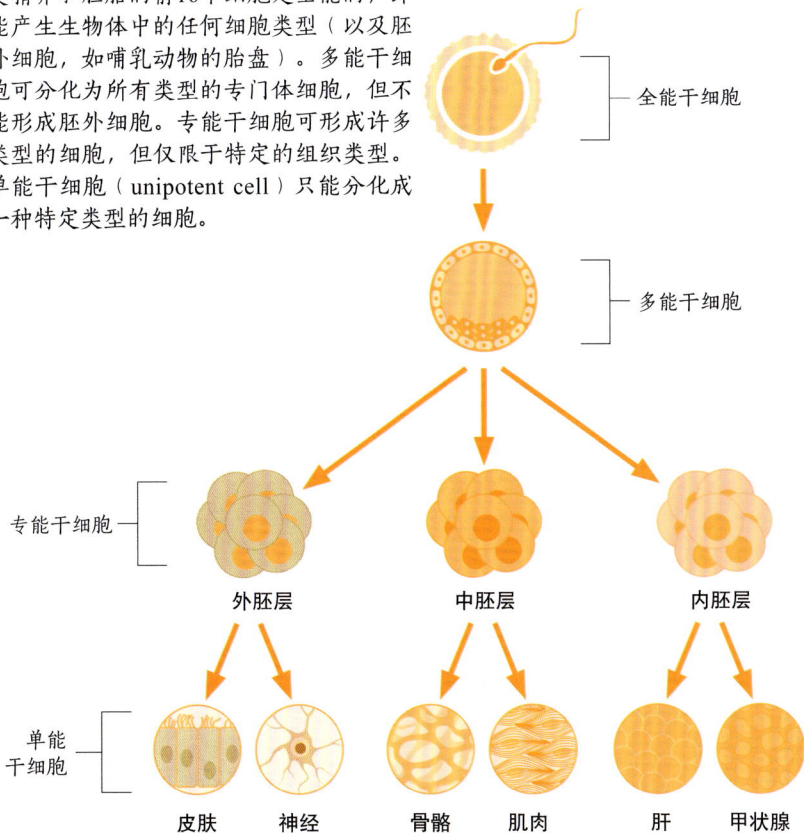

全能干细胞

多能干细胞

专能干细胞

外胚层　　中胚层　　内胚层

单能干细胞

皮肤　神经　　骨骼　肌肉　　肝　甲状腺

> **任何试图控制科学进步的努力都注定会失败……但我们不能忘记对生命的基本尊重……**
> 约瑟夫·默里，人类移植手术的先驱

随之修改。

重大突破

1998年，美国胚胎学家詹姆斯·汤姆森（James Thomson）成功从人类胚胎中取出细胞，在实验室中培养，然后建立了世界上第一个人类胚胎干细胞系，这一细胞系存续至今。尽管使用的胚胎都来自终止妊娠的捐赠者，但该研究仍极具争议。

随后在2006年，日本科学家发现了一种能将成年小鼠的皮肤细胞转变为干细胞的技术，这种细胞被称为诱导多能干细胞（induced pluripotent stem cell，简称iPSC）。此后，医学研究人员开始在临床试验中使用重新编程过的iPSC治疗神经系统疾病、心脏病和视网膜疾病，它还可能用于移植的新组织甚至器官的生长，医学潜力巨大。■

死亡，但另一个存活的细胞仍能发育成完整的海胆幼虫，只是体型小于正常值。这表明鲁的结论是错误的，胚胎细胞发育的结局在早期并未确定。根据实验结果，杜里舒推断，早期胚胎中的细胞是全能的。他的研究让实，早期胚胎中的每个细胞都包含完整的遗传指令，且有能力发育成一个完整的生物体。

1953年，美国研究员勒罗伊·史蒂文斯（Leroy Stevens）用老鼠的癌组织进行实验，发现一些肿瘤包含未分化和已分化细胞的混合物，包括毛发、骨骼和肠细胞。

他的结论是，这些癌细胞是"多能的"（pluripotent），能够分化为任何类型的细胞，但不能发育成完整的生物体。

1981年，英国研究人员马丁·埃文斯（Martin Evans）和马特·考夫曼（Matt Kaufman）从小鼠体内成功分离并培养了胚胎干细胞，科学家由此可以操控小鼠的基因，并研究其在疾病中的作用。如今，研究人员可以修改小鼠胚胎干细胞中的基因组（genome），将修改后的细胞注射到小鼠胚胎中。小鼠胚胎成熟后，其每个细胞都

主控基因

胚胎发育

背景介绍

关键人物

刘易斯·沃尔珀特（1929—2021）

此前

公元前4世纪 亚里士多德的渐成论指出，胚胎最初是一团未分化的物质，在发育过程中逐步长出新的部分。

1600年 意大利医生希罗尼姆斯·法布里修斯（Hieronymus Fabricius）出版了《成形胎儿论》（On the Formed Foetus）。

此后

1980年 德国遗传学家克里斯汀·纽斯林-沃尔哈德（Christiane Nüsslein-Volhard）和美国遗传学家埃里克·威绍斯（Eric Wieschaus）将果蝇胚胎发育中决定细胞分化的基因分成了15类。

2012年 日本干细胞研究员山中伸弥发现，成熟小鼠的细胞可被重新编程为未成熟的多能干细胞。

1891 年，德国生物学家汉斯·杜里舒证明，将受精的海胆卵子在二细胞阶段分裂后，仍可获得正常——尽管较小——的海胆幼虫。他认为，有一个规定细胞在胚胎中充当坐标系统，类似于图表上的两条坐标轴，而细胞的位置决定了其发育方式。杜里舒的结论是，有一种力量引导着胚胎细胞的发育，他称之为生机力（entelechy）。

早期的胚胎学家尝试解释杜里舒的观点，推测胚胎的某个部分充当着"组织者"的角色，指导细胞

> **一生中最重要的时刻是原肠胚形成，而不是出生、婚姻或死亡。**
>
> 刘易斯·沃尔珀特

发育。德国胚胎学家汉斯·斯佩曼（Hans Spemann）研究了原肠胚形成（gastrulation）——胚胎快速重组成不同的胚层细胞类型，最终形成发育中的生物体的所有组织和器官的过程。1918年，斯佩曼发现，在原肠胚形成前，从胚胎的一部分移植到另一部分的细胞可以变成任何主要的细胞类型；而原肠胚形成后，胚胎细胞再无法改变身份。

1924年，斯佩曼和博士生希尔德·曼戈尔德（Hilde Mangold）记述了他们发现后来被称为斯佩曼-曼戈尔德组织者（Spemann-Mangold organizer）的一群细胞的过程，这些细胞负责两栖动物胚胎中神经组织的发育。

形态发生

早期胚胎形状的变化，即形态发生（morphogenesis）的过程，主要发生在原肠胚形成时。此时，细胞层重组，加上细胞从一个位置向另一个位置定向移动，二维的细胞片转变为复杂的三维多细胞

参见：细胞的生命本质 28~31页，细胞是如何产生的 32~33页，制造生命 34~37页，渐成论 184~185页，受精 186~187页，减数分裂 190~193页，干细胞 194~195页，什么是基因 222~225页。

生物体。研究人员认识到，就像杜里舒所认为的那样，胚胎中的细胞发育以某种方式协调成空间结构（spatial pattern）。胚胎中的一些物质或特性，以化学形式被输送到胚胎的其他部位。人们逐渐相信，上述变化可能是通过这些物质或特性的浓度变化实现的。然而，触发发育的信号本质仍是个谜。

合子经历快速的细胞分裂，形成一个细胞团——囊胚。随后是原肠胚形成，在此过程中，囊胚向内折叠，其细胞重新排列成三层，形成原肠胚。这些细胞层将发育成不同的组织和器官。

1. 囊胚　　2. 原肠胚形成　　3. 原肠胚

单个细胞分裂，形成一个细胞团

外胚层
中胚层
内胚层

细胞重新排列成三层

囊胚向内折叠

细胞的组织

1952年，英国数学家艾伦·图灵（Alan Turing）提出了一个不断增长的胚胎模型，探讨了细胞中均匀分布的信号是如何扩散、自组织（self-organize）并形成模式，将一组相同细胞变成各种类型的有序集合的。图灵称这些信号为形态发生素（morphogen），其想法在当时备受怀疑，在之后的近20年里基本被忽视了。

1969年，英国发育生物学家刘易斯·沃尔珀特提出"法国国旗"模型——国旗无论大小，其颜色比例总是遵循相同的模式，正如杜里舒的半胚胎也能发育成正常海胆一样。沃尔珀特假设，胚胎细胞的物理位置决定了其行为方式（如哪些基因被激活或关闭）及响应外部信号的方式，从而确保解剖结构正确形成并定位。他认为，每个细胞的命运由扩散信号的化学物质浓度决定。这些信号的作用范围很小，在100个细胞的距离内，他称这些区域为定位场（positional field）。

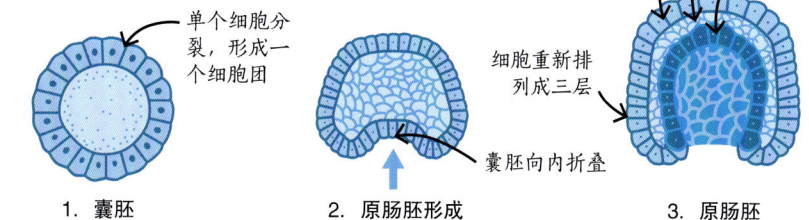

沃尔珀特关于"胚胎细胞的位置信息由扩散信号的化学物质浓度决定"的观点是具有突破性的，虽然后来科学界对其模型提出了挑战，但它在理解形态发生的运作方面仍有重要意义。■

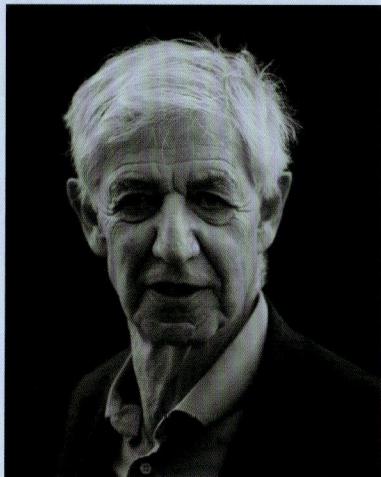

刘易斯·沃尔珀特

1929年，刘易斯·沃尔珀特出生于南非，在威特沃特斯兰德大学学习土木工程，后来在一个建筑研究所担任土力学工程师。离开南非后，他搬到英国，在帝国理工学院学习土力学，然后转至国王学院，获得细胞分裂机制研究的博士学位。

1966年，他成为米德尔塞克斯医院医学院的生物学教授，后又成为伦敦大学学院的细胞与发育生物学教授。作为一名作家及广播员，他积极推动科普工作，帮助公众提高对老龄化和精神疾病问题的关注。他于2021年去世。

主要作品

1969年《位置信息与细胞分化的空间模式》

创造最大的幸福

体外受精

背景介绍

关键人物
罗伯特·爱德华兹（1925—2013）
帕特里克·斯特普托（1913—1988）

此前

1678年 荷兰科学家安东尼·范·列文虎克和尼古拉斯·哈佐克首次用显微镜观察到精子。

1838年 法国医生路易斯·吉劳特（Louis Girault）发表了首例成功的人类人工授精报告。

此后

1986年 罗伯特·爱德华兹和帕特里克·斯特普托庆祝他们的伯恩诊所（Bourn Hall）通过体外受精孕育了1000个孩子。

1992年 首个通过卵胞质内单精子注射（intracytoplasmic sperm injection，简称ICSI）出生的婴儿诞生，这种技术将单个精子直接注入卵子中。

在人类历史的大部分时间里，女性的价值往往由她的生育能力来衡量，这种观念到20世纪仍普遍存在。体外受精是一种辅助生殖技术，能够为无法通过自然方式怀孕的人提供生育的可能。

1978年，英国生理学家罗伯特·爱德华兹因破解体外受精的难题，被誉为"创造最大幸福的人"，与他合作的还有妇产科医生帕特里克·斯特普托和护士兼胚胎学家琼·珀迪（Jean Purdy）。

体外（in vitro，拉丁语中意为

参见：创造生命 34~37页，渐成论 184~185页，受精 186~187页，胚胎发育 196~197页。

女性服用药物抑制自然的月经周期和自发排卵。

⬇

女性服用**促排卵药物**增加卵子产量。

⬇

医生通过超声波定期**监测**女性卵泡（包含未成熟卵子的液囊）的大小和数量。

⬇

医生从女性卵巢中**取出**成熟的**卵子**，同时获取其伴侣或精子捐赠者的**精液**样本。

⬇

在实验室中，混合卵子和精子，然后在孵化器中放置数小时以进行**受精**。

⬇

几天后，医生选择1~3个质量最佳的**受精卵**（胚胎），将其**移植到女性的子宫内**。如果胚胎植入成功，它就可能发育为胎儿。

"在玻璃中"）受精最早的研究对象是能够进行体外受精的动物，如青蛙。然而，针对包括人类在内的体内受精动物，研究者必须先解决许多实际问题，才能使类似技术变得可行。1878年，维也纳胚胎学家塞缪尔·利奥波德·申克（Samuel Leopold Schenk）首次进行了哺乳动物体外受精的尝试，他在显微镜下用兔子和豚鼠的精子和卵子进行实验，但因控制不佳，实验并未成功。当时，申克与同时代的研究者还不了解温度、pH值和生殖激素的作用，而理解这些受精"基石"是实现体外操控人类生殖能力的关键。

1934年，美国生物学家格雷戈里·平卡斯（Gregory Pincus）

罗伯特·爱德华兹

1925年，罗伯特·爱德华兹出生于英国约克郡，在班戈大学（原北威尔士学院）攻读农学，但第二次世界大战爆发后，他因参军而中断了学业。服役后，他回到班戈，转系攻读动物学，最终获得生殖遗传学（reproduction genetics）博士学位。

20世纪60年代，爱德华兹与动物生殖生理学（animal reproductive physiology）的领军人物艾伦·帕克斯（Alan Parkes）和科林·"邦尼"·奥斯丁（Colin "Bunny" Austin）共事。在此期间，他了解到帕特里克·斯特普托的研究，并于1968年开始与其合作。1978年，他们迎来了事业巅峰：首例试管婴儿成功诞生。之后爱德华兹继续担任全球首家试管婴儿诊所的主任，于2010年获诺贝尔生理学或医学奖，并在次年被授予爵位。

主要作品

1970年 《体内成熟的人类卵母细胞的体外受精和卵裂》

2005年 《试管婴儿、胚胎植入前诊断和干细胞启动中的伦理与道德哲学》

同样使用兔子进行实验，他将精子引入体外的卵子中，随后将卵子移植回子宫。兔子怀孕了，但实际上受精是在卵子移植到体内后才发生的，因此仍属于体内（in vivo，拉丁语意为"在活体内"）受精，而非体外受精。

激素的作用

19世纪末，生物学家观察到，在怀孕期间，脑中的垂体会增大。1926年，德裔以色列妇科医生伯恩哈德·宗德克（Bernhard Zondek）和美国内分泌学家菲利普·爱德华·史密斯（Philip Edward Smith）几乎同时发现，垂体分泌的激素控制着生殖器官的功能。

10年后，平卡斯描述了人类卵子在准备受精（成熟）时必须经历的生理变化。1951年，美籍华裔科学家张明觉和英国教授科林·"邦尼"·奥斯丁发现，精子也必须在女性的生殖系统中成熟，才能获得穿透卵子和使其受精的能力，即精子获能（sperm capacitation）。

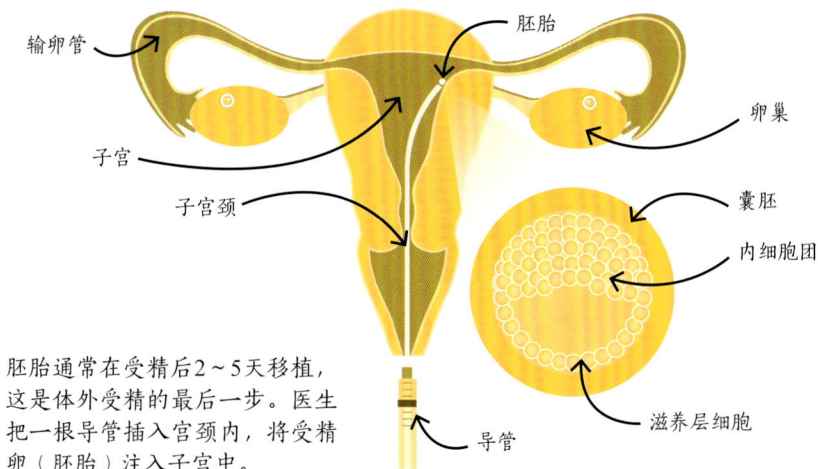

胚胎通常在受精后2~5天移植，这是体外受精的最后一步。医生把一根导管插入宫颈内，将受精卵（胚胎）注入子宫中。

认识到让精子和卵子为受精做好准备的必要过程后，体外受精变得更加可行了。

张明觉随后证明，来自雌性黑兔的卵子可以通过雄性黑兔的精子在体外受精。他把这些受精的卵子移植到一只白兔体内，结果白兔生出了一窝黑兔。张明觉巧妙地利用不同颜色的兔子，避免了1934年平卡斯和恩兹曼（Enzmann）面临的问题：无法确认受精是在体外进行的，还是在体内发生的。

取卵

20世纪50年代，在苏格兰爱丁堡大学攻读博士学位的爱德华兹进入激动人心的生殖生物学领域，研究小鼠胚胎发育。在爱丁堡的六年里，他高产地发表了38篇论文，成为学术界冉冉升起的新星。爱德华兹真正的目标在人类生殖领域，但因缺乏获取人类卵子的渠道，他

路易丝·布朗的诞生

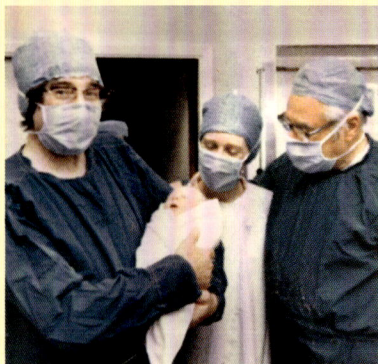

路易丝·布朗出生以来，爱德华兹和斯特普托开创的体外受精技术已被全世界采用。

1978年，在英国曼彻斯特附近的奥尔德姆医院，全球首个试管婴儿路易丝·布朗诞生——这是生殖生物学的一个里程碑，轰动全球。在她出生前，罗伯特·爱德华兹和帕特里克·斯特普托因研究这一当时被认为是不道德且危险的技术，受到了同行及社会的广泛批评，批评者称该技术"丧失人性"。

人们对克隆、基因工程和"定制婴儿"等新兴技术，以及多余胚胎处理方式的道德伦理表示担忧。两位科学家都认为，与其放任不实猜测传播，他们更有责任与媒体沟通，这也提高了他们工作的知名度。不过，当健康的小路易丝经足月妊娠顺利出生后，许多批评者销声匿迹了，新一代的孩子诞生了。

也十分沮丧，直到他读了斯特普托关于妇科手术中腹腔镜应用的论文。与开放性手术相比，这一技术能通过微小切口提取人类的卵子。1968年，爱德华兹开始与斯特普托合作，同年招募了琼·珀迪担任实验室助手。

爱德华兹和他的研究团队有了可靠的人类卵子来源后，便开始试验理想的受精条件。研究生巴里·巴维斯特（Barry Bavister）发现，提高体外受精培养皿（用于支持细胞生长的溶液）中培养基的碱性水平可获得更高的受精率。1969年，爱德华兹、巴维斯特和斯特普托共同发表论文，详细叙述了人类卵子的体外受精过程。他们的下一个挑战是如何将受精卵重新植入女性体内，以便胚胎能健康发育，顺利完成妊娠。

第一步

1972年，爱德华兹、珀迪和斯特普托三人开始尝试将胚胎移植回女性体内，但爱德华兹没料到成功植入的概率竟如此低。终于，1976年，他们的一位患者在胚胎移植后怀孕了，他们非常兴奋，但这种喜悦之情并未持续太久，因为该胚胎被植入到了输卵管中，也就是发生了异位妊娠（ectopic pregnancy），最后不得不终止妊娠。

1976年，莱斯莉·布朗（Lesley Brown）在尝试怀孕9年未果且被诊断为输卵管阻塞后，找到斯特普托以期治疗不孕症。通过激素水平分析，爱德华兹和斯特普托确定了她的自然排卵周期。1977年11月，斯特普托取出莱斯莉的一个卵子，爱德华兹用她丈夫的精子在培养皿中使该卵子受精，随后珀迪等待受精卵分裂。当受精卵发育成具有8个细胞的胚胎时，受精卵被植回莱斯莉体内。当爱德华兹和斯特普托宣布他们成功实现了人工授精怀孕时，媒体轰动了，并且追踪发现了斯特普托安排的剖宫产手术。为了保密，他将手术提前了一天——1978年7月25日，莱斯莉顺

> ❝
> **我既不是巫师，也不是弗兰肯斯坦。我只想帮助那些生育机制略有缺陷的女性。**
>
> 帕特里克·斯特普托
> ❞

利生下一名健康的女儿，名叫路易丝。全球报纸盛赞她的诞生是珍贵的毅力之胜利。

如今，体外受精仍是最受欢迎的辅助生殖技术，帮助不孕不育者成功实现妊娠。2018年，在路易丝·布朗诞生40周年之际，全球已有超过800万名试管婴儿及以类似辅助生殖方法出生的儿童。■

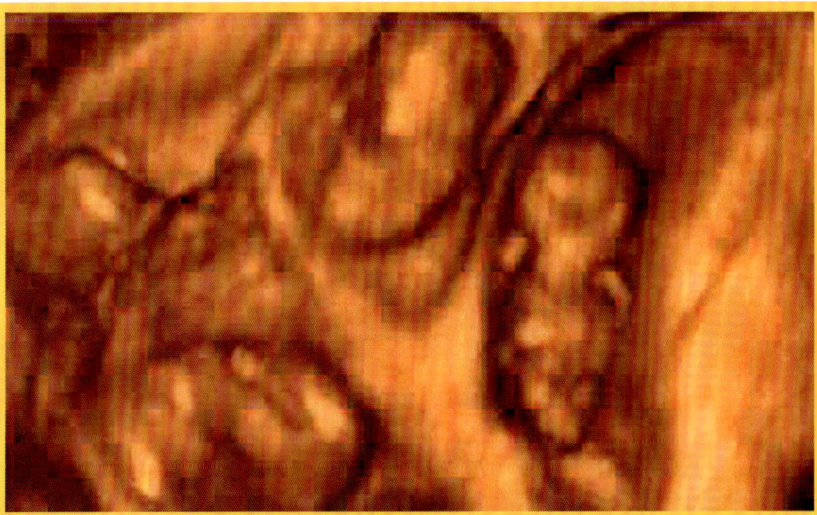

当多达四个独立的卵子受精时，可能会形成四胞胎。自然情况下，大约每70万次妊娠中会出现一次四胞胎。然而，在体外受精技术中，由于有多个胚胎被植入子宫，因此大约30%的妊娠为多胎妊娠。

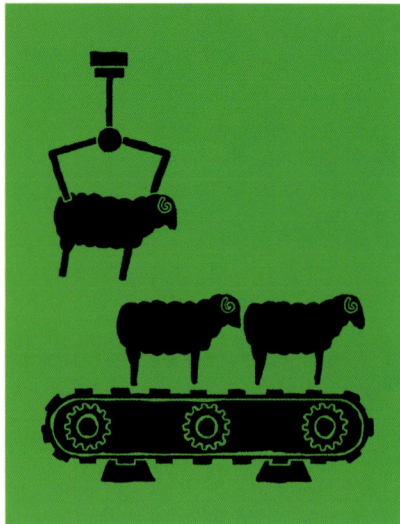

多莉，第一只克隆哺乳动物

克隆

背景介绍

关键人物
基思·坎贝尔（1954—2012）

此前

1903年 美国植物生理学家赫伯特·韦伯（Herbert Webber）创造了"克隆"一词，用来描述通过无性生殖出生的生物。

1952年 美国生物学家罗伯特·布里格斯和托马斯·金将发育中的胚胎细胞的细胞核转移到未受精的卵子中，克隆出了豹蛙。

此后

2003年 在美国圣地亚哥动物园，研究人员利用冷冻细胞克隆了两只稀有的班腾牛（banteng cattle）牛犊，它们是由家牛产下的。这使人们看到了利用克隆技术挽救濒危物种的希望。

2003年 研究人员使用保存下来的皮肤细胞克隆出了先前已经宣布灭绝的比利牛斯野山羊（pyrenean ibex）。

克隆是一个或一群拥有与另一只年长生物完全相同的基因组的生物，即年长生物完整遗传信息的复制品。自然界中存在克隆，多见于植物和无脊椎动物，在某些鱼类、爬行动物和两栖动物中也有少量存在。自然克隆是通过雌性无性生殖产生的，无须雄性参与。在有性生殖中，生殖细胞（卵子和精子）各自携带产生新个体所需遗传物质的一半，在受精时卵子和精子结合，转化为合子——新生物体的第一个细胞。在无性生殖中，雌性产生的卵子已拥有完整的基因组，是其自身DNA的复制品，因此该细胞可以充当合子。

多莉羊

"克隆"一词更常用于描述经人工过程创造的生物。克隆技术包括从一个生物体中提取遗传信息，创建与其完全相同的复制品，这些复制品可被植入另一个生物体的卵子中。植入过程使卵子转化为合子，随后以正常方式发育。1952年，人们首次在青蛙身上实现了克隆。1996年，重大突破降临：一只名叫多莉（Dolly）的绵羊成为第一只克隆哺乳动物。

多莉是通过名为体细胞核移植（somatic cell nuclear transfer）的技术诞生的，它有3位母亲，没有父亲。首先从一只羊体内提取一个卵子，卵子的细胞核只包含一半的DNA。之后移除细胞核，但保

多莉的诞生为抗击疾病带来了新希望，也引发了伦理争议。批评者担心这会导致克隆人类的出现。不过，全球都禁止克隆人类，以防这种情况发生。

参见：细胞是如何产生的 32~33页，创造生命 34~37页，无性生殖 178~179页，受精 186~187页，减数分裂 190~193页，干细胞 194~195页，胚胎发育 196~197页，体外受精 198~201页。

```
┌─────────────────────┐    ┌─────────────────────┐    ┌─────────────────────┐
│  自然受精卵的独特基因组  │ →  │  卵子也可从一个亲代的细胞 │ →  │  卵子发育为成年个体的  │
│    来自双亲。         │    │   中转移全套基因来受精。  │    │   克隆，带有与成年个体 │
│                     │    │                     │    │   相同的基因副本。    │
└─────────────────────┘    └─────────────────────┘    └─────────────────────┘
```

留卵子中的细胞质，包括提供细胞能量并携带少量DNA的线粒体，所以多莉的线粒体DNA来自第一只羊。

接着从第二只羊的乳腺中提取一个细胞，将乳腺细胞核植入到空卵子中，该细胞的细胞核包含完整的DNA，形成了多莉的合子。然后通过电击使合子分裂，并逐渐发育成一个细胞团。最后将该细胞团植入第三只羊的子宫里，因此第三只羊是多莉的代孕母亲。

多莉诞生于苏格兰爱丁堡的罗斯林研究所（Roslin Institute），研究团队进行了277次克隆尝试，

其中29个早期胚胎成功发育，3只羊羔出生，但只有多莉存活了下来。在6年的生命历程中，它生下了6只羊羔。2007年，4只与多莉从同一个乳腺细胞系克隆出来的雌羊诞生，它们比多莉活得更久。此后，这种技术被用于克隆其他哺乳动物，包括2017年克隆的猴子，但全球都禁止克隆人类。

克隆干细胞

克隆技术最重要的应用之一在干细胞研究领域。克隆干细胞（cloned stem cell）可以发育成任何身体细胞或组织，可用于再生和

修复受损或患病的组织，甚至可能用于完整的器官移植，这为医学开辟了激动人心的新领域。■

> ❝
> **克隆不是通往永生之路。**
>
> 基思·坎贝尔
> ❞

基思·坎贝尔

基思·坎贝尔出生于英国伯明翰，1954年进入伦敦国王学院学习，在微生物学领域取得了成功。1991年，他开始在爱丁堡的罗斯林研究所从事研究工作。4年后，他和比尔·里奇（Bill Ritchie）克隆了两只分别名为梅甘（Megan）和莫拉格（Morag）的绵羊。他们从一个胚胎中取出细胞，让其单独发育，最终培育出了这两只羊。它们是基因克隆（genetic clone）——一种更类似于人工创造同卵双胞胎的过程，而非克隆一只成年绵羊。坎贝尔、

伊恩·威尔穆特（Ian Wilmut）和山中伸弥是1996年多莉项目研究团队的成员。后来威尔穆特表示，坎贝尔拥有"66%"的功劳。

1998年，坎贝尔搬到诺丁汉大学担任教授，还为一些私营公司工作，2000年与其中一家公司合作生产了第一头克隆猪。他于2012年去世。

主要作品

2006年　《将休细胞重新编程为干细胞》

INHERITANCE

遗传

格雷戈尔·孟德尔的实验表明，遗传特征可以跳过一代，这暗示了"颗粒"（后被称为基因）的作用。

内蒂·史蒂文斯（Nettie Stevens）发现了决定受精卵性别的两种染色体。

乔治·比德尔（George Beadle）和爱德华·塔特姆（Edward Tatum）证明了酶的生成由基因决定，基因编码特定的蛋白质。

1866年

1905年

1941年

1904年

1928年

1950年

托马斯·摩根证明，孟德尔所描述的遗传"颗粒"由染色体携带。

弗雷德里克·格里菲斯（Frederick Griffith）关于细菌的实验表明，遗传特征由化学物质引起。

芭芭拉·麦克林托克（Barbara McClintock）描述了基因从一个染色体"跳"到另一个染色体的过程，以及染色体启动或关闭基因的能力。

很早以前人们就认识到了孩子的外貌和性格往往与父母相似，但对遗传原因的理解却非常有限。关于生殖过程的错误理论，如卵子或精子中的预成论，与父母双方对后代特征的明显影响相冲突。

古希腊时期的泛生论则更接近事实：来自父母双方的"种子"混合在一起，产生后代。18世纪的生物学家利用杂交植物和跨物种的交配实验，重新审视了这一观点。

遗传学

格雷戈尔·孟德尔提供了破解遗传问题的关键，开辟了未来遗传学这一学科领域。在研究豌豆植物的特征（如高度）时，他证明了这些特征并不是通过亲本植物物质的简单融合来遗传的，因为某些遗传特征，如高或矮，有时会跳过一代。反之，他提出这些遗传特征是由成对的"颗粒"决定的，这些"颗粒"现被称为基因。1866年，孟德尔发表了他的理论，但其重要性直到20世纪初才被认识到。

沃尔特·萨顿（Walter Sutton）和西奥多·博韦里利用显微镜研究染色体，分别确定了染色体是孟德尔所描述的成对"颗粒"的载体，而托马斯·摩根对果蝇遗传的研究也确认了这一点。1905年，内蒂·史蒂文斯发现了甲虫精子中的两种染色体——性染色体（后来被称为X和Y染色体），它们决定了受精卵的性别。

理解DNA

1928年，弗雷德里克·格里菲斯表明，细菌的遗传特征可被化学物质改变，这意味着遗传特征本身就是由化学物质引起的。后来，乔治·比德尔和爱德华·塔特姆发现，具有缺陷基因的霉菌无法生成特定的酶，他们由此推断基因是一段编码特定类型酶的DNA片段，或者更广义地说，基因编码特定的蛋白质。

20世纪30年代，芭芭拉·麦

詹姆斯·沃森和弗朗西斯·克里克建立了DNA的双螺旋结构模型。

赫伯特·博耶（Herbert Boyer）和斯坦利·科恩（Stanley Cohen）生产出了首批转基因细胞。

由弗朗西斯·柯林斯（Francis Collins）领导的人类基因组计划（the Human Genome Project）提出了人类基因组图的首个草案。

1953年

1973年

2000年

1964年

1979年

2011年

马歇尔·尼伦伯格（Marshall Nirenberg）和菲利普·莱德（Philip Leder）证实了DNA包含所有生物体的遗传密码。

弗里德里克·桑格（Frederick Sanger）将自己的技术应用于解码长链生物分子的序列，以进行DNA测序。

珍妮弗·道德纳（Jennifer Doudna）开创了一种利用编辑过的细菌基因，对有缺陷的人类基因进行基因治疗的技术。

克林托克开始研究染色体的行为，最终确定了染色体与基因之间的联系。她证实了在减数分裂（有性生殖中的细胞分裂）过程中，染色体携带的基因可能会移动位置，这些可移动的基因会"跳"到完全不同的染色体上。她还发现，基因并不是持续活跃的，可以被启动或关闭。

然而，"DNA为何具备自我复制的能力"这一问题仍有待解答。詹姆斯·沃森和弗朗西斯·克里克认为，这源于DNA分子结构的内在特性。1953年，他们基于罗莎琳德·富兰克林的X射线衍射图像，成功构建了DNA分子的三维模型，展示了如今人们所熟知的DNA双螺旋结构，并解释了其通过解旋（unwinding）复制的能力。

基因测序

既然基因被定义为可编程特定蛋白质，那么接下来的目标便是确定DNA中一系列单元【碱基（base）】与相关蛋白质序列之间的关系，即这些碱基如何编码一种氨基酸。马歇尔·尼伦伯格和菲利普·莱德发现，在所有生物体中，遗传密码包含三个碱基，编码一种特定氨基酸。另一项有关理解基因在所有生物体中的作用的研究进展是测序技术的发展：分析蛋白质和DNA等长链分子的单元序列。1979年，弗里德里克·桑格作为该技术的先驱，成功对一种病毒的DNA进行了测序，为人类基因组计划等研究铺平了道路。人类基因组计划旨在对整个人类基因组进行测序。

随着更深入地了解基因结构和行为，人们开创了许多实际应用，使通过基因工程技术改变细胞遗传成分、通过基因编辑技术治疗疾病等成为可能。■

物种、遗传和变异的观点

遗传定律

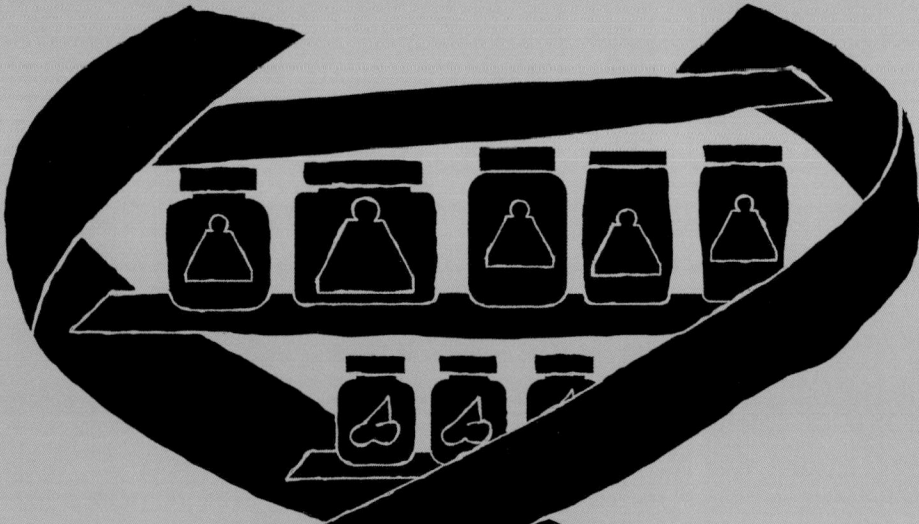

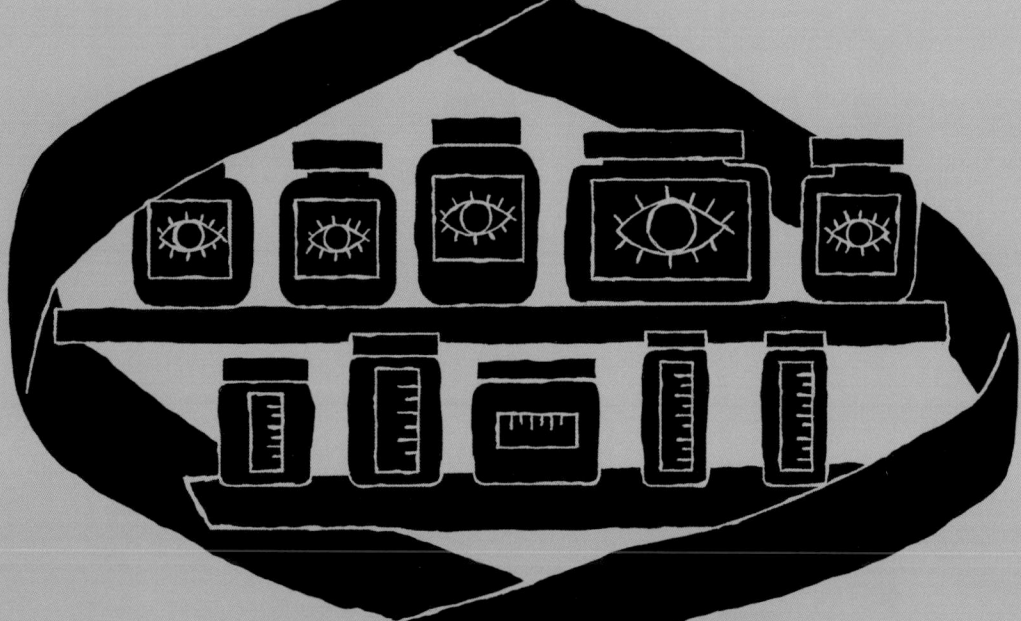

背景介绍

关键人物

格雷戈尔·孟德尔（1822—1884）

此前

公元前4世纪 希波克拉底提出，"种子"由父母传递，是遗传的物质基础。

18世纪60年代 德国植物学家约瑟夫·戈特利布·科尔鲁特证明，植物后代的特征来自双亲平等的贡献。

此后

1900年 格雷戈尔·孟德尔关于豌豆植物的实验结果被荷兰植物学家雨果·德·弗里斯（Hugo de Vries）等人分别独立复制模拟。

1902—1903年 德国生物学家西奥多·博韦里和美国生物学家沃尔特·萨顿分别证明，遗传"颗粒"（后被称为基因）由染色体携带。

在生物学史上，遗传曾是最大的谜团。是什么使后代与其父母相似？直到近代的18世纪，许多人仍怀疑在有性生殖中，双亲是否平等地为幼体形成做出了贡献——尽管后代显然与父母都存在相似性。

一个流行的观点是，每个后代都是在卵子或精子中预先形成的，某些生物学家坚信他们通过显微镜看到了相关证据。另一些人则倾向于来自古希腊哲学家（如希波克拉底）的理论——"种子"来自所有身体部位，混合后被传递到生殖器官继而产生后代。这一理论称为泛生论，虽然更接近真相，但与现代基因的概念仍相去甚远。

驯化与杂交

18世纪中后期，无论回顾家谱，还是观察育种实验的结果，这些实用方法都促进了人们对遗传的理解。例如，德国植物学约瑟夫·科尔鲁特通过杂交植物培育出了双亲贡献相等的中间杂交种，驳斥了

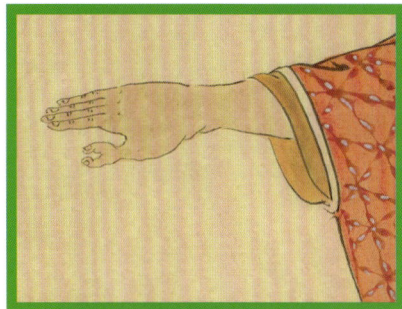

多指/趾（polydactyly）是指多出一个手指或脚趾的情况。1751年，法国学者皮埃尔·莫佩尔蒂（Pierre Maupertuis）和勒内·德·列奥米尔研究了这一现象的遗传情况，发现它是显性遗传。

预成论。不同物种之间的杂交通常是不育的，而这些不育的杂交后代支撑了科尔鲁特"物种是固定的"这一观点：物种具有一个理想的类型，任何自然变异都是偶然的、不重要的。

这种所谓的本质主义（essentialism）观点得到了许多名人的支持，包括来自瑞典的生物分类系统创始人卡尔·林奈。林奈认为，土壤、气候等生长环境可以解释植物

格雷戈尔·孟德尔

1822年，孟德尔出生于奥地利西里西亚（Silesia）一个贫穷的农民家庭。进入布尔诺（现属捷克共和国）的修道院后，修士们将他的名字从约翰（Johann）改为格雷戈尔。1847年，他被任命为牧师，之后在维也纳大学接受自然科学执教资格的培训。他的教授对物种起源很感兴趣，受其影响，孟德尔也对自然产生了好奇。加上对园艺的热情，他开始将研究方向转向植物培育——尤其是豌豆，以测试遗传的本质。尽管在1866年发表了自己的发现，而且后来被誉为"遗传学之父"，但孟德尔的研究在他生前几乎从未受到重视。1884年，孟德尔去世。

主要作品

1866年 《植物杂交实验》

参见: 传粉 180~183页, 受精 186~187页, 染色体 216~219页, 遗传的化学物质 221页, 什么是基因 222~225页, 双螺旋 228~231页, 遗传密码 232~233页, 自然选择 258~263页, 突变 264~265页。

品种, 当这些因素被规范时, 植物就会回归那种"理想的类型"。这种观点阻碍了人们理解遗传机制, 因为如果物种纯粹是局部环境的结果, 那么追溯家谱寻求解释将毫无意义。

19世纪, 查尔斯·达尔文等自然主义者改变了这种观点: 物种间的变异不仅普遍存在, 而且是非常重要的进化原材料。他的"可以出现新物种"观点激励了植物育种者研究遗传, 以了解变化的确切过程。

正确的方法

1866年, 格雷戈尔·孟德尔发表了一篇关于"物种问题"的论文——很可能是他在维也纳大学学习时受到鼓舞而开展的研究。他的教授弗朗兹·昂格尔(Franz Unger)曾提出, 新物种源于现有物种的变异。

> ❝
> 遗传学这一生物科学的重要分支, 正是来自孟德尔在修道院花园中种下的、不起眼的豌豆。
>
> 俄裔美国遗传学家西奥多修斯·多布赞斯基(Theodosius Dobzhansky)
> ❞

孟德尔的研究始于1856年, 这项被低估了的工作后来以与众不同的方式彻底改变了生物学——但那已是近半个世纪后的事了。生前, 孟德尔的豌豆育种实验一直被忽视。

孟德尔的成功源于他的研究方法。他将遗传视为数字问题——这无疑来自他在大学接受的大量物理学训练。他知道丰富的数据可以提高统计可靠性, 因此仔细重复了多代植物杂交, 并对遗传变异进行计数统计以揭示遗传模式。

他在布尔诺圣托马斯修道院的园地里种植了1万株豌豆植物。孟德尔得到了院长的全力支持, 院长甚至还为他建造了一个温室供他研究。最重要的是, 他一次只研究豌豆植物的一个特征, 这揭示了关键的模式。

孟德尔选择豌豆作为实验对象是经过深思熟虑的: 这种植物可观察的特征多, 且易于杂交。

豌豆杂交

孟德尔选择轮流研究豌豆植物的七种特征, 每种特征都有两种形式的性状, 例如, 植株高度可以是高或矮、豌豆颜色可以是黄或绿。他将不同的纯种进行杂交, 如将高植物与矮植物杂交, 用它们产生的豌豆种子培育下一代。每次杂交后, 他都会统计表现出每种性状的后代数量, 然后多次重复这个过程。

虽然科尔鲁特等早期植物育种者已证明, 杂交种是双亲真正的中间体, 但这只是从整体上看待植物及其所有组合特征时的观点。通过分别研究每一种特征，孟德尔发现，一种性状支配（dominate）另一种性状，因此杂交产生的后代只出现显性（dominant）性状。以高度为例，高植株主导矮植株，高矮杂交的所有后代都是高植株；同理，黄色豌豆主导绿色豌豆。他称隐藏的性状为"隐性的"（recessive）。

重现的特征

接下来，孟德尔使杂交后代继续杂交，产生出下一代。这时，第一代的隐性性状跳过了一代，重新出现了。这并非什么新发现：早期植物育种者都知道，某些杂交后代可能会回归到亲本类型。然而，孟德尔的不同之处在于他统计了数量，并逐渐发现了一个模式：四分之一的后代表现出隐性性状，四分之三的后代具有显性性状。

孟德尔提出，在某种程度上，性状是由他称为元素（element）的物理"颗粒"决定的，每种"元素"负责特定的性状，如植株的高或矮。他认为，植物中的"元素"成对存在，在受精时形成：一个通过花粉遗传，一个通过卵子遗传。这意味着纯种植物有两剂（基因的拷贝数量）高"元素"或矮"元素"。在下一代中，所有植物都继承了一种"元素"，不过只有高"元素"影响后代的高度。到了第三代，一些植物得到两剂矮"元素"，所以矮植株再次出现。

根据孟德尔的成对"颗粒"假说（paired-particle hypothesis），如果这些高植株的亲本携带一半高"元素"和一半矮"元素"，那么两个矮"元素"结合的概率就是 $1/2 \times 1/2 = 1/4$。他的统计数据也支

> **性状在杂交种中完全消失，但在后代中又原封不动地出现。**
>
> 格雷戈尔·孟德尔

持了这个结果：四分之一的豌豆后代是矮植株。

遗传定律

识别出解释豌豆植物不同特征的显性性状和隐性性状后，孟德尔开始研究多个特征是如何共同遗传的。例如，植株高度是否影响豌豆颜色，或反之。为此他将有两个显性性状（高的黄色豌豆）的植物与有两个隐性性状（矮的绿色豌豆）的植物杂交，然后如前所述，继续进行后续世代的杂交。

孟德尔发现，每种特征都独立遗传、互不影响——正如他预测的那般，由独立的成对"元素"控制。所有第一代植物都是双显性植物（高的黄色豌豆），而之后的每一代都有各种组合。单独观察每个性状时会发现，有四分之一的植株仍是矮的，有四分之一的豌豆仍是绿色的。

孟德尔关于遗传的发现可归纳为两个主要定律。第一，遗传特征由成对的"颗粒"（现称为基因）决定，这些"颗粒"分别进入精子（或花粉）和卵子中，然后在

	种子形状	种子颜色	种皮颜色	豆荚形状	豆荚颜色	花朵位置	植株高度
显性性状	圆润	黄色	有色	饱满	绿色	两侧	高
隐性性状	起皱	绿色	白色	收紧	黄色	顶端	矮

孟德尔选择了七种豌豆特征进行研究，发现某些性状是显性的，其他的是隐性的。例如，圆形和黄色种子是显性的，皱纹和绿色种子是隐性的。

分离第一定律

第一代杂交将纯种高植株与纯种矮植株杂交。

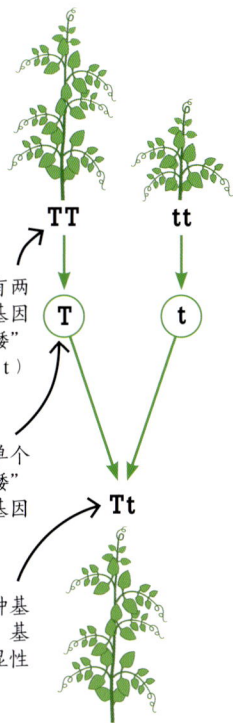

第二代杂交将前一代的后代混合杂交。

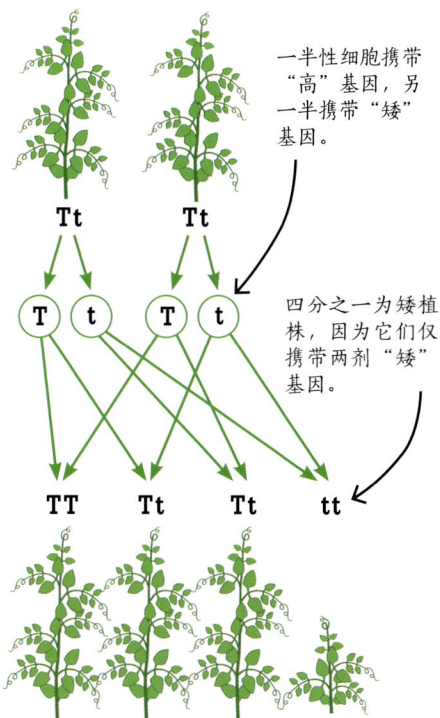

一半性细胞携带"高"基因，另一半携带"矮"基因。

亲本细胞有两剂"高"基因（T）或"矮"基因（t）

性细胞携带单个"高"或"矮"基因

后代携带两种基因，但"高"基因为显性

四分之一为矮植株，因为它们仅携带两剂"矮"基因。

TT **tt** **Tt** **Tt**

T t T t T t

Tt **TT** **Tt** **Tt** **tt**

传粉控制

研究遗传的杂交实验的关键在于：需要知道哪些后代由哪些亲本产生。植物的这些情况并不总是明确的，因为单朵花的雄性花粉可能会无差别地传播到许多其他同类的花上。包括豌豆在内的一些植物也可以自花传粉。

为了控制传粉，植物育种者会去除花朵的雄蕊，同时用小传粉袋覆盖雌蕊或整朵花，以防意外污染。然后，他们用小刷子将已知亲本的雄蕊花粉转移到另一朵花的雌蕊上，由此可知，任何生长的种子都是这一特定杂交的产品。孟德尔便采用了这种技术。如今，植物育种者在培养新的商用品种时，仍使用传粉袋来控制传粉。

许多植物育种者用小刷子将花粉从一朵花上转移到另一朵花上以控制传粉。

受精时重新配对；第二，每个特征由一对基因决定，并且独立于其他特征遗传。

忽视与重新发现

在孟德尔的时代之前，改良的显微镜开始帮助人们了解到更多有关生命本质的信息——尤其是身体由细胞构成，而细胞中含有细胞核。到1884年孟德尔去世时，生物学家认为，细胞核中的某种物质通过细胞分裂遗传，而受精涉及将分别来自父母的这种物质融合在一起。如果孟德尔的成对"颗粒"假说在其生前得到认可，那么这种看

法可能会更完善。

1900年，荷兰、德国和奥地利的植物学家——雨果·德·弗里斯、卡尔·科伦斯（Carl Correns）和埃里克·冯·切尔马克（Erich von Tschermak）——分别获得了与孟德尔相同的实验结果。查阅文献后，他们承认孟德尔是此发现的第一人。接下来的数年里，这引发了遗传研究与认识的快速发展。在20年里，孟德尔所说的成对"颗粒"（基因）的存在消除了合理的质疑并得到了确立：名为染色体的丝线上携带着这些"颗粒"。

每个人类体细胞含有逾2万对不同基因——因为它们成对出现，所以基因的数量超过4万个。豌豆植物的基因甚至更多：孟德尔研究的七个特征的基因仅是该物种约4.5万对基因（9万个）的极小部分。如他所言，在受精时，卵子中的基因与精子或花粉中的同等基因结合，组成成对的基因——构成一个人或一株豌豆植物数万对基因中的每一个都是如此，尽管当时他并不知道所涉及"元素"的真正数量。

修正孟德尔

孟德尔关于遗传"颗粒"性质的观点，尤其令那些认为"突变是进化主要推动力"的生物学家满意，不过起初并非所有人都相信这一观点。达尔文的支持者认为，进化是通过逐步选择那些微小、持续的变化来实现的，这一观点与孟德尔的"颗粒"元素无法调和。达尔文本人认为，双亲的遗传物质部分混合，如此方可解释中间体和连续变异。

然而，混合遗传（blending inheritance）也意味着，随着世代推移，变异也会逐渐消失——那么达尔文理解的进化也不可能实现了。即便是孟德尔之后，也无人能用

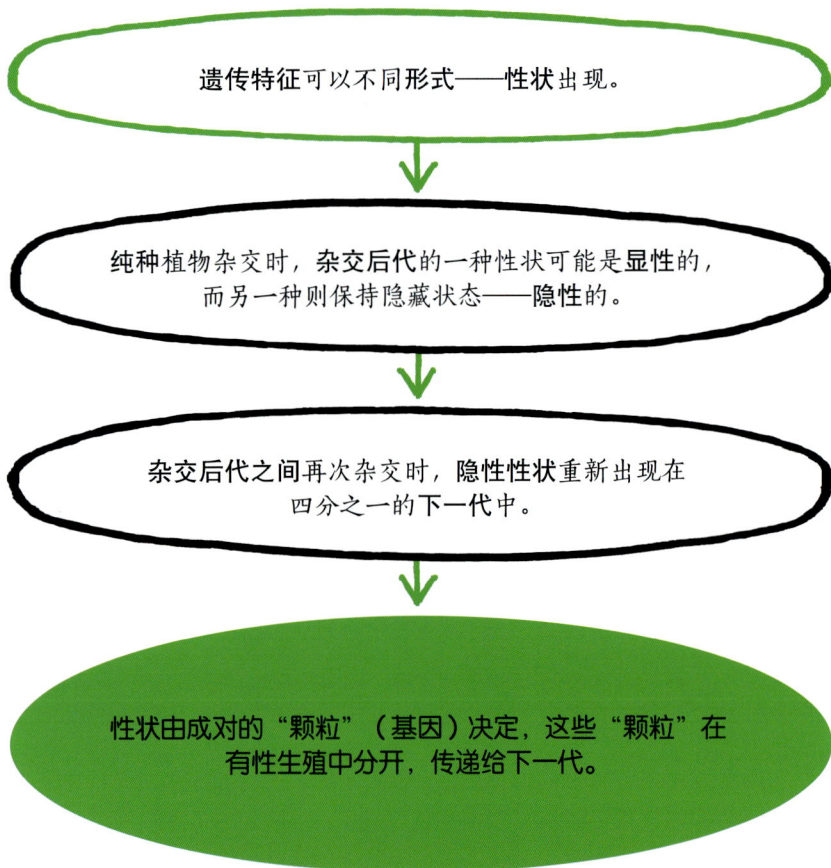

> 在如此戏剧性地重新发现孟德尔定律的50年中，遗传学已转变为一种严谨且多面的学科。
>
> 朱利安·赫胥黎（Julian Huxley）

"颗粒"解释连续变异。一大问题是：基因组成（genetic makeup）和遗传性状（inherited characteristics）基本被画了等号。

1909年，丹麦植物学家威廉·约翰森（Wilhelm Johannsen）的研究拨开了迷雾。在培育自花传粉、遗传背景一致的豆子时，他仍能通过改变土壤肥力、光照等因素创造变异——但这种环境诱导的变异不会遗传给后代。

除了发明"基因"这一术语，约翰森还引入了"表型"（phenotype）一词来描述观察到的性状，以与生物遗传构成的基因型（genotype）区分开。表型可以是持续变化的性状，如人类的身高；也可以是分离的、不连续的性状，如豌豆植物的紫色和白色花朵。表型中的一部分变异（无论是否连续）直接源于环境影响，如在更肥沃的土壤中生长的豆类植物更大，在更明亮的阳光下生活的人的皮肤更黑；其余的则源于基因型的影响。

遗传特征可以不同形式——性状出现。

⬇

纯种植物杂交时，杂交后代的一种性状可能是显性的，而另一种则保持隐藏状态——隐性的。

⬇

杂交后代之间再次杂交时，隐性性状重新出现在四分之一的下一代中。

⬇

性状由成对的"颗粒"（基因）决定，这些"颗粒"在有性生殖中分开，传递给下一代。

全球范围内，大多数人有棕色眼睛，约10%的人有蓝色眼睛，12%的人有淡褐色、绿色或琥珀色眼睛。

人类的遗传

任何以孟德尔所发现的方式遗传的特征——由单个基因的不同版本决定的显性和隐性性状——都被称为孟德尔性状（Mendelian trait）。一些人类疾病就是这样遗传的，如囊性纤维化（cystic fibrosis）是隐性的，亨廷顿病（Huntington disease）是显性的。然而，许多传统上被认为遵循了简单孟德尔遗传的人类性状，其实在以更复杂的方式遗传。

例如，蓝色眼睛被广泛认为是隐性性状，而棕色眼睛是显性的，但这种看法过于简单。生物学家已确定，至少有八个基因参与控制眼睛虹膜中的色素产生，最终的颜色是它们之间相互作用的结果。这解释了为什么也可能出现浅棕色或绿色等其他颜色，以及为什么蓝色眼睛的父母可以生出棕色眼睛的孩子。

相比之下，基因型及其基因"颗粒"总是分离的，从不混合。一个大问题依然存在：颗粒状的基因型如何决定明显可遗传的那些连续变异？例如，如何用"颗粒"解释达尔文的选择理论中长颈鹿的短脖子祖先逐渐演变成长脖子后代这一现象？

配对"元素"

之前，孟德尔本人曾解释过连续变异，并提出这可能是由多于一对"元素"（基因）影响了某个特征引起的。

1908年，瑞典科学家赫尔曼·尼尔森-埃勒（Herman Nilsson-Ehle）培育出具有不同程度的红色种子的麦子——这是三对基因相互作用造成的，每对基因以孟德尔所描述的常规方式遗传，但其组合效应使种子的红色呈现连续混合

的效果。

到了1909年，当约翰森和尼尔森-埃勒帮助验证了孟德尔主义，以呼应达尔文支持者的观点时，研究细胞行为和结构的生物学家也为遗传的成对"颗粒"观点提供了证据。他们发现了孟德尔提到的"颗粒"的物理基础，这些"颗粒"存在于染色体的线状结构中，染色体像珠子串成的项链一样携带基因。当时，新的生物学分支——遗传学已牢固建立，为研究遗传的

化学基础及双螺旋的重要作用铺平了道路。基因不再是理论构想，而是由自我复制的DNA构成的真实"颗粒"。■

人类体型等许多特征都依赖遗传和环境因素，基因、饮食和锻炼身体都发挥着作用。

遗传的物理基础

染色体

背景介绍

关键人物

西奥多·博韦里（1862—1915）
沃尔特·萨顿（1877—1916）
托马斯·摩根（1866—1945）

此前

1866年 奥地利修道士格雷戈尔·孟德尔确定，成对的"颗粒"控制着遗传特征。

1879年 德国生物学家华尔瑟·弗莱明称细胞内部的物质为染色质，当细胞分裂时，它形成后被称为染色体的细丝。

1900年 植物学家雨果·德·弗里斯、卡尔·科伦斯和威廉·贝特森（William Bateson）各自"重新发现"了孟德尔的遗传定律。

此后

1913年 美国遗传学家阿尔弗雷德·斯特蒂文特（Alfred Sturtevant）绘制了染色体上的基因序列。

到了19世纪末，显微镜已发展得足够强大，可以揭示生物体由称为细胞的结构组成且这些细胞包含更小的结构——科学家认为这可能是遗传的关键。生物学家还发现，分裂的细胞包含由一种物质构成的细丝，该物质可被染料染色，因此华尔瑟·弗莱明称之为染色质，意为"有色物质"。

同一时间，生物学家也开始理解，遗传特征依赖细胞（包括精子和卵子）生成与传递的物理"颗粒"——格雷戈尔·孟德尔对这一

参见： 有丝分裂 188~189页，减数分裂 190~193页，遗传定律 208~215页，什么是基因 222~225页，遗传密码 232~233页。

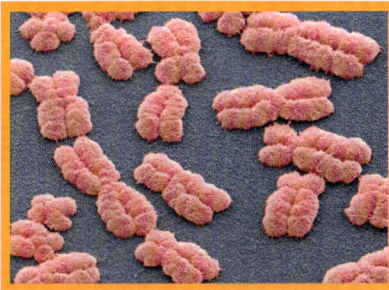

这里展示的是人类染色体对的扫描电子显微镜图像。每对染色体中的一条已在细胞分裂期间复制，形成一个相同的副本，又称姐妹染色单体。

点的实证被当时的大多数人忽视了。然而，后世的科学家产生了类似想法，其中最著名的是德国生物学家奥古斯特·魏斯曼，他提出，遗传"颗粒"以他称为遗子团的单位结合在一起。遗子团后被称为染色体——1889年由另一位德国人威廉·冯·瓦尔德迈耶（Wilhelm von Waldemeyer）提出以描述弗莱明的有色染色质丝线。

染色体的连续性

作为遗传"颗粒"的载体，染色体有个潜在问题：它们只在细胞分裂时出现，而在非分裂细胞中似乎会溶解，因此生物学家开始思考它们所携带的"颗粒"如何实现几代之间的完整传递。1885年，奥地利解剖学家卡尔·拉布尔注意到了一个重要事实：细胞内的染色体丝线不是随机、无序的，每种生物体都携带一组特定的染色体。每个细胞中的染色体数量固定不变，单独的染色体甚至具有独特的身份以及特定的长度，这些特征在

细胞分裂时仍然保留。现在我们知道，细胞完成分裂后，它们的染色体会解开，只在下一次分裂时才重新卷起并变厚。对于19世纪末的生物学家来说，染色体的这种连续性意味着，它们实际上可作为原封不动地传递遗传"颗粒"（基因）的载体。

博韦里–萨顿理论

19世纪60年代，孟德尔的豌豆植物杂交实验详尽地表明，遗传"颗粒"成对存在，从双亲那里各继承一个。1900年，他的理论被重新发现时，研究细胞的生物学家意识到，染色体可能是孟德尔理论（遗传"颗粒"）的物质基础。20世纪的最初十年里，来自大西洋两岸的证据分别进一步支持了这一理论。在意大利，德国动物学家西奥多·博韦里研究海胆时有了重要发现——这种动物的受精和胚胎发育极易在显微镜下观察到，他进而发

> 精子中含有独特的、大小和形状各异的染色体，而与之对应的染色体……存在于卵子中。
>
> 西奥多·博韦里

沃尔特·萨顿

1877年，沃尔特·萨顿出生于父母位于美国中西部的农场中，他也成长于这里。他拥有修理农用机械的天赋，并进入堪萨斯大学学习工程学，但后来转向生物学，毕业论文研究了父母农场所在地一种蝗虫的精子生产。随后他前往纽约的哥伦比亚大学深造，并为确立"染色体是基因载体"的观点做出了贡献。

他曾短暂重拾对工程的兴趣，开发了深井石油开采装置。之后他回到哥伦比亚大学继续学习，于1907年获博士学位。第一次世界大战期间，他成为巴黎附近的美国救护医院的首席外科医生。1916年，他因阑尾炎并发症去世。

主要作品

1900年 《笨蝗的精原细胞分裂》
1903年 《遗传中的染色体》

现健康的海胆胚胎发育需要完整的36条染色体。

与此同时，在美国研究蝗虫时，生物学学生沃尔特·萨顿推测它们的染色体成对出现，在精子形成过程中分开。他认识到这与孟德尔发现的基因行为同步，进一步为"基因位于染色体上"提供了证据。萨顿的详细观察表明，每个染色体都有独特的身份——正如二十年前拉布尔提出的——这也暗示了基因的独特性。

细胞分裂的方式使每个新细胞都拥有完整的染色体和基因。实际上，身体细胞（体细胞）拥有两套染色体。特殊类型的细胞分裂（减数分裂）产生精子和卵子，成对的染色体分开，染色体数量减半。当精子与卵子结合时，受精使染色体恢复配对，这正是奥古斯特·魏斯曼在1887年提出的——而孟德尔提出得更早。相比之下，当体细胞进行有丝分裂时，整个染色体组每次都会复制，因此每个子细胞总能获得完整的染色体组：染色体的数量保持不变。

连锁基因

20世纪的最初十年，研究人员看到了某些染色体与性状之间的显著联系：至少在所研究的动物中，雄性与雌性拥有不同的染色体组。性染色体的发现是染色体与遗传性状之间第一次建立起的明显联系，不久后，关于染色体携带基因的大量实验证据，便从某一研究领域开始，如滚雪球一般涌现。

1909年，美国生物学家托马斯·摩根开始通过培育果蝇的实验来研究遗传问题，他的灵感来自荷兰植物学家雨果·德·弗里斯的植物遗传变异研究——德·弗里斯称这些变异为突变（译者注：德·弗里斯研究的月见草具有特殊的染色体结构和行为，因此，其突然出现的新性状，并非真正的突变）。

果蝇是研究遗传的完美对象，其繁殖的后代具有肉眼可见的不同变种，如体色和翅膀形状。摩根和他的团队在哥伦比亚大学专门设立了"蝇室"，大量杂交果蝇变种，并像孟德尔一样统计其后代不同种类的比例，进而研究遗传模式。

> 我们关注遗传，不仅仅是将其看作一种数学公式，而是将其作为与细胞、卵子和精子相关的问题。
>
> 托马斯·摩根

摩根最关注的是基因在染色体上的排列。第一种变异——白眼而非通常的红眼——更常见于雄性，他据此推断，眼睛颜色和性别的基因是连锁（link）的——正如字面意思，在同一性染色体上。

团队逐渐识别出其他以类似方式相连锁的性状，最终确立基因分为四个连锁群，正好与果蝇细胞中的四对染色体相对应。随后他们确定了基因沿染色体排列的准确顺序。

实际上，染色体并不像拉布尔和魏斯曼之前所说的那样固定不变且不可分割，在减数分裂——产生性细胞的细胞分裂中，携带相似基因组的成对染色体，即同源染色体（homologues），会暂时结合、交换片段，结果曾经连锁的基因不再连锁。相隔较远的基因更可能以

微小的果蝇非常适合用于研究遗传，因为它繁殖迅速，许多性状可见，并且只有四对染色体。

X染色体上的基因遗传

第一次，一只正常（红眼）雌性果蝇与一只突变（白眼）雄性果蝇交配。

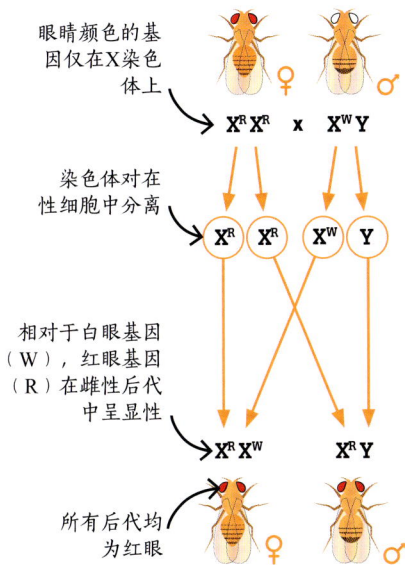

第二次，一只突变（白眼）雌性果蝇与一只正常（红眼）雄性果蝇交配。

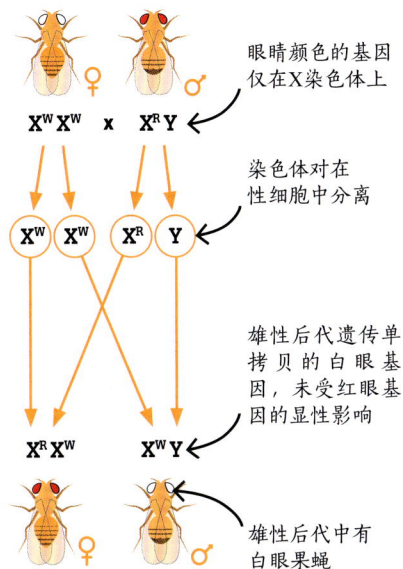

眼睛颜色的基因仅在X染色体上

$X^R X^R$ x $X^W Y$

染色体对在性细胞中分离

X^R X^R X^W Y

相对于白眼基因（W），红眼基因（R）在雌性后代中呈显性

$X^R X^W$ $X^R Y$

所有后代均为红眼

眼睛颜色的基因仅在X染色体上

$X^W X^W$ x $X^R Y$

染色体对在性细胞中分离

X^W X^W X^R Y

雄性后代遗传单拷贝的白眼基因，未受红眼基因的显性影响

$X^R X^W$ $X^W Y$

雄性后代中有白眼果蝇

这种方式交换，而前后紧挨着的基因几乎不会断开：它们靠得越近，在它们之间发生断裂的可能性就越小，这两个基因（及其控制的性状）一起被遗传的可能性就越大。

通过追踪任意两个性状发生这种情况的次数，"蝇室"的生物学家推导出了基因在染色体上的相对位置。哥伦比亚大学团队的成员阿尔弗雷德·斯特蒂文特首次进行

了此类分析，并在1913年制作出了第一份染色体图谱——果蝇的性染色体（X染色体）图谱。

人类基因组

随着细胞内基因的物理排列被揭示，遗传学成为生物学中越来越重要的一部分。这一进展预示着超乎想象的未来发展：不到一个世纪后完成的人类基因组计划。■

伴性遗传

维多利亚女王将血友病（haemophilia）遗传给了她九个孩子中的三个，最小的儿子在30岁时因轻微摔倒失血而死。

血友病是一种伴性遗传疾病（sex-linked disorder），被称为"王室病"（royal disease），因为英国维多利亚女王（1819—1901）将此病遗传给了她的儿孙。该病由产生凝血蛋白IX的基因突变引起，导致正常凝血受阻，患者易失血。负责凝血的基因位于X染色体上，因此男孩更容易受影响，因为与携带XX染色体的女孩不同，男孩Y染色体无法携带对应的显性基因来抵消该缺陷。

维多利亚女王的祖先并无血友病症状的记载，所以突变可能就始于她：小儿子利奥波德（Leopold）死于该病，两个女儿【艾丽斯（Alice）和比阿特丽斯（Beatrice）】是携带者，并至少遗传给了六个孩子。

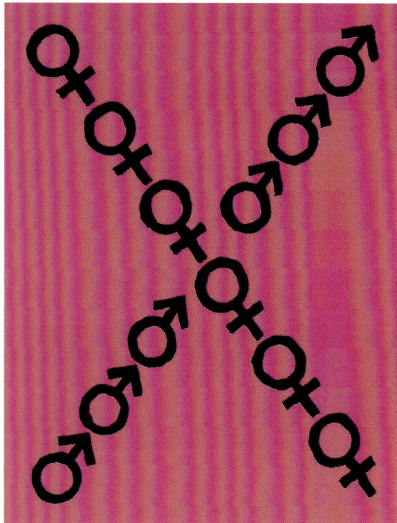

X元素

性别决定

1891 年，德国生物学家赫尔曼·亨金注意到了性别在细胞层面的差异，表现为有一种只出现在精子头部的暗色结构。由于不知此为何物，他便直接称之为代表未知的"X"。1901年，美国动物学家克拉伦斯·麦克朗认为X是决定性别的染色体，由一半的精子携带，控制雄性——但这个观点是错误的。

1905年，美国生物学家内蒂·史蒂文斯在研究黄粉虫（mealworm beetles）后明确解释了X染色体。染色体成对存在，结构相似，但雄性染色体中有一对不等：一条短粗的染色体与一条较长的染色体并列，这种染色体对在减数分裂（一种细胞分裂方式）时分离，因此一半的精子含有短染色体，另一半则含有长染色体。较长的染色体就是亨金发现的X，较短的染色体后被称为Y。史蒂文斯确定是Y染色体决定了雄性，而非麦克朗推测的X

染色体。雌性携带两条X染色体，因此所有卵子的染色体都相似。

经过十多年的研究，加上显微技术的改良，科学家在更小的人类细胞染色体中发现了相同的X-Y系统。今天我们知道，这一系统决定着所有哺乳动物和许多昆虫的性别。Y染色体上的一个基因使胚胎的性别器官发育为雄性，若没有它，性别器官就为雌性。然而，这并非普遍现象：雌性鸟类有不等的性染色体，雄性则有相同的染色体对；还有些动物的性别仅受环境影响。■

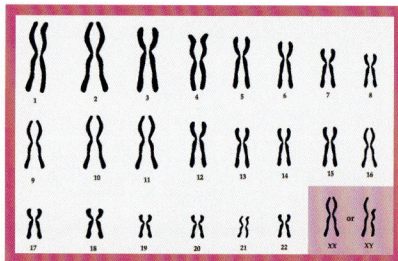

人类的核型是由23对染色体组成的集合，其中包括一对性染色体，可以是XX（雌性），也可以是XY（雄性）。

参见：受精 186~187页，胚胎发育 196~197页，遗传定律 208~215页，染色体 216~219页，什么是基因 222~225页。

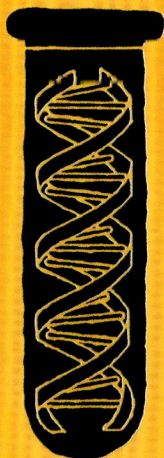

DNA是转化因子

遗传的化学物质

1869年，瑞士医生弗里
德里希·米歇尔发
现细胞核中存在一种化学物质，他
称之为核素，从而开创了遗传学的
化学研究。他知道其对细胞功能至
关重要，但并不理解背后的原因。

1889年，米歇尔发现的核素
被重新命名为核酸。20世纪初，美
国生物化学家菲伯斯·利文发现，
核酸包含糖、磷酸和名为碱基的单
位。他证明了核酸有两种不同的形
式：核糖核酸（RNA）和脱氧核
糖核酸（DNA）。

利文低估了DNA的潜力，认
为其过于简单，不足以成为决定生
物体结构的遗传物质。英国生物学
家弗雷德里克·格里菲斯开展实
验，以确定基因的具体成分。1918
年西班牙流感暴发后，他对如何将
肺炎的致病菌株转变为良性菌株产
生了兴趣，并于1928年取得了重大
突破——从死细菌中提取出的一种
化学"转化因子"可以改变菌株，

> **核酸……会在细胞
> 中引起可预测和可遗传的
> 变化。**
>
> 奥斯瓦尔德·埃弗里

而这可能就是遗传物质。

1944年，在纽约的洛克菲勒
研究所（Rockefeller Institute），
遗传学家奥斯瓦尔德·埃弗里
（Oswald Avery）、科林·麦克劳
德（Colin MacLeod）和麦克林恩·
麦卡蒂（Maclyn McCarty）证
明，"转化因子"就是核酸。他们
展示了肺炎球菌（pneumococcus）
传染性菌株的毒性可通过纯DNA
转移到非传染性细菌中，从而揭示
了基因的化学身份。■

参见：遗传定律 208~215页，什么是基因 222~225页，双螺旋 228~231页，遗传
密码 232~233页。

一个基因，一个酶

什么是基因

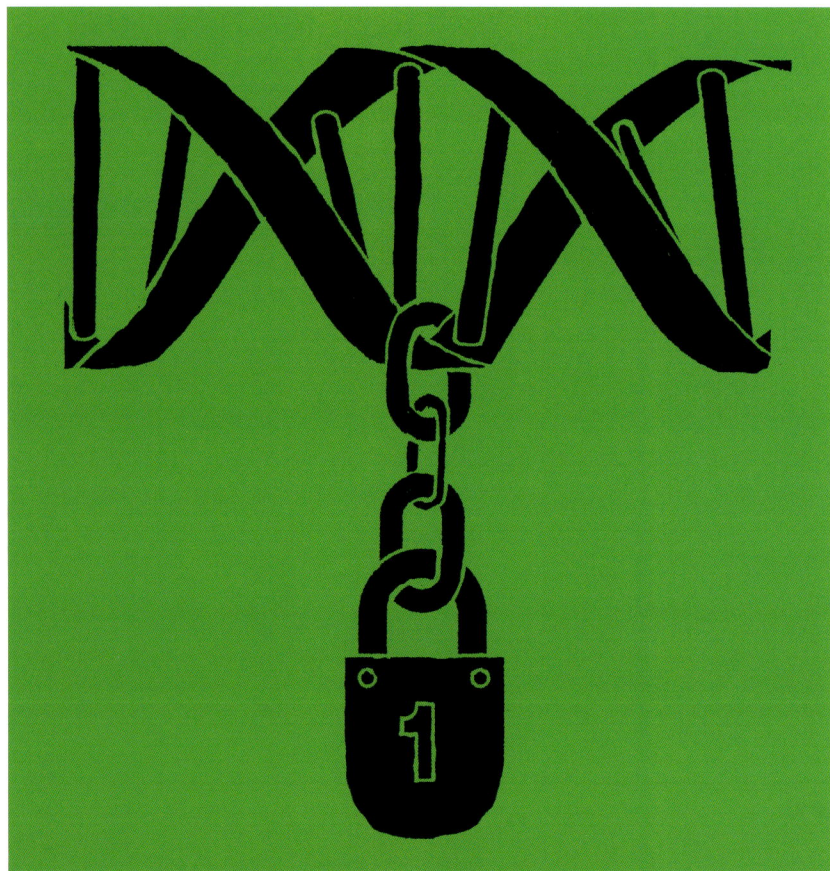

背景介绍

关键人物

乔治·比德尔（1903—1989）

爱德华·塔特姆（1909—1975）

此前

1885年　奥古斯特·魏斯曼提出了"硬遗传"理论，认为遗传是通过固定且不可分割的粒子从一代传递到下一代来实现的。

1902年　英国医生阿奇博尔德·加罗德（Archibald Garrod）提出，遗传"颗粒"可能会出错，从而导致化学失衡。

1909年　威廉·约翰森将遗传"颗粒"称为基因。

此后

1961年　美国生物化学家马歇尔·尼伦伯格和菲利普·莱德，以及德国生物化学家海因里希·马特（Heinrich Matthaei）共同确定了基因中的碱基序列"代码"如何被"翻译"为蛋白质中的氨基酸序列。

19世纪时，"遗传特征由实体的'颗粒'控制"的想法流行起来。生物学家揭示了生物体不仅由细胞这样微小的活体单元组成，其细胞内部还有更微小的复杂结构。1875年，德国动物学家奥斯卡·赫特威格提出了一种观点：受精涉及一个精子与一个卵子的融合，这提供了"颗粒"代际传递的微观途径。20世纪40年代，美国生物学家乔治·比德尔和爱德华·塔特姆发现了这些"颗粒"的运作方式。

1868年，英国博物学家查尔

参见：酶的运作方式 66~67页，遗传定律 208~215页，遗传的化学物质 221页，跳跃基因 226~227页，双螺旋 228~231页。

基因由一系列称为碱基的化学构件组成。

↓

基因中碱基的顺序决定了细胞在合成蛋白质时连接的构件（氨基酸）的顺序。

↓

组装好的**蛋白质链**折叠成特定形状，执行**特定功能**。

↓

该功能影响某一特征。

乔治·比德尔

1903年，乔治·比德尔出生于美国内布拉斯加州（Nebraska）的一个农场，后来进入内布拉斯加大学学习，并凭借玉米植物遗传学研究获博士学位。在加利福尼亚理工学院工作时，比德尔对基因在生化层面的作用产生了兴趣。后来，他在哈佛大学和斯坦福大学担任遗传学教授。

在斯坦福大学期间，他与爱德华·塔特姆合作研究霉菌生物化学（mould biochemistry），证实了基因通过促使细胞产生特定的酶来发挥作用。1958年，他和塔特姆凭此发现获得了诺贝尔生理学或医学奖。比德尔还获得过许多其他荣誉，包括1946年成为美国艺术与科学学院会员。他去世于1989年。

主要作品

1930年《对玉米的孟德尔不联会的遗传学和细胞学研究》

1945年《生化遗传学》

斯·达尔文提出，细胞中含有形成性状的"微粒"（corpuscle），它们与细胞一起分裂，释放的产物进入循环系统，聚集在父母的生殖器官中，准备传递给后代。不过他也指出，在某种程度上，环境的影响及身体部位的使用情况也能改变这些"颗粒"。德国生物学家奥古斯特·魏斯曼对此表示反对，并于1885年提出"硬遗传"理论，认为代际传递的"颗粒"是固定的。

魏斯曼比达尔文更接近真相：今天我们了解的基因在从一代传到下一代时，通常是被忠实复制的。魏斯曼认为，不同类型的细胞最终通过某种方式获得不同类型的"颗粒"，这便可以解释身体不同部位之间的差异——但他错了。荷兰植物学家雨果·德·弗里斯有更准确的解释，他在1889年出版的《细胞泛生论》（Intracellular Pangenesis）中提出，所有细胞——无论在身体的哪个位置——都有相同的完整"颗粒"集合，这是任何物种所必需的，但这些"颗粒"仅在身体的某些部分被激活，或者说"启动"。

实际上这是正确的，而且有

助于解释尽管细胞在遗传上是相同的，但它们在身体不同部位以不同方式发展。德·弗里斯称这些"颗粒"为泛生土（pangens），1909年，丹麦植物学家威廉·约翰森用"基因"一词取代了之前的称呼。

代谢缺陷

1900年，德·弗里斯重新发现了奥地利修道士格雷戈尔·孟德尔的豌豆植物遗传研究——1865年，孟德尔提供证据表明，每个遗传特征都是由一对单一类型的"颗粒"（基因）决定的。然而，基因是如何发挥作用的呢？生物体及其细胞由化学物质组成，这些物质以复杂的方式发生反应，这是理解身体运作方式的关键，基因也不例外，因此在化学层面应当可以解读它们的功能。此后，遗传疾病研究提供了一些早期的重大线索：如果这些疾病按孟德尔描述的方式遗传，那么它们都可归因于单一的缺陷基因，其症状可能有助于揭示这个缺陷基因在做什么或没做什么。

1902年，英国医生阿奇博尔德·加罗德发表了一篇关于尿黑酸尿症（alkaptonuria）的文章，该病患者从出生起便会产生变黑的尿液，成年后会出现骨关节炎（osteo-arthritis）等严重并发症。加罗德发现该病与一种色素积聚有关，认为这是由于身体无法进行一种关键的化学反应来处理并去除这种色素。

他知道，身体代谢的每个反应都需要一种酶作为催化剂，因此他提出，尿黑酸尿症的病因是控制色素处理酶合成的基因存在缺陷。后来，加罗德将包括白化病（al-binism）在内的其他遗传病归因于类似的酶缺陷，并称之为先天代谢性缺陷（inborn errors of metabo-lism）。然而，证实其关于尿黑酸尿症的结论花费了数十年的时间，直到1958年，缺失的化学反应的准确细节才被世人接受。

关于基因的实验

加罗德提出的基因与酶之间的联系需要证据。20世纪40年代，

> ❝
> **基因是遗传的原子。**
> 西摩·本泽（Seymour Benzer），
> 美国物理学家
> ❞

乔治·比德尔和爱德华·塔特姆的研究提供了证据。他们测试了一种名为链孢霉（neurospora）的面包霉菌。与其他生物一样，脉孢霉也需要特定的营养素，如氨基酸和维生素，才能正常生长，其余营养素通过化学反应制造。通过将霉菌暴露在X射线下，比德尔和塔特姆制造出了失去产生某些营养素能力的突变菌株。如果X射线破坏了一个基因，霉菌就无法制造出该基因对应的酶，制造营养素的化学反应因此受阻，霉菌也就不再生长。

通过逐个研究突变菌株，比德尔和塔特姆识别出与营养素制造相关的特定基因，证实了每个基因都依靠控制特定酶的生产来发挥作用。

一个基因，一个蛋白质

"一个基因，一个酶"的观念是理解基因本质的一大进步。到了20世纪50年代，生物化学的快速进

白化病，如这位（中间）与同学们在一起的南非男孩所患的疾病，是一种抑制黑色素生成的遗传性疾病——黑色素是给皮肤、头发和眼睛着色的色素。

比德尔和塔特姆的霉菌实验表明，正常真菌具有完整的、正常运作的基因组，自身可以制造所有重要营养素，其孢子可在缺少营养素的培养基上生长。如果突变的真菌无法制造特定的营养素，那么其孢子只有在培养基提供该营养素时，才会生长（译者注：完全培养基提供了生长所需的所有营养物质，包括无机盐、糖，以及其他必要的氨基酸和维生素。下文中的"缺陷"培养基指缺少某些氨基酸、维生素的培养基）。

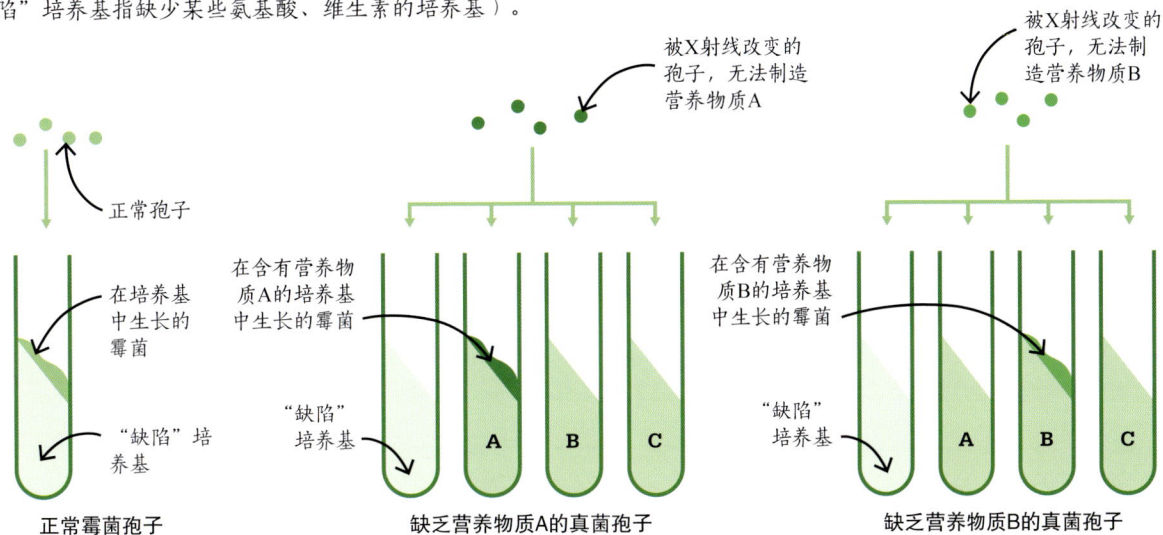

正常霉菌孢子

缺乏营养物质A的真菌孢子

缺乏营养物质B的真菌孢子

步促使人们发现了生命的分子构件，并证明了基因对其的重要性。酶属于一种被称为蛋白质的复杂物质，每种生物体都会产生数千种不同类型的蛋白质，每种蛋白质在身体的代谢中各显其能。酶通过推动反应来发挥作用，其他蛋白质则充当信号、受体和抗体等，所有蛋白质都源自基因。同时，越来越多的人接受了"基因由DNA构成"的观点，也印证了基因与蛋白质之间的联系。基因是一段产生蛋白质的DNA编码，DNA和蛋白质都是由较小结构单元（building block）序列组成的长链分子——这种共享的顺序排列便是关键。细胞有效地"读取"基因DNA的结构单元（碱基）顺序，并将这些信息翻译成蛋白质上的氨基酸顺序。氨基酸的序列决定了这个蛋白质链的折叠形状，而形状会影响其功能。

早在1865年，格雷戈尔·孟德尔就猜测，种子颜色等豌豆植物特征是由看不见的遗传"颗粒"引起的，这些"颗粒"即使在当时最先进的显微镜下也看不到。现在我们可以看到并理解这些基因是如何被表达（基因编码信息转化为蛋白质）的。2010年，新西兰的生物学家追踪到了豌豆植物花色与一种产生酶的基因的关联，这种酶推动色素的生成反应，色素使花变为紫色。然而，仅仅在基因DNA中修改一个结构单元就会导致酶失去功能，使花保持白色。

遗传学领域快速出现的新发现，为人们提供了关于生物体构成的关键信息。■

基因敲除实验

基因敲除（gene knockout）是一种实验，故意使生物体的基因无法工作，然后将其与正常生物体相比较，便可推断该基因在功能正常时的作用。

最初，生物学家依赖引发突变的因素，如X射线，正如比德尔和塔特姆研究霉菌基因效应时采用的方法（译者注：X射线诱变利用射线，在基因组上随机破坏DNA双螺旋结构，在修复过程中引入错配。这个过程是不定向的、随机发生的）。今天，基因工程技术可以更精确的方式靶向一个基因，要么去除，要么在活体中替换它。这种敲除生物体的基因在医学研究中尤其有用，如在癌症研究中。实验室敲除小鼠的基因用于帮助证明BRCA1等基因如何自然参与抑制癌性肿瘤，从而探究乳腺癌和卵巢癌的可能治疗方法。

我能把正在发育的蜗牛卵变成大象

跳跃基因

背景介绍

关键人物
芭芭拉·麦克林托克（1902—1992）

此前

1902—1904年 沃尔特·萨顿和西奥多·博韦里发表了研究成果，证实了染色体携带遗传物质。

1909年 弗朗斯·阿方斯·詹森斯（Frans Alfons Janssens）指出，在减数分裂过程中，母本和父本的染色单体交叉并交换片段。

20世纪10年代 托马斯·摩根领导的团队通过研究果蝇揭示了染色体交叉对遗传模式的影响。

此后

1961年 弗朗索瓦·雅各布（François Jacob）和雅克·莫诺（Jacques Monod）通过研究细菌，发现了根据需要控制基因开关的机制。

不同的基因被同一染色体携带可能意味着，其所控制的性总会一起遗传。然而，细胞的染色体组成并非固定不变，细胞分裂期间，染色体会自然断裂甚至交换部分片段。

染色体断裂的概念最早出现于1909年，当时比利时生物学家弗朗斯·阿方斯·詹森斯注意到，在减数分裂时，染色体分裂，母本和父本的染色单体相互交叉。

他正确地推测出：它们通过在某些地方断裂，与邻近的染色体重新结合，交换了自身的一部分。这意味着，这些染色体携带的基因会改变位置，打破先前的连锁，创造出新的染色体组合。

基因重组

1910—1915年，在哥伦比亚大学，美国遗传学家托马斯·摩根和他的团队研究了基因重组（genetic shuffling）对果蝇性状遗传的影响。

20世纪20年代中期，另一位美国遗传学家芭芭拉·麦克林托克也做了类似的研究，对象是不同品种的玉米植物：她将产生棕色玉米粒的植株与产生黄色玉米粒的植株杂交，以产生混色的后代。正如摩根追踪果蝇那样，麦克林托克计算了玉米苞上的玉米粒，研究了遗传模式。

麦克林托克将杂交实验与玉米染色体的显微研究相结合，证明

杂交玉米植株会产生不同颜色的玉米粒，这些颜色变化是由玉米粒储能细胞中的色素花青素表现方式变化导致的。

参见： 遗传定律 208~215页，染色体 216~219页，性别决定 220页，遗传的化学物质 221页，什么是基因 222~225页，双螺旋 228~231页，遗传密码 232~233页，基因工程 234~239页。

了基因不但会通过常规交叉来改变**位置**，有些还会**移动**到**完全**不同的染色体上。这些后来被称为转座因子（transposable element）的"跳跃基因"影响了遗传性状，表明基因在染色体上的位置与基因本身同等重要。

基因调控

麦克林托克发现，有些"跳跃基因"会使染色体断裂，所以无论它们移动到哪里，它们都会引发交叉。这样一来，它们扰动了基因组，增加了基因的多样性。

她还证实，并非所有染色体部分都直接参与了决定表达性状的过程，它们可能更为微妙地影响其他基因的运作方式，尤其是某些片段可以有效地开关基因。

"基因激活基因"的概念帮助解释了另一个问题：如果胚胎中的

转座因子（"跳跃基因"）在染色体上移动，通过激活或关闭新位置上的目标基因来影响其行为。

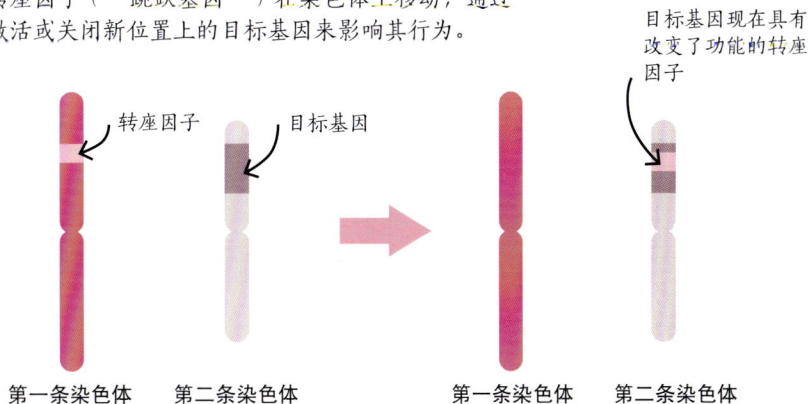

转座因子　目标基因

目标基因现在具有改变了功能的转座因子

第一条染色体　第二条染色体　第一条染色体　第二条染色体

所有细胞最初都由受精卵复制而来且基因相同，那它们是如何分化为身体的不同器官和部位的呢？例如，虽然都包含胰岛素基因，但胰腺中的细胞会生成胰岛素，而脑中的细胞则不会。

胚胎发育期间，只有在特定位置的某些基因会被激活——这个证据解释了上述问题。1961年，法

国遗传学家弗朗索瓦·雅各布和雅克·莫诺通过研究细菌，提供了基因开关的实验证据：只有当环境中有乳糖供应时，细菌的基因才会生产代谢乳糖的酶。他们确定了一组依据环境调控基因的成分，其中包括催化剂。■

巴巴拉·麦克林托克

1902年，麦克林托克出生于美国康涅狄格州哈特福德（Hartford），父亲是一位顺势疗法（homeopathic）医生。20世纪20年代，她在康奈尔大学学习遗传学和植物学，并在校内从事研究直至1936年，她与同事、遗传学家哈丽雅特·克赖顿（Harriet Creighton）合作研究染色体交叉互换片段的方式。

麦克林托克先后在密苏里大学和冷泉港实验室（Cold Spring Harbor Laboratory）进行研究。20世纪40年代，她发现染色体的一部分——现被

称为转座因子——可以移动位置。尽管麦克林托克的遗传学研究最初并未获得认可，但她最终于1971年获得美国国家科学奖章，并于1983年获诺贝尔生理学或医学奖。她于1992年去世。

主要作品

1931年《玉米中细胞学和遗传学交叉的相关性》

1950年《玉米可变位点的起源和行为》

两条交织的螺旋楼梯

双螺旋

背景介绍

关键人物
詹姆斯·沃森（1928— ）
弗朗西斯·克里克（1916—2004）
罗莎琳德·富兰克林（1920—1958）

此前
1869年 弗雷德里希·米歇尔分离出DNA，并称之为核素，认为它可能与遗传有关。

1905—1929年 菲伯斯·利文确定了RNA和DNA的化学成分。

1944年 奥斯瓦尔德·埃弗里证明了基因是染色体中的DNA片段。

此后
1973年 美国遗传学家赫伯特·博耶和斯坦利·N.科恩证实了修改遗传物质的可能性。

2000年 人类基因组计划公布了人类染色体中DNA碱基的完整序列。

20世纪50年代初，生物学的主要挑战之一是弄清脱氧核糖核酸（DNA）的结构。许多生物学家认为DNA是基因的物质基础，而基因是遗传的基本单位，DNA的许多特性已被发现。众所周知，DNA是位于活细胞细胞核中的染色体的主要组成部分，是由称为核苷酸（nucleotide）的亚基组成的大分子。每个核苷酸内都含有叫作磷酸基团（phosphate）的化学物质，它与一种叫

参见：病毒 160~163页，遗传定律 208~215页，染色体 216~219页，什么是基因 222~225页，遗传密码 232~233页，基因工程 234~239页，DNA测序 240~241页，人类基因组计划 242~243页。

核苷酸是DNA分子的结构单元。每个核苷酸中，都有一个磷酸基团与一个糖（脱氧核糖）相连，而糖与四种含氮碱基之一相连：腺嘌呤（A）、胞嘧啶（C）、鸟嘌呤（G）或胸腺嘧啶（T）。沃森和克里克发现了这些碱基的三维排列方式。

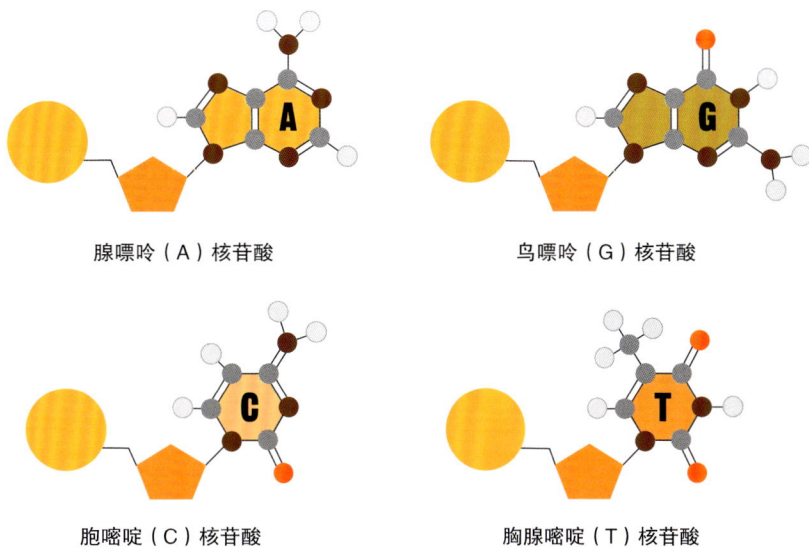

腺嘌呤（A）核苷酸

鸟嘌呤（G）核苷酸

标识

- ⬤ 碳原子
- ◯ 氢原子
- ⬤ 氮原子
- ⬤ 氧原子
- ⬠ 糖（脱氧核糖）
- ⬤ 磷酸

胞嘧啶（C）核苷酸

胸腺嘧啶（T）核苷酸

脱氧核糖的单糖相连，而脱氧核糖又与一种叫含氮碱基（nitrogenous base）的物质相连。碱基可以是下列四种中的任意一种：腺嘌呤（adenine，简称A）、胞嘧啶（cytosine，简称C）、鸟嘌呤（guanine，简称G）、胸腺嘧啶（thymine，简称T）。

同时人们已知，核苷酸中的磷酸与糖以链（或多链）的形式连接，形成DNA分子的"骨架"。当时未知的是A、C、G和T这四种碱基在结构中的排列方式。科学家特别想要解答的问题之一是：细胞分裂时，其中的DNA如何复制，才能确保每个"子细胞"都能获得原细胞DNA的精确副本？

竞争团队

1950年5月至1951年年末，多个旨在弄清DNA结构的科学家团队成立，其中一个在伦敦国王学院，由英国生物物理学家莫里斯·威尔金斯（Maurice Wilkins）领导，专注于利用X射线衍射技术研究DNA。这其中就包括将X射线射向一束DNA纤维，以测量DNA中的原子如何衍射（散射）X射线。1950年，威尔金斯获得了一张较理想的DNA纤维的X射线衍射图像，证明该技术能提供有效的数据。1951年，另一位X射线衍射专家——英国化学家罗莎琳德·富兰克林加入该团队，她制作出了更好的图像，后来还利用其X射线衍射技术研究了病毒。

从1951年中期开始，美国化学家莱纳斯·鲍林（Linus Pauling）在加州理工学院领导一个团队研究DNA结构。同年早些时候，鲍林正确地提出蛋白质分子部分具有螺旋结构。到了11月，

威尔金斯推测DNA也具有螺旋结构。次年2月，富兰克林在发表的一份报告中提出，DNA可能含有紧密排列的螺旋结构，可能包含两条、三条甚至四条核苷酸链。同一时期，又有两位科学家加入

20世纪50年代，詹姆斯·沃森和弗朗西斯·克里克在英国剑桥大学的卡文迪许实验室共同研究DNA的结构（译者注：上图摄于1976年，美国）。

了探究这一难题的行列，他们组成了英国剑桥大学团队，他们就是擅长X射线衍射技术的英国物理学家弗朗西斯·克里克与有遗传学背景的美国生物学家詹姆斯·沃森。他们共同进行新的实验，选择收集已有的DNA数据，创造性地解开了DNA结构的谜团。他们效仿鲍林的蛋白质结构研究，尝试根据已知的亚基构建部分DNA分子的三维模型。同时，他们与威尔金斯和富兰克林也保持着联系。

谜底

沃森和克里克构建DNA模型的首次尝试并不成功。他们构建了一个三链螺旋结构，含氮碱基位于外部。富兰克林看到这个模型后指出，这与她的X射线衍射研究结果并不一致，特别是含氮碱基应该在内部。

1953年年初，克里克和沃森开始构建第二个模型，将磷酸-糖基团放在外部。他们重新审视了过去十年关于DNA的所有发现，其

中一点引起了他们的思考：DNA中含有一些原子间相对较弱的键，叫作氢键。另一条重要线索是DNA组成的一个特点——查哥夫法则（Chargaff's rule）（见下），即DNA中腺嘌呤（A）含量与胸腺嘧啶（T）含量非常相似，而鸟嘌呤（G）含量与胞嘧啶（C）含量也非常相似。这表明，DNA可能含有碱基对：A与T配对，G与C配对。

随后，沃森和克里克幸运地迎来了机会。威尔金斯与他们分享了一张富兰克林的学生于1952年5月拍摄的DNA的X射线衍射图像，显示DNA含有两条由糖和磷酸组成的螺旋"骨架"。利用这一信息，他们能够计算出螺旋维度的关键参数，此时剩下的唯一问题是，这些含氮碱基如何被安排在"骨架"之间的空隙中？

沃森用纸板做成碱基的剪纸，并来回移动，试图拼凑出它们在DNA分子中可能的组合方式。起初，这种方法毫无进展，直到一

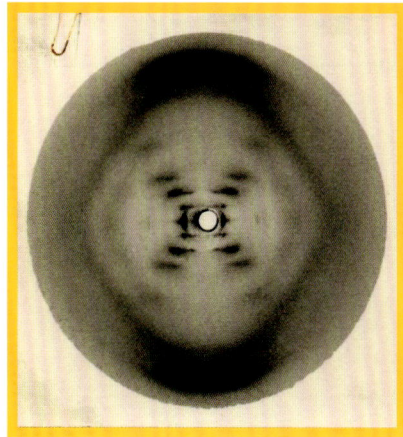

在"51号照片"——罗莎琳德·富兰克林的学生雷·戈斯林（Ray Gosling）于1952年拍摄的DNA的X射线衍射图像中，条纹状的十字形表明DNA具有螺旋结构。

位同事指出：沃森假设的两个碱基结构过时了，可能是错的。

碱基配对

1953年2月28日，沃森修正了剪纸，再次移动它们并终于意识到，当腺嘌呤（A）通过氢键与胸腺嘧啶（T）结合时，所形成的形状与鸟嘌呤（G）和胞嘧啶（C）结合时形成的形状非常相似。如果A总是与T配对而C总是与G配对，就不但可以解释查哥夫法则，而且这些配对可以整齐地嵌入由两条螺旋磷酸-糖链构成的"骨架"之间的空间里。碱基对就像一把扭曲梯子的台阶那样排列。

受碱基配对的启示，1953年3月，沃森和克里克完成了DNA双螺旋结构模型，并于4月在英国《自然》杂志上发表。他们的模型有个关键点——也强烈暗示了其正确性：碱基配对明确表达了DNA

查哥夫法则

到了20世纪40年代末，DNA已被确认为动植物的遗传物质。美国生物化学家欧文·查哥夫（Erwin Chargaff）决定研究不同物种之间的DNA组成是否存在差异。他发现，不同物种的不同核苷酸碱基——腺嘌呤（A）、胞嘧啶（C）、鸟嘌呤（G）和胸腺嘧啶（T）的比例显著不同。假设这些碱基在DNA分子中以某种形式堆叠或排列，那么它们在每个物

种体内并非以相同的顺序无尽重复，而是以不同的序列存在。查哥夫还注意到，在他所研究的每个物种中，DNA中A的含量与T的含量都非常相似，而G的含量与C的含量也大致相同，这一发现后被称为查哥夫法则，这对沃森和克里克的研究至关重要，因为它表明A和T、G和C可能以配对的形式存在于DNA中。

沃森和克里克的模型提出，DNA包含两条螺旋的磷酸-糖链，它们相互缠绕，成为DNA的"骨架"。成对的含氮碱基排列在"骨架"之间的空间里，就像一把扭曲梯子的台阶一样。腺嘌呤（A）总是与胸腺嘧啶（T）配对，鸟嘌呤（G）总是与胞嘧啶（C）配对。两条磷酸-糖链的方向不同，一条"向上"，另一条"向下"。

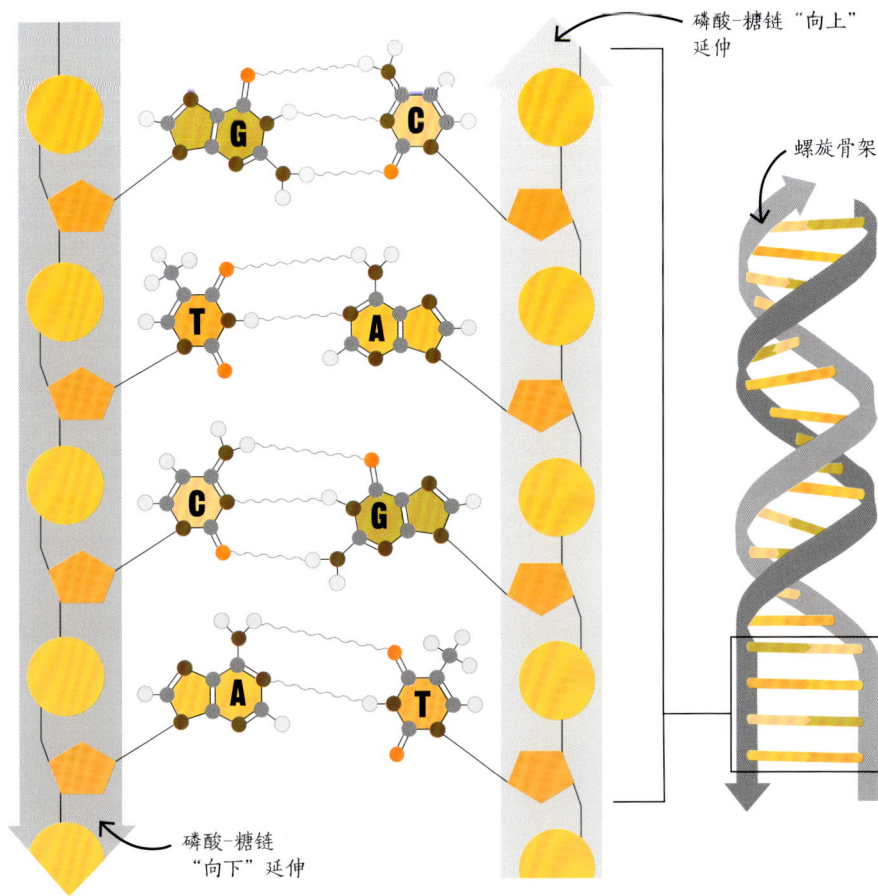

磷酸-糖链"向上"延伸

螺旋骨架

磷酸-糖链"向下"延伸

标识

- 碳原子
- 氢原子
- 氮原子
- 氧原子
- 糖（脱氧核糖）
- 磷酸
- 氢键

的复制机制。根据一条链中的碱基序列，可以自动确定另一条链的碱基序列——如果两条链解开，每条链都可以作为一条新的互补链模板。

1958年，加州理工学院的研究人员马修·梅塞尔森（Matthew Meselson）和富兰克林·斯塔尔（Franklin Stahl）证实，DNA复制时，新形成的双螺旋链由一条来自原始双螺旋的链和一条新合成的链组成。这一发现也证明，克里克和沃森解释的DNA复制方式是正确的。

未解之谜

显然，发现DNA结构是生物学的一项重大突破，然而，它并未解释DNA如何控制细胞活动及如何表达遗传特征。一些科学家立即推测，DNA中核苷酸碱基（A、C、G、T）的序列在这些方面一定起着某种作用，但细节仍需研究，这些将在日后破解遗传密码时得到解答。即便有遗留问题，发现DNA结构仍从根本上改变了科学对生命的理解——现代生物学的时代由此开启。■

> 吉姆·沃森和我可能完成了一个最重要的发现。
>
> 弗朗西斯·克里克

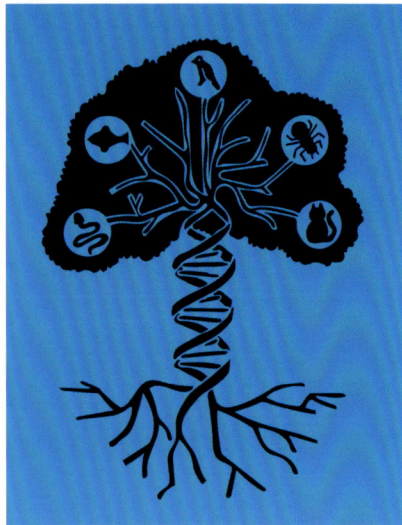

DNA包含所有生物体的遗传密码

遗传密码

20世纪40年代初，美国遗传学家证明，基因（遗传的不连续单位）通过使其细胞产生酶（一种蛋白质）来影响生物体，这些酶会影响生物体的性状。后来，这一概念被推广为"特定基因指导蛋白质合成"。

到1944年，人们已明确基因是DNA的片段。随后的1953年，分子生物学家弗朗西斯·克里克和詹姆斯·沃森解释了DNA的结构，提出其由两条相连的核苷酸

> 在拥有足够的智慧来运用这些知识造福社会之前，人类可能早已能对自己的细胞进行编程了。
>
> 马歇尔·尼伦伯格，1967年

链组成。核苷酸有四种，每种包含一类碱基：腺嘌呤（A）、胞嘧啶（C）、鸟嘌呤（G）和胸腺嘧啶（T）。遗传学家很快意识到，DNA链中这四种碱基的顺序包含着编码细胞制造蛋白质的指令，但他们尚不清楚编码的细节——破解这些编码是科学家要攻克的下一个难题。

破解密码

挑战在于弄清楚四种DNA碱基的长链是如何为蛋白质编码的。蛋白质本身由一种叫作氨基酸的结构单元串联而成。共有二十种氨基酸用于制造蛋白质。生物学家意识到，DNA碱基的短串可能为特定的氨基酸编码。由两个碱基组成的序列（每个碱基由A、C、G和T中的一种组成）只能有16（4×4）种组合方式，不够编码20种氨基酸。然而，三个碱基的组成序列可存在64（4×4×4）种不同的组合，这便绰绰有余了。1961年，克里克和南非裔英国生物学家西德尼·布伦纳（Sydney Brenner）在一个来自

参见：创造生命 34~37页，酶作为生物催化剂 64~65页，什么是基因 222~225页，双螺旋 228~231页，基因工程 234~239页，DNA测序 240~241页，人类基因组计划 242~243页，基因编辑 244~245页。

病毒的基因上测试了这一假设。结果表明，活细胞确实以三联体的方式解码DNA碱基序列，即每次读取三个碱基。

接下来的步骤就是：弄清DNA中哪些碱基三联体编码了蛋白质中的哪些氨基酸。1961—1966年，美国遗传学家马歇尔·尼伦伯格和菲利普·莱德及德国生物化学家海因里希·马特伊破解了所有20种氨基酸编码中的大多数。首先，尼伦伯格和马特伊对细菌进行了一些巧妙的实验，试图找出由单一类型碱基组成的DNA碱基三联体（如TTT、CCC和AAA）分别编码什么。他们由此发现，DNA碱基三联体TTT编码氨基酸苯丙氨酸（phenylalanine），而CCC编码脯氨酸（proline）。随后，尼伦伯格和莱德开展了进一步的实验，确定了大多数其他碱基三联体的编码氨基酸。他们的研究还证实，这些碱基三联体是按顺序读取的，三联体

DNA密码子表展示了64种可能的DNA碱基三联体组合分别编码哪些氨基酸。此表的使用方法是：从最内圈选择第一个字母，从浅蓝色环上选择第二个字母，从深蓝色环上选择第三个字母。

DNA碱基三联体TAA、TAG和TGA不编码氨基酸，而是发出停止蛋白质合成的信号。

之间没有重叠。

密码的重要性

破解遗传密码对于后来的遗传学和生物技术进步至关重要。它使得将人工DNA片段插入微生物中来制造新型蛋白质成为可能，从而可以测试这些蛋白质能否作为药物。如今已知，几乎所有生物体都使用相同的遗传密码，只有少数原始生命形式略有不同，这一知识为所有地球生命的共同起源提供了有力证据。■

1820年，法国化学家亨利·布拉克诺（Henri Braconnot）发现了氨基酸甘氨酸的分子结构，它由DNA碱基三联体（如GGC）编码。

什么是氨基酸?

氨基酸是一类有机（含碳）化合物，是蛋白质的结构单元。每种氨基酸都包含一个由一个氮原子连接两个氢原子组成的氨基，一个被称为羧基（包含一个碳原子、一个氢原子和两个氧原子）的原子组，以及至少一个其他碳原子。

二十种不同类型的氨基酸在细胞中形成名为多肽（polypeptides）的链状分子，这是酶和其他蛋白质的亚基。

细胞中的化学机制完成这种连接过程，而多肽中的氨基酸顺序最终由DNA中的碱基序列决定。

尽管通过其他物质的合成可以获得一些氨基酸，但许多细胞主要还是依靠分解其营养来源的蛋白质来获得构建多肽和蛋白质所需的氨基酸。

剪切、粘贴和复制

基因工程

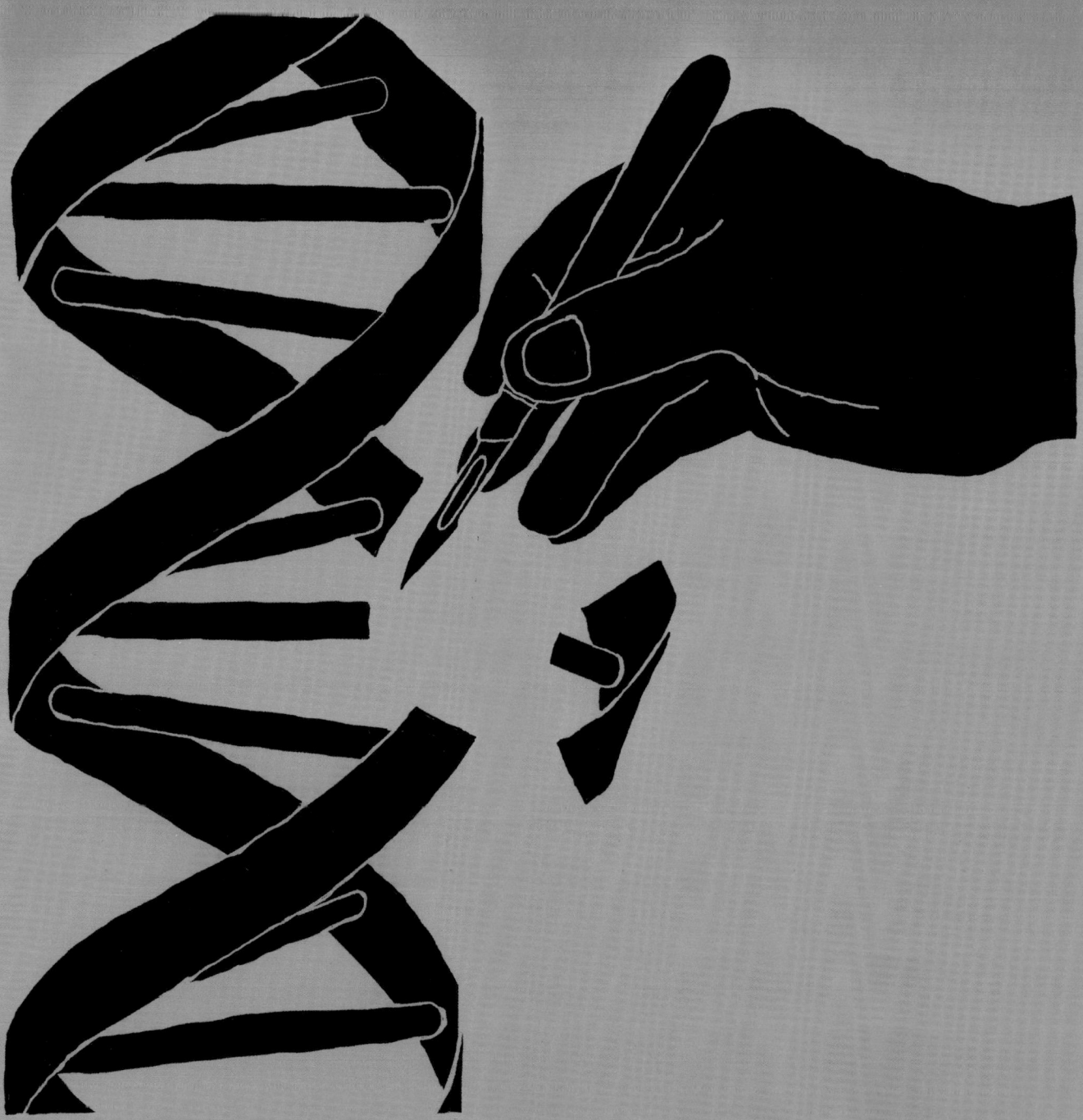

背景介绍

关键人物

斯坦利·N. 科恩（1935—　）
赫伯特·博耶（1936—　）

此前

1968年　瑞士遗传学家沃纳·阿伯（Werner Arber）提出，细菌能产生可切割DNA的酶，这些酶后被用作基因工程的限制性内切酶。

1971年　保罗·伯格（Paul Berg）成功地将两种不同病毒的DNA分子连接在一起。

此后

1975年　在美国加利福尼亚阿西罗玛酒店举办的讨论基因工程伦理问题的会议，最终通过了《阿西罗玛会议建议书》，该建议书成为后来指导生命科学研究的"宪法"，几乎奠定了生命科学研究的伦理和法律基础。

1977年　赫伯特·博耶使用修改了基因的细菌成功地生产出生长激素，提供了潜在的治疗用途。

狩猎采集者开始驯化野生动植物起，在约一万年的历史进程中，人类一直在故意改变生物，使之变得更有益于人类。选择育种（selective breeding），即挑选性状最佳的个体，依靠遗传将优质血统传递给下一代，提高了作物、肉类、牛奶和羊毛的产量。

20世纪，随着研究人员在细胞和化学层面上揭示了基因的物理基础，生物学家意识到，可以采用更具体、更有针对性的方法，直接改变遗传构成来产生更有益的生物体。

到了20世纪70年代，生物学家已经知道基因由信息丰富的化学物质——DNA组成，还了解了DNA在细胞分裂前复制的方式，以及细胞内部"读取"基因、制造蛋白质并影响其性状的过程。

与其他新陈代谢的化学反应一样，这些过程由酶作为催化剂驱动。生物学家认为，也许可以利用

酶将基因从一个生物体转移到另一个生物体中。通过选择有用性状的特定基因，或许能比需要经过多代的选择育种更精确、更快速地改造生物体。

修改微生物

为了验证基因工程是否有效，生物学家最初将目标对准了微生物。这些单细胞生物的基因比植物和动物少，因此遗传系统更可控。并且在1946年，他们发现，细菌有一种在单个细胞之间交换基因的方法——通过交换名为质粒（plasmid）的微小且能自我复制的DNA环，实现基因混合，提高物种的生存概率。这一名为接合（conjugation）的过程，为科学家提供了在基因层面操纵细菌的机会。1973年，美国遗传学家赫伯特·博耶和斯坦利·N.科恩迈出了第一步。

细胞中除了有构建和复制DNA的常规酶，还有切割DNA的酶，这种酶有助于破坏入侵的微生物——特别是病毒，仅在DNA携

基因工程包括将遗传物质从一个生物体**转移**到另一个生物体中。

↓

接受遗传物质的生物体获得**有用的性状**。

↓

被这种方式改变的生物体被称作**转基因生物**（genetically modified organisms，简称GMOs）。

参见： 什么是基因 222~225页，双螺旋 228~231页，DNA测序 240~241页，人类基因组计划 242~243页，基因编辑 244~245页。

带特定的碱基序列时切割双螺旋结构。博耶和科恩意识到，将这些限制性内切酶提纯后，可用于切割并提取有用的基因。他们提议使用构建DNA的酶将这些基因缝合到目标生物体的基因组中。

此前的1971年，美国生物化学家保罗·伯格（Paul Berg）已经使用这些酶切割并拼接了来自不同病毒的DNA，但当时还没人知道经过基因改造的DNA能否在活细胞内起作用。作为测试，博耶和科恩使用这些酶，从一种细菌的负责抗生素耐药性的质粒中切割出基因，将其插入不具耐药性的细菌质粒中。在含有抗生素的环境中，这些细菌茁壮成长，这证明了该技术的有效性。

有用的基因

修改微生物的基因展示出令人振奋的前景。由于基因通过指挥细胞制造特定类型的蛋白质来发挥作用，所以科学家意识到，携带正确基因的大量细菌培养物可以作为生物工厂，生产用于医学治疗的蛋白质。

例如，过去治疗糖尿病的胰岛素需要从牛和猪的胰腺中获得，但这种方法效率极低，不仅产量少，而且存在传染疾病的风险。如果借助基因工程，将胰岛素或人类生长激素等蛋白质的基因插入细菌中，利用其快速分裂和简单分离的特性，就能生产更多的蛋白质，使用也更安全。

博耶成立了一家专门生产胰岛素的公司。起初的目标是制造一种比胰岛素更简单的蛋白质，即生长抑素（somatostatin）。然而，使用来自人类细胞的自然基因比使用细菌质粒困难得多，所以博耶

斯坦利·N. 科恩

1935年，斯坦利·N. 科恩出生于美国新泽西州。在宾夕法尼亚大学接受医学训练后，前往加利福尼亚州的斯坦福大学，在那里研究质粒——可在细菌之间交换的环状DNA。

1972年，在一个关于细菌遗传学的会议上，他遇到了来自旧金山大学、一直研究DNA切割酶的赫伯特·博耶。他们合作进行了旨在改变细菌DNA的实验，并于次年获得成功，开创了基因工程这一新领域。科恩也因此获得1988年美国国家科学奖章（博耶1990年获奖）。1974年，他们为技术申请了专利——其所在大学因此受益，但也引发了争议。

主要作品

1973年 《体外构建具有生物功能的细菌质粒》

1980年 《可换位的遗传元素》

细菌中质粒的转移过程

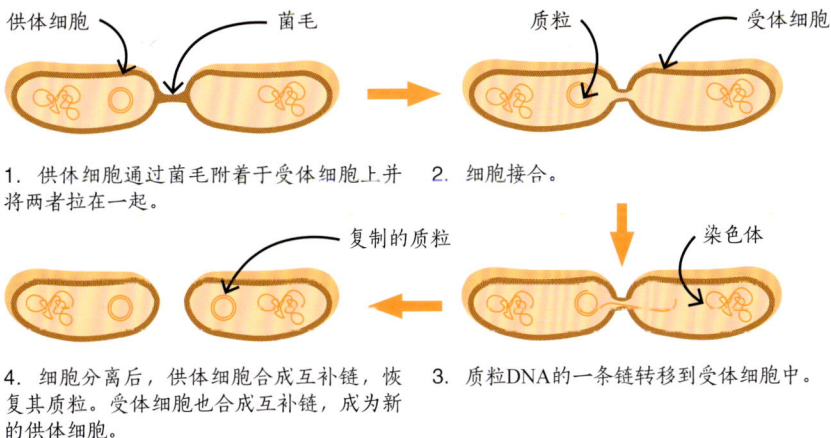

1. 供体细胞通过菌毛附着于受体细胞上并将两者拉在一起。

2. 细胞接合。

4. 细胞分离后，供体细胞合成互补链，恢复其质粒。受体细胞也合成互补链，成为新的供体细胞。

3. 质粒DNA的一条链转移到受体细胞中。

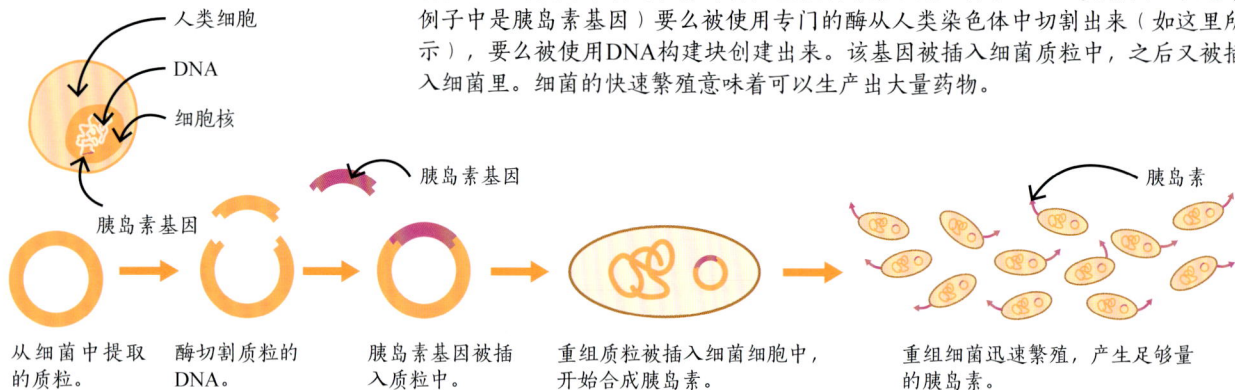

转基因细菌被用来制造各种药物，包括胰岛素和凝血因子Ⅷ。人类基因（在这个例子中是胰岛素基因）要么被使用专门的酶从人类染色体中切割出来（如这里所示），要么被使用DNA构建块创建出来。该基因被插入细菌质粒中，之后又被插入细菌里。细菌的快速繁殖意味着可以生产出大量药物。

人类细胞

DNA

细胞核

胰岛素基因

胰岛素基因

胰岛素

从细菌中提取的质粒。

酶切割质粒的DNA。

胰岛素基因被插入质粒中。

重组质粒被插入细菌细胞中，开始合成胰岛素。

重组细菌迅速繁殖，产生足够量的胰岛素。

大胆地从零开始制造该基因：利用基因工程将DNA碱基以正确的顺序连接在一起，构建生长抑素基因，然后，将该基因插入细菌质粒中——正如他之前对抗生素基因所做的那样。

到1977年，博耶的团队已生产出能够生成有效生长抑素的细菌培养物。一年后，他们将该技术用于制造胰岛素。现在，所有治疗糖尿病的胰岛素都是通过这种方式生产的。

> **重组DNA技术最重大的结果是我们增加的关于基本生命过程的知识。**
> 保罗·伯格，美国生物化学家

更大的基因

博耶基因工程技术的核心——基因制造技术，之所以可行，是因为其涉及的基因微小且易处理。每个胰岛素基因由约150个DNA碱基单位组成。每个碱基都必须以完全正确的顺序连接在一起，以便细胞"读取"信息并合成胰岛素。然而，有些基因比这大得多，从零开始制造是不现实的。例如，产生凝血因子Ⅷ（用于治疗血友病）的基因比胰岛素基因大50倍。

博耶的公司决定采用不同的方法来制造凝血因子Ⅷ。切割DNA的限制性内切酶为从自然来源（如人类细胞中）移除大基因带来了希望。然而，即使能在庞大的人类基因组中准确找到该基因，也仍然存在一个技术问题阻碍着将其放入细菌中。人类（以及所有其他动植物）复杂细胞中的基因含有名为内含子（introns）的非编码DNA片段。当细胞使用基因生成蛋白质

时，内含子会被移除，但细菌缺乏内含子及处理它们的能力，所以无法读取复杂细胞中的DNA。而任何细胞从基因合成蛋白质时，首先会生成该基因的副本——信使RNA（mRNA），该副本已去除内含子。

博耶的公司分离出mRNA，使用来自病毒的酶将其转化为DNA——这是细菌可以读取的基因形式——然后利用常规基因工程技术将该基因插入细菌中。到1983年，细菌产生的凝血因子Ⅷ已开始被用于治疗血友病。

修改植物和动物

现在，基因工程被用于修改更复杂的目标——植物和动物。质粒或微生物可作为载体，将基因转入植物或动物细胞中，以改变它们的性状。

名为农杆菌（*Agrobacterium*）的微生物是一种会感染植物的细菌，在基因工程里非常有用，因为其自然感染周期涉及将DNA

片段插入宿主中——生物学家可利用这一行为，将DNA替换为有用基因。2000年，该技术被用于生产转基因水稻，从而解决缺乏维生素A导致儿童失明的问题：让水稻感染携带黄色β-胡萝卜素基因的农杆菌，水稻便可生成并储存该色素，新品种被称为金色大米（golden rice），被食用后人体会将其中的β-胡萝卜素转化为维生素A。

医学研究应用

基因工程最宏伟的应用领域之一是医学，例如创造"敲除小鼠"——这些啮齿动物在胚胎阶段被修改了基因，某些基因被"敲除"而不再发挥作用，研究人员从而能够研究特定基因的影响。通常情况下，老鼠和人类基因组中约85%的编码蛋白质区域是相同的，所以研究人员可利用"敲除小鼠"来理解特定基因与人类疾病（如各

金色大米是一种转基因白籼稻（Oryza sativa，见上左），是维生素A的来源之一。维生素A不但对视力非常重要，而且能巩固免疫系统、促进器官健康。

种癌症、帕金森病、关节炎）之间可能的联系。

如今，基因工程的应用远远超出了修改微生物以产生有用药物或改善食物来源的范围。其技术使科学家——包括参与人类基因组计划的人——能够重新认识并更好地理解基因本身。■

"敲除小鼠"是人类基因研究的模型。左侧的小鼠在繁殖过程中被"敲除"了特定基因，所以它的毛色受到了影响。

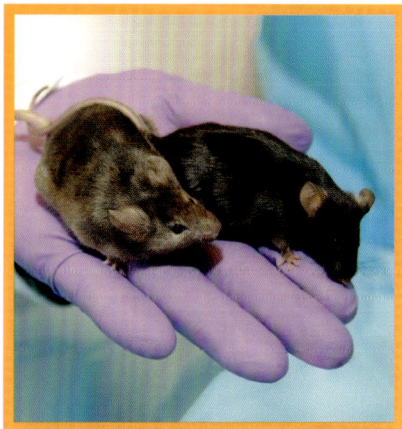

扩增DNA

1984年，美国生物化学家凯利·穆利斯（Kary Mullis）开发了一种可快速复制（扩增）特定基因或DNA链以用于基因工程的技术，改变了研究速度，突破并开启了全新的基因研究。

穆利斯的技术叫聚合酶链反应（polymerase chain reaction，简称PCR），模拟了DNA在细胞内的复制方式，但途径是加热和冷却循环。首先，将需扩增的基因或小片段DNA与组装DNA的酶——DNA聚合酶及DNA碱基单元混合；加热混合物至接近沸点，分离双螺旋链，然后将系统冷却到最佳温度，以便DNA碱基单元附着在单链DNA上；酶帮助这些单元结合，生成基因或DNA片段的副本。不断重复这一循环，基因或DNA的数量便可持续翻倍增加。

这项发明使穆利斯获得了1993年的诺贝尔化学奖。如今，在法医学（forensic science）、人类基因组计划、化石或考古遗迹的古老DNA研究中，都需要扩增微小的DNA样本以进行分析，这时便会使用PCR。PCR还可用于检测可能表明感染的微量病毒RNA，如2020年广泛用于检测新型冠状病毒样本。

野兽的序列

DNA测序

生物体内的大分子，如蛋白质或DNA，是以特定顺序连接在一起的微小单元链。这些单元在链中的排列顺序决定了该分子的功能。基因（DNA的一部分）是形成蛋白质的编码，而蛋白质决定了你的特征、你身体的生存方式及行为表现。对生命机制感兴趣的生物学家从蛋白质或编码它们的基因的化学序列中寻找线索。

英国生物化学家弗雷德里克·桑格开创了长链生物分子的测序工作，并确定了这些分子具有特定组成。基因和蛋白质的长度可达数百或数千个单元，其中任一单元的位置有误，都会干扰分子的功能。

桑格从效果已知的蛋白质——胰岛素开始，通过将多肽链的末端逐个释放出来的方法，将其两条链分解为"单元"——氨基酸。每当一个氨基酸被分离时，它就会被识别出来。为提高效率，桑格在分子的短片段上进行分解，然后寻找重叠区域，以确定这些片段的拼接方式。到1953年，他已弄清组成每条胰岛素链的氨基酸的确切顺序，1955年他又确定了这两条链的连接方式。他的方法彻底改变了研究蛋白质的方式。

解码DNA

从1962年开始，桑格专注于RNA（核糖核酸）测序，然后转向更大的DNA，这些分子远大于胰岛素，因此他寻找自然界中最

弗雷德里克·桑格是四位两次获得诺贝尔奖的科学家之一，分别因胰岛素和DNA测序研究，于1958年和1980年获诺贝尔化学奖。

参见：激素帮助调节身体 92~97页，遗传的化学物质 221页，什么是基因 222~225页，双螺旋 228~231页，遗传密码 232~233页，基因工程 234~239页，人类基因组计划 242~243页。

在蛋白质测序中，化学物质逐个从链的一端分离氨基酸。氨基酸的识别顺序与其分离的顺序一致。

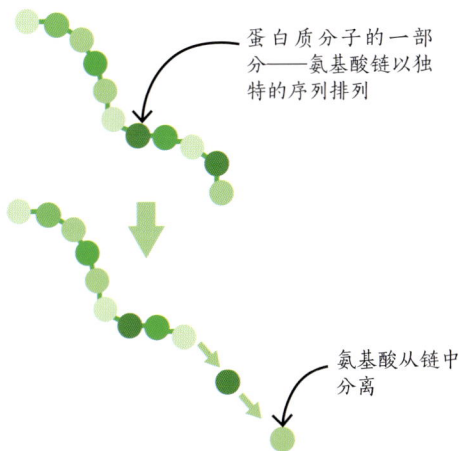

在DNA测序中，酶使链断裂，DNA链复制，碱基逐个被添加到每个"模板"链中。碱基的识别顺序与其被添加的顺序一致。

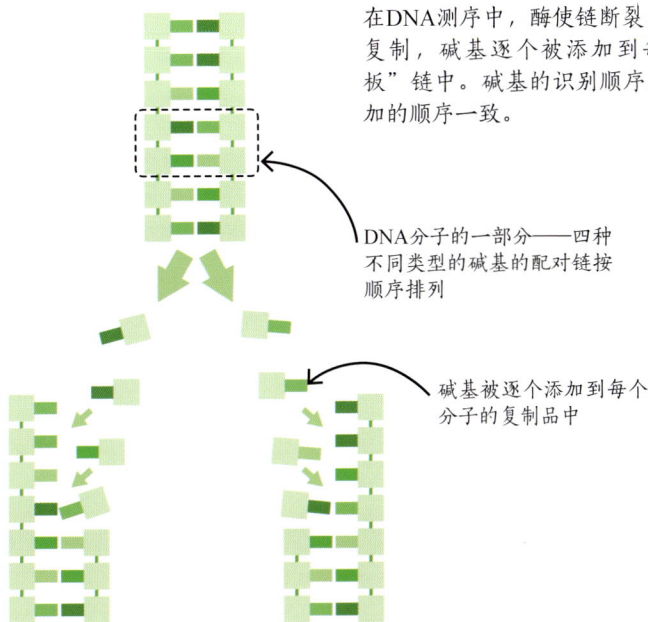

蛋白质分子的一部分——氨基酸链以独特的序列排列

DNA分子的一部分——四种不同类型的碱基的配对链按顺序排列

碱基被逐个添加到每个分子的复制品中

氨基酸从链中分离

小的DNA，并在一种会感染细菌的病毒中发现了它——即便如此，其长度也达5386个单元（相比之下，人类胰岛素分子由51个氨基酸组成）。

显然，桑格需要新的、更快速的测序技术，于是他在自然界寻求灵感。细胞不断分裂、制造新细胞，每次都复制它们的DNA，这一过程的速度惊人，每秒约增加50个碱基。桑格想知道复制过程能否识别出新增的碱基。生物学家已分离出驱动复制的酶，当与四种DNA碱基【腺嘌呤（A）、胞嘧啶（C）、鸟嘌呤（G）和胸腺嘧啶（T）】混合时，这种酶在试管中表现良好。

桑格将病毒DNA样本与酶混合，并修改A，从而在链的特定位置终止复制过程；再修改C、G和T重复这一过程，即可读取整个DNA链的序列。1977年，他成为在化学层面确定任何DNA完整基因组的第一人。双脱氧链终止法——桑格-库森法——成为更宏大的计算机化DNA测序方案的基础，包括人类基因组计划。■

比较DNA样本

DNA测序的目标是编制一个完整而又独特的信息集，但其他类型的DNA分析则用于识别。使用这种技术时，无须确定完整的序列，只需比较DNA样本来评估其相似性。例如，"DNA条形码"用于识别物种，其他方法则用于确定亲属关系或进行法医分析。

1984年，英国遗传学家亚历克·杰弗里斯（Alec Jeffreys）开发了一种名为DNA分析（DNA profiling）——又称DNA指纹分析（DNA fingerprinting）——的方法，用于识别个体。其原理依据这样的事实：DNA序列中包含重复的部分（就像说话时口吃），有些个体的重复次数比其他个体多，通过比较两个样本的重复次数，就可评估它们的遗传相关性，甚至可以比对犯罪现场留下的DNA样本。

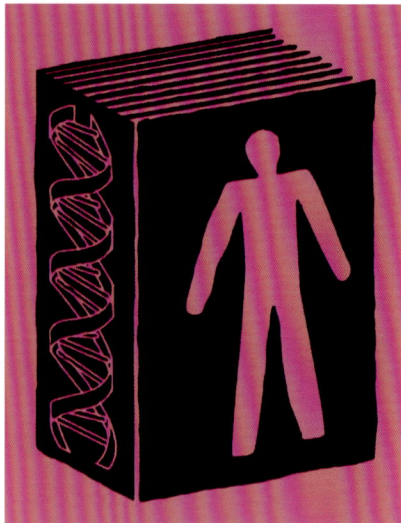

人类生命之书的初稿

人类基因组计划

生物体内的遗传信息量非常惊人，即便是细菌等最简单的单细胞生物也能携带数千个基因，每个基因由数百或数千个碱基单元组成。生物体DNA上碱基和基因的完整序列被称为基因组，记录着其遗传的组成，能使生物学家更接近理解细胞的功能及其偶尔的失调。1977年，在英国生物化学家弗雷德里克·桑格测序了一种病毒的基因组后，其他生物学家将目光投向了更复杂的目标。

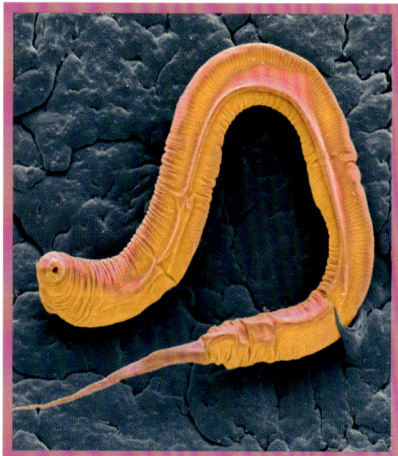

1995年，凭借一台分析微小DNA片段的计算机，美国遗传学家克莱格·文特尔对流感嗜血杆菌的基因组进行了测序——这是细胞生物的首次测序。

更大的目标

多细胞生物，如动物和植物的基因组，比单细胞细菌的要大得多，需要更多遗传信息来控制细胞的运作，以形成组织和器官。1998年，秀丽隐杆线虫——一种长约1毫米的线虫，成为第一种被进行基因组测序的动物。研究发现，它拥有近2万个基因。

20世纪80年代，遗传学家开始严肃地设想绘制人类基因组的可能性。该项目预计耗资30亿美元，即使有1000名技术人员，可能也要50年才能完成。从1989年开始，在美国国家卫生研究院（US National Institutes of Health，简称NIH）的

秀丽隐杆线虫（*Caenorhabditis elegans*）易于在实验室中培养，这也是它成为基因组研究理想目标的原因之一。

参见：染色体 216~219页，什么是基因 222~225页，基因工程 234~239页，DNA测序 240~241页，基因编辑 244~245页。

> 阅读我们自己的使用说明书，其重要性怎么强调都不为过——这就是人类基因组计划的全部意义。
>
> 弗朗西斯·柯林斯

指导下，国际社会开始通力合作。最终的领导者是美国遗传学家弗朗西斯·柯林斯。NIH的科学家团队还包括美国生物化学家克莱格·文特尔，他后来成立了自己的基因组测序公司。最后，双方采用略有不同的方法并行工作。2000年6月，柯林斯和文特尔在白宫的发布会上公布了草图。三年后，更全面的完整版人类基因组提前发布。

人类基因组

完整的人类基因组包含32亿个碱基。如果用字母（A、T、C和G）表示并按顺序打印，即使是非常小的字休，也会填满超过100本大部头的书。根据目前的知识，人类有20687个基因——它们排列在23对染色体上。1号染色体（之所以编号为1，是因为它尺寸最大）上的第一个基因帮助控制我们的嗅觉，X染色体上的最后一个基因帮助控制免疫系统。在此之间，还有上千个其他基因以看似随机但实

际对生命至关重要的方式排列。人类基因组计划还带来一些惊喜：98%的基因组碱基序列，由功能基因之间的细长、非编码区段，或基因内的"无意义"DNA片段组成。现在科学家知道，一些非编码DNA决定了编码基因的开关时机。

尽管人们尚未完全弄懂，但是人类基因组计划已经在帮助生物学家开展重大研究。人类DNA及其碱基序列的图谱有助于确定囊性纤维化（cystic fibrosis）、血友病和癌症等疾病的相关基因位置，并可能发挥更大作用。通过准确了解细胞如何使用基因，以及基因出现问题时会发生什么，生物学家可以治疗疾病症状，甚至找到潜在的根治方法。■

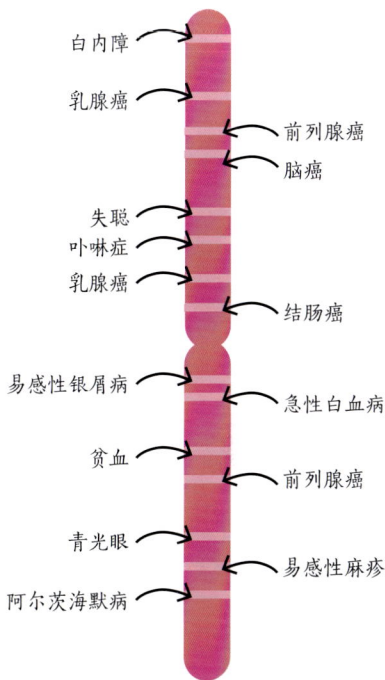

许多基因的功能失常会导致疾病。上图显示了人类基因组第一个（也是最大的一个）染色体上的关键基因能引发的疾病。癌症等许多疾病可由多个基因引起。

10万基因组计划

经过十多年的国际合作，第一个人类基因组序列才得以发布，这是一项伟大的成就，但也存在局限性，尤其是DNA样本来自非常少数的人，导致人们对一个种群内的遗传变异了解不足。

2012年，英国政府资助一家公司启动了10万基因组计划（the 100,000 Genomes Project），旨在测序遗传疾病患者的10万个基因组。

2018年年底，最后一个基因组的测序完成。如果没有技术进步，这项令人叹为观止的工作将无法完成：现在测序某一个体的基因组只需几天时间，费用约为1000英镑。研究人员可以利用丰富的信息资源，根据特定患者的遗传组成，为其量身定制治疗方案。

基因剪刀：重写生命密码的工具

基因编辑

基因缺陷会导致多种遗传病，如囊性纤维化和肌营养不良（muscular dystrophy）。过去人们只能缓解症状而无法治愈疾病，因为导致疾病的异常基因在体内普遍存在——大多数细胞携带着——所以完全治愈似乎不可能。生物学家一旦理解了基因在化学层面的工作原理，就可能找到治愈方法。

鉴于基因是编码蛋白质的DNA片段，生物学家意识到，也许可以用正常版本的基因治疗身体，甚至可以修正（编辑）有缺陷的基因，从而使身体产生正常的蛋白质。

> ……异常快速地采用（CRISPR-Cas9），反映出生物学家多么迫切地需要能够更好操控基因的工具。
> 埃玛纽埃勒·沙尔庞捷
> （Emmanuelle Charpentier）

基因治疗

通过操控遗传构成来治疗或治愈遗传病的方法被统称为基因治疗，可追溯到20世纪80年代开始的相关试验——将治疗基因转移到修改过的白细胞或骨髓干细胞中，从而治疗遗传性血液病。正常基因通过基因工程修改过的病毒进入细胞核。尽管早期遇到了挫折，但到2000年前后，基于病毒的基因治疗已成功用于治疗疾病的试验。

安全有效地使用基因存在各种各样的障碍，正如疾病本身。病毒技术在治疗囊性纤维化时就遭遇了失败，因为病毒无法突破肺部的免疫防御。另一种方法是，用雾化器吸入包裹在脂肪液滴中的基因，效果稍好，但程度有限。若能阻止有缺陷的基因影响细胞，也许有些疾病就能被治好，此方法叫反义治疗（antisense therapy）——不是用正常的基因治疗患者，而是用"反

参见： 酶作为生物催化剂 64~65页，酶的运作方式 66~67页，癌转移 154~155页，病毒 160~163页，减数分裂 190~193页，什么是基因 222~225页，遗传密码 232~233页，基因工程 234~239页。

CRISPR-Cas9基因编辑技术

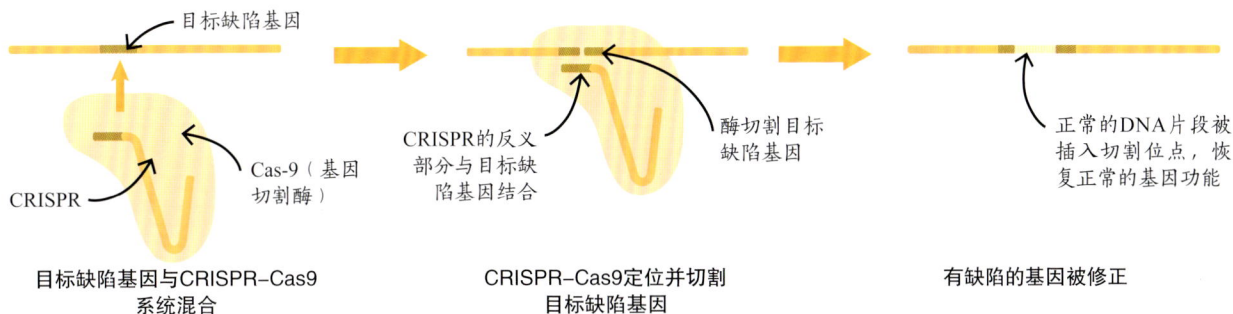

目标缺陷基因

CRISPR

Cas-9（基因切割酶）

CRISPR的反义部分与目标缺陷基因结合

酶切割目标缺陷基因

正常的DNA片段被插入切割位点，恢复正常的基因功能

目标缺陷基因与CRISPR-Cas9系统混合　　**CRISPR-Cas9定位并切割目标缺陷基因**　　**有缺陷的基因被修正**

义"版本针对缺陷基因。这些反义版本的碱基序列与缺陷基因的碱基序列恰好相反，能与基因结合并阻止缺陷基因发挥作用。反义治疗已被证明能有效阻止某些类型的致癌基因。

最终目标是修正缺陷基因。2012年，美国生物学家珍妮弗·道德纳和法国生物学家埃玛纽埃勒·沙尔庞捷受微生物自然活动的启发，开发出了一种技术。细菌经常受到病毒攻击，为了自我防御，细菌会采用反义策略进行抗击：首先它们拥有一段阻断病毒基因的DNA序列，随后利用名为Cas9的特殊基因切割酶将病毒销毁。

细菌用于抵御病毒的重复DNA序列简称CRISPR。道德纳和沙尔庞捷预见了针对缺陷人类基因改造CRISPR-Cas9系统的可能性，它具有阻止缺陷基因功能的潜力——添加修正过的DNA为修复其突变序列带来了希望。2020年，这对搭档获得了诺贝尔化学奖。

这是生物学家首次拥有编辑基因错误的技术。使用CRISPR-Cas9基因编辑技术的初步实验前景乐观，针对遗传病的人体试验也正在进行，如儿童失明、癌症、血液疾病，甚至囊性纤维化。■

生殖系基因治疗

全球近30个国家已开展生殖系基因治疗试验。

20世纪70年代，赫伯特·博耶和斯坦利·N. 科恩成功利用基因工程将DNA从一种细菌菌株转移到了另一种内。随后生物学家意识到，类似的基因修改技术可能用于治疗甚至治愈人类的遗传病。要实现治愈，即修正全身的缺陷基因，只有从源头实施基因工程，即从受精卵或其生长的胚胎开始才有可能。

这种名为生殖系基因治疗（germline gene therapy）的技术尚有争议，会引发对"设计婴儿"的恐惧，因此许多国家仍禁止该技术。然而，CRISPR-Cas9等基因编辑技术修正缺陷基因的潜力，促使人们呼吁放宽对生殖系基因治疗的监管。2015年以来，研究人员在进行人类胚胎试验时，使用了CRISPR-Cas9基因编辑技术，报告的成功案例包括"修正"与先天性心脏病和癌症有关的基因。

DIVERSITY OF LIFE AND EVOLUTION

生物多样性与进化

卡尔·林奈出版《植物种志》（*Plant Species*），提出了为植物命名的双名法（binomial nomenclature）。

↑

1753年

让·巴蒂斯特·拉马克提出"获得性遗传导致进化变化"的理论。

↑

19世纪初

雨果·德·弗里斯提出了突变理论，认为进化变化是因突变而突然发生的。

↑

1900—1903年

1796年

↓

乔治·居维叶根据化石鉴定出了与现存物种不同的灭绝物种。

1859年

↓

《物种起源》出版，诠释了查尔斯·达尔文的进化论——进化通过自然选择的过程发生。

地球上存在多种多样的生命形式——从最简单的单细胞生物到高度复杂的动物和植物。时代变迁，生命的多样性一直令人惊叹，而在历史上很长一段时间里，"生命如何产生"的答案都来自宗教——生命是创世神的作品。

"我们所知的生命是神圣的作品，因此不会改变"的观念对关于生命多样性的思考产生了重大影响。直到17和18世纪的启蒙运动时期，第一批暗示进化过程的科学理论才出现。在此之前，科学的任务不是解释这种多样性，而是对已知的所有物种进行分类。18世纪50年代，卡尔·林奈开发了一套分类系统（物种分类），被世人沿用至今。这一系统假设物种是固定的，变异是偶然的偏差。到18世纪末，新思想开始涌现。面对进化的证据，公认的常识已经差强人意，比如，乔治·居维叶发现的化石属于早已灭绝的古代物种，与现存的任何物种都非常不同。

渐进的变化

19世纪，"物种随时间变化"的观念开始流行，让·巴蒂斯特·拉马克是最早解释进化如何发生的人之一。他推测，物种进化中的变化是个体通过与环境相互作用获得特征的结果，这些获得的特征也会遗传给后代。

虽然有人支持拉马克学说，但这种观点（获得性遗传）只是解释进化中变化产生的一步。查尔斯·达尔文的洞见是，进化中的变化是通过自然选择的过程实现的——那些最适应环境的个体能兴旺繁衍，不适应的终将灭绝，因此变异的个体要么存活下来并确定新的特征，要么消失。1859年，他出版的《物种起源》彻底改变了人们对物种变异和多样性的看法，同时也动摇了"生物不变，人类是上帝最伟大的成就"的宗教观念。

20世纪初，雨果·德·弗里斯提出了另一种与达尔文理论明显

厄恩斯特·迈尔（Ernst Mayr）解释了新物种如何在种群被隔离时出现，其成员会进化出妨碍与其他种群交配的特征。

埃米尔·扎克坎德尔（Emil Zuckerkandl）和莱纳斯·鲍林发现，相似物种DNA序列的进化速度可作为一种有效的"分子钟"（molecular clock）。

路易斯·阿尔瓦雷茨（Luis Alvarez）和沃尔特·阿尔瓦雷茨（Walter Alvarez）父子提出，恐龙的大规模灭绝是由小行星撞击引起的。

1942年　　**20**世纪**60**年代　　**1980**年

1918年　　**1950**年　　**1976**年

罗纳德·费歇尔（Ronald Fisher）证明，达尔文的进化论与孟德尔的遗传学相互兼容，为后被称作现代综合论（modern synthesis）的新理论奠定了基础。

威利·亨尼希（Willi Hennig）发明了支序系统学（cladistics）——一种根据物种的进化关系进行分类的方法。

在著作《自私的基因》中，理查德·道金斯（Richard Dawkins）提出，基因是进化变化选择的基本单位。

对立的解释。他坚持认为，变异主要由基因突变引起，而非达尔文认为的缓慢进化过程，当新变种自然出现时，变化是突发的。后来的研究证实，突变确实是基因变异的一个因素，但其发生速率是恒定且可测的。

1980年，路易斯·阿尔瓦雷茨和沃尔特·阿尔瓦雷茨提出另一个影响进化速度的外部因素。他们发现了一颗巨大的小行星撞击地球的证据，该事件与化石记录的所有恐龙（除了进化为鸟类的那些）突然消失的时间恰好一致，于是推测这次撞击是造成恐龙大规模灭绝的原因，并提出其他环境灾难可能导致类似事件，从而突然改变了进化速度。

不同观点的结合

尽管达尔文的自然选择理论与德·弗里斯的突变理论似乎是冲突的，但其实二者并不矛盾。罗纳德·费歇尔证明了它们是互补的，并结合孟德尔的"颗粒"遗传说，将它们整合为一种解释进化变化的理论——为后被称作现代综合论的理论奠定了基础。该理论的先见之明在于吸收了孟德尔的遗传学，因为此后的1976年，理查德·道金斯在有关该主题的《自私的基因》一书中提出，基因而非生物体才是进化变化选择的基本单元。

20世纪中期，鉴于支持进化变化的压倒性证据，一种重新审视林奈分类系统（基于生命秩序不变的假设）的观点出现了。威利·亨尼希提出了作为替代方案的支序系统学，即所有具有共同祖先的物种——包括该祖先本身——都被归为一个群体，即支（clade，又称演化支）。■

第一步是了解事物本身

为生命命名和分类

背景介绍

关键人物
卡尔·林奈（1707—1778）

此前

约公元前4世纪 亚里士多德按生物在"生命阶梯"中的位置对其进行分类。

1551—1558年 康拉德·格斯纳（Conrad Gesner）将动物界分为五个组别。

1753年 卡尔·林奈在《植物种志》中提出了为植物命名的双名法。

此后

1866年 恩斯特·海克尔发表了"生命之树"，图示了动物、植物和原生生物的进化谱系。

1969年 美国生态学家罗伯特·惠特克（Robert Whittaker）提出了"五界系统"（five-kingdom structure），纳入了真菌界。

1990年 卡尔·乌斯提出三域系统（three-domain system），该系统至今仍被大多数分类学家采用。

1758年，瑞典博物学家卡尔·林奈出版了第10版《自然系统》（*System of Nature*），永远改变了生物学家对生物的分类方式。该书将世界上的动物按照纲（class）、目（order）、属（genus）、种（species）进行了系统的分类，并赋予每种动物拉丁语双名（由两部分组成的名字）：属名加种名。此前，生物的名字通常是生硬的描述性术

参见：复杂的细胞 38~41页，火绝物种 254~255页，自然选择 258~263页，突变 264~265页，物种形成 272~273页，支序系统学 274~275页。

> 如果不了解生物的名称，那么我们对关于它们的所有知识都将毫无头绪。

↓

> 所有已知物种都被赋予一个由两部分组成的拉丁语学名，以使它们在分类学层级中有对应位置。

↓

> 在分类学层级中，物种最初基于其基本的共同生理特征进行分组。

↓

> 如今，物种根据基因构成排列，从而显示出它们之间的远近关系。

语，且各国间有所不同。相比之下，林奈的双名法成为全球的统一标签。将物种归类于属的分类方法还暗示了不同物种之间的关联程度。国际动物命名法委员会（The International Commission on Zoological Nomenclature）将1758年1月1日视作命名动物的起点，那时起的名字优先于所有之前的命名。

古代起源

分类学是识别、命名和分类生物的科学。公元前4世纪，亚里士多德首次尝试了实践，他将生物分为植物和动物，并根据解剖特征对约500种动物进行了分类，包括是否有四条腿或更多、是卵生还是胎生、是温血动物还是冷血动物。基于这些研究，他建立了一个"生命阶梯"，人类在顶端，往下依次是胎生四足动物、鲸目动物（鲸鱼和海豚）、鸟类、卵生四足动物、硬壳动物、昆虫、海绵、蠕虫、植物和矿物质。该系统虽然存在许多缺陷，但在16世纪前一直被普遍接受。

1551—1558年，瑞士医生康拉德·格斯纳出版了四卷本的《动物志》（History of Animals），这是自亚里士多德以来的首个主要动物目录。格斯纳收录了旅行者游历各地的见闻，用不同卷本分别介绍了卵生四足动物、胎生四足动物、

卡尔·林奈

1707年，"分类学之父"卡尔·林奈出生于瑞典南部。在瑞典隆德大学和乌普萨拉大学学习医学和植物学后，他在荷兰度过三年，随后返回乌普萨拉。1741年，他在乌普萨拉大学任医学和植物学教授，授课的同时还考察并研究组织植物学。许多学生参与了植物考察活动，其中最著名的是瑞典博物学家丹尼尔·索兰德（Daniel Solander）。林奈收集到大量标本，从而得以将《自然系统》扩展为多卷著作，记述了超过6000种植物和超过4200种动物。

1778年去世后，林奈被安葬在乌普萨拉大教堂，遗体作为智人（Homo sapiens）的模式标本（物种的代表样本）保存。

主要作品

1753年《植物种志》
1758年《自然系统》（第10版）

鸟类、鱼类及其他水生动物。格斯纳去世后，他关于蛇类的第五卷才出版，而且他生前还在准备出版一卷关于昆虫的。尽管插入了神话中的独角兽和九头蛇，但其研究仍确立了分类学的基准。

1682年，另一重大进展出现——英国植物学家约翰·雷（John Ray）的《植物方法》（*Method of Plants*）出版。这是第一本强调单子叶植物（monocotyledon）和双子叶植物（dicotyledon）——种子分别以一片叶子和两片叶子发芽——区别的重要性的书，并首次将物种确立为分类学的最终单位。雷通过外观和特征将物种归为不同组别。1686—1704年，他又出版了三卷《植物志》（*History of Plants*），描述了来自欧洲、亚洲、非洲和美洲的约1.8万种植物。

新分类法

林奈的《自然系统》将动物界分为六个纲：哺乳动物、两栖动物、鱼、鸟、昆虫和蠕虫（虫）。分类标准是解剖特征——包括心脏、肺、鳃、触角和触手的结构，

> **"**
>
> 自然界中的许多物种至今还未被人类注意到。
>
> 约翰·雷，1691年
>
> **"**

以及外貌特征。虽然并非所有划分都经得住时间考验，但许多分类被沿用至今。在每个纲中，林奈又列出了多个亚组或目，例如哺乳动物纲的八个目，包括灵长目、猛兽目（狗、猫、海豹、熊等），以及杂兽目（猪、刺猬、鼹鼠、鼩鼱等）。接着他将每个目划分为属，灵长类下的四个属分别是人属（Homo，人类）、猿猴属（Simia，猴子和猿）、狐猴属（Lemur，狐猴），以及蝙蝠属（Vespertilio，伏翼属的蝙蝠）——现在动物学家知道，蝙蝠并不是灵长类动物。林奈是第一个将人类描述为灵长类动物的人。林奈的两栖纲错误地包括了爬行动物和鲨鱼，他还将蜘蛛与昆虫误归为同一纲；而他的蠕虫纲则是奇怪的混合体，把现在已知无关的软体动物都分到了一起，如蠕虫、蛞蝓和水母。尽管如此，林奈1753年的这本出版物仍令人叹为观止，它记述的动物物种超过4200个。

翌年，第二卷出版，涵盖了他所知的所有植物物种。在那个全世界大部分地区尚未被探索、无高倍显微镜可用的年代，他的分类非常了不起。

很快，动物学家和生物学家欣然接受了林奈的系统。虽然18世纪以来该系统发生了许多变化，但它仍是生命形式的分类基础。任何生物在分类的不同层次与级别都有明确的位置，例如，欧亚猞猁（Eurasian lynx，学名*Lynx lynx*）属于动物界脊索动物门（发育过程中具有脊索）哺乳动物纲（雌性用母乳哺育后代）食肉目（肉食动

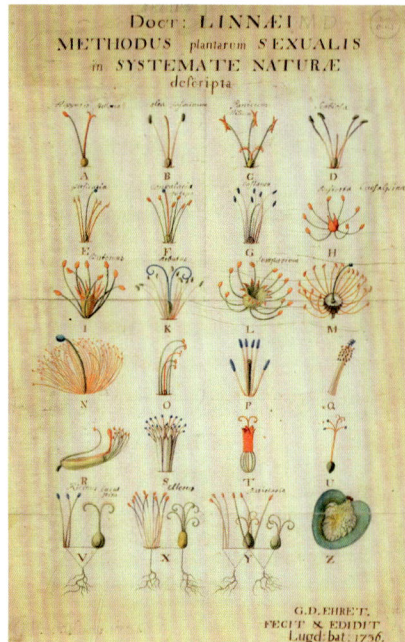

这幅来自林奈《自然系统》的水彩插图，展示了依照生殖器为开花植物分类的方法。

物）猫科（猫，主要是夜行猎手）猞猁属（一种短尾猫）。每个类别都是一个分类单元（taxon），这一系统可提供该动物的大量信息，而无须具体描述。这个名字还表明，欧亚猞猁与猞猁属中的其他三种猫密切相关。

新物种的诞生

有些物种的解剖结构非常相似，而有些则完全不同，生物学家对此困惑不已，直到1859年，查尔斯·达尔文出版的《物种起源》给出了答案。他解释说，新物种的进化是自然选择、突变、形态变异（physical variation）和物种形成（speciation）的结果。该理论与林奈的分类层级相契合——具有近代共同祖先的物种往往相似，例

如，现在已知的四种猞猁都是已灭绝的伊西多里猞猁（*Lynx issiodorensis*）的后代。当然，看起来相似的动物或植物也不一定都密切相关。趋同进化（convergent evolution）意味着，如果能带来进化优势，祖先不同的物种也可能具有相似的解剖特征。

受达尔文的启发，德国生物学家恩斯特·海克尔开创了生物体亲缘关系的研究。1866年，他绘制了一棵"生命之树"，展示了现存动物如何从"低等"形式的生命进化而来。他提议将单细胞生命——

欧亚猞猁是欧洲第二大掠食者，生活在欧洲和亚洲的落叶森林中，主要猎食鹿和羚羊。

原生生物（protista）作为第三界，与植物界和动物界并列。1925年，法国生物学家爱德华·沙顿区分了原核生物和真核生物。

支序系统学方法

1966年，德国生物学家威利·亨尼希提出，生命形式的分类应严格遵循其进化关系。在他的系统中，每一个生物群体（或支）都包含从共同祖先进化而来的所有已知物种及其共同祖先。这向林奈的许多假设提出了挑战。

随着显微技术和DNA分析的进步，生物学家能根据生物体之间的亲缘关系更准确地分类，亲缘关系密切的物种DNA差异往往较小。如今，大多数分类学家采用美国微生物学家卡尔·乌斯的三域系统，该系统揭示了地球上微生物惊人的多样性。■

细菌是没有细胞核的单细胞生物，其细胞膜和细胞壁的组成与古菌不同。

绿色非硫细菌
革兰氏阳性菌
紫色细菌
蓝细菌
黄杆菌
热袍菌

古菌（archaea）也是没有细胞核的单细胞生物，通常生活在极端环境中，如高温、酸性或盐度极高的地方。

极端嗜盐菌
甲烷微菌目
甲烷杆菌目
甲烷球菌目
嗜热球菌目
嗜热变形杆菌目
热网菌

真核生物包括动物、植物、真菌和原生生物。原生生物大多是具有细胞核的单细胞生物。

动物界
真菌界
植物界
纤毛虫类
鞭毛虫
微孢子虫纲

乌斯发现，生物界有三个而非两个主要谱系：细菌、古菌和真核生物。此前，古菌与细菌一起被归为原核生物界。

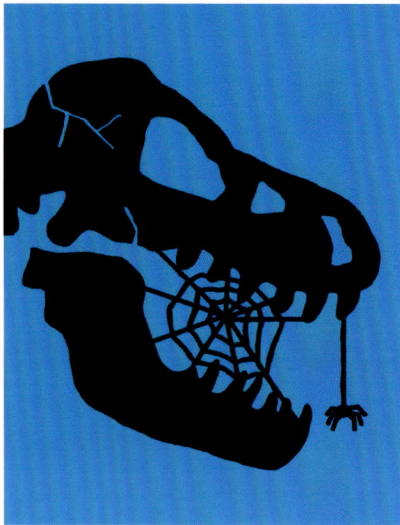

原始世界的遗骸

灭绝物种

背景介绍

关键人物
乔治·居维叶(1769—1823)

此前

约公元前500年 古希腊哲学家色诺芬尼(Xenophanes)描述了鱼类和软体动物化石。

16世纪初—17世纪初 意大利画家列奥纳多·达·芬奇(Leonardo da Vinci)、丹麦地质学家尼古拉斯·斯丹诺和英国博物学家罗伯特·胡克意识到,化石是生物的遗骸。

此后

1815年 威廉·史密斯(William Smith)绘制的英格兰和威尔士地质图是在同类中首张按化石类型识别岩石层(rock strata)的地质图。

1859年 查尔斯·达尔文出版《物种起源》,提供了生命进化的证据。

1907年 美国放射化学家伯特伦·博尔特伍德(Bertram Boltwood)首次使用放射性鉴年法(radiometric dating)测定了岩石的年龄。

史前生命的证据保存在岩石中,骨骼和足迹、洞穴甚至粪便等都能留下持久的印记。这些化石也表明,许多生活在过去的生物与今天的截然不同。现在的古生物学家从两方面解读该现象:这些成为化石的生命形式要么已经灭绝——种群在某一时刻消失,要么经进化变成了其他物种。

古希腊哲学家将化石视为动物和植物的遗骸,并研究在陆地上发现的海洋化石。到了中世纪,人们普遍认为化石是从岩石中生长出来的,与生物相似纯属偶然。然而,当化石的有机起源被更广泛地接受后,基督教会依然宣称,化石来自《圣经》中大洪水的牺牲品——尽管意大利博物学家列奥纳多·达·芬奇等学者指出,并非所有化石都源自单一灾难。

1874年,这块始祖鸟(archaeopteryx)化石出土于德国的一个采石场。该物种具有鸟类和非鸟类恐龙的特征,因此可能是二者之间的进化联系。

化石记录

40亿年前的史前时代,生物的多样性远超今日,但大多具有代表性的物种还没来得及石化就腐烂了。随着地质学的发展及更多化石的发掘,研究者发现,它们的形态千差万别。岩石层是不同地质时代形成的沉积岩(sedimentary rock),不同的岩石层中存在不同的化石,埋藏最深的化石最古老。这种分层模式甚至在不同地点重复

参见：解剖学 20~25页，为生命命名和分类 250~253页，生命进化 256~257页，自然选择 258~263页，物种形成 272~273页，支序系统学 274~275页，大规模灭绝 278~279页。

出现，表明各地都可能保存着相同史前时代的地质记录。

1815年，英国地质学家威廉·史密斯利用岩石层模式制作了世界上第一张地质图，涵盖了英格兰和威尔士。这对生物学领域产生了巨大影响：如果化石种类随着地层深度的变化而变化，那便表明生命也随时间的改变而改变。

灾难性灭绝

19世纪初，法国动物学家乔治·居维叶主导了化石研究。他的解剖学知识帮助他优化了生物（包括活着的和死去的）的科学分类。他发现了巴黎地区不同岩石层中的哺乳动物化石，成为该领域的权威。大量证据表明，化石物种与现存生物物种可能有很大差异，所以他支持"化石是已灭绝生物的遗骸"的观点。1812年，居维叶在《化石脊椎动物的骨骼研究》（*Researches on the Bones of Fossil Vertebrates*）中总结道，一系列

化石是如何形成的

化石化作用（fossilization）可通过不同方式发生。有时，植物或动物被压缩成黑色碳膜，并被保存在岩石中，一些保存最好的昆虫和小型生物化石被封闭在树脂硬化而成的琥珀里。

许多化石通过矿化（mineralization）过程形成。死去的生物被沉积物掩埋，腐烂速度因此减缓，为化石化作用的过程提供了时间。随后的数千年，

溶解在水中的矿物质固化并填满骨骼、器官或单个细胞中的微小空间。最终形成了以岩石为材料的实体化石（body fossil）或模铸化石（cast fossil），这些化石保留了原始生命形式的大部分形状。这种化石仅出现在沉积岩中，其上方或下方火山岩含有的放射性元素会随时间推移而衰变，利用放射性鉴年法分析其中的元素组成便可以估计化石的年龄。

灾难性事件消灭了整个物种群落（community），而后新物种取而代之。

尽管对新物种从何处出现及替代已灭绝物种的细节尚不明确，但居维叶仍坚持认为，是灭绝塑造了地球生命的历史。他拒绝接受物种进化的观点，但来自生物学其他分支的证据——由让-巴蒂斯特·拉马克和查尔斯·达尔文先后提

出——终将支持进化的观点。生物有机体的历史是一个关于共同祖先的故事。居维叶有关灾难的认识并非错误：具有全球性影响的事件会定期导致大规模灭绝，不过每次都有一些物种幸存下来，并进化出新的生物多样性。■

采用鉴定岩石层和放射性鉴年法可以测定化石的年龄，这类研究数据有助于估算史前时代生物群体的生存时间和持续时间。

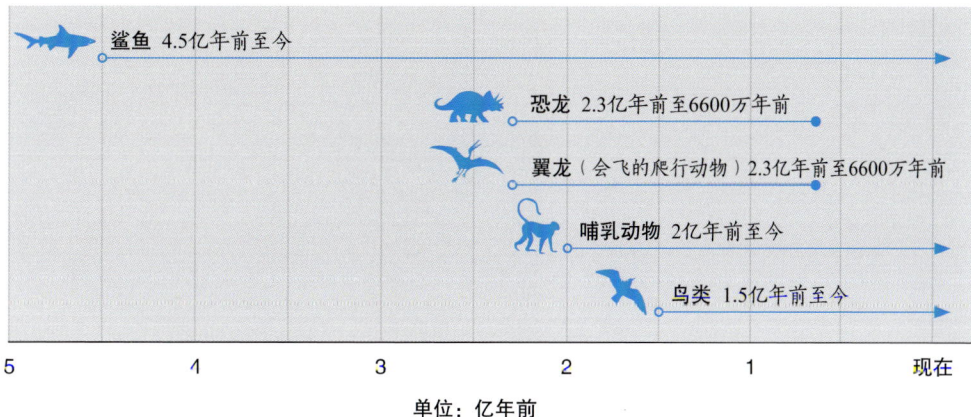

鲨鱼 4.5亿年前至今

恐龙 2.3亿年前至6600万年前

翼龙（会飞的爬行动物）2.3亿年前至6600万年前

哺乳动物 2亿年前至今

鸟类 1.5亿年前至今

| 5 | 4 | 3 | 2 | 1 | 现在 |

单位：亿年前

标识：
● 灭绝的物种
▶ 存活的物种

随着时间的推移，动物发生了深刻的变化

生命进化

生物进化的前提是生命形式的多代变化，这是解释"生物为何会演变为如今模样"的关键。然而，在生物学史的很长一段时间里，连世界上最伟大的思想家都领悟不了这个观点，原因有几个：进化似乎与直觉相悖，每个物种都会产生很多自己的后代，那么又是如何发生变化的呢？而且，物种被视为单一创造行为的固定产物，这一观念可追溯到柏拉图的"理想形态"理论，并被宗教教义强化。此外，根据基督教经文，地球的年龄还不足以发生进化。

反对创世论的证据

17世纪，地质学家开始注意到水平岩层及其所含的不同类型的化石，有些人开始怀疑地球的历史比之前认为的长。随着世界旅行的

美国亚利桑那州大峡谷（Grand Canyon）的岩层横跨六个地质时期，从2.7亿年到18亿年不等。

参见：为生命命名和分类 250~253页，灭绝物种 254~255页，自然选择 258~263页，突变 264~265页，现代综合论 266~271页，物种形成 272~273页。

机会增多，人们发现了许多新的动植物，这些生物并未被《圣经》提及。此外，显微镜的发明帮助人们揭示了微生物的存在。

在18世纪的法国，著名博物学家布丰伯爵将地球变化的历史划分为七个时代——第一个时代出现行星，最后一个时代出现人类。他根据广泛的动物知识，估算地球的年龄约为50万年，比《圣经》给出的年龄大了数百倍。

布丰以地区而非结构对动物进行分类，正如瑞典植物学家林奈所做的那样。通过这种方式，他揭示了物种的分布并非随机事件：不同的地区有不同的动植物——这似乎与"神在伊甸园里创造万物"的理念相悖。

尽管提出了这些洞见，但布丰并不是进化论者。虽然博物学家不得不面对越来越多与"物种恒定"相矛盾的事实，但大多数人的宗教信仰阻止了他们得出"生命持续进化"的结论。

进化理论

19世纪初，法国博物学家让·巴蒂斯特·拉马克迈出了离开创世论的关键一步。作为一位敬业的分类学家，他非常了解无脊椎动物，折服于现存物种与灭绝物种的相似性，并注意到某些化石似乎是过渡性的——仿佛是不同物种间的中间形态。他开始放弃"物种恒定"的观点，并构思进化变化的理论。

拉马克认为，物种的身体为了适应环境会发生变化，这种变化产生的新特征又会遗传给后代。个体身体的变化是由器官使用或废弃的生理效应导致的。例如，捕食者不断追逐猎物，捕食者和猎物的肌肉就都会发育得更强，它们的速度就会变得更快；如果身体某个部位不常被使用，其就会逐渐虚弱、退化，直至消失。

拉马克认为，动物身体某个部位被使用得越多，该部位就会变得越发达。因此，如果长颈鹿不断地伸长脖子，它的脖子就会变得更长。

当时，拉马克的观点似乎合理，这也是他首次尝试解释进化机制。然而，生物学家很快意识到，生命过程中获得的特征并不能遗传。拉马克"物种随时间变化"的原则基本正确，但细节有误。直到半个多世纪后，查尔斯·达尔文才提出更好的解释：进化是由自然选择驱动的。■

让·巴蒂斯特·拉马克

拉马克是家里11个孩子中最小的一个，于1744年出生在法国皮卡第的一个贫困家庭。17岁时，他应征参加了法国与德国之间的七年战争，之后从事了几年写作。热衷于自然历史的他，撰写了一本关于法国植物的书并备受赞誉。在布丰伯爵的力荐下，拉马克进入巴黎自然历史博物馆工作，1793年升任"昆虫、蠕虫和微动物"部门的教授。其间，他完善了自己的进化理论，并于1800年在弗洛瑞阿尔讲座（Floreal lecture）（译者注：法国大革命期间举办的系列讲座）上首次发表了该理论，随后用几部书对其进行了进一步阐述。晚年，拉马克视力下降，工作受阻，于1829年在失明与贫穷中去世。

主要作品

1778年 《法国植物志》

1809年 《动物学哲学》

1815—1822年 《无脊椎动物自然史》

适者生存

自然选择

关键人物

查尔斯·达尔文（1809—1882）

阿尔弗雷德·拉塞尔·华莱士

（1823—1913）

此前

1809年 让·巴蒂斯特·拉马克在《动物学哲学》一书中，详细阐述了获得性遗传的理论，但该理论后来被证明是错误的。

此后

1900年 一些生物学家（包括雨果·德·弗里斯和威廉·贝特森）重新发现了格雷戈尔·孟德尔的实验——这些实验为遗传机制提供了解释。

1918年 英国统计学家罗纳德·费歇尔帮助证明，达尔文的自然选择进化论与孟德尔的遗传"颗粒"性相兼容。

> "
>
> ……自然界有种趋势，某些物种的变种不断偏离原型……
>
> 阿尔弗雷德·拉塞尔·华莱士
>
> "

一个种群中的所有个体都有不同的遗传特征或**变异**。

⬇

这些变异意味着，一些个体更能适应环境，有更大的生存和繁殖机会。

⬇

有利的特征会被传递给下一代。

⬇

随着几代的变迁，种群的特征也发生了变化。

查尔斯·达尔文是首位用与生物学事实一致的方式解释进化的科学家，其自然选择理论基于这样的观念：一个生物群体由不完全相同的个体组成，它们通过遗传获得的可变特征，在特定条件下，使一些个体比其他个体更容易生存和繁殖，并将这些有利的特征传给下一代；如果条件变化，适应这些条件的最佳特征也会改变。因此，随着时间的推移，种群不断进化并适应其环境。实际上，是环境选择了生物体。

至今，自然选择仍是解释"生物为何演变成如今模样"的最权威的理论，但达尔文的这个重大贡献经历了漫长的过程才被普遍接受。"物种可变"的观点不仅与19世纪广为人知的创世论相冲突，达尔文的博物学同事们甚至还深信古希腊柏拉图所传授的"物种恒定"的观点：每个物种都有不可变的"本质"。

发现之旅

与同时代的基督徒一样，起初达尔文也相信创世论，但1831年从剑桥大学毕业加入英国皇家海军小猎犬号（HMS Beagle）进行了为期五年的探险后，他改变了观点。罗伯特·菲茨罗伊（Robert Fitzroy）船长率领舰船的航行任务是绘制南美洲的海岸线地图。这次航行成为达尔文一生的转折点，不仅确立了他作为博物学家的地位与声誉，最终也启发他重新思考世界，提出自己的进化论。

令达尔文深感震惊的是：不

参见： 染色体 216~219页，为生命命名和分类 250~253页，生命进化 256~257页，突变 264~265页，现代综合论 266~271页，物种形成 272~273页。

同地区拥有独特的动植物群落，挖掘出的化石也显示生命随着时间的推移在改变。这些都与《圣经》中上帝在六天内创造世界及万物的故事相悖。

1836年返回英格兰后，达尔文开始推测，物种并不是静止不变的，被山脉或岛屿等隔离的种群可能形成新物种。众所周知，他在加拉帕戈斯群岛（Galápagos Islands）观察到的鸟类，看起来像是从共同的祖先中分化出来的。1837年，英国鸟类学家约翰·古尔德（John Gould）指出，一组喙明显不同的鸟与另一种雀类（finch）亲缘关系密切，该物种显然早已适应了群岛上的不同栖息地。这是开创性的时刻。

同年，达尔文开始秘密记录物种的"演变"（transmutation）。他的思考转向群体，以便更好地理解物种进化的方式。动植物育种者早已认识到，识别出特征理想的个体对于培育家养品种至关重要，而达尔文则意识到，野生物种也是可以改变的。

生存斗争

1846—1854年，达尔文的藤壶研究成为理解种群自然变异的另一个关键组成部分。然而，其重要性其实始于1838年，当时他读到英国经济学家托马斯·马尔萨斯（Thomas Malthus）的《人口论》（*An Essay on the Principle of Population*），首次意识到其真正意义。据马尔萨斯观察，如果不加控制，人类人口将膨胀，但由于食物等资源的生产无法满足需求，饥荒和疾病将不可避免。

18世纪，博物学家布丰伯爵和卡尔·林奈已经认识到生物繁殖的

加拉帕戈斯群岛孤立于太平洋中。1835年，达尔文到达这些岛屿，对当地生物的研究奠定了他的进化论的基础。

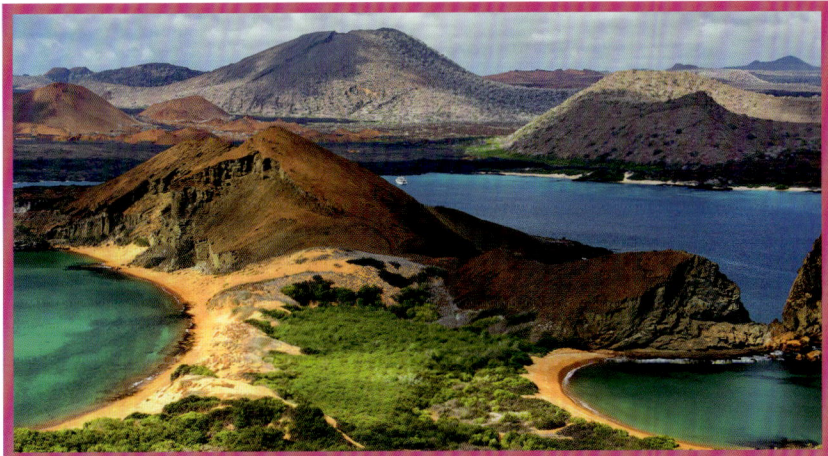

查尔斯·达尔文

查尔斯·达尔文出生于1809年，自称"天生的博物学家"。出于对19世纪外科手术给患者造成的创伤的震惊，他放弃了在爱丁堡学习医学的机会，进入剑桥大学学习神学。

1831年，作为船长的陪同人员，达尔文加入小猎犬号。南半球的旅行观察使他否定了"物种由神创造且固定不变"的普遍信仰。返回英格兰后，他继续为自然选择理论收集证据，20年后，他发表了名著《物种起源》。这本书以及随后的出版物确立了达尔文的地位——有史以来最著名的博物学家之一。1882年去世后，他被安葬在伦敦的威斯敏斯特教堂（译者注：英国历代君主加冕登基、举行婚礼庆典和下葬的地方，许多英国的杰出人物和第一次世界大战的无名战士都葬于此）。

主要作品

1839年　《小猎犬号航行记》

1859年　《物种起源》

1871年　《人类的由来及性选择》

潜力。之后，德国博物学家克里斯蒂安·埃伦伯格（Christian Ehrenberg）的研究也给达尔文留下了深刻印象。埃伦伯格观察到，单细胞微生物连续倍增会迅速产生大量个体，这让达尔文意识到，即便是最复杂的动植物，也有过度繁殖的潜力。

反对进化论的博物学家认为，固有物种与周围环境和谐共处。达尔文则关注生存斗争（struggle for existence）：如果种群有如此大的增长潜力，但有限的资源迫使生态保持平衡，那么最弱小的个体将会被淘汰。

最弱小的个体最有可能成为捕食者的猎物，例如这只被狮子捕获的小瞪羚。更强壮的动物才有更大的生存机会。

物种如何变化

优胜劣汰的观念并不新奇，维多利亚时代的医院和贫民窟里就有无数案例。一些神学家和科学家甚至借此反对进化论的观点，认为这恰好证明了物种保持不变。与达尔文保持通信的英国动物学家爱德华·布莱思（Edward Blyth）则认为，这是一种"种类"强化方式——如果较弱的"劣等"个体死亡，物种的质量便会得到提升。

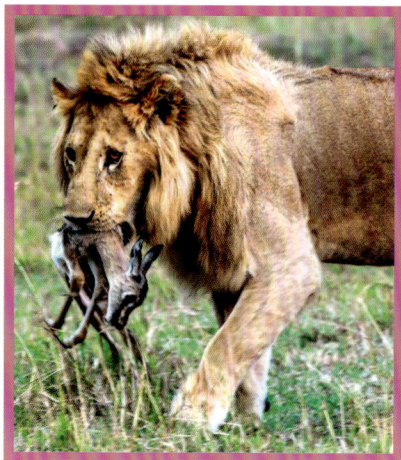

然而，达尔文意识到，这些斗争发生在充满变化的世界里，正如地质学家所发现的，地球本身并非静止不变，岛屿不断形成，栖息地在变化，不同岩层的化石揭示着不同的物种，而这些和"固有物种与周围环境和谐共处"的观念不相符。

于是，达尔文提出，当物种生活在新环境中时，只有那些最适应环境变化的个体才能存活并繁殖。经历许多代后，随着环境的变化，物种的主要特征也会改变而且更有方向性，推动某些特征朝着某个极端或其他方向发展（见左）。

出版

尽管内心挣扎，但达尔文十分清楚，在维多利亚时代的英国发表这些意见会引发抗议。因此，他一边积累证据，一边犹豫了数年。1858年，另一位英国博物学家促使他采取行动——阿尔弗雷德·拉塞尔·华莱士在东南亚采集标本时致信达尔文，并提出相似的理论，在南美洲和亚洲热带地区的经

自然选择的模式

方向性选择

某一特征向单一方向变化。颈部较长和较短的长颈鹿个体争夺食物，颈部较长的个体表现更好，因此峰值向右移动。

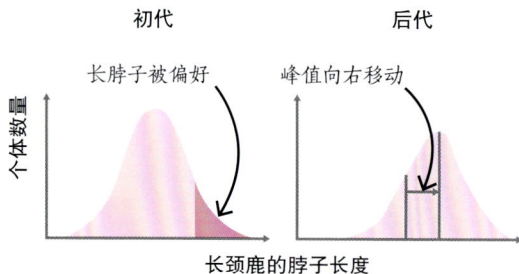

初代
长脖子被偏好

后代
峰值向右移动

个体数量

长颈鹿的脖子长度

稳定性选择

野生孔雀尾羽过长会带来负面影响，拥有最长尾羽的孔雀容易被老虎捕捉，但短尾羽又无法吸引配偶。所以，以后几代，尾羽长度的范围逐渐缩小。

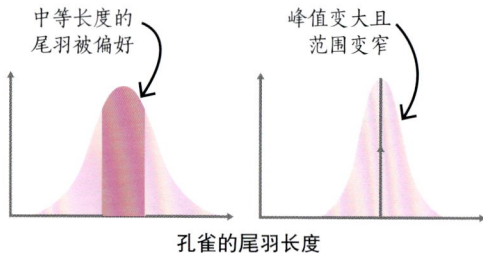

中等长度的尾羽被偏好

峰值变大且范围变窄

孔雀的尾羽长度

分化选择

为了避免被捕食，棕唇蜗牛壳的颜色分化为两种或多种变体，与不同的环境背景色相协调。

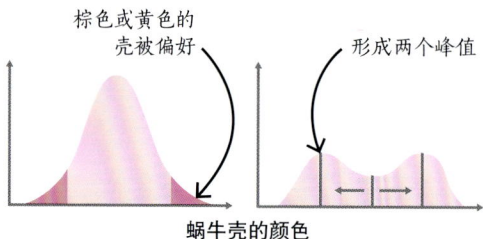

棕色或黄色的壳被偏好

形成两个峰值

蜗牛壳的颜色

历也让他成为进化论者。而且与达尔文一样，马尔萨斯关于生存斗争的说法也是他的转折点。起初，华莱士像布莱思一样，仍以物种的完美化作为思考的核心，但后来他发现，是选择导致了物种的变化。

达尔文和华莱士决定在1858年7月的伦敦林奈学会（Linnean Society）会议上提交各自的论文。第二年达尔文将自己的观点扩展成书，最终出版了《物种起源》。他原本只是将此书作为自己的理论摘要，没想到该书使他闻名全球，并成为后世的不朽遗产。

遗传学证据

20世纪初，在发现染色体、基因和遗传的背景下，科学家进一步完善了对自然选择的理解。

研究种群的生物学家在生物周围的环境中发现了自然选择的证据，甚至可以实时观察到其发生过程。美国生物学家西奥多修斯·多布赞斯基专注于研究果蝇，他补充了托马斯·摩根关于该昆虫遗传

学的内容。通过在不同条件下将大量果蝇群体放置在饲育箱（population cage）中，他观察到了自然选择下的某些基因增减变化。

20世纪50年代，英国遗传学家伯纳德·凯特威尔（Bernard Kettlewell）利用自然选择解释了工业革命期间，在充满煤烟的城市里，黑色变种的胡椒蛾（*Biston betularia*）数量增加的现象，这是因为颜色较深的蛾子不易被捕食的鸟发现。1956年《清洁空气法》（ the Clean Air Act）实施后，英国城市的污染水平下降，浅色胡椒蛾的数量随之回升。

这项胡椒蛾研究表明，选择具有方向性并会将特征推向极端。其他研究则表明，选择还具有稳定性——极端的特征变异会被消除（见第262页）。英国动物学家阿瑟·凯恩（Arthur Cain）和菲利普·谢帕德（Philip Sheppard）证明了自然选择的趋异潜力，即同时偏好（选择）多种变体。他们研究棕唇蜗牛（*Cepaea nemoralis*）后

棕唇蜗牛的壳具有不同颜色和花纹，这是趋异进化（divergent evolution）的一个例子。

证实，在不同的栖息地，壳的颜色极大地影响着蜗牛被捕食的概率，从而进化出不同颜色的蜗牛。

如今，自然选择已成为生物学的基石，是进化以适应这个充满变化的世界的唯一方式。■

一只来自澳大利亚昆士兰的雄性维多利亚天堂鸟（*Lophorina victoriae*）正通过张开羽毛来吸引雌鸟。

性选择

达尔文认为，除了生存斗争，求偶竞争也是进化的推动力。这种性选择（sexual selection）与自然选择的机制不同，但从进化适应性的角度看，两者是相同的：求偶更成功的个体能产生更多的后代。

在性别差异的进化中，性选择发挥着重要作用。个体交配时更容易选择"有吸引力的"特征，这些特征也得以传给后代。例如，雄孔雀艳丽的羽毛

并不能给其带来更大的生存机会，却会提高其繁殖概率；为了成功避开捕食者，雄孔雀的身体可能更强壮。

总而言之，雌性通常是更挑剔的一方，这可能是因为它们在下一代中的投资成本通常更大——无论生产卵子的生理代价，还是怀孕的风险。

产生新的、稳定的样式

突变

背景介绍

关键人物

雨果·德·弗里斯（1848—1935）

此前

1859年 查尔斯·达尔文的《物种起源》说明，进化是通过自然选择逐渐变化的过程。

1900年 雨果·德·弗里斯等生物学家重新发现了格雷戈尔·孟德尔1866年发表的研究，该研究解释了遗传特征源于后被称为基因的"颗粒"。

此后

1942年 英国生物学家朱利安·赫胥黎将达尔文的自然选择、孟德尔的"颗粒"遗传以及德·弗里斯的突变理论汇总成统一的概念，并将其命名为现代综合论。

1953年 弗朗西斯·克里克和詹姆斯·沃森发现了DNA的双螺旋结构，确定了遗传物质的化学基础。

生物进化，首先必须有变异，但最初的变异是如何产生的呢？

自古以来，包括英国的查尔斯·达尔文在内的博物学家，都意识到"变种"会突然自发出现且可以遗传。动植物育种者尤其了解这一点，并通过人工选择获得更好的品种或变种。例如，本应是灰色的鸽子可能长出紫色羽毛，棕色老鼠有时会生出白色的后代，一丛玫瑰可能突然盛开密集的花朵。荷兰植物学家雨果·德·弗里斯对所种月见草的变种印象深刻，以至于1900—1903年，他专门发表了基于此现象的进化理论。

德·弗里斯称这些变种为"突变"，该术语被沿用至今。他认为，随机突变的持续产生不仅解释了生命多样性的起源，还成为进

在原始的DNA分子中，碱基序列是特定的，现有DNA分子被错误复制时会发生基因突变。

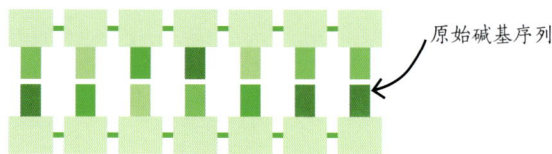

原始碱基序列

原始DNA分子

按原始顺序排列的碱基序列

改变的碱基单元

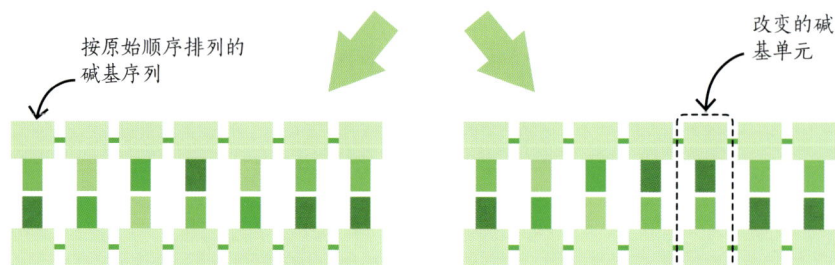

被正确复制的DNA

被错误复制的DNA

参见: 遗传定律 208~215页, 染色体 216~219页, 什么是基因 222~225页, 双螺旋 228~231页, 现代综合论 266~271页。

化的驱动力。由于月见草的突变十分突然, 所以他提出了进化跳跃进行说——该过程后被称为骤变说(saltationism), 与达尔文自然选择进化论中的渐变说形成了鲜明对比。

德·弗里斯在奥地利修士格雷戈尔·孟德尔的遗传定律中找到了支持他的理论的论据。孟德尔进行了豌豆植物育种实验, 并提出遗传特征由"颗粒"决定, 这些"颗粒"后被称作基因。德·弗里斯认为, 如果突变以离散的基因形式出现, 那么进化变化也必然以离散、跳跃的方式发生。

因果

德·弗里斯的观点部分正确部分错误, 生物学家花了半个世纪才弄清这一点。随着更深入的遗传研究, 遗传学家发现, 许多特征是由基因及其突变共同作用带来的。这样一来, 大部分变异被消除, 因此变异是连续而非离散的——这解释了达尔文提出的渐变说。与此同时, 关于细胞及其成分的研究揭示了突变在DNA化学物质层面的本质。

自发的突变是由DNA(遗传物质)被错误复制导致的, 这种现象极其罕见, 估计每百万次细胞分裂才会发生一次, 但它是地球生命遗传多样性的最终来源。即便概率如此之低, 数十亿年的错误复制, 也能由一个共同的祖先衍生出如此众多的变异。

突变产生的不同基因形式称

> ❝
> 自然选择或许可以解释适者生存, 但无法解释适者的出现。
>
> 雨果·德·弗里斯
> ❞

为等位基因(allele), 解释着我们熟悉的遗传变异(inherited variation), 如人类的蓝眼睛和棕眼睛、孟德尔豌豆植物的绿色和黄色豆荚。由于遗传变异是精密生命体的随机改变, 所以许多突变往往是有害的; 有些突变似乎没有任何影响, 而少数重要突变也可能有益。通过自然选择, 有害突变减少, 有益突变增多——这一切都取决于环境对不同突变的不同选择。德·弗里斯正确指出了突变产生变异, 但剩下的工作是由自然选择完成的, 仅凭这一点就能解释生物体如何适应其环境, 而不会随机生成。■

突变的类型

所有突变都是细胞分裂时, 遗传物质(DNA)传递方式的随机错误。这可能是DNA自我复制时的复制错误, 进而导致碱基序列发生变化, 即基因突变, 也可能是整个DNA链对齐错误或断裂, 导致DNA链无法均匀分离, 从而引发染色体突变。

虽然细胞有天然的"校对"系统来修正错误, 但也会有疏漏。此外, X射线等有害因素会增加突变发生的概率。性器官的突变可能会进入精子或卵子中, 随后被复制到后代的所有细胞中, 这种生殖系突变会遗传给未来的世代。体细胞的突变不是生殖系的一部分, 只会影响局部组织, 有时甚至会发展成癌症, 但不会传递给后代。

由于基因突变, 这只多趾虎斑猫的每只爪子都有五个趾。

自然选择传播
有利的突变

现代综合论

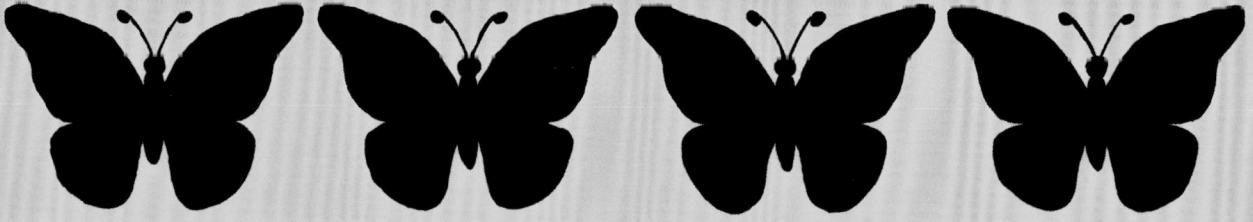

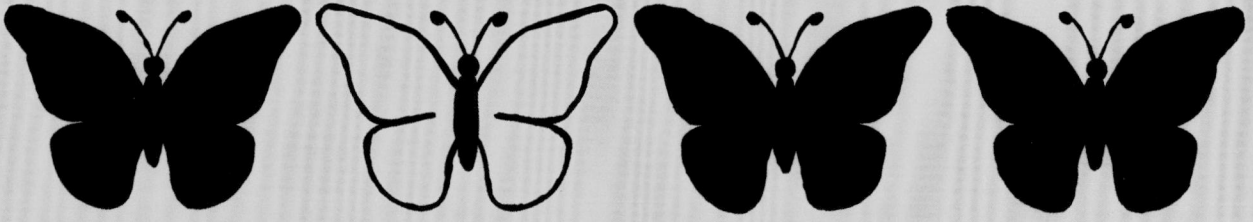

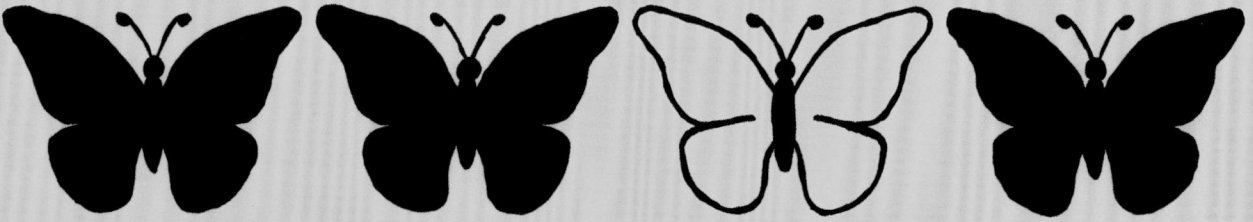

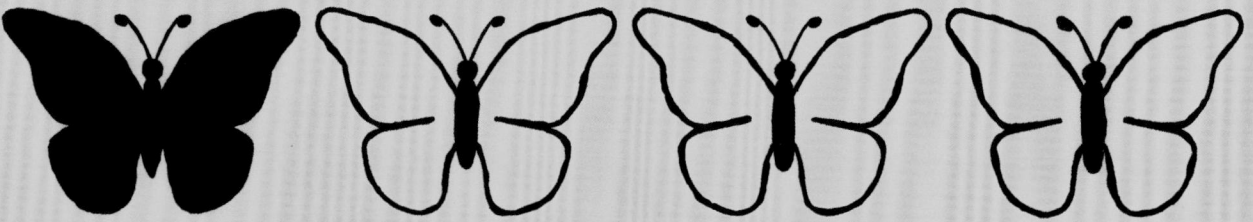

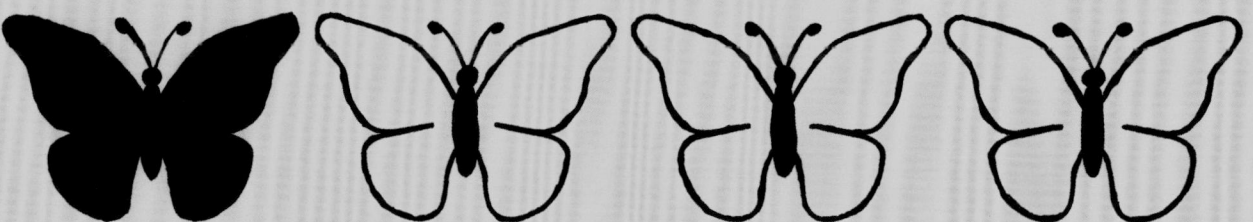

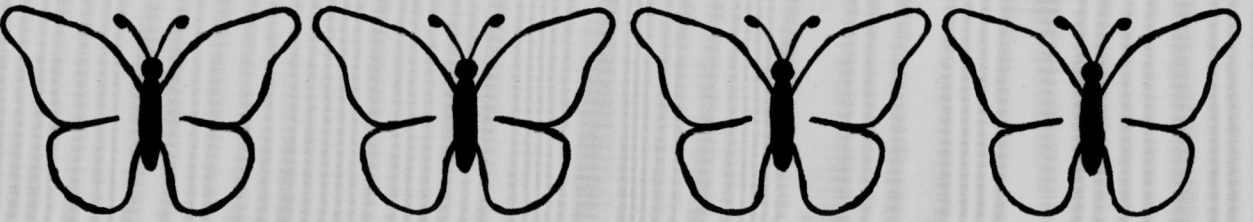

背景介绍

关键人物

罗纳德·费歇尔（1890—1962）

西奥多修斯·多布赞斯基
（1900—1975）

此前

1859年 查尔斯·达尔文在他的著作《物种起源》中描述了自然选择进化论。

1865年 格雷戈尔·孟德尔开办了题为"植物杂交实验"的讲座，详细介绍了自己的豌豆杂交研究和三条遗传定律。

1900—1903年 雨果·德·弗里斯在《突变理论》（*The Mutation Theory*）中主张，进化变化的发生是突然的、大跳跃式的。

此后

1942年 厄恩斯特·迈尔出版了《系统学与物种起源》（*Systematics and the Origin of Species*），将物种定义为一个与其他生物群体有生殖隔离（reproductively isolated）的生物群体。

> 进化……是迄今为止地球上最强大、最全面的思想。
>
> 朱利安·赫胥黎 （1887—1975）

达尔文和华莱士提出了自然选择进化论。

孟德尔概述了"颗粒"（基因）遗传理论。

德·弗里斯记叙了自己的突变理论。

自然选择进化论涉及微小的遗传变异，产生渐进的变化。

这些理论表明了不同的遗传变异，变异是突然产生的。

"颗粒"（基因）以复杂的方式相互作用，其综合效应会导致平滑、连续的变异。

进化发生在群体中，通过选择、突变、迁移或漂变，改变基因相互作用的频率。

新物种通过生殖隔离的群体进化出现。

19世纪的人类社会见证了两项最重要的生物学思想的诞生：查尔斯·达尔文和阿尔弗雷德·拉塞尔·华莱士的自然选择进化论，以及格雷戈尔·孟德尔的遗传理论——遗传通过现被称为基因的"颗粒"进行。最终，这些概念共同帮助我们了解地球上的生命历史，尽管最初其各自的支持者之间存在分歧。

在达尔文《物种起源》发表后的几十年里，大多数生物学家接受了"进化物种拥有共同祖先"的观念，但很少有人相信自然选择。达尔文认为，进化通过选择非常微小的变异而发生，因此是一个渐进的过程，偶尔出现如白化现象这样突然的巨变是异常且不重要的。然而，其他人，甚至包括他强大的盟友——英国生物学家托马斯·赫胥黎，认为不应忽视这些现象。1900年，当人们"重新发现"被忽视了几十年的孟德尔遗传理论时，达尔文的反对者们找到了新证据：

参见：遗传定律 208~215页，什么是基因 222~225页，自然选择 258~263页，突变 264~265页，物种形成 272~273页，自私的基因 277页。

孟德尔证明，豌豆荚的颜色等分离性状由遗传单元决定，因而达尔文的渐进说是错误的。

突变

1894年，英国遗传学家威廉·贝特森（William Bateson）发表了一项关于深入研究遗传变异的成果，坚称典型的遗传变异以不连续的方式出现；达尔文所谓平滑、连续变异的自然选择实际来自环境的影响。尽管贝特森不了解孟德尔的研究，但他还是认为这种不连续性与达尔文的理论不兼容，相反，进化发生是大跳跃式的——这是骤变说的观点。1900年，孟德尔的研究重新面世后，贝特森视其为自己观点的佐证。

在荷兰，同为骤变说支持者的雨果·德·弗里斯提出，新物种的产生源于自发出现的新变种，即突变。1900—1903年，他也发表了自己的研究成果，尽管其主要证据仅基于一种植物——月见草，但它

基因库

进化是在群体中发生的，即遗传组成在几代的时间里发生变化。进化不可能发生在个体身上，因为个体基因基本上终生不变。虽然物种成员共享同类基因，但每个特定性状（如黄色或绿色豌豆荚）的基因都有不同的变体——等位基因。基因突变时，会产生新的等位基因。具有大量遗传多样性或许多不同等位基因的群体，往往具有较大的基因库（gene pool）。随着物种的进化，不同等位基因的相对丰度或频率也会发生改变。

有时，科学家会用一袋彩豆模拟群体的基因库，豆子的不同颜色代表不同的等位基因，随机抽取的豆子代表下一代。虽然这种方法被贬称为"豆袋遗传学"，但它是模拟基因层面进化变化的有用方法。

还是产生了深远的影响。骤变说吸引着那些试图通过育种实验理解遗传的科学家，但达尔文等野外博物学家认为：渐变现象随处可见，许多人视其为孟德尔遗传学的反证。

群体遗传学

或许生物学领域最有能力解决这一问题的，是那些有博物学背景的遗传学家。瑞典的赫尔曼·尼尔森-埃勒最初研究植物分类学，但后来证明，正如孟德尔所言，个体基因以复杂的方式相互作用，因此它们所控制的性状并不总是以离散的形式出现。生物学家还意识到，要真正理解进化的运作方式，就需要研究整个群体的基因，而不仅仅是通过实验。

许多遗传学家采用了孟德尔的数学方法，开始通过计算观察群体的基因。一旦确定了某个性状的基因，就能计算出其在群体中的丰度，并观察丰度的代际变化。英国数学家戈弗雷·哈迪（Godfrey

月见草（*Oenothera*）被雨果·德·弗里斯视为骤变说的证据。大多数种类的月见草是黄色的，但粉花月见草（*Oenothera rosea*）是粉色的。

Hardy）和德国医生威廉·温伯格（Wilhelm Weinberg）是该领域的先驱。1908年，他们分别在数学层面证实，在某一大群体中，单凭遗传本身不会导致基因频率变化，只有当某些因素打破遗传平衡时，进化才会发生。这个观点后被称为哈迪-温伯格平衡（Hardy–Weinberg equilibrium），即如果没有影响因素，遗传变异会保持恒定。

这一原则使研究人员得以量化基因频率的代际变化。例如，一个决定毛色的基因可能有棕色或白色的不同形式（等位基因），一个群体最初可能有等比例的棕色和白色基因，即各占50%。经过几代，如果基因频率变为30%棕色70%白色，那么这表明群体已经出现了进化，而且意味着自然选择偏爱白色毛发。

综合效应

1915年，英国数学家哈里·诺顿（Harry Norton）推算出，即使是仅有微弱优势的基因，也可能通过自然选择在群体中引起巨变。1918年，英国遗传学家兼统计学家罗纳德·费歇尔凭借对基因以复杂方式相互作用的了解，进一步证明了多个基因的综合效应如何解释平滑、连续的变异，如体型大小或颜色深浅，这引出了达尔文自然选择所需的微小差异。费歇尔的研究极大地弱化了"孟德尔和达尔文理论不兼容"的观点。

另一位调和两大学派的关键人物是俄国生物学家谢尔盖·切特

北极熊是物种适应环境的经典例证，厚厚的皮毛提供了隔热和伪装的优势，使其在捕猎时占据有利地位。

基因频率随时间变化，由选择或非适应性进化引起

拥有两个"黑色"基因的黑甲虫

拥有一个"灰色"基因的黑甲虫（携带者）——"黑色"基因是显性基因，"灰色"基因是隐性基因，因此这种甲虫是"携带者"。

拥有两个"灰色"基因的灰甲虫

拥有一个"灰色"基因的灰甲虫（携带者）

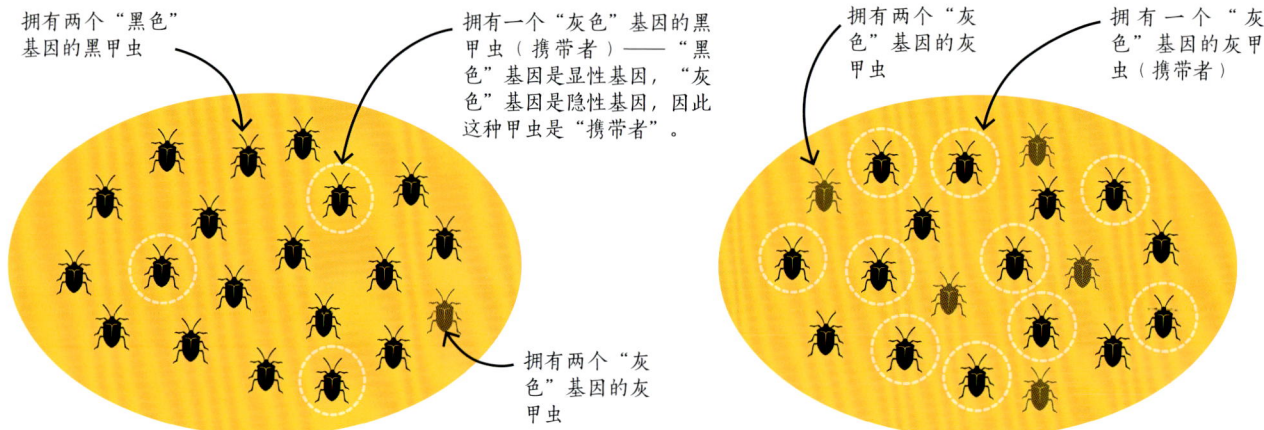

拥有两个"灰色"基因的灰甲虫

初始群体： 在20只甲虫中，每只甲虫有两个决定颜色的基因，群体中共有5个"灰色"基因。

多代之后： 在40个决定颜色的基因中，有20个基因变成了"灰色"基因

> "
> **自然选择依赖一系列有利的偶然事件。**
>
> 罗纳德·费歇尔
> "

维里科夫（Sergei Chetverikov）。他致力于基因突变及其重要性的研究，如DNA复制错误导致的新基因——尽管他更喜欢使用"基因变异"（genovariation）一词。他发现，这些突变虽不像德·弗里斯所说的"会自动产生新物种"，但可通过更微妙的方式产生影响。突变或有益或有害，影响程度不同，还有许多是隐性的——这是孟德尔为等位基因创造的术语，指那些与显性等位基因结合时不会表现出性状但恰好成对存在时就会显现效果的等位基因。所有这些研究的意义在于，实际上群体内的遗传变异比任何人——甚至达尔文——想象的要广泛得多。这大大提升了进化的潜力。

非适应性进化

自然选择并非群体基因变化的唯一机制，其他因素也会产生影响，如新的突变和迁移（migration，指基因从一个群体转移到另一个群体）。另一个因素是遗传漂变（drift）——1931年由美国遗传学家休厄尔·赖特（Sewall Wright）提出。由于每一代个体都从父母那里继承了基因样本，且能否生存和繁殖常常取决于偶然因素，所以这些因素可以导致基因频率的小幅变化。在非常小的群体中，这种变化几代之内即可表现得非常显著。微小的群体（如岛屿上的群体）可以通过纯粹的偶然因素快速进化。

迁移、突变和漂变都是随机过程。相反，自然选择依赖生物的特性和其所处环境，是唯一可以令人满意地解释适应（adaptation）现象的进化机制——适应现象在自然界中普遍存在，这本身就是达尔文自然选择理论的有力证据。

新的综合

1937年，进化方式的新思想攀上了顶峰，俄裔美国生物学家特奥多修斯·多布赞斯基出版了《遗传学与物种起源》（*Genetics and the Origin of Species*），综合了现在的关键概念：进化通过小幅的基因变化逐步发生，主要以自然选择为驱动，新物种的出现则是由于群体生殖隔离——基因差异显著，导致繁殖只能发生在自己的群体内。到20世纪40年代，陈旧的骤变说已被抛弃，取而代之的是这个更广泛的理论——1942年英国生物学家朱利安·赫胥黎将其命名为现代综合论。■

加拉帕戈斯象龟（Galápagos giant tortoise）是小岛上可发生快速进化变化的一个例子，有时会导致极端性状出现。

进化的单元

罗纳德·费歇尔和其他群体遗传学家的研究重点是：特定基因如何通过自然选择而受到偏爱或被淘汰，因此他们认为基因是进化的重要单元，这有助于解释整个群体的遗传构成及其代际的复杂变化。1976年，英国进化生物学家理查德·道金斯提出"自私的基因"概念，将该理论推向极致。他认为生物体的行为也由基因决定。另一些进化生物学家，如德裔美国人厄恩斯特·迈尔，认为以基因为中心的进化观未必最佳，他们认为，进化的关键单元是个体生物，基因并不能孤立发挥作用，个体对环境的选择性影响做出反应，最终影响下一代。

隔离种群中的剧变

物种形成

查尔斯·达尔文在《物种起源》中提出自然选择进化论，有力地解释了生命在多代间逐渐变化的方式，但对物种形成的过程，即新物种如何从旧物种中产生的解释乏善可陈。

物种内的微小变异为可能发生的事情提供了线索。1833年，德国动物学家康斯坦丁·格洛格尔（Constantin Gloger）注意到，对于纬度分布范围较广的鸟类物种，生活在温暖潮湿的热带地区的品种，相比生活在凉爽干燥的温带地区的品种，拥有颜色更深的羽毛。这个发现后被称作格洛格尔定律（Gloger's rule），即地理变种可能是正在形成的新物种。达尔文和英国生物地理学家阿尔弗雷德·拉塞尔·华莱士都认为，地理隔离可能是产生新物种的关键，但他们并不确定这是否会一直成立。

达尔文明确认为，地理隔离可能是岛屿上发生进化的原因，现代DNA分析也支持了这一点。例如，加拉帕戈斯群岛的雀类与南美

北极狼（arctic wolf）与森林狼（timber wolf）属同一物种——灰狼的两个种群，虽然它们的外形不同，但能杂交繁殖，将来也许会演变为不同的物种。

参见：无性生殖 178~179页，遗传定律 208~215页，染色体 216~219页，为生命命名和分类 250~253页，自然选择 258~263页，突变 264~265页，现代综合论 266~271页，自私的基因 277页。

当物种种群被物理屏障隔开时，两个新分离的种群以不同的方式进化——例如选择或漂变，最终可能成为不同的物种。

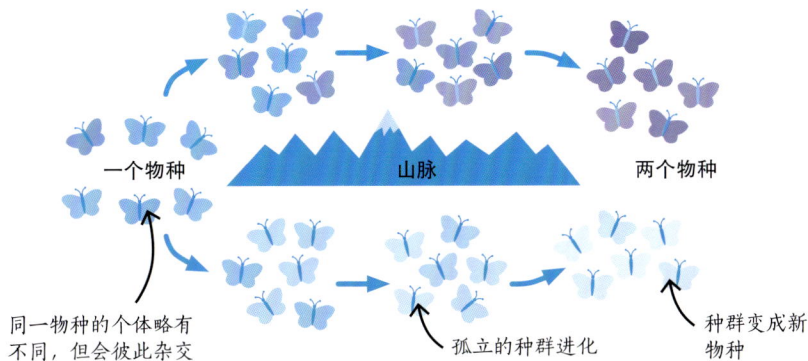

一个物种　山脉　两个物种

同一物种的个体略有不同，但会彼此杂交

孤立的种群进化

种群变成新物种

大陆和加勒比地区的鸟类亲缘关系最近，但至少在两百万年前，它们的祖先物种飞越大海，在加拉帕戈斯群岛定殖（colonize），逐渐进化成鸟类学家所描述的加拉帕戈斯雀类。DNA分析还显示，被新形成的山脉或其他物理屏障隔开的动物种群，也会分化成不同物种。

生殖隔离

仅靠地理隔离还不足以解释新物种的产生。1942年，德裔美国生物学家厄恩斯特·迈尔提出了生物学种（biological species）的新概念，认为物种的成员几乎总是只与物种内部的成员繁殖，基本不会与其他物种的成员杂交。物种形成必须涉及某些个体进化出新特征，以免一个物种的个体与其他物种的个体进行繁殖。例如，一只鸟可能会进化出略微不同的求偶行为，而这种行为未被其种群的一些成员视为生殖隔离机制。

迈尔认为，这种情况最可能

发生在种群沿地理界线分裂时：一旦被隔离在分界线两侧，两个新种群便开始以不同的方式进化。最终，即使再次相遇，它们也不会彼此交配，因为它们已经成为两个不同的物种。

植物的进化

尽管人们广泛认为，许多已被大量研究的群体产生新物种时，

地理隔离的渐进效应起着主导作用，但这并非进化的唯一原因。20世纪30年代，美国植物学家乔治·莱迪亚德·斯特宾斯二世描述了新植物物种如何通过突变迅速出现，并在1950年出版的《植物的变异与进化》（*Variation and Evolution in Plants*）一书中发展了这一理论。

许多植物会经历染色体数目的自发倍增（multiplication），这被称为多倍性（polyploidy）。动物出现这种情况通常会致命，但某些植物在这种情况下能茁壮成长。多倍性使它们在一代之内便无法与亲本种类杂交繁殖，这在植物中十分常见，至少三分之一的开花植物物种可能是通过这种方式进化而来的。■

物种的概念

几个世纪以来，博物学家认为，如果生命形式具有某些共同的生理特征【形态学（morphology）】，它们就属于同一物种。然而，到了17世纪，生物学家意识到，形态学概念有很多局限性：雌雄个体可能在体型和颜色上各有不同，许多动物在变态（metamorphose）过程中，其体型也会发生变化。19世纪，格洛格尔、达尔文和其他学者注意到杂交繁殖的

动物种群的自然变异及其在进化中的关键作用。迈尔的生物学种概念，即不同物种间生殖隔离，在某种程度上解决了这个问题。然而，即便是迈尔的概念，也并不适用于所有情况，如只通过无性生殖繁殖的生物。如今，大多数生物学家使用系统发育种（phylogenetic species）的概念，物种被定义为具有共同祖先并与其共享某些特征的生物群体。

所有真正分类都是系统性的

支序系统学

背景介绍

关键人物

威利·亨尼希（1913—1976）

此前

1753年、1758年 卡尔·林奈的《植物种志》和《自然系统》成为物种分层分类和命名的起点。

1859年 查尔斯·达尔文的《物种起源》为物种间的进化关系提供了证据。

1939年 阿尔弗雷德·斯特蒂文特根据多个相关特征对果蝇物种进行分类，成为数值分类学（numerical taxonomy）的先驱。20世纪50—60年代，该学科流行了起来。

此后

1968年 木村资生开创的分子进化中性学说（neutral theory of molecular evolution），为在某一类生物的进化历史中确定物种可能的分化时间提供了支持。

在《物种起源》中，查尔斯·达尔文主张物种应根据进化关系分类，发现相关性的最佳方法是比较不同物种的可见特征。不过他也承认，有些特征比其他特征更重要，而有些特征可能具有误导性。根据骨质脊柱可以确定脊椎动物的共同祖先，但翅膀的情况并非如此，因为其在不同的物种群体中各自独立进化，如鸟类、蝙蝠和昆虫。

生物学家意识到，分类学（物种分类）所选择的特征及其权重是主观的。1939年，美国遗传学家阿尔弗雷德·斯特蒂文特用严格的数值系统对果蝇物种进行分类，他分析了42个物种的27个特征，并根据彼此相关的特征和可能的遗传关系，将这42个物种清晰地分为三大类。

在后续研究的支持下，这种依据整体相似性分类的定量方法——表型系统学（phenetics）逐渐流行起来。20世纪50年代，随着计算机的发明，生物学家能够处理涉及更多分类群体的海量数据。1963年，生物学家罗伯特·索卡尔（Robert Sokal）和彼得·斯尼思（Peter Sneath）共同出版了《数值分类学原理》（*Principles of Numerical Taxonomy*），这标志着该技术达到了一个顶峰。

没有遗传关系的物种的翅膀拥有类似的结构：它们外观相近，但独立进化。蝙蝠和鸟类的翅膀是从骨质的"手"进化而来的，昆虫的翅膀则不同于四肢。

薄膜　　翼膜　　羽毛

参见：为生命命名和分类 250~253页，生命进化 256~257页，自然选择 258~263页，物种形成 272~273页，大规模灭绝 278~279页。

在这张陆地脊椎动物的支序图中，鸟类被归为爬行动物的一个子群，因为鸟类是从爬行动物——恐龙进化而来的，其最近亲是鳄鱼。不过，传统的现代爬行动物并不包括鸟类。

- 两栖动物
- 蜥蜴、蛇和大蜥蜴
- 海龟和陆龟
- 鳄鱼
- 鸟类
- 哺乳动物

现代爬行动物

支序系统学术语

描述自己的生物分类系统时，威利·亨尼希创造了许多术语。随着支序系统学被广泛接受，这些术语也被生物学家广泛采纳，成为分类学词汇表的一部分。两个关键术语是"衍征"（apomorphy）和"祖征"（plesiomorphy）。前者指进化创新——未在其祖先中发现的性状（或特征），对定义群体很有用；后者指从祖先身上遗传下来的性状，因此对了解群体内部的关系帮助不大。分类学家通过研究"外群"（out-group）——与其关系更远的物种，进一步定义性状。例如，指甲是灵长类动物的衍征，是该类群特有的性状；但多毛皮肤是灵长类动物的祖征，因为这一性状也存在于哺乳动物的外群中，如啮齿动物或狗中。

按血统分类

虽然事实证明，数值分类学的统计技术很有用，但表型系统学方法并未明确考虑进化血统的证据。不过，另一个分类学派正是这样做的：1950年，德国动物学家威利·亨尼希发表了系统分类（phylogenetic systematics）的研究成果。其理论假定进化通过二分裂发生，即一个物种分裂为两个，这些分裂点代表了通过观察可遗传特征推断出来的、假设存在的共同祖先。他认为，所有从共同祖先进化而来的物种（包括该祖先）都应该被归为同一群体，或称为一个"支"。进化历史由系统发生树（phylogenetic tree）——又称支序图（cladogram）——表示。

亨尼希的支序系统学方法，仍是现在的主流系统，它得益于当前更高级的数据分析方法，如参考多个DNA序列比单独依赖形态（生物体的形态和结构），能更可靠地确定亲缘关系。

然而，尽管该理论自称比较客观，但支序系统学方法也存在问题。物种并不总会进行二分裂，而且有些谱系进化得比其他谱系更快。例如，所有鸟类起源的分支点位于爬行动物的系统发生树中，根据支序系统学，鸟类应归为爬行动物的一个子群。然而有人认为，鸟类在相对较短的时间内进化出的独特特征（如羽毛和无齿喙）足以使其成为不同于爬行动物的类群。因此，尽管近年来的研究趋势正在转向支序系统学的分类标准，但其他更传统的分类标准仍很受欢迎。■

> 支序系统学的初衷在于消除分类的主观性和随意性（的需求）。
>
> 厄恩斯特·迈尔

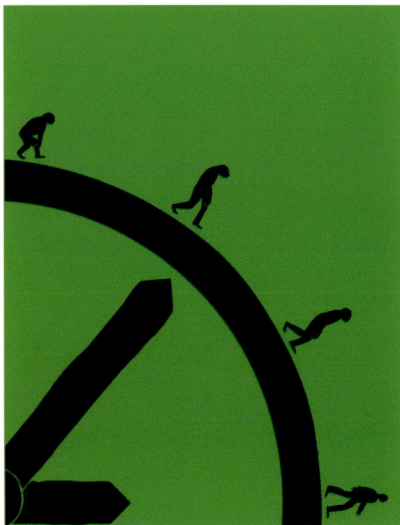

进化的时钟性特征

分子钟

背景介绍

关键人物

埃米尔·扎克坎德尔（1922—2013）
莱纳斯·鲍林（1901—1994）

此前

1905年 出生于新西兰的物理学家欧内斯特·卢瑟福（Ernest Rutherford）发明了分析化学同位素来测定岩石年代的方法，该方法经改进后可用于测定化石年代。

1950年 威利·亨尼希提出了系统发生树（支序系统学）的分类方法。

此后

1968年 日本生物学家木村资生提出分子进化中性学说，认为大量基因变异是以恒定速度通过突变产生的。

2000年 生物学家引入"时钟图"（chronogram）和"时间树"（timetree）两个术语，用于描述经校准显示分支点日期的系统发生树。

随着生命进化，其DNA在错误复制过程中会积累变化。这些复制错误，即突变，会改变DNA结构单元的序列。1962年，奥地利生物学家埃米尔·扎克坎德尔和美国化学家莱纳斯·鲍林不出意料地发现了相关物种的相似DNA序列。1965年，他们将化石测定的年代纳入研究物种的系统发生树中，估算出DNA序列变化的速率，后来扎克坎德尔和鲍林推测，这类数据可显示特定时间段内的突变速率，进而作为"分子钟"来推算两个物种的分化时间。

> ……进化中最简单、最强大的概念之一。
> 罗杰·卢因（Roger Lewin），1997年《进化的模式》（Patterns in Evolution）

时钟的恒定性

估算物种分化的时长取决于变化速率是否保持恒定，不过生物学家知道，自然选择可能会加快变化的速率。因此，"时钟"必须基于更随机变化的基因，而非被自然选择的基因。

1967年，美国生物化学家伊曼纽尔·马戈利亚什（Emanuel Margoliash）发现了一种符合要求的基因：它能产生细胞色素c——细胞色素c是几乎所有生命形式进行关键能量释放反应所必需的物质，广泛存在于从细菌到动植物的各种生物体内。马戈利亚什根据不同物种之间的细胞色素c基因突变距离绘制了系统发生树。改进后的技术沿用至今，对理解系统发生树的分支时间具有重要意义。■

参见：什么是基因 222~225页，遗传密码 232~233页，DNA测序 240~241页，灭绝物种 254~255页，自然选择 258~263页，突变 264~265页。

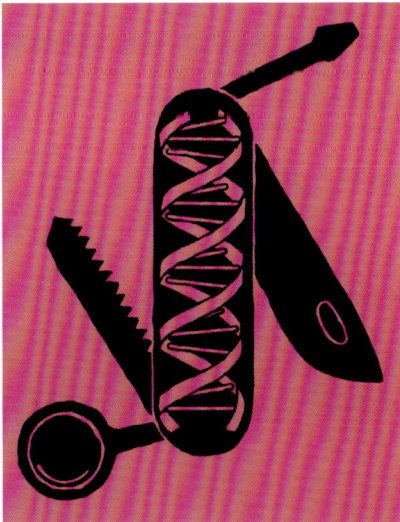

我们是幸存的机器

自私的基因

关键人物

理查德·道金斯（1941— ）

此前

1859年 查尔斯·达尔文提出自然选择进化论，认为生物会进化出有利于其物种的行为。

1930年 英国遗传学家罗纳德·费歇尔提出了亲属选择（kin selection）的机制，解释了动物如何牺牲自身的生存机会去帮助亲属生存。

此后

20世纪80年代 基于理查德·道金斯阐述的模因（memes），模因学（memetics）试图解释文化现象如何通过自然选择传播。

20世纪90年代 新兴学科表观遗传学（epigenetics）诞生，它研究生命过程中获得的、能够调控基因表达并且可能遗传的生化学结构。

"自私的基因"作为以基因为中心的进化观，认为基因而非个体或物种，才是进化中的选择单元。达尔文曾提出，自然选择作用于个体生物体，适应环境的个体能够存活、繁殖，并在未来的种群中通过遗传，提高有用特征的出现频率；适应性较差的个体则不太可能存活和繁殖，有害特征因此越来越少。

基因中心论挑战了达尔文最初的解释：动物行为进化是为了群体或整个物种。例如，有捕食者接近时，猫鼬（meerkat）的哨兵会发出警报，其行为对群体而非个体有利，尽管其因靠近洞穴而生命危险较小。如果哨兵死亡，自然选择会偏向不发出警报的猫鼬。基因中心论则认为，猫鼬哨兵的行为之所以会进化出来，是因为群体成员共享较高比例的相同基因。自然选择的适应性最大限度地提高了基因的普遍性，而非个体或物种的普遍性

群体生活的猫鼬多达30只，每个群体中会有一只或多只成员保持警觉，随时准备在发现威胁时发出警报。

（尽管这些是直接的结果）。

理查德·道金斯在他1976年的著作《自私的基因》中普及了这一思想，认为之所以称基因为"自私的"，是因为所有生物活动的本质源自DNA复制的化学必要性。■

参见：遗传定律 208~215页，什么是基因 222~225页，自然选择 258~263页，突变 264~265页，捕食者-猎物关系 292~293页。

灭绝与撞击同时发生

大规模灭绝

背景介绍

关键人物
路易斯·阿尔瓦雷茨（1911—1988）
沃尔特·阿尔瓦雷茨（1940—　）

此前

1694年 英国天文学家埃德蒙·哈雷（Edmund Halley）提出，一颗彗星撞击地球从而导致了《圣经》中的大洪水，但在神职人员的压力下，他撤回了这一观点。

1953年 美国地质学家艾伦·O. 凯利（Allan O. Kelly）和弗兰克·达基尔（Frank Dachille）认为，恐龙的灭绝是由小行星撞击引发的。

此后

1990年 加拿大地质学家艾伦·希尔德布兰德（Alan Hildebrand）发现了希克苏鲁布陨石坑中的样本，证明了"冲击变质作用"（shock metamorphism）。

2020年 英国行星科学家加雷思·柯林斯（Gareth Collins）表明，杀手小行星以致命的陡峭角度撞击地球，使可能的碎片云最大化。

在地球生命的历史中，化石记录清楚地表明，地球上曾发生过几次大规模灭绝事件。学者们深入研究了每一起事件，最引人注目的是约6600万年前白垩纪末期的事件。地质情况提供的信息显示，这次事件造成地球上四分之三的物种——包括恐龙（除进化为鸟类的那些），在一瞬间都消失了。多年来，由于缺乏物理证据，这起物种灭绝事件的可能原因一直没有定论，直到1980年，一篇论文揭开了新的地质发现。美国物理学家路易斯·阿尔瓦雷茨和他的儿子、地质学家沃尔特·阿尔瓦雷茨提出，这起大规模灭绝事件是由小行星撞击地球造成的——这颗小行星是一颗

6600万年前撞击地球的小行星直径约10千米。与地球轨道交叉的小行星数量表明，约每1亿年会发生一次这种规模的撞击。

参见：光合作用 50~55页，灭绝物种 254~255页，物种形成 272~273页，食物链 284~285页。

路易斯·阿尔瓦雷茨因亚原子粒子研究获得1968年的诺贝尔物理学奖。1979年，他使用核化学方法测量了沉积黏土中的铱含量。

绕太阳运行的巨大岩石天体。

铱尘埃

阿尔瓦雷茨假说（小行星撞击说）基于在意大利中部古比奥（Gubbio）地区发现的含有极高浓度金属铱的沉积岩层，其铱的浓度比正常值高30倍。进一步研究发现，世界其他地方也有类似现象：在丹麦的黏土层中，铱的浓度达到本底（background）水平（译者注：采用放射性等方法检测时，取样之前检测器测得或输出的信号值）的160倍。由于铂族元素（如铱）在地壳中很少见，所以人们推测这些黏土来自外太空物体的尘埃。

一种可能是，这些尘埃来自超新星爆发。黏上的成分与太阳系的物质很相似，而超新星爆发的位置远在太阳系之外，因此最可能的

情况是一次大规模的小行星撞击。撞击产生了比小行星质量大60倍的粉碎性岩石云，云层阻挡住阳光若干年，光合作用受阻，导致食物链崩溃和大规模灭绝。

根据铱含量的数据，科学家计算出这颗小行星直径约10千米，但当时尚未找到陨石坑。直到1990年，科学家才在墨西哥的希克苏鲁布镇附近发现了一个巨大的陨石坑。经证实，它是由撞击形成的，且时间和大小恰好符合计算结果。

火山喷发

小行星撞击说曾遭质疑。反对者认为，恐龙的衰退以及当时陆地植物的变化过于渐进，不可能由一起突发事件引起。另一种持久的反对声音称，恐龙灭绝的原因是白垩纪末期的大规模火山喷发。这些喷发在印度中西部形成了世界上最大的火山地貌之一——德干暗色岩（Deccan Traps），并且可能改

> ……我们梦想着，与科学的英雄一样，找到激动人心的、关于自然的重大新秘密。
>
> 路易斯·阿尔瓦雷茨，
> 1968年诺贝尔奖演讲

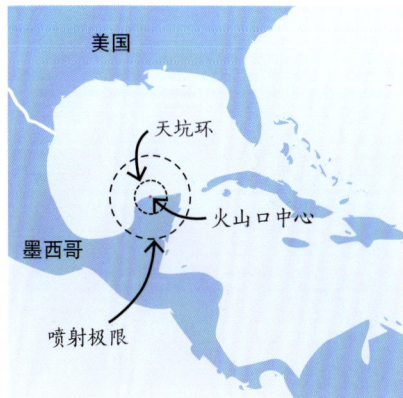

小行星撞击形成的希克苏鲁布陨石坑从尤卡坦半岛（Yucatán Peninsula）延伸至墨西哥湾，陨石坑的边缘由一圈天坑（sinkhole）标记，玛雅语称之为cenotes。

变了地球上的生存条件。火山喷出的硫黄气体使海洋酸化，排放的二氧化碳导致全球气温上升。还有的理论认为，小行星撞击增强了火山活动。

然而，气候和生态模型研究支持小行星撞击说。模型显示，撞击后的漫长冬季使地球变得不适合恐龙生存，而火山活动导致的气候变暖可能减缓了全球降温，有助于恢复生态。如果没有火山活动，可能会有更多物种灭绝。■

ECOLOGY

生态学

理查德·布拉德利
（Richard Bradley）描
述了食物链中动植物的
相互依赖关系。

弗雷德里克·克莱门茨
（Frederic Clements）提出
演替（succession）的概
念，它发生于由多个物种
组成的局部群落中。

弗拉基米尔·维尔纳德斯基
（Vladimir Vernadsky）在著作
《生物圈》（The Biosphere）
中解释了生物体如何推动环境
中的物质循环。

1718年　　　　**1916**年　　　　**1926**年

1799年　　　　**1925**年　　　　**1934**年

亚历山大·冯·洪堡
（Alexander von Humboldt）
的南美洲探险为植物生物地
理学（plant biogeography）
奠定了基础。

阿尔弗雷德·洛特卡（Alfred
Lotka）建立了捕食者-猎物共生
关系模型。次年，维托·沃尔
特拉（Vito Volterra）也独立建
立了相同的模型。

乔治·高斯（Georgy Gause）
提出竞争排斥原理
（competitive exclusion
principle）：两个物种竞争
时，弱者要么灭绝，要么适应
环境以避免竞争。

生物学的大部分研究对象是活的生物体本身——包括其解剖学、生理学及生命过程。另一个重要研究领域是生态学，专门研究生物体与外部环境之间的复杂关系。作为独立学科，生态学的出现可追溯到17和18世纪启蒙运动时期，当时科学革命正值巅峰，科学家和自然哲学家试图理性地解释自然现象。

研究生物体在其自然栖息地的生活并非新想法：公元前4世纪的亚里士多德以来，博物学家就一直在观察并评论植物、动物及其生活的世界。到了18世纪，系统观察的科学方法给研究者提供了关于生物体与其环境互动的信息。

理查德·布拉德利是最早从事此项研究的科学家之一，他提出了食物链的概念，认为不同生物体在其中有着相互依赖的关系。将生物体作为某一特定环境中生物群落的参与者，而不仅仅是一个个体的想法，在当时并未被其他生物学家立即采纳，直到20世纪，其重要性才被充分认识到。

19世纪，亚历山大·冯·洪堡、阿尔弗雷德·拉塞尔·华莱士和查尔斯·达尔文等探险家的航行重新点燃了学者对这种方法的兴趣。他们的考察结果揭示了生命丰富的多样性，并展示了不同物种如何通过进化适应所处的地理条件——尤其是气候条件。

一门新的学科

随着人们确立起物种与其环境之间的联系，现代生态学应运而生。弗雷德里克·克莱门茨将一个地方的所有生物体定义为群落，并证明了这些生物体如何对条件做出反应并随着时间的推移而变化。他还发现，根据周围环境的物理性质，群落的组成会有差别。阿尔弗雷德·洛特卡和维托·沃尔特拉也研究群落中动物的行为，观察捕食者与猎物之间的关系，以及这种共生关系如何影响种群的规模。乔阿瑟·坦斯利（Arthur Tansley）引入了生态系统（ecosystem）的概念，强调了生物体与其非生物环境之间的相互作用。

G. 伊夫林·哈钦森（G. Evelyn Hutchinson）根据有关生存与繁殖的多种因素，定义了物种生态位（niche）——一个物种在环境中扮演的角色。

罗伯特·麦克阿瑟（Robert MacArthur）和爱德华·Q. 威尔逊（Edward Q. Wilson）提出了岛屿生物地理学（island biogeography）理论，展示了一个岛屿生态系统物种灭绝率（extinction rate）和到达率（arrival rate）保持平衡的模型。

1935年　　　　**1957**年　　　　**1967**年

1941年　　　　**1962**年　　　　**1974**年

雷蒙德·林德曼（Raymond Lindeman）描述了太阳能如何通过食物链的不同层次——营养级（trophic levels）流动。

雷切尔·卡森的著作《寂静的春天》就人类活动对生态系统的有害影响提出了警告。

詹姆斯·洛夫洛克（James Lovelock）的盖娅假说（Gaia hypothesis）认为，地球的生态系统像一个可自我调节的超个体（superorganism）。

治·高斯证明了两种相互竞争的物种中，较弱的一方要么适应，要么灭绝。之后，G. 伊夫林·哈钦森主张，当每个物种占据某一特定的生态位时，群落便可建立起一种平衡状态，不同物种共存而非竞争。

生态系统

围绕着群落的概念，有关环境的新理念逐渐出现。弗拉基米尔·维尔纳德斯基的著作提出了"生物圈"来描述地球上所有生物的整体环境，并指出生物体与非生物环境之间的相互作用会不断回收物质。阿瑟·坦斯利讲述了类似概念，但尺度便小，他认为这些相互作用发生于不同的区域——生态系统中，而非整个地球上。

随着生态系统概念的确立，人们将注意力转向这些作为独立单元的系统的运行方式，以及其中的生物体的行为。1941年，雷蒙德·林德曼重新审视了食物链的概念，将其中的概念联系起来，解释了太阳能如何通过食物链流向生态系统中的所有生物体。

环境保护主义

最全面的生态系统理论应该是20世纪70年代詹姆斯·洛夫洛克提出的盖娅假说：整个地球——不单是生物圈——是一个自我封闭的生态系统，生物体与环境不断相互作用，而且整体上表现得有些像一个超个体。

洛夫洛克的思想对20世纪60年代以来兴起的环境运动产生了重大影响。该运动的先驱之一是雷切尔·卡森，其1962年出版的《寂静的春天》记述了人类活动对地球生态系统的脆弱平衡产生的有害影响。在当今这个全球气候变化的时代，她的研究仍在不断地启发着人们。■

所有生物体相互依赖

食物链

生命如何通过食物相互作用？有关食物链的理念最早出现于9世纪，是关于栖息地中不同动物摄食等级（feeding hierarchy）的记载。17世纪末启蒙运动时期，英国植物学家理查德·布拉德利首次更详细地将食物链的概念梳理成体系。他虽然没有正式的科学教育背景，但热衷于植物学，撰写了大量园艺学著作，并注意到昆虫及其幼虫啃食园艺植物——每种植物都有自己的害虫，这些食草动物又成为蜘蛛和鸟类等捕食者的猎物。在1719—1720年出版的《种植与园艺的新进展》（New Improvements of Planting and Gardening）

背景介绍

关键人物
理查德·布拉德利（1688—1732）

此前
9世纪 阿拉伯学者阿尔-贾希兹（al-Jahiz）在著作《动物之书》（Book of Animals）中描述了食物链。

1717年 安东尼·范·列文虎克观察到，虾吃"微动物"，黑线鳕吃虾，鳕鱼吃黑线鳕。

此后
1749年 瑞典植物学家卡尔·林奈提出"自然经济"（economy of nature）的概念，其中涉及两条食物链。

1927年 英国动物学家查尔斯·埃尔顿（Charles Elton）在所著的《动物生态学》（Animal Ecology）中讨论了食物链和食物循环。

2008年 德国古生物学家尤尔根·克里维特（Jürgen Kriwet）研究了一种已灭绝鲨鱼的胃内容物，揭示了古代食物链：这种鲨鱼吃两栖动物，而两栖动物吃鱼。

栖息地中不同生物体的摄食层级可通过食物链展现。生物体分为生产者、消费者和分解者等类别，它们分别在食物链的不同层级摄取食物。几乎所有生产者，又称为自养生物（autotroph），都利用光合作用制造自己的食物。

生产者
植物

初级消费者
食草动物

三级消费者
食肉动物

次级消费者
杂食动物

次级消费者
食肉动物

参见：光合作用 50~55页，群落演替 290~291页，捕食者-猎物关系 292~293页，竞争排斥原理 298页，生态系统 299页，营养级 300~301页，生态位 302~303页。

中，布拉德利提出，所有动物都通过一条连续的链相互依赖，获取食物。

生产者与消费者

在现代食物链中，植物是生产者（producer），位于食物链底层。植物含有叶绿素，利用太阳能将二氧化碳和水转化为糖，这一过程即光合作用，其副产品是氧气。这种自给自足的光合生物包括藻类、细菌及绿色植物，如果没有它们，其他生命将难以存在。食草的初级消费者（如牛、兔子、毛虫等），以这些生产者为食。而这些初级消费者是食肉动物（carnivore）——次级消费者（包括狐狸、猫头鹰、蛇等）——的猎物。在食物链的更高层，体型更大的捕食者捕食较小的动物，而没有天敌的动物（但可能会有寄生虫）处于顶端，成为顶级捕食者（apex predator）。在每个等级中，能

量从一环转移到下一环。食物链中的植物和动物死亡后，分解者（decomposer）分解尸体和排泄物等废物，并回收原材料，为食物链中的下一代生产者提供食物来源。

食物网与共生

1768年，荷兰牧师兼博物学家约翰·布鲁克纳（John Bruckner）认识到，食物链并非孤立存在，不同食物链中的生物相互作用，形成一张"食物网"（food web）。后来查尔斯·达尔文将其描述为"关系复杂的网"（web of complex relationships）。

在食物链或食物网中，特定地理区域内某个物种的个体的集合被称为种群（population）。当两个或多个种群因植被等因素，与某个区域联系在一起时，它们便共同成为群落的一部分。在群落中，每条食物链上的物种可能以多种方式相互作用，有些物种是

> **蚊子提醒我们：我们并不像想象中的那样，处于食物链的顶端。**
>
> 汤姆·威尔逊（Tom Wilson），
> 加拿大作家和喜剧演员

通过捕食（predation）——以彼此为食，有些则通过其他方式。有的方式可能对双方都有利，即互利共生（mutualism）；有的只有利于一种生物，而另一种生物——通常是宿主，则要付出受损甚至丧命的代价，这种方式称为寄生（parasitism）。一个物种从另一个物种身上获利而不伤害或帮助后者的现象则称为偏利共生（commensalism）。■

深海的食物链

海底热泉包含独特的生态系统，生物体可以在阳光不足、压力极大、矿物质丰富的热水中生存。

1976年，人们在太平洋深处发现了一条不同寻常的食物链，其能量来源不是太阳，而是地球内部。深海海底热泉是海底的开口，类似间歇泉（geyser），岩浆加热海水。有些海底热泉的水温超过400摄氏度。海底热泉按矿物含量分为两种：黑烟囱（black smoker）和白烟囱（white smoker）。其中，黑烟囱含硫化物，这些物质通过细菌的化学合成作用（chemosynthesis）转化为能量，而这些细菌是这条独特的深海食物链的基础，巨型管虫（giant tubeworm）、蛤蜊、盲虾（blind shrimp）等生物都以此为食。深海食物链中有一种特别奇特的生物——庞贝蠕虫（the Pompeii worm），其前端处于22摄氏度的适宜水温中，后端则受共生细菌的毛被（fleece）保护，处于80摄氏度的热泉水中。

一片陆地上的动物不会出现在另一片陆地上

植物与动物的生物地理学

背景介绍

关键人物
亚历山大·冯·洪堡（1769—1859）
阿尔弗雷德·拉塞尔·华莱士
（1823—1913）

此前
公元前4世纪 亚里士多德描述了生活在某些地方的不同动植物，但它们并没有出现在其他地方。

1749—1788年 布丰发表了36卷的《自然史》（*Histoire Naturelle*），其中包括他的物种变异理论。

此后
1967年 美国生态学家罗伯特·麦克阿瑟和爱德华·O. 威尔逊开发了岛屿生物地理学的数学模型。

1975年 匈牙利生物地理学家米克洛斯·乌德瓦尔迪（Miklos Udvardy）将生物地理大区（biogeographic realm）划分为更小的生物地理区（biogeographic province）。

人们早已知道，不同的生命形式并不都在相同的地方生活，但18世纪前，很少有人尝试解释其中的原因。18世纪80年代，瑞典植物学家和分类学家卡尔·林奈深受《圣经》的影响，提出生命起源于"天堂岛"，那里的每个物种都有各自适应的特定栖息地。大洪水退去后，这些动植物的多样性扩散到地球的各个角落。

法国博物学家布丰伯爵采用科学方法研究了化石和动物的分布，描述了在环境相似但隔离的地区生存着类似但不完全相同的哺乳动物和鸟类【这一发现后被称布丰

参见： 为生命命名和分类 250~253页，自然选择 258~263页，物种形成 272~273页，竞争排斥原理 298页，生态系统 299页，人类对生态系统的影响 304~311页、岛屿生物地理学 312~313页。

> A地区的**物种群落**或集群（assemblage）与B地区的截然不同。

这种不同可能是由气候、地质、土壤类型或人类活动造成的。 → 如果气候、地质、土壤类型或人类活动相似，那么原因可能是**地理隔离**。 → 如果两地之间存在海洋或山脉等物理屏障，那么地理隔离的可能性更大。

定律（Buffon's Law）】。

他认为，环境适应（environmental adaptation）会导致生物地理变化。例如，所有大象可能都是身覆长毛的西伯利亚猛犸象（Siberian mammoths）的后代，这些猛犸象从北亚迁徙而来，适应了新的环境条件：印度象适应温暖的森林，失去了长毛；非洲象进化出了大耳朵，以便散发热量。

洪堡的探险

1799—1804年，普鲁士地理学家和博物学家亚历山大·冯·洪堡前往南美洲、墨西哥和加勒比地区探险，由此奠定了生物地理学（研究动物和植物地理分布的学科）的基础。他与法国植物学家艾梅·邦普兰（Aimé Bonpland）一起，通过分析大量数据，展示了地理、气候、生物体和人类活动之间的相互关系。他们收集了5800种植物（其中3600种是当时西方科学界未知的），测量了大量地理参数以解释植物生长位置的影响因素，如

位置、高度、温度和湿度。

1807年，洪堡发表了著名的《自然图表》（Tableau Physique）——一张安第斯山脉（Andes Mountains）近赤道地区的植被和气候带剖面图，数据来自他在今属厄瓜多尔的钦博拉索山（Mount Chimborazo）和安蒂萨纳山（Mount Antisana）探险时的收集与研究。1811年，他还描述并命名了墨西哥

的三种植被类型：热带地区（tierra caliente）有热带常绿或落叶林，温带地区（tierra templada）有温带橡树和松橡林，寒带地区（tierra fría）有松树和松杉林。如今其定义已被大幅修改，但其中一个认知至今意义重大：植物群落的地理分布因海拔、土壤、气候等因素而不同。

洪堡意识到，类似的气候带

洪堡是按海拔带（altitude belt）分类墨西哥植被的第一人，其系统至今仍被人们使用，只不过增加了含高山植物的冰冻地区。

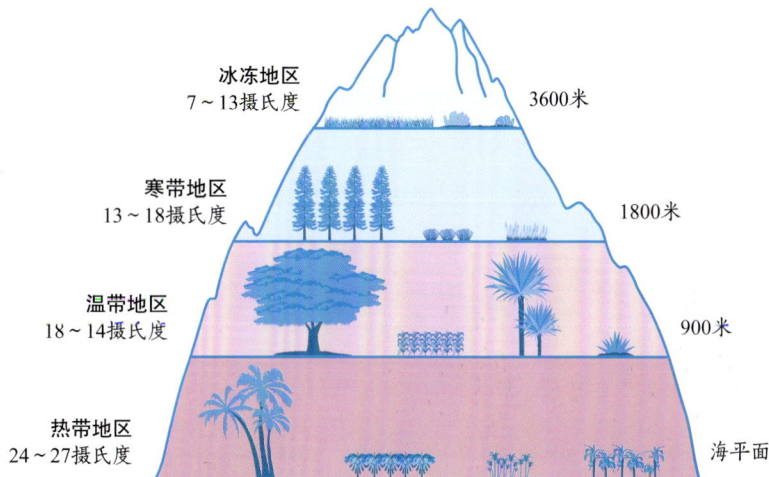

冰冻地区
7~13摄氏度　　　　　　3600米

寒带地区
13~18摄氏度　　　　　　1800米

温带地区
18~14摄氏度　　　　　　900米

热带地区
24~27摄氏度　　　　　　海平面

和植物出现在世界不同地区。他分析了收集的数据，并在巨著《宇宙》（*Kosmos*）中记录了结论。

洪堡之后的学者们将研究扩展到考察影响植物地理分布的各种因素，如纬度、隔离、朝向、进化、人类活动等（植物地理学的研究内容）。德国植物学家阿道夫·恩格勒（Adolf Engler）强调了地质因素的作用，并与德国植物学家奥斯卡·德鲁德（Oscar Drude）共同编辑出版了多卷丛书《地球植被》（*Die Vegetation der Erde*）——首部系统的全球植物地理学（phytogeography）著作。

动物地理学

继洪堡对植物分布进行开创性研究之后，许多人为新兴的动物地理学（zoogeography）做出了贡献。1831—1836年，在跟随小猎犬号航行期间，查尔斯·达尔文研究了岛屿物种的分布，并根据研究成果提出了自然选择进化论。他注意到，许多动物只存在于一个地方，而没

> ❝
>
> **我将努力查明自然的力量在如何相互作用，以及地理环境如何影响动植物的生存。**
>
> 亚历山大·冯·洪堡，
> 致卡尔·弗赖斯莱本的信（1799）
>
> ❞

有出现在其他相似的栖息地，如马尔维纳斯群岛（Falkland Island，又称福克兰群岛）独有的鸟类和加拉帕戈斯群岛独有的巨龟。

1857年，英国鸟类学家菲利普·斯克莱特（Philip Sclater）根据当地鸟类将世界划分为六个生物地理区域，并指出，温带欧洲边界和亚洲【他称为古北界（Palaearctica）】鸟类之间的相似性大于该

地区与其周边的撒哈拉以南非洲或南亚之间的。这表明古北界有独特的动物群，且不与周边区域共享。

华莱士的贡献

19世纪最权威的动物地理学家非英国生物学家和地理学家阿尔弗雷德·拉塞尔·华莱士莫属。探险过程中，他仔细记录了各地的动植物物种。第二次探险时，他收集了超过12.5万件动物标本，记述了5000多种新发现的物种。

华莱士还观察动物觅食、繁殖和迁徙行为。19世纪50年代，他意识到动物地理学可支持其进化思想，因此在考察不同地区时，特别注意研究生命形式的相似性和差异性。

他在《马来群岛》中提到，岛屿西北部和东南部的动物存在明显差异。苏门答腊和爪哇的物种更像来自亚洲大陆的物种，而苏拉威西和新几内亚的物种则更接近澳大利亚的，例如，在苏拉威西发现的有袋动物（marsupials），再往西就没有了。这些发现帮助华莱士形

阿尔弗雷德·拉塞尔·华莱士

1823年，华莱士出生于英国蒙茅斯郡，14岁辍学，从事过多种工作，然后进行了两次重要探险：1848—1852年前往亚马孙盆地，1854—1862年前往马来群岛（今印度尼西亚和菲律宾），研究并收集当地的动植物。

在马来群岛探险期间，华莱士用自己的自然选择理论解释进化。1858年，他将论文寄给达尔文，两人又将各自的论文一起提交给伦敦林奈学会。

华莱士不仅是一名杰出的博物学家，而且致力于环境保护、社会改革，同时倡导女性权利和土地改革。1913年，华莱士去世。

主要作品

1869年 《马来群岛》
1870年 《自然选择理论的贡献》
1876年 《动物的地理分布》
1880年 《岛屿生活》

华莱士的六个动物地理区域，再加上现代新增的区域大洋洲（太平洋岛屿）和南极洲，在今天被称为生物地理大区。

- 新北界（Nearctic region）
- 古北界（Palaearctic region）
- 东洋界（Oriental region）
- 埃塞俄比亚界*（Ethiopian region）
- 华莱士线
- 新热带界（Neotropical region）
- 澳新界（Australian region）

*现称热带界（Afrotropical region）

成了关于物种起源的理念，尤其是祖先种群因山脉或海洋屏障的出现而被隔离后，新物种就会产生。

华莱士的《动物的地理分布》是首部广泛流传的动物地理学出版物，其中结合了他的探险经历和斯克莱特等人的证据，描绘了世界动物地理区域的边界线（见上）。

该边界线后被命名为华莱士线（the Wallace Line），从印度洋蜿蜒至菲律宾海，穿过龙目岛和巴厘岛之间的龙目海峡，以及加里曼丹岛和苏拉威西岛之间的望加锡海峡，划分了东洋界和澳新界。这条线标志着华莱士早期注意到的许多植物和动物分布由此突然分界。

板块构造学说

20世纪初，德国地球物理学家阿尔弗雷德·魏格纳（Alfred Wegener）注意到一些动植物化石的古怪分布状况。例如，三叠纪爬行动物犬颌兽（Cynognathus）的化石在南美洲的巴西海岸和非洲中部的安哥拉海岸分别出土，而两地

相距数千千米；另一个例子是华莱士记录的早二叠纪种子蕨类植物舌羊齿（Glossopteris），分别分布在乌拉圭、纳米比亚、马达加斯加、印度南部、南极洲和澳大利亚。

1915年，魏格纳提出，所有大陆都曾相连，组成了他称之为盘古大陆（Pangaea）的超级大陆，后来大陆分裂并缓慢移动。直到20世纪60年代，"大陆漂移"理论（现称板块构造学说）才被证实，这也是化石动物地理学（fossil biogeography）【古生物地理学（paleobiogeography）】的重大进展。

现代应用

生物地理学通过表明物种分布的变化，提供关于全球气候变化和人类活动影响的重要信息。例如，植物学家发现，到2017年，在安蒂萨纳山上，洪堡定义的植被地区已上升215~266米，这说明气候显著变暖。生物地理学还揭示了动物迁徙或繁殖的时间变化，这有助于制定物种保护措施。■

海洋生物地理学

海洋为生物地理学家带来了独特的挑战，科学家一直在努力攻克探索辽阔海域的技术难题。在1000米深度以下，没有自然光，极高的水压将粉碎除了最先进的潜水器外的一切。海洋水体的动态变化也是一个问题：温暖和寒冷水域的边界，以及高盐度和低盐度水域的边界，每年以及不同季节都会变化。

2009年，联合国教科文组织发布了《全球公海和深海床生物地理分类》（Global Open Oceans and Deep Seabed biogeographical classification），将海洋生物划分为30个远洋[pelagic，公海（open ocean）]、38个底栖（benthic，海底）和10个海底热泉的物种群落，旨在为保护海洋生物的多样性提供指导，包括指定海洋保护区和规划渔业，是截至目前最全面的海洋生物地理区域划分。这项工作仍在进行，未来将更加完善。

位于太平洋的马里亚纳海沟（Mariana Trench）是地球上最深的海床，位于两大构造板块之间，尚未被人类探索。

栖息地、生命形式与物种的相互作用

群落演替

生态学中，在同一栖息地生活的不同物种群体称为群落。演替则指群落随时间变化的过程，如裸露的火山岛被生命体逐渐定殖——随着每个物种的生长，栖息地会被改变，为后续物种的生长创造条件。1825年，法国博物学家阿道夫·杜罗·德·拉·马勒（Adolphe Dureau de la Malle）观察到被砍伐过的森林地区相继生长出一系列植物，由此首次提出"演替"一词，并发问："演替是自然界的普遍法则吗？"

虽然演替通常侧重于植物群落及其改变环境的方式，但该过程中相伴的微生物、真菌和动物也会变化。

原生演替

1899年，基于德·拉·马勒的成果，美国植物学家亨利·钱德勒·考尔斯（Henry Chandler Cowles）研究了美国密歇根湖沿岸的沙丘群落，提出了原生演替

先锋物种（pioneer species）是最先在岩石或沙地等贫瘠环境中定殖的物种，包括地衣（lichen）或营养需求极小的植物，它们分解后能为土壤添加有机质，最终会被草类、灌木和树取代。

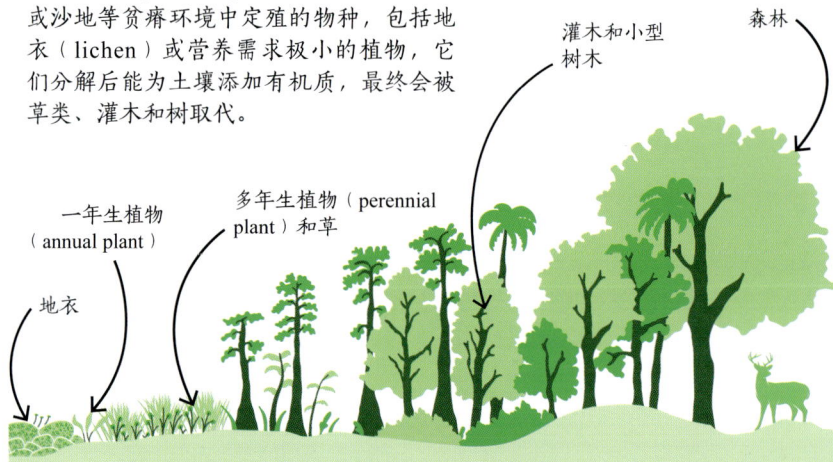

地衣

一年生植物（annual plant）

多年生植物（perennial plant）和草

灌木和小型树木

森林

参见：植物与动物生物地理学 286~289页，再循环与自然周期 294~297页，生态系统 299页，人类对生态系统的影响 304~311页，岛屿生物地理学 312~313页，盖娅假说 314~315页。

> "
>
> 一个地区的植被不过是两种因素的结果：不定且偶然的植物迁移，以及同样不定且多变的环境。
>
> 亨利·A. 格里森，美国生态学家
>
> "

（primary succession）的概念：植物首先在从未被植被覆盖的土地上扎根，随后在与新植物种类的生存竞争中胜出，经历不同的发展阶段，植物群落的规模和复杂性不断增加，土壤也因生物区系（biota）（译者注：一定区域内的所有生物种类）的作用而变化。例如，如果水源积累形成池塘，且多年未受外界干扰，那么这个栖息地经过一系列阶段会逐渐演变成林地——有水生植物、沼泽植物、草类、灌木和树木，即池塘最终过渡为支持陆地植被的土壤。

克莱门茨是记述演替最终阶段——顶极群落的第一人。1916年，他提出，顶极群落由最适应区域气候的植物组成，如温带气候地区未被砍伐的古老阔叶树森林。人们往往认为顶极群落中的植物处于稳定状态，但自然界很少有永恒不变的事物。克莱门茨将植物群落比作一个会生长、成熟并衰老的生命体，并进一步将整个生态系统描述为一个"超个体"。

次生演替

当群落受到干扰或破坏时，例如火灾或砍伐导致森林消失时，次生演替（secondary succession）就开始了，即群落的重新定殖（recolonize）。正如德·拉·马勒所观察到的，一棵树倒下后，阳光突然照射到地面，平时被浓密树冠阴影压制的种子现在可以成功发芽，林下层（understory）的植物，以及灌木和亚林冠（sub-canopy）的树木开始生长，直到大树重新出现并占据主导地位。■

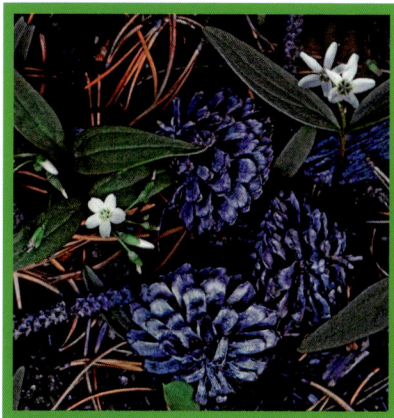

美国黄石国家公园发生森林火灾后，人们观察到了次生演替：洛奇波尔松（lodgepole pine tree）适应了火，当树脂融化后，松果（见上）会张开并释放种子。

喀拉喀托群岛

1883年，印度尼西亚的喀拉喀托（Krakatoa）火山爆发后，周边幸存的三座岛屿上的生命几乎全部消失，物种的重新定殖成为原生演替的典型案例。火山爆发后的两个月，没有任何生命迹象；不久后，海岸地区出现了蓝藻，内陆仍是裸露的熔岩；3年后，苔藓、草类、蕨类植物和热带海岸植物覆盖了海岸，内陆也出现了少量草类。13年后，海岸附近出现了椰子树和马尾树（horsetail tree），草类覆盖的内陆区域还有零星的马尾树。火山爆发后的第23年，海岸和内陆都开始生长树木；47年后，茂密的森林遍布岛屿。

预计需要超过1000年，三座幸存的岛屿才能恢复到相邻大陆顶极植被多样性的水平。然而，在喀拉喀托之子火山（Anak Krakatoa）这座活跃的火山岛上，频繁的喷发多次摧毁了部分植被，而每次恢复都是次生演替。

捕食性物种与猎物的竞争

捕食者–猎物关系

捕食者以其他生物为食，猎物则被捕食者捕食。它们的关系，即在同一环境中的相互作用，随时间发展，物种的每一代都会影响对方。在这一过程中，自然选择偏好那些物理、生理和行为适应能力更强的个体，使其成为更强大的捕食者或更善于防御的猎物。

这两个物种实际上处于进化的"军备竞赛"中，结果影响着狩猎或逃生的成功和存活，以及种群的适应性。猎物数量增加时，捕食者能获得更多的食物，捕食者的种群随之增大；随着捕食者数量的增多，猎物数量会减少，捕食者数量也随即减少。这种捕食者与猎物的种群波动有时呈规律性变化，周期从数月到数年不等。

数学与生态学

20世纪20年代，美国数学家阿尔弗雷德·洛特卡和意大利数学家维托·沃尔特拉最早提出振荡（oscillation）的概念，指有规律的种群波动。两人几乎同时分别提出了一对方程，现被称为洛特卡–沃尔特拉方程，解析了捕食者与猎物种群因彼此而产生的变化。1925年，洛特卡在著作《物理生物学要素》（*Elements of Physical Biology*）中首次提出这一方程；一年后，沃尔特拉发表了类似成果。然而，洛特卡–沃尔特拉模型的前提是假设环境保持恒定，猎物总能找到足够的食物，捕食者则食欲无限，捕猎永不停歇，环境对双方均无影响。

> ❝
> 维持（sustenance）悖论：要延续某一生物的生命，就必须终结另一生物的生命。
> ❞
> 莫科玛·莫霍诺阿纳（Mokokoma Mokhonoana），南非作家

参见: 灭绝物种 254-255页, 自然选择 258-263页, 食物链 284-285页, 群落演替 290-291页, 竞争排斥原理 298页, 生态系统 299页, 生态位 302-303页。

猎豹和羚羊处于进化的"军备竞赛"中。猎豹为了捕捉羚羊,进化出极快的奔跑速度,而羚羊则能在奔跑时迅速改变方向。

验证理论

捕食者-猎物周期基于两者的捕食关系。因为捕食者以猎物为食,所以存在将猎物赶尽杀绝,结果自己也失去食物来源的风险;如果捕食者捕猎效率稍低,猎物的种群便能恢复,捕食者数量则会下降。洛特卡-沃尔特拉方程表明,虽然捕食者-猎物周期会受随机波动的干扰,但它们总能恢复正常的节奏,并开启新的周期。不过,尚不明确这些可能无限延续的周期能持续多久。

德国教授伯恩德·布莱修斯(Bernd Blasius)领导一组来自加拿大和德国不同大学的研究人员,验证捕食者-猎物周期能否在真实群落中维持。他们的观察对象是微小的淡水生物——以藻类(猎物)为食的轮虫(rotifer)。此前的研究仅限于少数几个周期,而该团队花了10年时间,观察了超过50个周期,约300代轮虫的种群振荡。2019年,他们证实了长期、自发的捕食者-猎物周期这一概念。然而,尽管条件保持恒定,在没有明显外部影响的情况下,周期性振荡仍会被短暂且不规则地打断。关于各种外部因素潜在影响的研究仍在继续,但研究证明,在随机扰动后,捕食者-猎物周期能恢复到原始状态。■

20世纪40年代末之前,灰狼并不在罗亚尔岛生活,它们在冬季跨越冰层,或是其他季节游过水域到达了该岛。

罗亚尔岛狼群

罗亚尔岛是美国五大湖(the Great Lakes)的一个岛屿,岛上栖息着灰狼(捕食者)和驼鹿(猎物)两个密切相关的物种。1958年以来,学者们便在观察它们的互动,这也成为全球持续时间最长的捕食者-猎物系统研究。尽管人们曾用洛特卡-沃尔特拉模型解读其种群波动,但动态过于复杂:除了狼的捕食,严冬、食物短缺及鹿蜱的暴发等都会导致驼鹿种群数量下降,狼的数量也随之减少。此外,狼的老龄化、犬细小病毒(canine parvovirus)和近亲繁殖导致的脊柱畸形也使狼群数量急剧减少。

2012年,灰狼濒临灭绝,直到一只狼从加拿大越过冰层来到罗亚尔岛,更新了基因库,情况才有所好转。简而言之,罗亚尔岛上狼和驼鹿种群未来的兴衰还无法预测。

活体物质不断运动、分解和再生

再循环与自然周期

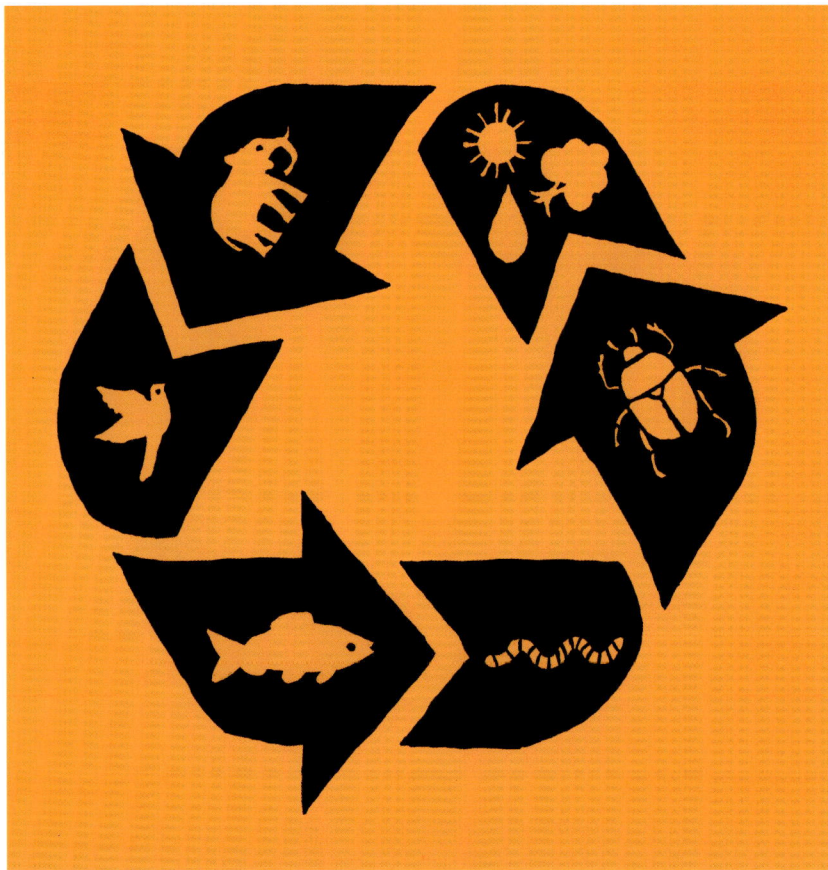

背景介绍

关键人物
弗拉基米尔·维尔纳德斯基
（1863—1945）

此前
1699年 英国博物学家约翰·伍德沃德（John Woodward）意识到，水中含有植物生长所必需的某种物质。

1875年 奥地利地质学家爱德华·修斯（Eduard Suess）提出了生物圈的概念，用于描述"地球表面生命存在的地方"。

此后
1928年 苏联动物学家弗拉基米尔·贝克莱米合夫（Vladimir Beklemishev）发出警告，人类的未来与生物圈保护休戚与共。

1974年 英国科学家詹姆斯·洛夫洛克和美国生物学家林恩·马古利斯提出了盖娅假说，认为地球像有机体一样运行。

地球上的物质分为两种：活体物质和非活体物质。生物体，即活体物质，并非孤立于环境而存在。在其生命过程中，它们从周围吸收物质并排放废物，最后死亡并腐烂。构成活体物质与非活体物质的元素相同，如碳和氮，这些元素通过化学过程在活体和非活体物质之间"循环"，总量不会改变，只不过在以各种方式不断组合和重组。

苏联地球化学家弗拉基米尔·维尔纳德斯基是首批探索生命与

参见： 呼吸作用 68~69页，光合作用反应 70~71页，生态系统 299页，人类对生态系统的影响 304~311页，盖娅假说 314~315页。

悬崖边缘的岩石因化学风化作用开裂。

植物根系扩大了裂缝。

这种生物风化作用导致山体滑坡。

"活体物质是最强大的地质力量。"

地球关系的科学家之一，首创了生物地球化学（biogeochemistry）一词，用于指代关于地球的化学循环及与生物体相互影响的研究。1926年，他出版的专著《生物圈》备受关注，书名特指地球表面有生命存在的区域，包括陆地和海洋。

地球由四个"圈层"或子系统构成：生物圈、大气层（atmosphere）、水层（hydrosphere）和岩石圈（lithosphere）。维尔纳德斯基认为，生物圈由生物体塑造，几种自然循环是这一观点的关键。

碳循环

碳是宇宙中第四丰富的元素，也是生命的基本化学骨架。地球上的碳在不断循环，碳循环（carbon cycle）包括两部分：快速碳循环和缓慢碳循环。

缓慢碳循环涉及碳在岩石中的长期储存，一个循环能持续1亿到2亿年。大气层中的碳以弱碳酸的形式移动，通过雨水以化学风化作用（chemical weathering）侵蚀岩石。河流将释放的碳酸盐带入海洋中，使其被海洋生物体吸收，生物体死亡后沉入海底。经过数百万年，这些死亡的生物体形成沉积物，沉积物被压缩形成含碳沉积岩。

这一过程制造了岩石中80%的碳，其余20%以页岩（shale，细粒沉积岩）中的有机物的形式存在，或是以石油、煤炭、天然气等通过热和压力产生的燃料的形式存在。这些化石燃料被开采和燃烧后，碳又返回大气中。海洋吸收、排放二氧化碳的过程比岩石的速度稍快。

快速碳循环则涉及碳在地球上所有生物中的移动。它不以数百

弗拉基米尔·维尔纳德斯基

1863年，弗拉基米尔·维尔纳德斯基出生于俄国圣彼得堡，在当地大学跟随土壤科学之父瓦西里·瓦西里耶维奇·多库恰耶夫（Vasily Vasilyevich Dokuchaev）学习。1887年，他获矿物学、地质学和化学硕士学位，随后在法国、意大利和德国学习了三年结晶学（crystallography）。1890—1911年，他在莫斯科国立大学讲授结晶学和矿物学（mineralogy），1898年成为教授。

1917年俄国革命后，维尔纳德斯基研究放射性（radioactivity）作为能源的潜力，以及生物体在塑造地球方面的作用。1928年，他创立并指导位于圣彼得堡科学院的生物地球化学实验室。1945年，他在莫斯科去世，享年81岁。

主要作品

1924年《地球化学》
1926年《生物圈》
1943年《生物圈与智能圈》
1944年《生物化学问题》

万年为单位，而是以生命周期来衡量。生物呼吸时从大气中吸收氧气，并释放能量、水和二氧化碳。植物包括浮游植物（phytoplankton，海洋微生物）以二氧化碳为光合作用的原料，利用太阳能制造糖以获取能量，并排出废物——氧气。

动物吃浮游植物或其他动植物，死亡后成为其他动物、真菌和细菌的食物来源。其储存的碳，部分转移到这些食用者身上，随后进入土壤；部分通过细胞呼吸流失。一些储存在森林或灌木中的碳在火灾发生时通过燃烧转化为二氧化碳返回到大气中。在北半球的秋冬季节，许多植物落叶，光合作用减少，导致大气中二氧化碳水平上升；到了春季，植物长出新叶，碳水平随之下降。这些过程表明，包括浮游植物在内的植物如同地球的肺。

> 你将死去，但碳不会。它的旅程并不因你而终结。它会回归土壤，最终被某株植物再次吸收，然后重新进入植物与动物的生命循环中。
>
> 雅各布·布罗诺夫斯基（Jacob Bronowski），波兰裔英国数学家

碳循环描述了生态系统中，碳原子在生物和非生物之间一系列复杂循环的过程与方式。

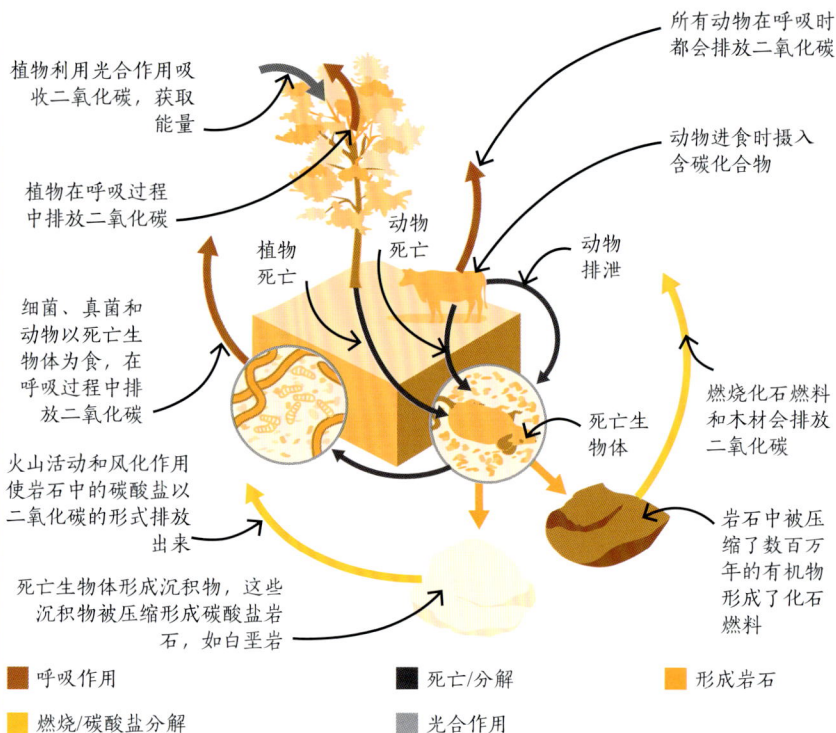

植物利用光合作用吸收二氧化碳，获取能量

植物在呼吸过程中排放二氧化碳

细菌、真菌和动物以死亡生物体为食，在呼吸过程中排放二氧化碳

火山活动和风化作用使岩石中的碳酸盐以二氧化碳的形式排放出来

死亡生物体形成沉积物，这些沉积物被压缩形成碳酸盐岩石，如白垩岩

植物死亡

动物死亡

所有动物在呼吸时都会排放二氧化碳

动物进食时摄入含碳化合物

动物排泄

死亡生物体

燃烧化石燃料和木材会排放二氧化碳

岩石中被压缩了数百万年的有机物形成了化石燃料

■ 呼吸作用　　■ 死亡/分解　　■ 形成岩石
■ 燃烧/碳酸盐分解　　■ 光合作用

氮循环

1772年，苏格兰医生丹尼尔·卢瑟福（Daniel Rutherford）发现了氮——1790年由法国化学家让·安托万·夏普塔尔（Jean Antoine Chaptal）命名。氮约占地球大气的78%，是生命不可或缺的元素，也是DNA、RNA和蛋白质——生物体基本组成的关键成分。氮是一种惰性（不活跃的）气体，只有转化为其他形式才能被生物体利用，如氨、硝酸盐或有机氮（尿素）。

闪电、土壤中的固氮细菌（nitrogen-fixing bacteria）或某些植物【如豆科植物（legumes），

见297页】的根部可使大气中的氮变成更易利用的形式。氮也可以被地下的基岩排放到土壤中。其他植物可以通过根系从土壤中获取氮，其形式主要是简单的无机氮化合物——硝酸盐。

动物食用植物或其他动物以获取氮，使氮循环（nitrogen cycle）持续进行。1877年，法国化学家让-雅克·施洛辛（Jean-Jacque Schloesing）和阿基利·明兹（Achille Münz）发现了硝化作用（nitrification）：动植物死亡并腐烂后，分解者（如细菌和真菌）将大量来自死亡有机体的氮转化为土壤中的氨。氨通过硝化作用转化

为硝酸盐。

硝化作用需要氧气，因此发生在富含氧气的溪流、海洋或土壤表层。第一步由两类微生物完成：氨氧化细菌（ammonia-oxidizing bacteria）和古菌将氨、氧结合并转化为亚硝酸盐；第二步是亚硝酸盐氧化细菌（nitrite-oxidizing bacteria）将亚硝酸盐氧化为硝酸盐，供植物从土壤中吸取氮。

氮循环的最后一步是反硝化作用（denitrification）——1886年由法国化学家尤利西·盖荣（Ulysse Gayon）和加布里埃尔·杜佩蒂（Gabriel Dupetit）揭示。他们发现，土壤中的反硝化细菌能将亚硝酸盐和硝酸盐转化为氮气释放到空气中。一小部分氮气以氮氧化物的形式存在，形成烟雾（空气污染）；另一部分是氧化亚氮——一种温室气体。这一步将固定在生态系统中的氮移除并以氮气的形式使氮返还到大气中，与氮循环开始时被固定的量大致平衡。

氨的合成

1563年，法国陶艺家伯纳德·帕利西（Bernard Palissy）倡导在种植作物时使用粪肥（manure，一种氮源）——一种可追溯到古代的做法，然而，天然肥料的供应很有限。1913年，德国化学家弗里茨·哈伯（Fritz Haber）和卡尔·博施（Carl Bosch）开发出人工固定大气氮并制造氨的工艺，生产的气体可制造出硝酸铵——最常见的人工肥料之一。人工肥料对于供养不断增长的世界人口至关重要。然而，这一工艺也带来了负面影响：含有肥料的径流导致水源中含有硝酸盐肥料的径流导致水源中的硝酸盐浓度过高，造成藻类大量繁殖，这会消耗水中的氧气，致使其他水生生物无法存活。

的硝酸盐积聚，污染饮用水，并引发藻类过度生长，大量消耗水中的氧气和光。1954年，美国科学家约翰·H. 赖瑟（John H. Ryther）首次指出这一现象。人类活动对自然循环的影响，以及这种影响给地球生命带来的严重后果引起了人们的广泛关注。■

豆科植物（如豌豆、蚕豆和三叶草）的根瘤中含有固氮细菌。

氮的固定

氮必须被还原（reduce）或"固定"才能被动植物利用。闪电可以固定氮，而自然界贡献最大的是微生物，尤其是土壤中的细菌。1838年，法国化学家让-巴蒂斯特·布森戈（Jean-Baptiste Boussingault）观察到了这一现象，建立了第一个农业研究站。他发现豆科植物可以自行固定氮，但无法解释其机制。根瘤（root nodule）是常见于豆科植物的专门器官。1901年，荷兰微生物学家和植物学家马蒂纳斯·拜耶林克（Martinus Beijerinck）发现，根瘤中的微生物是固定氮的关键。土壤细菌和根瘤细菌都能产生氨，植物将氨转化为含氮有机分子，如氨基酸和DNA。

这一发现解释了轮作（crop rotation）的原理，即在原先种植豆科植物的田地里种植非豆科作物，可以获得更高的产量。

一方将挤掉另一方

竞争排斥原理

背景介绍

关键人物
乔治·高斯（1910—1986）

此前
1904年 美国生物学家约瑟夫·格林内尔（Joseph Grinnell）提出了竞争排斥原理。

1925—1926年 数学家阿尔弗雷德·洛特卡和维托·沃尔特拉使用方程分析了物种在竞争相同资源时的相互作用。

此后
1958年 美国生态学家罗伯特·麦克阿瑟解释了在食物需求相似的莺类（warbler）物种之间竞争排斥的运作。

1967年 麦克阿瑟与美国生态学家理查德·莱文斯（Richard Levins）利用概率论和洛特卡-沃尔特拉方程，描述了涉及生态位适应和迁移等因素时共存物种之间的相互作用。

当两个不同物种竞争相同的资源时，具有生理或行为优势的物种将胜出；处于劣势的物种要么灭绝，要么适应，才能避免直接竞争。20世纪30年代，苏联微生物学家乔治·高斯在实验室中验证了这个原理，此后该原理得名"高斯法则"。

高斯培育了两种不同的草履虫（*Paramecium*）——一种原生动物，并给它们提供等量的食物。分开饲养时，两者都正常生长；但将它们放到一起后，能更快获取食物的一种繁殖更快，最终完全占据主导地位，另一种则因饥饿而亡。

竞争是选择的推动力，最适应环境的个体和物种得以繁荣，适应性差的则反之。虽然这一观点最初是在19世纪中叶由查尔斯·达尔文和阿尔弗雷德·拉塞尔·华莱士提出的，但高斯用实验首次证明了这一原理——至少在某种特定情况下。

在自然环境中很难证明竞争排斥，因为存在太多变量。例如，捕食者可能会控制相互竞争的猎物种群数量，使其保持在"食物资源难以成为限制因素"的水平，从而使它们能够共存。■

在英国的大部分地区，红松鼠已被灰松鼠取代，因为灰松鼠在食物和栖息地的竞争中更占优势。

参见：食物链 284~285页，捕食者-猎物关系 292~293页，营养级 300~301页，生态位 302~303页。

地球大自然的基本单元

生态系统

1935年，英国植物学家阿瑟·坦斯利提出了生态系统的概念，它指的是在特定的环境中，生物体彼此之间，以及与非生物成分之间相互作用的群落。小至水坑，大至海洋，都可以是一个生态系统。

植物学家早已认识到，全球植被模式反映了气候等因素。1899年，美国植物学家亨利·考尔斯描述了植物按阶段在沙丘中定殖或者说演替的过程，植被面积和体积逐步扩大并变得更加复杂。1916年，美国植物学家弗雷德里克·克莱门茨发展了自然群落的概念，认为特定环境中的所有植物构成完整的有机体。

然而，坦斯利认为，特定环境中的动植物并非一个群落，不过是个体的随机组合。他从物理学和热力学系统中获得了灵感，认为是能量流（energy flow）将个体统一了起来。

> ……我们不能（将生物体）与其特定的环境分开，它们与环境共同形成一个物理系统。
>
> 阿瑟·坦斯利

他相信大自然是由生态系统组成的网络，能量在生物与非生物之间流动。例如，太阳的能量通过植物的光合作用进入生态系统，然后随着动物食用植物及其相互捕食而继续传播。这一概念为生态学家提供了研究复杂、不可预测的生命多样性的方法。如今，坦斯利的生态系统理念依然是现代生态学的核心，帮助科学家进一步认识大自然的错综复杂与相互关联。■

参见：植物与动物的生物地理学 286~289页，群落演替 290~291页，营养级 300~301页，人类对生态系统的影响 304~311页。

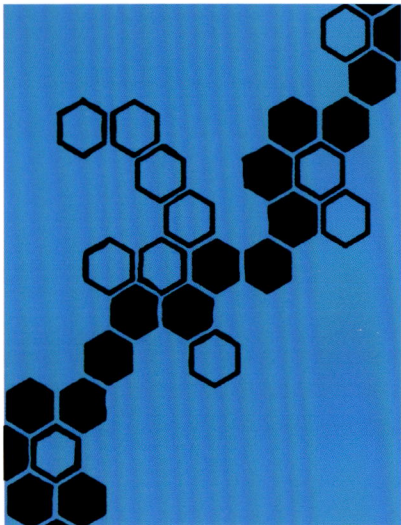

能量流通的网络

营养级

背景介绍

关键人物

雷蒙德·林德曼（1915—1942）

此前

1839年 查尔斯·达尔文考察巴西和西非之间的大西洋小岛——圣保罗群岛之后，记录了岛屿的食物链。

1913年 美国动物学家维克托·谢尔福德（Victor Shelford）绘制了最早的食物网之一。

1926年 弗拉基米尔·维尔纳德斯基提出，化学物质在生物和非生物之间不断循环。

1935年 阿瑟·坦斯利提出了生态系统的概念。

此后

1953年 美国生态学家尤金·奥德姆（Eugene Odum）和霍华德·奥德姆（Howard Odum）在合作的著作《生态学基础》（*The Fundamentals of Ecology*）中，探讨了生态系统的不同层级是如何相互作用的。

代谢是生物体内食物转化为能量的化学过程。驱动代谢需要初始能量来源，对大多数生态系统来说，这个来源就是太阳。生产者（如植物和藻类）利用光合作用捕捉阳光的能量来制造食物，能量会被传递给以生产者为食的消费者（如动物和真菌）。不过也有例外，比如那些能够通过氧化铁、氢、一氧化碳、亚硝酸铵和镁获取能量的生物。

空气、水、土壤矿物质等物质会进入循环并被再利用，能量则通过生物体，以食物链的形式在各个营养级流动。1942年，美国生态学家雷蒙德·林德曼在论文中首次阐述了这一过程。

攻读博士学位期间，林德曼在雪松沼泽湖（Cedar Bog Lake，现属于明尼苏达大学的雪松溪生态科学保护区）完成了其早期的大部分实地考察。他研究了一个逐渐老化的湖泊及其周围的生命，那里呈现出演替的经典阶段：从湖泊逐渐变为沼泽，再转化为森林。林德曼记述道，不能孤立地研究湖泊中的生物群落，而要考虑一切——不同食物链中的所有生物体，以及环境中的非生物成分，都通过营养物循环（nutrient cycle）和能量流连接在一起。

最初，林德曼的论文因过于理论化而被拒绝，但他的导师、耶鲁大学的G. 伊夫林·哈钦森坚信其值得拥有更广泛的读者，经过哈钦森的努力争取，林德曼的论文《生态学的营养动态方面》（*The trophic-dynamic aspect of ecology*）于1942年在《生态学家》（*The Ecologist*）上发表，不幸的是，就

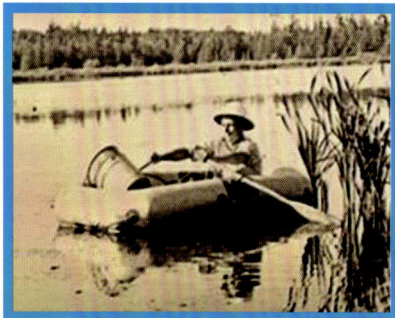

图为雷蒙德·林德曼和同事在明尼苏达州的雪松沼泽湖采集生物样本时使用的"气动船"。在那里收集的数据成为他博士论文的基础。

参见： 新陈代谢 48~49页，光合作用 50~55页，食物链 284~285页，再循环与自然周期 294~297页，生态系统 299页。

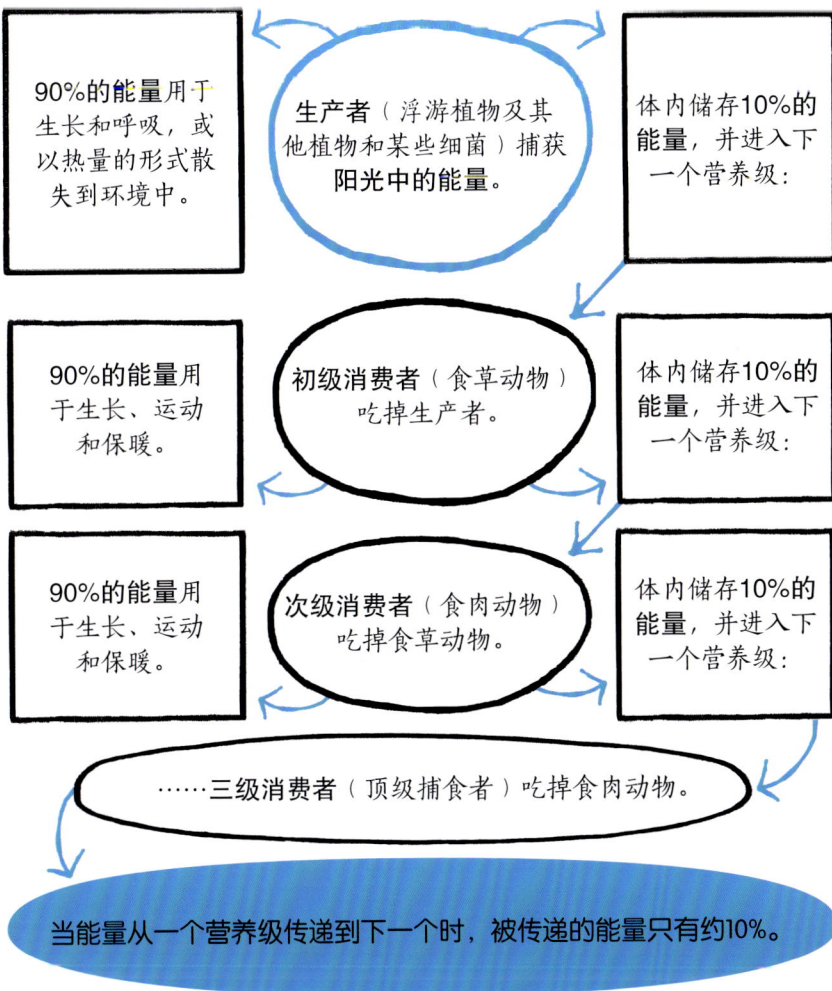

90%的能量用于生长和呼吸，或以热量的形式散失到环境中。

生产者（浮游植物及其他植物和某些细菌）捕获阳光中的能量。

体内储存10%的能量，并进入下一个营养级：

90%的能量用于生长、运动和保暖。

初级消费者（食草动物）吃掉生产者。

体内储存10%的能量，并进入下一个营养级：

90%的能量用于生长、运动和保暖。

次级消费者（食肉动物）吃掉食草动物。

体内储存10%的能量，并进入下一个营养级：

……三级消费者（顶级捕食者）吃掉食肉动物。

当能量从一个营养级传递到下一个时，被传递的能量只有约10%。

在几个月前，林德曼因肝硬化英年早逝，年仅27岁。

林德曼的论文展示了一种评估生态系统中每个营养级能量积累的方法，现称为生产力（productivity）。以雪松沼泽湖生态系统为例，当能量从一个营养级转移到下一个时，生物可接收的能量递减。在每个营养级中，部分能量会以废物的形式流失，或在生物体呼吸时转化为热量。一种生物吃掉另一种生物后，只有约10%的能量会从一个营养级传递到下一个营养级，由此产生的"10%法则"（10 per cent law）成为理解能量流的指南。世界各地的生态学家一致认为，林德曼的论文对迅速发展的生态学科学至关重要。■

生态金字塔

林德曼和出生于英国的动物学家G.伊夫林·哈钦森最早提出了生态金字塔（ecological pyramid），以显示不同营养级的生物之间的关系。通常，金字塔宽广的基座由生产者占据，向上一层为初级消费者，以此类推。

金字塔分三种类型，分别基于数量、能量或生物量（biomass，某栖息地内生物的总量，以重量或体积表示）。某些金字塔是倒置的，例如海洋生物量金字塔，因为浮游动物（zooplankton）的生物量大于浮游植物。

金字塔仅适用于简单的食物链，不适合更复杂的食物网，因为这种模型没有考虑气候和季节变化，且未包含分解者。然而，生态金字塔显示了不同生态系统中生物的摄食情况及能量传递的效率，有助于监测生态系统的状况。

1 虎鲸
10 海豹
100 鳕鱼
1000 鲱鱼
10000 海洋桡足类

数量金字塔展示了每个营养级有多少生物体，从底部的生产者到顶部的顶级捕食者。

生态位是生物的职业

生态位

背景介绍

关键人物

G. 伊夫林·哈钦森（1903—1991）

此前

1917年　美国生物学家约瑟夫·格林内尔将生态位定义为"能使一个物种繁衍的栖息地"。由于地理屏障，适合某物种的栖息地也许"空缺"（vacant）。

1927年　查尔斯·埃尔顿提出，对生态位而言，生物在食物链中的角色——既是捕食者也是猎物——与其栖息地一样重要。

此后

1968年　美国生物学家大卫·克莱因（David Klein）描述了生态位变化导致一座岛上驯鹿种群崩溃的情况。

1991年　英国生态学家保罗·哈维（Paul Harvey）和马克·佩吉尔（Mark Pagel）发明了"生态位保守主义"（niche conservatism）一词，以解释随着时间的推移，物种如何保持相似的生态位需求。

生态位，即物种在其生态系统中的位置，是生态学的核心概念。20世纪初，美国生物学家约瑟夫·格林内尔将生态位解释为"能使一个物种繁衍的栖息地"。

随后，英国生态学家查尔斯·埃尔顿扩展了该定义，使其涵盖了生物在环境中的角色，即"与食物和敌人的关系"。不同地区的动物可能占据着相似的生态位，例如，热带

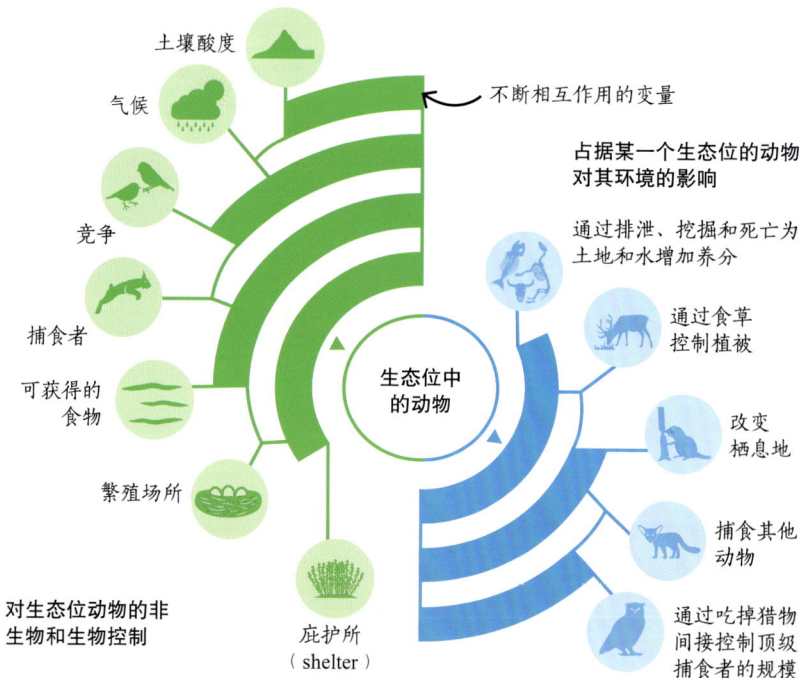

不断相互作用的变量

占据某一个生态位的动物对其环境的影响

土壤酸度

气候

竞争

捕食者

可获得的食物

繁殖场所

庇护所（shelter）

生态位中的动物

通过排泄、挖掘和死亡为土地和水增加养分

通过食草控制植被

改变栖息地

捕食其他动物

通过吃掉猎物间接控制顶级捕食者的规模

对生态位动物的非生物和生物控制

哈钦森将生态位描述为一个多维空间，一系列生物（活的）和非生物（非生命的）的复杂变量（维度）不断与一种生物相互作用，使后者生生不息。

参见：食物链 284~285页，捕食者 猎物关系 292~293页，竞争排斥原理 298页，生态系统 299页。

非洲的斑鬣狗和北极狐在食物链中位置相似，都是机会主义捕食者，既捕猎又食腐。

多维空间

1957年，美国生态学家G.伊夫林·哈钦森通过研究环境的化学、物理、地质和生物特征，开创了对生态位复杂性的新理解。美国生态学家劳伦斯·斯洛博金（Lawrence Slobodkin）将哈钦森的生态位概念总结为"高度抽象的多维超空间"。生态位不仅仅是位置或角色：它是物种而非环境的属性，涉及与其他生物和非生物等变量的复杂相互作用，从气候、水的酸度、地质、土壤到养分流等。

如果栖息地的条件符合物种的生态位，那么该物种就能繁衍。然而，如果条件超出其生态位范围，如水的酸度发生变化或新的捕食者定殖，那么该物种将面临灭绝。哈钦森还表明，独特的生态位可以减少物种之间的竞争。在同一地区，不同生物的相似生态位会引发资源竞争，可能迫使物种占据并

巴西潘塔纳尔地区的紫蓝金刚鹦鹉（Hyacinth macaws）属于特化种，主要依赖特定的三种树觅食和筑巢。

适应其他生态位，或者灭绝——与竞争排斥原理相符。

生态位可以很广泛，由像浣熊、褐鼠、鸽子这样的泛化种占据；也可以很狭窄，由紫蓝金刚鹦鹉这样的特化种占据——如果构成其生态位的三种树从生态系统中消失，这种鹦鹉就将走向灭绝（译者注：泛化种指能在各种环境条件下正常成长，且能利用各种不同资源的物种；特化种指只能在有限的环境条件下正常成长，或营养摄取来源单一的物种）。

把生态位作为预测工具

占据极度特化生态位的动植物对环境变化极为敏感。如今，在预测生态系统对快速环境变化尤其是栖息地遭破坏或气候变化导致的变化做出的响应时，生态位的意义愈发重要。■

> "
> 动物的生态位，很大程度上可以通过体型和食物习性来定义。
> "
>
> 查尔斯·埃尔顿

G. 伊夫林·哈钦森

1903年，哈钦森出生于英国，在剑桥大学获动物学学位，后在南非执教，1928年起在耶鲁大学任教，1941年成为美国公民。他被许多人视为现代生态学之父。

哈钦森的主要研究兴趣是湖泊学（limnology）——研究亚洲、非洲和北美洲的内陆水体生态系统的学科。他探究了决定每个特定生态系统中物种数量的因素，还与学生们（包括美国生态学家罗伯特·麦克阿瑟）一起，创建了第一个预测物种丰度的全面数学模型。

哈钦森既是出色的野外和理论生物学家，又是出色的教师。他开创了古生态学（palaeoecology）——研究化石动植物与环境关系的学科，也是气候变暖的早期预言者。1991年，哈钦森去世。

主要作品

1957年 《结论》
1957—1993年 《湖泊学论》（四卷）

人与自然斗争
必然是与自己斗争

人类对生态系统的影响

背景介绍

关键人物
雷切尔·卡森（1907—1964）

此前

1948年 瑞士化学家保罗·穆勒（Paul Müller）因研制DDT杀虫剂而获得诺贝尔奖。

此后

1969年 法国毒理学家勒内·特吕奥（René Truhaut）提出"生态毒理学"（ecotoxicology），特指研究自然或合成污染物毒性影响的学科。

1970年 美国成立环境保护署（Environmental ProtectionAgency，简称EPA）。

1988年 美国动物学家西奥·科尔伯恩（Theo Colborn）揭示，五大湖区的动物会将合成化学物质传给后代。

2019年 丹麦科学家弗兰克·里热（Frank Rigét）研究了北极海洋和淡水动植物体内持久性有机污染物的含量的趋势。

1962年，一本名为《寂静的春天》的书产生了广泛影响，人们从此开始关注人类对自然秩序产生的负面影响。该书最初在《纽约客》（The New Yorker）杂志上分三部分连载，挑战了先前确立的科学观点和价值观，并支持新的环境保护运动。作者是一位谦逊而又博学的美国海洋生物学家，擅长以简明贴切的方式将科学呈现给大众。

农药的影响

雷切尔·卡森曾撰写大量关于海洋和海洋生物的文章，包括获奖作品《海洋传》（The Sea Around Us）。然而，在创作倒数第二本书《寂静的春天》时，她将笔锋转向合成农药及其误用。该书的灵感来自1958年1月朋友奥尔佳·赫金斯（Olga Huckins）的一封信。在马萨诸塞州达克斯伯里（Duxbury）保德角（Powder Point），赫金斯有一片鸟类保护区，旁边的农田喷洒了燃油和化合物二氯二苯三氯乙烷（dichlorodi-phenyltrichloroethane，简称DDT）的混合物，造成了许多鸟类死亡。于是卡森前去探访，并目睹了一架飞机正在喷洒农药。次日一早，她和赫金斯乘船沿着河口巡查，发现了死去和垂死的鱼类和贝类，它们的神经系统似乎受损。种种景象促

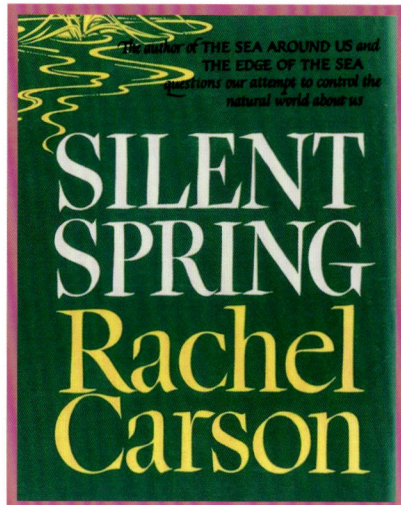

卡森著作标题的灵感来自英国诗人约翰·济慈的诗："湖中的芦苇已经枯了，也没有鸟儿歌唱！"（查良铮译）

雷切尔·卡森

1907年，雷切尔·卡森出生于美国宾夕法尼亚州斯普林代尔，1929年毕业于宾夕法尼亚女子学院并获生物学学位。随后，她在伍兹霍尔海洋生物学实验室（Woods Hole Marine Biological Laboratory）学习，在约翰·霍普金斯大学获动物学硕士学位。她曾为美国渔业局撰写广播剧剧本，也为《巴尔的摩太阳报》（Baltimore Sun）撰写专题文章，后来成为美国鱼类与野生动物管理局的总编。在出版了三本关于海洋生物学的著作并大获成功后，她成为全职作家。

在《寂静的春天》中，卡森开始将焦点转向警告公众使用农药的长期影响。尽管遭到化工产业的攻击，但她仍坚持立场，最终美国法律做了相关修改。1964年，在与癌症斗争多年后，卡森去世，但其研究仍激励着全世界一代又一代的环境科学家、活动家和立法者们继续为之努力。

主要作品

1962年 《寂静的春天》

在田地里喷洒杀虫剂，杀死农作物的害虫。

没有昆虫为农作物传粉会导致歉收和饥荒。

蜜蜂、甲虫和其他传粉者也被杀死。

"……人是自然的一部分，人与自然斗争必然是与自己斗争。"

使卡森开始怀疑这些化学物质——尤其是DDT是否被滥用。

当时，DDT是全球最常用的杀虫剂。第二次世界大战期间，它被用于杀死传播疟疾、斑疹伤寒、鼠疫和其他疾病的昆虫，以保护盟军士兵和平民。战后因价格低廉

> **在所有人类对环境的攻击中，最令人担忧的是，空气、土壤、河流和海洋都被危险甚至致命的材料污染了。**
>
> 雷切尔·卡森

且在环境中长期保持活性，它成为农民和害虫控制员的首选农药。后来，DDT与其他危险且持久的污染物一起被归类为持久性有机污染物（persistent organic pollutants，简称POPs）。卡森揭示，这种持久性不仅对目标昆虫有深远影响，还会影响到其他野生动植物。

DDT可在环境中存在多年甚至几十年，被动物摄入后不会被分解，而是留在动物体内，特别是其脂肪组织中。随着摄入更多DDT，动物体内脂肪中的DDT含量不断增加——这个过程就是生物蓄积（bioaccumulation）。当有毒化学物质从一种动物传递到食物链的下一种动物时，其浓度会增

加——该过程名为生物放大（biomagnification）。

卡森并不是第一个质疑DDT安全性的人。1945年，美国博物学家埃德温·韦·蒂尔（Edwin Way Teale）就曾警告过，提防滥用DDT。后来他成为卡森的导师。同年，美国鱼类和野生动物管理局局长克拉伦斯·科塔姆（Clarence Cottam）表示，必须谨慎使用DDT，因为尚不完全了解其对生物的影响。

1958年，英国科学家德里克·A.拉特克利夫（Derek A. Ratcliffe）在英国剑桥郡的僧侣木实验站（Monks Wood Experimental Station）记录了游隼（peregrine）巢中异常破损的蛋，这使人们开始认识到使用DDT给环境带来的严重后果。随后，英国和美国的调查显示，第二次世界大战结束以来，游隼种群数量急剧下降。20世纪60年代，加拿大毒理学家戴维·B.皮克奥（David B. Peakall）的研究表明，DDT在食物

DDT会干扰猛禽的钙代谢，导致其产生坚固蛋壳的能力下降，蛋壳在孵化过程中极易破裂。

三级消费者　　　　　　　　　　　　　　　13.8ppm

次级消费者　　　　　　　　　　　　　　　2.07ppm

初级消费者　　　　　　　　　　　　　　　0.23ppm

生产者　　　　　　　　　　　　　　　　　0.04ppm

DDT浓度在食物链中逐步提高，处于高层的生物受影响最大。在生产者中，毒素含量仅为0.04 ppm（百万分之一），但到了三级消费者时，浓度已高到具有毒性影响的程度。

链上层的浓度极高，导致猛禽（如游隼、雀鹰、金鹰）的蛋壳变薄，孵化时极易被压碎。

雷切尔·卡森敲响了警钟。尽管美国化工产业反应激烈，但《寂静的春天》还是成为环境保护意识的转折点。然而，直到十年后，政治家和管理者才追赶上科学家。1972年，美国终于禁用了DDT，其他许多国家也相继禁止。

有机汞

1956年5月，日本水俣出现了一种奇怪的疾病，开始影响当地人和动物的中枢神经系统。由于发病

20世纪80年代，位于波兰西南部的克尔科诺谢国家公园（Karkonoski National Park）遭受酸雨的严重破坏，主要原因是燃烧化石燃料的发电厂造成了空气污染。

的猫会出现抽搐，所以这种病被戏称为"猫舞病"。发病的乌鸦会从空中掉落。共有2265人患病，其中大多数人因此去世，但病因一直是个谜。直到1958年，前来访问的英国神经病学家道格拉斯·麦卡尔平（Douglas McAlpine）推测，这些症状类似有机汞中毒。随后的科学

调查工作揭示，罪魁祸首就是化工厂倾倒到水俣湾的甲基汞（methylmercury）——一种极具毒性的汞。汞已进入食物链，浓缩在当地人食用的鱼和贝类体内。

1959年，日本政府确认了"水俣病"的原因，但直到1972年，承担责任的公司才受到惩罚，最终支付超过8600万美元（约为今天的6400万英镑）的赔偿。诉讼和索赔持续了数十年。

酸雨

17世纪，英国作家约翰·伊夫林（John Evelyn）写道，伦敦的空气极具腐蚀性，应把阿伦德尔大理石（Arundel marbles，一系列古希腊雕塑收藏）搬到牛津。不过，首次提出"酸雨"一词的是苏格兰化学家罗伯特·安格斯·史密斯（Robert Angus Smith），1872年，他将人类活动与英国工业城市的雨水酸度联系起来，并发表了研究结果。

化石燃料在发电站和工厂燃烧或被汽车使用后，产生的二氧化

硫和氮氧化物被排放到大气中。这些气体与水和其他物质发生化学反应，形成硫酸和硝酸。酸雨降落后进入水中，加大了酸性和毒性，对许多水生动物造成伤害，还会影响土壤pH值，最终通过食物链传播。

1881年，挪威地质学家瓦尔德马·布勒格（Waldemar Brøgger）推测，受污染的雪中的硝酸（强腐蚀性无机酸）可能源自英国。不过直到1968年，瑞典农业科学家斯万特·奥登（Svante Odén）才将一个国家（英国）燃烧化石燃料产生的排放物与另一国家（瑞典）的"死亡"湖泊和受损森林联系起来。这种情况下，酸雨不仅消灭了食物链的一部分，就像DDT杀死猛禽一样，甚至还消灭了整个食物链——从湖泊中的浮游生物（藻类）到水生捕食者，如鲑鱼和北极红点鲑（Arctic char）。

根据2018年北极理事会（Arctic Council）的报告，加拿大的北极熊种群体内的汞含量在全球位列前茅。

北极的威胁

一些科学家认为，北极是化学物质的水槽，有报告称该地区遭受了来自其他地区化学品和污染物日益严重的污染。2006年，挪威极地研究所（Norwegian Polar Institute，简称NPI）的研究人员表明，北极熊的脂肪组织中存在工业阻燃剂聚溴联苯（polybrominated diphenyls，简称PBDEs）。这类化学品被用来降低软家具的可燃性，当时全球95%的PBDEs用量在北美洲。PBDEs会对北极熊的内分泌腺和脑功能产生负面影响。此前还有研究表明，在北极熊、虎鲸、海豹和海鸟体内，发现了燃烧煤炭和多氯联苯（polychlorinated biphenyls，简称PCBs）产生的汞等致命化学品——20世纪50—70

生物放大

持久性有机污染物（POPs）一旦进入食物链，就会在动物的组织中逐级累积，这个过程被称为生物放大。

DDT的农药浓度单位是百万分之一（ppm）。假设冲刷入湖泊的农药浓度为0.000003ppm，那么它可能被水生藻类吸收或吸附（在表面累积）并浓缩到0.04ppm；蜉蝣幼虫吃这些藻类，农药在其组织中浓度可达到0.5ppm的水平；小鱼会吃许多蜉蝣幼虫，因此每条鱼中的农药浓度上升到2ppm；一只苍鹭捕食了几条鱼，最终其组织中积累了25ppm的农药。从这个淡水食物链的底部到顶端，农药的浓度提高了约1000万倍。当POPs到达顶级捕食者层面时，浓度可能变得极具毒性，以至于这些动物生育能力下降甚至死亡。

POPs的显著例子包括：DDT和氯丹（chlordane）等有机氯农药、城市废物焚烧时产生的二噁英（dioxin，高毒性化合物）、来自电气和建筑行业的多氯联苯（PCBs）、化学产品中的甲基汞、来自船只涂料的三丁基锡（tributyltin）等。所有这些物质对野生动物和人类健康都是危险的——而人类处在许多食物链的顶端。

关键种

一些动物对生态系统有如此大的影响，以至于它们的存在与否决定了生态系统的健康状态，这些动物被称为关键种。1969年，美国生态学家罗伯特·佩因提出的这一术语得名于一种楔形石。

佩因实地考察了太平洋海岸遍布岩石的潮池（tide pool）。他控制了一片区域，保证其中没有海星——主要以软体动物为食的动物，一旦发现，就将其从岩石上撬开并扔入海洋中；同时保留另一个有海星的区域作为对照。他发现，海星存在时，物种多样性大大提高，于是他确定海星为该区域的关键种。

佩因还视海獭为关键种，指出它们能控制海胆的种群，进而影响海藻（海带）的种群。其研究表明，人类影响导致某些物种消失，会使环境产生意外且深远的后果。

在太平洋海岸，因毛皮交易而消失的海獭，被佩因确定为关键种。

年代，汞被大量用作冷却剂和绝缘液体。

这些污染物通过海洋洋流、北风或流入北冰洋的河流传播，进入浮游生物体内，然后在食物链中浓缩到一定程度，最终使一些北极熊——主要以海豹为食的顶级捕食者身陷极高的危险中。

研究揭示，北极食物网中存在约150种危险化合物。根据加拿大环境科学家罗伯特·莱彻（Robert Letcher）的说法——他也是2018年北极理事会研究报告的主要作者："污染物的数量和种类在持续扩大。"

微塑料

微塑料于20世纪初首次大规模生产，被证明是最隐蔽的污染物之一。2017年，BBC的系列纪录片《蓝色星球II》（*Blue Planet II*）加剧了公众对海洋中塑料数量的担忧，尤其是集中于环流中心"海洋

微塑料由较大的塑料产品分裂而成，通过自然风化过程逐渐分解成更小的碎片。

垃圾带"的大量塑料。2019年，这些发现更加令人震惊：一个创下纪录的深海潜水队在马里亚纳海沟——世界上最深的海沟，距太平洋表面近11千米深的地方——发现了一个塑料袋和糖果包装纸。不过，最大的担忧还是微塑料。

微塑料是直径小于5mm的塑料碎片，包括添加到健康和美容产品中的塑料颗粒以及抓绒衣物中的合成纤维。污水过滤系统无法拦截这些微塑料，它们最终被排放进海洋，分布在水柱中，甚至到达海底（译者注：水柱是一个海洋学概念，用于描述一个地理点不同深度海水的物理和化学特征）。2020年，一个澳大利亚研究团队报告，他们的机器人潜艇在3000米深的南澳大利亚海岸海床采样时发现，全

球海床上可能有多达1400万吨微塑料正在随洋流移动。洋流就像传送带，将污染物从河口和海底峡谷运输到深海，汇集在"微塑料热点"（microplastic hotspots）。然而，并非所有颗粒都停留在海床。

2013年，英国埃克塞特大学的生态毒理学家马修·科尔（Matthew Cole）发现，浮游动物（微小的水生生物）正在摄取这些塑料微粒，因此微塑料已进入食物链，妨碍着浮游动物正常进食。目前，科学家尚不清楚微塑料对食物链更高层的生物（尤其是顶级捕食者，如虎鲸、鲨鱼和人类）的影响，但现在它们几乎无处不在。

微塑料充满大城市上方的空气中，甚至出现在偏远、几乎没有人类活动的山脉地区，如西班牙和法国之间的比利牛斯（Pyrenees）山脉。2018年，法国和苏格兰的研究人员分析了贝尔纳杜兹气象站5个月内收集的雨水、灰尘和雪的样本——气象站海拔1300米，距最近的城市120千米。他们发现，1平方米的收集器上平均每天会降落365个塑料微粒。估计这些微粒至少来自100千米以外，也可能更远。这表明，无论身处何地，人们都会吸入微塑料——包括在世界之巅珠穆朗玛峰上。

2020年，英国普利茅斯大学的研究人员分析了来自珠穆朗玛峰不同位置的雪样和水样，发现距峰顶不远的"阳台"（Balcony）（译者注：阳台区海拔8440米）休息站也出现了微塑料。大多数微塑料来自登山者衣物和装备中的合成纤维。

持续的担忧

尽管20世纪60年代初，雷切尔·卡森便揭示了人造污染物及其影响生态系统和人类健康的坏消息，但这一情况仍在持续，就连DDT的故事也远未结束。人类的癌症、不孕不育和糖尿病都与接触DDT有关。虽然2001年全球都禁止了DDT除控制疟疾外的所有用途，但DDT或其分解物仍存在于环境中。2016年，美国农业部发现，美国的奶酪、胡萝卜、芹菜、三文鱼等食品中的DDT均可被检测到。■

> ❝
> 人类无疑是过度主导的关键种，如果不理解这些规则，那么最终受害者将是人类。
> 罗伯特·佩因，美国生态学家
> ❞

指示种

正如煤矿工人曾用金丝雀预知有毒气体一样，生态学家通过观察野外的指示种（indicator species）来确定栖息地的污染程度。例如，一些地衣对空气污染敏感，只能在空气清洁的地方生长；淡水中的水生无脊椎动物，如蜉蝣和毛虫幼虫，对污染非常敏感；蜂蝇（drone fly）的幼虫鼠尾蛆则能在重度污染的水域（如污水洼地）繁衍。

生物蓄积指示种，是指身体组织中累积了污染物但对其危害具有抗性的生物，这些生物能帮助探测极低水平的污染物。双壳类软体动物，如蛤蜊和贻贝，因其广泛的地理分布及有限的移动能力，常被研究人员用于监测，是特定地点生物蓄积的良好指示种。若干种藻类（如绿藻）也是监测重金属和农药含量的重要生物蓄积指示种。

鼠尾蛆（rat-tailed maggot）能在被污染的环境中生存，它们在水下进食的同时，能用后部呼吸管呼吸空气。

将区域除以十，将动物群分成两部分

岛屿生物地理学

> 岛屿是被周围对比鲜明的栖息地所隔离的生态系统。

> 岛屿越大，其能够支持的物种就越多。

> 与类似的、有人居住的栖息地的距离，决定了能在岛上定殖的物种的数量。

> 岛屿的面积和隔离程度决定了岛屿的物种多样性。

被另一个栖息地——通常是多样性较低的栖息地所环绕的栖息地称为"岛屿"，如海洋岛屿、被单一耕作土地包围的森林斑块或沙漠绿洲。岛屿生物地理学专门研究此类岛屿的物种多样性水平及其变化原因。

1967年，美国生物学家罗伯特·麦克阿瑟和爱德华·O. 威尔逊的《岛屿生物地理学理论》（*The Theory of Island Biogeography*）介绍了影响海洋岛屿生态系统复杂性的因素的数学模型，提出在任何岛屿上，新物种的到达率（迁移）与现存物种的灭绝率之间都存在平衡关系。迁移的主要决定因素是岛屿与大陆，或与其他能提供新生命形式的岛屿的距离。如果岛屿靠近大陆，那么新物种的到达率要比远离大陆时高。到达率还受岛屿隔离的时长、面积、栖息地适宜性、与海洋洋流的关系及气候的影响。如果岛屿有多样的栖息地或微栖息地，新到物种就能更高程度地建立起可繁衍的种群。麦克阿瑟和威尔逊认为，一个可栖息但相对

参见: 食物链 284~285页,植物与动物的生物地理学 286~289页,捕食者-猎物关系 292~293页,竞争排斥原理 298页,生态系统 299页,营养级 300~301页,生态位 302~303页。

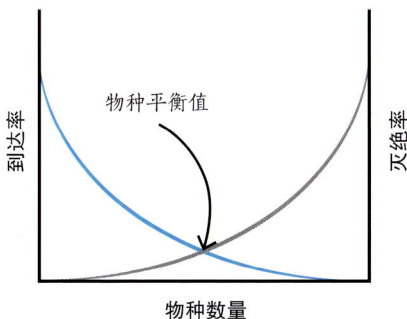

当到达率(受其他物种栖息地的距离影响)与灭绝率(受岛屿大小影响)相等时,岛屿上就会实现物种平衡(species equilibrium),即物种数量稳定。

种群稀少的岛屿灭绝率较低,因为可能灭绝的物种较少。随着更多物种到来,资源竞争加剧,最终到达率和灭绝率会达到平衡。最后,麦克阿瑟和威尔逊解释了"物种-面积效应":较大岛屿拥有更多种类的栖息地,灭绝率更低,物种组成更丰富。即使实际物种组成随时间变化,多样性也能保持丰度。

1969年,威尔逊和学生丹尼尔·辛伯洛夫(Daniel Simberloff)记录了美国佛罗里达礁岛群上六个红树林岛屿上的物种。他们熏蒸植被以去除所有无脊椎动物,主要是昆虫、蜘蛛和甲壳类动物。之后的一年内,他们记录了返回物种,绘制了重新定殖的物种图谱。结果发现,距大陆最近的岛屿重新定殖速度更快,这证实了麦克阿瑟和威尔逊理论的主要观点。

改进模型

后来,生态学家将岛屿理论更广泛地应用于陆地岛屿(孤立)栖息地。1970—1978年,美国生物学家詹姆斯·布朗(James Brown)研究了加利福尼亚州和犹他州大盆地的山地森林岛屿,证明飞行物种比其他物种更容易定殖岛屿。1993年,加拿大生态学家约翰·怀利(John Wylie)和大卫·

棕林鸫常常迁徙到森林片段或其他岛屿,如纽约市的中央公园。

柯里共同提出物种-能量理论,认为太阳能等可用的能量也影响着多样性。完善后的麦克阿瑟-威尔逊理论至今仍影响着岛屿栖息地及其多样性的保护工作。■

巴罗科罗拉多岛

1914年,巴拿马一条河流上的筑坝形成了加通湖(Lake Gatun),湖内形成了巴罗科罗拉多岛(Barro Colorado Island)——一个面积15.6平方千米的热带森林覆盖区。该岛被立为自然保护区,由史密森学会(Smithsonian Institution)管理,是地球上被研究最多的区域之一。

生物学家收集了岛上无脊椎动物、脊椎动物和植物标本,以及它们定殖和灭绝的宝贵数据。例如,截至1970年,岛上失去了45对繁殖鸟类。一些物种的消失可能是因为岛屿的面积:它太小了,无法支持其顶级捕食者——美洲狮和美洲豹。

在没有捕食者抑制数量的情况下,中型杂食动物(如浣熊、吼猴)的数量激增,它们吃掉了更多鸟蛋和幼鸟。这种"中型捕食者释放"影响了一些小型森林鸟类,因为许多鸟类甚至不愿意飞越短距离水域,无法从大陆迁移过来增加岛上的(物种)数量。

地球是由全体生命构成的"超个体"

盖娅假说

背景介绍

关键人物
詹姆斯·洛夫洛克（1919—2022）

此前
1789年 苏格兰地质学家詹姆斯·赫顿（James Hutton）创造了"超个体"这一术语。

20世纪20年代 弗拉基米尔·维尔纳德斯基描述了地球大气成分的形成，以及生物过程如何维持这些成分。

1926年 美国生理学家沃尔特·坎农引入了"稳态"这一术语。

此后
2016年 火星微量气体任务卫星（Trace Gas Orbiter）被送往火星，寻找甲烷和其他气体，这是该星球上可能存在生物活动的证据。

2019年 世界气象组织（World Meteorological Organization）警告称，如果温室气体以目前的速度继续排放，地球的温度可能在21世纪末上升3～5摄氏度。

20世纪70年代，英国科学家詹姆斯·洛夫洛克提出了雄心勃勃的盖娅假说，该理论试图证明地球的生物圈——存在生命的地球表面或近地表区域——是自我调节的。生物圈维持着生命得以存在的条件，如温度和化学成分。

该理论提出，与死去的星球不同，地球的大气包含氧气和少量甲烷气体——都是由生物过程产生的。生物体不仅制造了地球大气的成分，而且通过"反馈回路"（feedback loop）维持着这些成分。例如，在碳循环中，随着植物

生物量增加，空气中的二氧化碳量减少，氧气量增加；更多植物供养的动物生物量随之增加，这些动物吸入更多的氧气，排放出更多的二氧化碳。因此从长远看，空气中这两种气体的量保持相对稳定。

洛夫洛克推测，这种过程与稳态中观察到的反馈回路非常相似——稳态是身体维持最佳内部温度、水位和化学成分的机制。他与美国生物学家林恩·马古利斯合作，描述了生命与岩石、矿物、海水及空气的相互作用，以保持生物圈稳态的几种反馈机制。这启发了他们将地球描述为一个"超个体"——相互作用的生命形式的集合：它们结合在一起时，某些方面表现得像一个独立的生物体。两人以古希腊大地女神盖娅为该假说命名，并于1974年发表了论文。

根据盖娅假说，地球的海洋、陆地和大气共同作用，形成一个活的有机体。这一有关地球的思想被伽利略号探测器（Galileo space probe）采纳。

参见: 有机化学的开端 61页, 稳态 86~89页, 再循环与自然周期 294~297页, 人类对生态系统的影响 304~311页。

"雏菊世界"的平衡

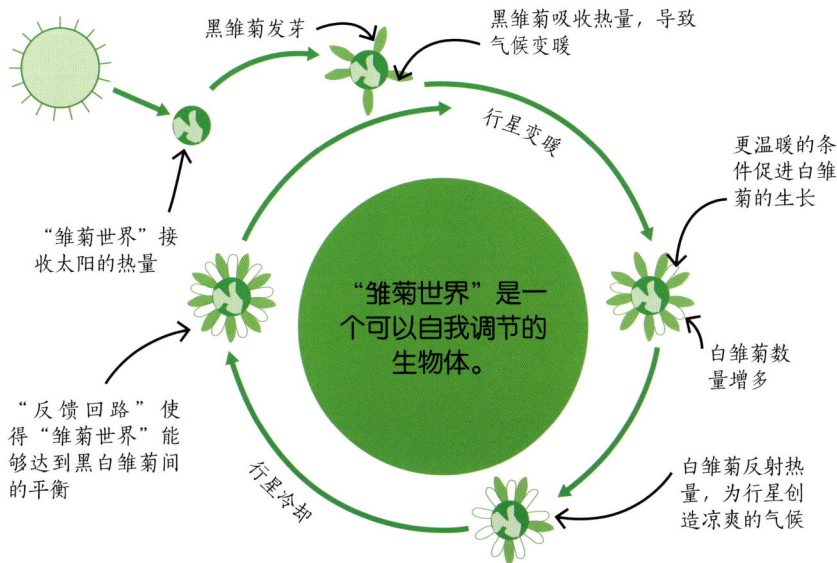

黑雏菊发芽

黑雏菊吸收热量,导致气候变暖

行星变暖

更温暖的条件促进白雏菊的生长

"雏菊世界"接收太阳的热量

"雏菊世界"是一个可以自我调节的生物体。

白雏菊数量增多

"反馈回路"使得"雏菊世界"能够达到黑白雏菊间的平衡

行星冷却

白雏菊反射热量,为行星创造凉爽的气候

超越"雏菊世界"

洛夫洛克通过"雏菊世界"(Daisyworld)模型简化了自己的假说。"雏菊世界"是一个具有基本"反馈回路"的虚拟行星,由两种雏菊组成:黑雏菊在寒冷条件下生长,深色的花瓣吸收该行星的太阳的热量;白雏菊反射热量,在炎热的环境中生长。黑雏菊囤积热量,使星球变得更温暖;而白雏菊恰恰相反。黑雏菊遍布"雏菊世界"的两极,白雏菊则在较温暖的赤道地区形成一条花带。如果白雏菊数量增加,那么"雏菊世界"将变得更凉爽,从而创造出允许黑色雏菊扩大范围的条件。这又会使"雏菊世界"变暖,白雏菊再次增加。加热和冷却的循环反复进行,

直到最终达到平衡,温度只在小范围内波动。

盖娅假说受到许多人的拥护,但也有科学家批评其缺乏严谨性或证据。虽然洛夫洛克的理论从未进入主流科学,但从整体看星球的方式现已成为研究气候变化的重要因素——一些人认为,燃烧化石燃料、向大气中排放大量二氧化碳,就是生命影响地球的最新例证。■

詹姆斯·洛夫洛克

1919年,洛夫洛克出生于英国,1941年获化学学位后,进入伦敦国家医学研究所工作。20年后,他开始与NASA的研究团队合作,设计太空探测器的仪器,包括负责寻找火星生命的探测器。20世纪60年代到70年代初,他开始研究并提出盖娅假说。

1974年,洛夫洛克首次发表盖娅假说并因此成名。在接下来的20年里,他不断完善这些观点。进入21世纪,他转向研究气候科学,不情愿地倡导核能,以减少碳排放,这使得他与许多认同盖娅假说的研究者产生了分歧。2022年,洛夫洛克去世,享年103岁。

主要作品

1974年 《生物圈的气候稳态:盖娅假说,与L.马古利斯合著》

1984年 《火星的绿化》

2019年 《新世纪:超智能时代的到来》

DIRECTORY

人名录

人名录

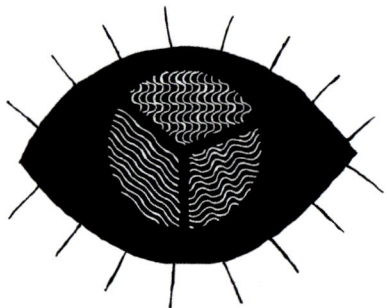

为生物学发展做出贡献的人，远超本书所提及的这些。本书人名录列出在某些领域发挥了关键作用的人物，包括早期的先驱，如伊本·西那（Ibn Sina）、达·芬奇、罗伯特·胡克和玛丽·安宁（Mary Anning）。尽管当时技术条件非常有限，但他们通过科学方法和不懈的努力，推动了各自专业学科的发展。19世纪，随着高质量显微镜的问世，扬·埃万杰利斯塔·浦肯野、谢尔盖·维诺格拉斯基（Sergei Winogradsky）、多萝西·克劳福特·霍奇金（Dorothy Crowfoot Hodgkin）等生物学家发展了微生物学领域。从20世纪末开始，遗传学成为生物学发现的前沿，贾纳基·阿玛尔（Janaki Ammal）、黄以静（Flossie Wong-Staal）和麦德华（Tak Wah Mak）等人实现了重大突破。

亚里士多德
约公元前384—公元前322年

古希腊哲学家亚里士多德是比较解剖学的创始人，不仅利用解剖了解生物结构，还敏锐地观察动物的饮食、栖息地和生命周期等，记述了500多种动物，并首次对动物进行了分类——虽然10种主要类别中有些是错误的，但在他所处的时代，这种分类系统意义非凡，在18世纪前基本没有受到其他学者的挑战。

参见： 实验生理学 18~19页，解剖学 20~25页，为生命命名和分类 250~253页。

伊本·西那
约980—1037年

伊本·西那是一位波斯博物学家，创造了一个完整的医学体系，结合饮食、药物及心理和生理因素治疗病人。他最有影响力的著作是《医学典范》（*The Canon of Medicine*），

这是一本涵盖人体解剖、疾病诊断和药物的五卷本百科全书。17世纪之前，这本书一直是伊斯兰世界和欧洲的标准医学教科书。

参见： 解剖学 20~25页，药物与疾病 143页。

列奥纳多·达·芬奇
1452—1519

达·芬奇是一位集艺术家、作家、数学家、工程师、发明家和解剖学家于一身的杰出博物学家，活跃于文艺复兴时期。从1507年起，他先后解剖了约30具人类尸体。作为顶级的解剖插画师和熟练的解剖者，他仔细研究了人体各部分的运作方式，根据牛心制作了心脏主要血管（主动脉）的玻璃模型，用水和草种的溶液展示了血液如何通过主动脉瓣流动，还利用熔化的蜡确定了脑室（腔室）。尽管绘制了数百幅极其详细、准确的人体图注，但1513年，他还是放弃了解剖。

参见： 解剖学 20~25页，血液

循环 76~79页。

弗朗西斯科·雷迪
（Francesco Redi）
1626—1697

意大利医生、寄生虫学家和诗人弗朗西斯科·雷迪是第一个区分外寄生虫（ectoparasites）与内寄生虫（endoparasites）的生物学家，并描述了约180种寄生虫。17世纪，人们认为蛆是肉生成的。1668年，雷迪通过实验推翻了这一谬论，证明蛆是由苍蝇所产的卵孵化而成的，进而否定了自然发生说。

参见： 为生命命名和分类 250~253页，食物链 284~285页。

罗伯特·胡克
1635—1703

英国博物学家罗伯特·胡克是17世纪最伟大的科学家之一，在1665年出版的里程碑著作《显微制

图》中，详细记录了许多关键的生物学发现。他是最早看到微生物的人之一，而且在人们了解植物细胞功能之前，便描述并命名了植物细胞。他推测木材化石中的植物细胞曾是活生物体的一部分，这些细胞被矿物质浸润从而得以保存。他还推测某些生物已经灭绝——这种观点在当时是很激进的。

参见： 解剖学 20~25页，生命的细胞本质 28~31页，灭绝物种 254~255页。

简·施旺麦丹
1637—1680

1658年，荷兰显微镜学家简·施旺麦丹成为记述红细胞的第一人。他还采用创新技术研究动物解剖，发现了毛虫体内日后会长出成虫蝶、蛾的肢体和翅膀的结构【现称成虫盘（imaginal discs）】，证明昆虫会经历变态发育：卵、幼虫、蛹和成虫都是昆虫的发育阶段。他还用青蛙演示了神经刺激如何导致肌肉收缩。他的许多发现被记录在1737—1738年出版的两卷本《自然之书》（The Book of Nature）中。

参见： 解剖学 20~25页，血液循环 76~79页。

玛丽亚·梅里安（Maria Merian）
1647—1717

德国博物学家玛丽亚·梅里安的昆虫发育（包括变态）研究大大推动了昆虫学的发展。1679—1683年，她出版了两卷本《毛虫：它们

奇妙的转变与奇怪的花卉饮食》（*Caterpillars: their Wondrous Transformation and Strange Diet of Flowers*），以科学、准确的插图和生动的文字，展示了每种蛾与蝴蝶及其植物食源。1705年，在为期两年的南美洲考察后，她又出版了另一部重要著作——《苏里南昆虫的变态》（*The Metamorphosis of the Insects of Suriname*）。

参见： 解剖学 20~25页，为生命命名和分类 250~253页。

吉尔伯特·怀特（Gilbert White）
1720—1793

英国牧师怀特是最早的生态学家之一，拥有超过40年观察动植物行为及其在自然界中的相互作用的经验，开创了季节性自然现象的研究【物候学（phenology）】，记录了植物开花和候鸟到达的最早日期。他甚至认识到，即便是微不足道的生物体，在自然界中也发挥着一定作用，同时解释了食物链。怀特首次描述了一些物种，如欧柳莺（*Phylloscopus trochilus*）、林柳莺（*P. sibilatrix*）和棕柳莺（*P. collybita*），并根据它们独特的歌声加以区分。

参见： 为生命命名和分类 250~253页，食物链 284~285页。

约瑟夫·班克斯（Joseph Banks）
1743—1820

1766年，英国植物学家约瑟夫·班克斯前往纽芬兰和拉布拉多

考察，收集并记述了许多西方科学未曾了解的动植物，包括现已灭绝的大海雀（great auk）——他当时以为是一种企鹅。1768—1771年，他随詹姆斯·库克船长进行环南美洲、南太平洋探险时，收集了3万个植物标本，包括逾1000种此前从未被记载的物种。皇家学会是伦敦最前沿的科学机构，班克斯曾任该学会主席长达41年。

参见： 为生命命名和分类 250~253页，植物与动物的生物地理学 286~289页。

罗伯特·布朗
1773—1858

1801年，苏格兰植物学先驱罗伯特·布朗在澳大利亚的探险中收集了近4000种植物。其研究包括最早详述了细胞核、进一步理解传粉与受精，以及裸子植物（针叶树等）与被子植物（开花植物）的区别等。他发现了后被称为布朗运动的现象，即微观颗粒悬浮在气体或液体中时的随机运动。之后，他证明岩尘（rock dust）等微小非生命颗粒也以相同方式运动。

参见： 发现配子 176~177页，传粉 180~183页，受精 186~187页。

扬·埃万杰利斯塔·浦肯野
1787—1869

捷克医生扬·埃万杰利斯塔·浦肯野是第一个使用切片机（用于制作极薄的组织切片，以便放到显微镜下观察）的人。他记述了人眼在光强度降低时，感知红色的消退

速度快于蓝色（浦肯野效应）；在大脑和小脑中发现了大型神经元（浦肯野细胞），以及将电信号传导到心脏各部分的纤维组织（浦肯野纤维）。1839年，他成立了世界上第一所专门研究生理学的学院和研究所。

参见：心肌 81页，色觉 110~113页，神经元 124~125页。

玛丽·安宁
1799—1847

英国的玛丽·安宁来自一个贫困的家庭，靠采集家乡悬崖上侏罗纪岩层中的化石赚取生活费，是自学成才的古生物学家。1810年，她挖掘出首具被正确记述的鱼龙化石，后又发现两具几乎完整的蛇颈龙化石，挖掘出首具位于德国之外的翼龙化石。她的发现为灭绝理论提供了有力证据，改变了人们对地球历史的认识。2010年，伦敦皇家学会将她评为"对科学历史影响最大的10位英国女性"。

参见：为生命命名和分类 250~253页，生命进化 256~257页。

约瑟夫·胡克（Joseph Hooker）
1817—1911

作为19世纪末英国植物学的领军人物和藏品丰富的收藏者，胡克曾前往南极、印度、喜马拉雅、新西兰、摩洛哥和加利福尼亚探险。他与英国植物学家乔治·边沁（George Bentham）共同编写的三卷本著作《植物属》（Genera Plantarum），

这是当时最完整的地球植物汇编，涵盖7569个属和超过9.7万种子植物。

参见：为生命命名和分类 250~253页，植物与动物的生物地理学 286~289页。

伊利亚·梅契尼可夫（Ilya Mechnikov）
1845—1916

1882年，俄国免疫学家梅契尼可夫在西西里岛的墨西拿建立了实验室，通过研究海星发现了吞噬作用（phagocytosis）——免疫系统利用移动细胞（如白细胞）包围和消灭有害病原体的方法。该研究使他获得1908年诺贝尔生理学或医学奖。

参见：疾病细菌说 144~151页，病毒 160~163页，免疫反应 168~171页。

卡尔·冯·弗里施
1886—1982

奥地利动物学家弗里施与康拉德·洛伦茨、尼古拉斯·廷伯根共同解析了蜜蜂返回蜂巢时表演的"舞蹈"，这些"舞蹈"能通知其他蜜蜂食物来源的距离和方向，他们因此获得1973年诺贝尔生理学或医学奖。在超过50年的蜜蜂研究中，弗里施还证明，通过训练，蜜蜂可区分不同味道和气味，并利用太阳分辨方位。

参见：色觉 110~113页，本能行为与学习行为 118~123页，记忆的储存 134~135页。

贾纳基·阿玛尔
1897—1984

印度植物学家和自然保护主义者贾纳基·阿玛尔与英国细胞学家西里尔·达林顿（Cyril Darlington）合作研究了多种植物的染色体，为植物进化理论提供了重要依据，并于1945年出版了《栽培植物染色体图谱》（The Chromosome Atlas of Cultivated Plants）。1951年，阿玛尔受政府邀请重组印度植物调查局（Botanical Survey of India）。她开发了多种杂交作物，包括适宜印度气候的甘蔗，使印度摆脱了蔗糖进口依赖。

参见：染色体 216~219页。

尼古拉斯·廷伯根
1907—1988

出生于荷兰的英国生物学家廷伯根主要研究动物行为学，包括一系列开创性的鸟类、黄蜂和刺鱼行为研究。1973年，他与奥地利动物行为学家康拉德·洛伦茨和卡尔·冯·弗里施因分别揭示了动物中的遗传编程行为而共同获得诺贝尔生理学或医学奖。

参见：本能行为与学习行为 118~123页，记忆的储存 134~135页。

多萝西·克劳福特·霍奇金
1910—1994

英国化学家霍奇金在剑桥大学开创了使用X射线分析生物蛋白质分子（如胃蛋白酶）结构的方法。她自1934年起在牛津大学任教和从事研究，1945年首次描述了青霉素

的原子结构，1955年记述了维生素B12，1964年获得诺贝尔化学奖。确定胰岛素的结构是更大的挑战，但1969年——在首次看到胰岛素X射线图像的34年后，她成功实现了这一目标。

参见： 抗生素 158~159页，双螺旋 228~231页。

诺曼·布劳格（Norman Borlaug）
1914—2009

在洛克菲勒基金会1944—1960年的墨西哥农业项目中，美国农学家布劳格负责帮助农民提高作物产量。他诱导基因突变，创造出抗病、产量高、即使麦穗较重也不易倒伏的矮秆品种，墨西哥小麦产量因此增长了三倍。在南亚，布劳格取得了同样的成功，帮助数百万人免于饥饿，被称为"绿色革命之父"，并获得1970年诺贝尔和平奖。

参见： 传粉 180~183页，什么是基因 222~225页，突变 264~265页。

格特鲁德·埃利恩（Gertrude Elion）
1918—1999

美国药理学家埃利恩与医学研究人员乔治·希钦斯（George Hitchings）合作，开发出更现代、理性的药物研制方法。1950年，埃利恩取得第一个重大突破——开发出治疗白血病的药物。后来她还开发了带状疱疹和水痘的抗病毒疗法，为艾滋病药物AZT的研发开辟

了道路。现在，全世界有45种拯救生命或改变命运的药物以埃利恩的名字命名。1988年，她与希钦斯共同获得诺贝尔生理学或医学奖。

参见： 癌转移 154~155页，病毒 160~163页，预防疾病的疫苗 164~167页。

蒋有兴
1919—2001

印度尼西亚华裔农学家蒋有兴在西班牙萨拉戈萨和瑞典隆德大学遗传学研究所研究植物染色体，1955年发明了新的染色体计数方法。人们曾认为人类有48条染色体，但蒋有兴证明真实数量为46条。他的突破使人们理解了异常染色体与疾病之间的联系，并发现多出一条染色体会导致唐氏综合征（Down syndrome）。

参见： 遗传定律 208~215页，染色体 216~219页。

大卫·爱登堡（David Attenborough）
1926—

英国博物学家爱登堡是著名的科普广播员，用纪录片将地球的动植物介绍给数百万人，如1979年的《生命的进化》（*Life on Earth*）和1995年的《植物私生活》（*The Private Life of Plants*）。2019年的《气候变化：事实真相》（*Climate Change-The Facts*）等节目警示全球观众关注环境破坏、物种灭绝和气候变化等问题。2003年，他成为世界土地信托基金（World Land

Trust）的赞助人，该基金致力于保护生物多样性和生态系统。

参见： 捕食者-猎物关系 292~293页，人类对生态系统的影响 304~311页。

西德尼·布伦纳
1927—2019

组成DNA的分子是核苷酸，每个核苷酸都有四种类型的含氮碱基。20世纪50年代，南非分子生物学家布伦纳从理论上证明，DNA向细胞发送的蛋白质构建指令是由一系列密码子（由三个碱基编码）传递的，且每个密码子都有三种不同的碱基组合。1961年，他与弗朗西斯·克里克及另外两人用实验证实了这一点。

2002年，布伦纳与两位遗传学家——美国的罗伯特·霍维茨（Robert Horvitz）和英国的约翰·苏尔斯顿（John Sulston）共同获得诺贝尔生理学或医学奖。他们用线虫解释了基因如何编程细胞死亡以维持体内细胞的最佳数量。布伦纳还证实了基因调控器官的发育方式。

参见： 什么是基因 222~225页，双螺旋 228~231页。

玛莎·蔡斯（Martha Chase）
1927—2003

美国生物学家蔡斯与遗传学家艾尔弗雷德·赫尔希（Alfred Hershey）同在纽约的冷泉港实验室合作。1952年，他们进行的赫尔

希－蔡斯实验（Hershey-Chase experiments），确认了DNA是生命的遗传物质，而非之前人们认为的蛋白质。尽管他俩是记录该发现的论文的共同作者，但只有赫尔希因该项研究获得1969年诺贝尔生理学或医学奖，蔡斯未被提名。

参见： 什么是基因 222~225页，遗传密码 232~233页。

卡尔·乌斯
1928—2012

美国微生物学家乌斯的微生物研究具有开创性，他重新绘制了生命的分类树。20世纪70年代之前，人们普遍认为所有生命属于两个谱系：真核生物（包括所有植物、动物和真菌）和原核生物（细菌及其他微小生物）。乌斯和美国生物学家乔治·福克斯分析了微生物的核糖体RNA，发现原核生物由两个不同的群体组成——细菌和古菌。1977年，他们提出，古菌与细菌之间的差异就像其与植物或动物之间的一样显著。1990年，乌斯提议将生命分为三类：古菌、细菌和真核生物。

参见： 为生命命名和分类 250~253页，物种形成 272~273页，支序系统学 274~275页。

屠呦呦
1930—

中国药理学家屠呦呦在中国中医科学院从事中医药现代应用研究。1971年，她利用一种黄花蒿（Artemisia）提取物消灭了动物体

内导致疟疾的寄生虫——疟原虫（Plasmodium spp.），并将这种化学物质命名为青蒿素（artemisinin）。在1972年的临床试验中，21名疟疾患者痊愈。青蒿素药物使无数疟疾患者得以生存和恢复健康。2015年，屠呦呦获得诺贝尔生理学或医学奖。

参见： 有机物可以是人造的 27页，药物与疾病 143页。

利根川进
1939—

1971年，日本微生物学家和免疫学家利根川进发现，B淋巴细胞（产生抗体的白细胞）中的基因可被移动、重组和删除。这使得脊椎动物体内数量有限的基因，能形成数百万种对抗病原体的抗体类型。该研究使他获得1987年诺贝尔生理学或医学奖。

参见： 免疫反应 168~171页，什么是基因 222~225页。

史蒂芬·杰伊·古尔德（Stephen Jay Gould）
1941—2002

美国古生物学家、进化生物学家古尔德与美国古生物学家尼尔斯·埃尔德雷奇（Niles Eldredge）共同提出了间断平衡（punctuated equilibria）理论，认为大多数物种的进化（物种形成）是以快速爆发的形式完成的，其前后都是极其漫长、缓慢的进化变化。他们以伯吉斯页岩（Burgess Shale）化石——位于加拿大的寒武纪动物群化石层为证据，说明了爆发式的物种形成。该

理论引发了进化生物学家的分歧。

参见： 为生命命名和分类 250~253页，灭绝物种 254~255页，生命进化 256~257页。

克里斯汀·纽斯林－沃尔哈德
1942—

德国发育遗传学家纽斯林-沃尔哈德解决了生物学的一大谜团：受精卵中的基因如何形成胚胎。她与美国发育遗传学家埃里克·威绍斯合作，利用发育极快的果蝇（Drosophila spp.）发明了饱和诱变（saturation mutagenesis）实验：在成虫基因中制造突变，观察其对后代的影响。到1980年，纽斯林-沃尔哈德和威绍斯已识别出决定果蝇细胞形成胚胎的基因，他们因此而共同获得1995年诺贝尔生理学或医学奖。

参见： 胚胎发育 196~197页。

拉里·布里利安特（Larry Brilliant）
1944—

美国流行病学家拉里·布里利安特为发展中国家的主要健康项目做出了贡献，包括参与1972—1976年世界卫生组织在印度开展的强化根除天花国家计划（Intensified National Smallpox Eradication Programme）。1978年，他参与创立了Seva基金会，治疗发展中国家的视觉障碍患者。截至2020年，该基金会的医生们已帮助500万人恢复了视力。

参见： 预防疾病的疫苗 164~167页。

麦德华
1946—

1983年，加拿大籍华裔免疫学家麦德华发现了"免疫学的圣杯"：他鉴定出编码人类T细胞受体的DNA——这些受体是存在于T淋巴细胞（白细胞的一种，也是获得性免疫系统的一部分）表面的蛋白质复合物，每个受体可识别和结合体内特定的外来物质（抗原）。麦德华的发现使得对T细胞进行基因改造、施行免疫疗法成为可能。

参见： 癌转移 154~155页，免疫反应 168~171页，基因工程 234~239页。

黄以静
1946—2020

1985年，华裔美国分子生物学家黄以静领导的团队克隆了人类免疫缺陷病毒（HIV），这种逆转录病毒会导致获得性免疫缺陷综合征（艾滋病）。她确定了HIV基因的功能，帮助人们理解该病毒逃避免疫系统的方式，并促成了开发检测HIV病毒的血液测试——这对抗击艾滋病至关重要。

参见： 病毒 160~163页，免疫反应 168~171页，遗传密码 232~233页。

伊丽莎白·布莱克本
（Elizabeth Blackburn）
1948—

澳大利亚-美国分子生物学家、生物化学家布莱克本对端粒——防止细胞分裂时染色体末端受损的"帽子"产生了兴趣。1982年，她与英裔美国遗传学家杰克·绍斯塔克（Jack Szostak）合作，证明了端粒的独特DNA能防止其降解。1984年，她与美国分子生物学家卡罗尔·格雷德（Carol Greider）合作，发现了端粒酶——对补充端粒至关重要，能保护染色体并减缓细胞衰老。2009年，布莱克本、绍斯塔克和格雷德获得诺贝尔生理学或医学奖。

参见： 酶作为生物催化剂 64~65页，染色体 216~219页，DNA测序 240~241页。

徐立之
1950—

1989年，华裔加拿大遗传学家徐立之与同事——美国遗传学家弗朗西斯·柯林斯和加拿大生物化学家杰克·赖尔登（Jack Riordan）共同分离出部分负责囊性纤维化的7号染色体上的基因，该基因会产生名为囊性纤维化跨膜传导调节因子的蛋白质。确定该基因的位置，便可以开发出导致囊性纤维化突变的产前筛查策略。

参见： 染色体 216~219页，什么是基因 222~225页，突变 264~265页。

苏珊·格林菲尔德
（Susan Greenfield）
1950—

英国神经科学家格林菲尔德专门研究脑功能和障碍，包括阿尔茨海默病和帕金森病。2013年，她参与创立了一家生物技术公司，发现了一种可能导致阿尔茨海默病的神经毒素。她还警告，过度使用屏幕技术可能改变年轻人的脑结构。

参见： 本能行为与学习行为 118~123页，大脑皮质的组织结构 126~129页。

弗朗西丝·阿诺德
（Frances Arnold）
1956—

1993年，美国生物化学家阿诺德开发出定向进化技术（directed evolution technique），引入多种突变加速酶的自然选择。在这些突变中，她发现了可以加速或引发化学反应的新酶。该技术在制药、可再生燃料等多个领域得到了广泛应用。2018年，阿诺德成为第五位获诺贝尔化学奖的女性。

参见： 酶作为生物催化剂 64~65页，酶的运作方式 66~67页。

萨拉·西格（Sara Seager）
1971—

加拿大天体物理学家西格构建了系外行星（exoplanet，围绕其他恒星运行的行星）大气条件的理论模型。2013年，她开发了一个估算可居住行星数量的数学模型，即"西格方程"（Seager equation），该模型结合了行星大气中生物征迹气体（biosignature gases，生命形式产生的气体）是否存在的数据。

参见： 呼吸作用 68~69页，生命进化 256~257页。

术语表

非生物 abiotic
非生命（non-living），常指生态系统中的非生命成分（如气候和温度）。

脱落酸 abscisic acid
一种调节植物生命周期（包括种子休眠）的激素。

主动运输 active transport
呼吸作用产生的能量在细胞膜上运输分子或离子的过程。

琼脂 agar
一种从红色海藻中提取的胶状物质。

空气化学 air chemistry
也称气动（pneumatic）化学或大气化学（atmospheric chemistry），研究（地球或其他行星）大气成分的学科。

氨基酸 amino acids
蛋白质分子的组成成分。

花药 anther
花蕊中产生花粉的部分。

抗体 antibody
人体免疫系统产生的化学物质，能与外来细胞上的特定目标分子（抗原）结合，帮助人体消灭它们。

抗原 antigen
抗体与之结合的细胞表面分子。

抗病毒药物 antiviral
用于治疗病毒感染的药物。

顶级捕食者 apex predator
处于食物链顶端的捕食者，不是其他任何物种的猎物。

集群 assemblage
也称群落（community），指特定栖息地中的所有物种。

原子 atom
元素的最小部分，决定该元素的化学性质。

生长素 auxin
一种植物激素，可控制芽和根的生长，如对光照或重力的反应。

细菌 bacterium，复数形式为bacteria
一种单细胞微生物。

底栖 benthic
指与水体底部有关的。

生物地理学 biogeography
研究动植物的地理分布及其随时间变化的学科。

生物合成 biosynthesis
生物体细胞内复杂分子生成的过程。

生物 biotic
生物体，或由生物体产生的生命。

花萼 calyx，复数形式为calyces
花的外部部分，由一圈萼片组成，能形成包裹花苞花瓣的盖子。

碳 carbon
构成有机分子的主要化学元素，是生物体的基本成分。

碳固定 carbon fixation
生物体将二氧化碳转化为有机化合物的过程。

食肉动物 carnivore
任何吃肉的动物，也用于描述食肉目哺乳动物。

心皮 carpel
花的雌性生殖部分，由子房、花柱和柱头组成，也称雌蕊（pistil）。

载体蛋白 carrier protein
嵌在细胞膜上进行主动运输的蛋白质分子。

细胞 cell
生物体内独立存在的最小单位。

通道蛋白 channel protein
在细胞膜上形成通道的蛋白质，控制分子和离子进出细胞膜。

化学能 chemical energy
储存在物质中，通过化学反应释放的能量。例如，食物中的能量通过人体的新陈代谢释放出来。

叶绿素 chlorophyll
叶绿体中的绿色色素，可使叶绿体吸收光能进行光合作用。

叶绿体 chloroplast
植物细胞内含有叶绿素的细胞器，光合作用时产生糖分。

胆固醇 cholesterol
每种动物的细胞中都存在的一种类似脂肪的物质，对人体的正常功能至关重要，但如果在血液中积累过多，就会导致心脏病等问题。

昼夜节律 circadian rhythm
24小时长，主导人体昼夜活动的生物

周期，非正式名称为生物钟（body clock）。

内聚力 cohesion
使同类分子黏在一起的力。

花冠 corolla
花朵顶部的一圈花瓣。

异花传粉 cross-pollination
花粉从一种植物的花药转移到另一种植物的柱头上。

培养物 culture
以研究或分析为目的，在受控环境中培养的细胞积聚物，如在实验室中培养的细菌。

角质层 cuticle
生物体与环境接触的外层或部分。在植物中，是表皮细胞外侧的一层蜡状防水保护膜。

细胞分裂素 cytokinin
一种参与根、芽细胞生长的植物激素。

暗反应 dark reaction
光合作用中与光无关的化学过程，包括将二氧化碳固定为有机分子。

雌雄异熟 dichogamy
一朵花的雌性和雄性生殖细胞在不同时间成熟，以确保异花传粉。

扩散 diffusion
颗粒从高浓度区域向低浓度区域移动。

雌雄异株 dioecious
单性开花的植物，雄花和雌花分别位于不同的植株上。

多样性 diversity
生物群落或生态系统中不同物种及其数量的测量方式。

DNA
脱氧核糖核酸，一种携带遗传信息的双螺旋状的大分子。

休眠 dormancy
生物体物理过程减慢或暂停一段时间的状态，通常是为了保存能量直至条件重新有利于生长和发育。

生态系统 ecosystem
动植物群落及其共享的物理环境。

电子 electron
带负电荷的亚原子粒子。

胚乳 endosperm
有花植物种子中胚芽周围的储能组织。

酶 enzyme
一种分子，通常是蛋白质，能加速生物体内的化学反应。

乙烯 ethylene
一种无色碳氢化合物气体，用于制造聚乙烯。

地外生物学 exobiology
生物学的一个分支，研究太空和其他星球上生命存在的可能性、起源和性质等。

发酵 fermentation
一种厌氧（不使用氧气）的化学呼吸作用，能产生酸、酒精或二氧化碳等废物。

花丝 filament
花朵中支撑花药的茎。

食物链 food chain
生物组成的系列，其中的每种生物是下一种生物的食物。

配子 gamete
生物的有性生殖细胞，包括雄性的精子或花粉和雌性的卵子。

基因组 genome
生物体的全套基因或遗传信息。

向地性 geotropism
植物对重力的反应。例如，植物的嫩枝向上生长（对抗重力）就是负向性（negative geotropism）。

赤霉素 gibberellin
参与控制生长和发育等许多方面的植物激素，如引发种子和花蕾结束休眠等。

体液 humour
古代医学认为，有四种液体决定人的健康和性情，分别是血、痰、黄胆汁和黑胆汁。

亲水性 hydrophilic
亲近水的物质。

疏水性 hydrophobic
排斥水的物质。

海底热泉 hydrothermal vent
海洋底部地壳的开口，富含各种矿物质的过热水出口。

迁移 immigration
物种或生物迁入新的生态系统或地理区域的行为。

间质 interstitial fluid
生物体内占据细胞间隙的液体。

无机物 inorganic
不含复杂碳结构的化学物质。

无脊椎动物 invertebrate
没有脊柱的动物。

离子 ion
失去或获得一个或多个电子而带电的原子或原子团。

鳞翅目昆虫学家 lepidopterist
收集、研究蝴蝶和飞蛾的学者。

湖泊学 limnology
研究内陆水域生态系统的学科。

脂质 lipid
不溶于水的油性物质，在生物体内有多种作用，包括形成脂肪组织、细胞膜（磷脂）和类固醇激素等。

中型捕食者 mesopredator
中级捕食者，既是捕食者又是猎物。

中型捕食者释放 mesopredator release
生态学理论中的一种现象：当生态系统的顶级捕食者数量减少时，中型捕食者数量会激增。

新陈代谢 metabolism
生物体内所有化学过程的总和。

微生物 microbe
一类微小生物。

分子 molecule
由以牢固化学键相连的两个或两个以上的原子组成。

单一耕作 monoculture
大面积种植单一作物的耕作方法。

雌雄同株 monoecious
在同一植株上分别开雌花和雄花的植物。

山地 montane
属于森林，山区的林地。

蜜源标记 nectar guide
花朵上吸引传粉昆虫采蜜的标记或图案。

蜜腺 nectary
植物分泌花蜜的腺体。

生态位 niche
某个物种在生态系统中占据的特定空间和扮演的特定角色。在生态系统中，不同物种绝不会占据相同的生态位。

生态位保守性 niche conservatism
物种长期保持其生态位的程度。

核苷酸 nucleotide
核酸（DNA、RNA）的结构单元，由脱氧核糖（DNA）或核糖（RNA）、磷酸和含氮碱基组成。

细胞核 nucleus
真核细胞的控制中心，包含储存着细胞基因的DNA分子，也指原子的中心部分。

杂食动物 omnivore
既吃植物也吃动物的动物。

细胞器 organelle
细胞内执行特定任务（如制造蛋白质分子或从糖中释放能量）的结构。

有机物 organic
来自生物体，或以碳和氢原子为基础的化合物。

渗透 osmosis
水通过半透性膜，从低溶质浓度区域向高溶质浓度区域移动的过程。

古生态学 paleoecology
利用地质和化石记录研究过去的生态系统的学科。

大流行 pandemic
影响全球大量人口的疾病暴发。

巴氏杀菌法 pasteurization
轻度加热牛奶或葡萄酒等食品，在消除细菌等病原体的同时又不改变食品味道的过程。

病原体 pathogen
任何致病的微生物。

远洋的 pelagic
与海洋及其相关的开放水域相关或生活于此的，不直接接触海岸或海底。

磷脂 phospholipid
形成细胞膜的一种脂质（脂肪）物质。

光感受器 photoreceptor
一种特殊的感光细胞，构成动物眼球后部的视网膜层。

光合作用 photosynthesis
植物利用太阳的能量，从水和二氧化碳中制造食物分子的过程，产生的废物是氧气。

趋光性 phototropism
植物的部分向光或离光生长的性质。正趋光性（positive phototropism）意味着向光生长。

光敏色素 phytochrome
植物、真菌和细菌中的一种感受光的物质。

植物地理学 phytogeography
研究植物地理分布的植物学分支。

植物生长调节剂 plant growth regulator，简称PGR
一种有利于并影响植物生长的化合物。

血浆 plasma
血液中清除所有细胞后的液休部分，含蛋白质、盐和其他各种营养物质和废物。

板块构造学说 plate tectonics
研究大陆漂移和海底扩张方式的学科。

花粉 pollen
结籽植物花药中形成的小颗粒，含有花的雄性生殖细胞。

花粉块 pollinium，复数形式为 pollinia
花朵中花粉粒的团块。

捕食者 predator
猎杀其他动物为食的动物。

猎物 prey
被其他动物猎食的动物。

蛋白质 protein
所有生物体内都存在的、由氨基酸链组成的复杂物质，是生长、修复和许多其他重要生命过程必需的物质。

原生细胞 protocell
包裹在膜中、具有自我复制能力的复杂分子。

原生动物 protozoa
典型的微型单细胞生物，其细胞核清晰地包裹在一层膜内。

拟交配 pseudocopulation
在花卉中，雄性昆虫被诱骗，与模仿雌性昆虫的花的某一部分交配时发生的传粉。

雨林 rainforest
以常绿树和年降雨量大为特征的森林，最常见于热带地区。

还原反应 reduction
还原物质失去氧气的化学反应。在该过程中，原子获得电子。

呼吸作用 respiration
细胞内从食物分子中释放能量的化学过程。

RNA
核糖核酸，一种与DNA相似的分子，复制DNA中的遗传信息，用于制造蛋白质分子。

核糖酶 ribozyme
一种充当酶的RNA分子。

自交不亲和性 self-incompatibility
花朵不能自行传粉繁殖的性质。

半透性 semi-permeable
允许某些物质通过，但阻挡其他物质的性质。细胞膜具有半透性，也称部分渗透性（partially permeable）。

萼片 sepal
花萼的一部分。

物种 species
具有相似特征、可以交配产生可育后代的生物群体。

物种丰度 species richness
某一特定地点或群落中不同物种的数量。

雄蕊 stamen
花朵的雄性生殖部分，包括产生花粉的花药，通常还有支撑花药的花丝或茎。

柱头 stigma
花朵的雌性部分，位于花柱顶端，在受精前接收花粉。

气孔 stoma，复数形式为stomata
植物气牛部分（叶和茎）表面的微孔，用于发生蒸腾作用。

花柱 style
花朵中连接柱头和子房的柄。

疫苗 vaccine
人为引入人体，以激发针对该病原体免疫力的死亡、改良或无活性病原体部分。

脊椎动物 vertebrate
有脊柱的动物。

病毒 virus
一种寄生、非细胞的、含DNA或RNA的微粒，可感染生物体的细胞，通过使宿主细胞制造更多病毒副本进行繁殖。除少数外，大多数不会致病。

木质部 xylem
由微小的管组成，将水和矿物质从根部输送到叶片，且可能木质化成起支撑作用的植物组织。

动物地理学 zoogeography
研究动物地理分布的动物学分支。

动物学 zoology
研究动物界的生物学分支。

原著索引

Page numbers in **bold** refer to main entries

引文出处

The primary quotations below are attributed to people who are not the key figure for the topic.

致 谢

Dorling Kindersley would like to thank: Alexandra Black, Kathryn Henessy, Victoria Heyworth-Dunne, Janet Mohun, Gill Pitts, Hugo Wilkinson, and Miezan Van Zyl for editorial assistance; Ann Baggaley for proofreading; Helen Peters for indexing; Mridushmita Bose, Mik Gates, Anita Kakar, Debjyoti Mukherjee, Anjali Sachar, and Vaibhav Rastogi for design assistance; Sachin Gupta, Ashok Kumar, Vikram Singh for CTS assistance; Sumita Khatwani for picture research assistance; Senior Jacket Designer Suhita Dharamjit; Jackets Editorial Coordinator Priyanka Sharma, and Managing Jackets Editor Saloni Singh.

PICTURE CREDITS

The publisher would like to thank the following for their kind permission to reproduce their photographs:

(Key: a-above; b-below/bottom; c-centre; f-far; l-left; r-right; t-top)

19 Alamy Stock Photo: Classic Image (bl). **22 Alamy Stock Photo:** The Print Collector / Oxford Science Archive / Heritage Images (bl). **23 Alamy Stock Photo:** AF Fotografie (cra). **25 Alamy Stock Photo:** Album / British Library (tr). **Wellcome Collection:** De humani corporis fabrica libri septem / Andreas Vesalius (tr). **27 Alamy Stock Photo:** Pictorial Press (cr). **29 Alamy Stock Photo:** The Print Collector / Ann Ronan Picture Library / Heritage-Images (cra). **Science Photo Library:** OMIKRON (bl). **30 Wellcome Collection:** Science Museum, London (bl). **31 Alamy Stock Photo:** ARCHIVIO GBB (tr). **32 Alamy Stock Photo:** Everett Collection Historical (bc). **35 UCSD:** Stanley Miller Papers, Special Collections & Archives, UC San Diego (tr). **36 NASA:** JPL-Caltech / Univ. of Toledo / NOAO (bl). **37 Dreamstime.com:** Nyker1 (tr). **41 Boston university photography:** (tl). **University of Bergen, Norway:** (crb). **43 Alamy Stock Photo:** Nigel Cattlin (clb). **48 Alamy Stock Photo:** The Granger Collection (br). **49 Alamy Stock Photo:** Granger Historical Picture Archive (tr). **52 Alamy Stock Photo:** Granger Historical Picture Archive (bl). **53 Alamy Stock Photo:** The Granger Collection (bl). **55 Alamy Stock Photo:** Tim Gainey (tc). **Getty Images / iStock:** Elif Bayraktar (crb). **57 Bridgeman Images:** Christie's Images / A View of Moorea. John Cleveley the Younger (1747-86). Handcoloured aquatint. Printed 1787. 43.2 x 60.9cm. Mo'orea island in French Polynesia; one of the Windward Islands; part of the Society Islands, 17 kilometres northwest of Tahiti; Pacific Ocean (cla). **59 Alamy Stock Photo:** The Print Collector / Oxford Science Archive / Heritage Images (bl). **60 Getty Images / iStock:** Aamulya (bc). 63 **Alamy Stock Photo:** World History Achive (bc); Hi-Story (tr). **65 Alamy Stock Photo:** The History Collection (tr). **Getty Images:** Science Photo Library / Molekuul (bl). **67 Alamy Stock Photo:** Science Photo Library / Juan Gaertner (clb). **69 Alamy Stock Photo:** ARCHIVIO GBB (bl). **70 Alamy Stock Photo:** Science History Images (br). **77 Alamy Stock Photo:** Chronicle (tr). **78 Alamy Stock Photo:** AF Fotografie (bl). **81 Alamy Stock Photo:** Granger Historical Picture Archive (cr). **83 Alamy Stock Photo:** Steve Bloom Images / Nick Garbutt (crb). **85 Alamy Stock Photo:** The History Collection (cra). **87 Alamy Stock Photo:** Science History Images (cb). **Wellcome Collection:** Cliché Valéry (tr). **88 Getty Images:** LightRocket / Jorge Fernández (tr). **91 Alamy Stock Photo:** Granger Historical Picture Archive (tr). **Getty**

Images: Corbis Documentary / Micro Discovery (bc). **95 Wellcome Collection:** Sir Edward Albert Sharpey-Schafer. Photograph by J. Russell & Sons (tr). **96 Getty Images:** SPL / ADAM GAULT (clb). **97 Getty Images:** Mint Images (bl). **98 Wellcome Collection:** Royal Society (Great Britain) (br). **99 Rijksmuseum Boerhaave:** (clb). **100 Alamy Stock Photo:** Alex Hinds (bc). **103 Shutterstock.com:** D. Kucharski K. Kucharska (cla). **108 Science Photo Library:** SCIENCE SOURCE (cb). **111 Science Photo Library:** COLIN CUTHBERT (cla). **113 Cajal Legacy, Instituto Cajal (CSIC), Madrid;** (tr). **115 Alamy Stock Photo:** Dan Grytsku (cra). **Wellcome Collection:** Portrait of Pierre-Paul Broca / Wellcome Collection (bl). **117 Alamy Stock Photo:** The Picture Art Collection (tr). **120 Alamy Stock Photo:** Heritage Image Partnership Ltd / Historic England Archive (crb). **Getty Images:** AFP / SAM PANTHAKY (tr). **122 Getty Images:** The LIFE Picture Collection / Nina Leen (bl). **123 Alamy Stock Photo:** Panther Media GmbH / Trischberger Rupert (tr). **124 Wellcome Collection:** Ramón y Cajal, Santiago, 1852-1934. (br). **125 Alamy Stock Photo:** Pictorial Press Ltd (tr). **128 Alamy Stock Photo:** Volgi archive (bl). **129 Alamy Stock Photo:** GL ARCHIVE (bl); Signal Photos (tr). **130 Science Photo Library:** PROF S. CINTI (cb). **131 Wellcome Collection:** (tr). **133 King's College London Archives:** KDBP/95 (bl). **135 BluePlanetArchive.com:** Howard Hall (br). **136 Alamy Stock Photo:** Steve Bloom Images (br). **137 Alamy Stock Photo:** Auscape International Pty Ltd / Jean-Paul Ferrero (cla); Nature Picture Library / Ben Cranke (cra). **143 Alamy Stock Photo:** Heritage Image Partnership Ltd / © Fine Art Images (cr). **146 Getty Images / iStock:** duncan1890 (tr). **147 Alamy Stock Photo:** inga spence (cra). **148 Alamy Stock Photo:** Everett Collection Historical (clb). **149 Alamy Stock Photo:** Stocktrek Images, Inc. (tr). **151 Getty Images / iStock:** wildpixel (tl). **153 Alamy Stock Photo:** Vince Bevan (cr). **Wellcome Collection:** Turner, A. Logan 1865-1939. (bl). **155 Alamy Stock Photo:** Stocktrek Images, Inc. / National Institutes of Health (cla). **The Royal Society:** (tr). **158 Getty Images / iStock:** nkeskin (bc). **159 Getty Images:** The LIFE Picture Collection / Alfred Eisenstaedt (tr). **161 Science Photo Library:** Norm Thomas (cla). **162 Alamy Stock Photo:** Pictorial Press Ltd (bl). **163 Alamy Stock Photo:** Science History Images (tl). **165 Alamy Stock Photo:** ClassicStock / H. Armstrong Roberts (cla). **166 Alamy Stock Photo:** Photo12 / Ann Ronan Picture Library (br). **167 Alamy Stock Photo:** dpa picture alliance (clb). **169 Science Photo Library:** Steve Gschmeissner (br). **171 Getty Images:** Popperfoto (crb). **176 Alamy Stock Photo:** Science History Images / Photo Researchers (br). **177 Wellcome Collection:** Science Museum, London (crb). **179 Alamy Stock Photo:** Nigel Housden (cla). **naturepl.com:** Konrad Wothe (tc). **181 Alamy Stock Photo:** The Picture Art Collection (tr). **183 123RF.com:** Rudmer Zwerver (tl). **184 Wellcome Collection:** Hartsoeker, Nicolas, 1656-1725. (bc). **185 Alamy Stock Photo:** Quagga Media (tr). **186 Dreamstime.com:** Seadam (bc). **187 Alamy Stock Photo:** Pictorial Press Ltd (tr). **189 Alamy Stock Photo:** The History Collection (cra). **192 Alamy Stock Photo:** FLHC57 (tl). **194 Getty Images / iStock:** fusaromike (bc). **197 Getty Images:** Colin McPherson (bl). **199 Alamy Stock Photo:** Trinity Mirror / Mirrorpix (tr). **200 Alamy Stock Photo:** KEYSTONE Pictures USA (clb). **201 Alamy Stock**

Photo: Qwerty (bl). **202 Alamy Stock Photo:** jeremy sutton-hibbert (bc). **203 Alamy Stock Photo:** Geraint Lewis (bl). **210 Alamy Stock Photo:** FLHC 52 (bl); Science History Images / Photo Researchers (tr). **211 Getty Images / iStock:** jatrax (cra). **213 Alamy Stock Photo:** Matthew Taylor (crb). **215 Alamy Stock Photo:** calado (tl). **Getty Images:** Kevin Frayer (br). **217 University of Kansas Medical Center:** (tr). **Science Photo Library:** POWER AND SYRED (tl). **218 Dreamstime.com:** Jahoo (bl). **219 Alamy Stock Photo:** Heritage Images / Historica Graphica Collection (clb). **220 Shutterstock.com:** kanyanat wongsa (crb). **223 Getty Images:** Archive Photos / Pictorial Parade (tr). **224 Alamy Stock Photo:** Friedrich Stark (bl). **226 Getty Images:** EyeEm / Lee Dawkins (crb). **227 Alamy Stock Photo:** World History Archive (bl). **229 Alamy Stock Photo:** CSU Archives / Everett Collection (crb). **230 Alamy Stock Photo:** Science History Images (tr). **233 Alamy Stock Photo:** Science Photo Library / Laguna Design (clb). **237 Getty Images:** Corbis Historical / Ted Streshinsky Photographic Archive (tr). **239 Alamy Stock Photo:** Science History Images (bc). **Dreamstime.com:** Petro Perutskyy (tl, tc). **240 Alamy Stock Photo:** Keystone Press (cla). **242 Alamy Stock Photo:** Science Photo Library / Steve Gschmeissner (bc). **245 Alamy Stock Photo:** BSIP SA / RAGUET H. (clb). **251 Alamy Stock Photo:** Classic Image (tr). **252 Alamy Stock Photo:** The Natural History Museum (tr). **253 Alamy Stock Photo:** Buschkind (tl). **256 Dreamstime.com:** Helen Hotson (br). **257 Getty Images:** Universal Images Group / Hoberman Collection (cra). **261 Alamy Stock Photo:** Heritage Image Partnership Ltd (tr). **Dreamstime.com:** Jesse Kraft (bl). **262 Alamy Stock Photo:** blickwinkel (tr). **263 Alamy Stock Photo:** Jason Jones (tr). **Science Photo Library:** DR P. MARAZZI (clb). **265 Alamy Stock Photo:** Tom Salyer (crb). **269 Dreamstime.com:** Udra11 (bl). **270 naturepl.com:** Danny Green (tr). **271 Dreamstime.com:** Donyanedomam (cr). **272 Dreamstime.com:** Jim Cumming (bc, br). **274 Dreamstime.com:** Alle (clb). **naturepl.com:** Piotr Naskrecki (bc). **277 123RF.com:** Gleb Ivanov (br). **278 Alamy Stock Photo:** Science Photo Library / Mark Garlick (br). **279 Getty Images:** Bettmann (cla). **285 Science Photo Library:** NOAA (clb). **288 Alamy Stock Photo:** GL ARCHIVE (bl). **289 NOAA:** (crb). **291 Alamy Stock Photo:** Martin Shields (cr); Stocktrek Images, Inc. / Richard Roscoe (bl). **293 naturepl.com:** Anup Shah (tr). **Rolf O. Peterson:** (clb). **295 Alamy Stock Photo:** SPUTNIK (tl). **297 Alamy Stock Photo:** Segundo Pérez (tr). **Getty Images / iStock:** NNehring (clb). **298 Dreamstime.com:** Thomas Langlands (tr). **300 Yale University Peabody Museum Of Natural History:** (cb). **303 Alamy Stock Photo:** Peter Llewellyn RF (cla). **Getty Images:** Bettmann (tr). **306 Alamy Stock Photo:** Granger Historical Picture Archive (bl); Universal Art Archive (tr). **307 Getty Images:** BrianEKushner (br). **308 Science Photo Library:** Simon Fraser (br). **309 Getty Images / iStock:** Lynn_Bystrom (cla). **310 Alamy Stock Photo:** Cavan Image / Christophe Launay (tr). **Getty Images / iStock:** GomezDavid (clb). **311 Alamy Stock Photo:** blickwinkel (clb). **313 Alamy Stock Photo:** AGAMI Photo Agency / Brian E. Small (cra). **314 NASA:** NASA / JPL / USGS (cb). **315 Alamy Stock Photo:** NEIL SPENCE (tr)

All other images © Dorling Kindersley
For further information see: www.dkimages.com